中咨研究系列丛书
工程咨询专业分析评价方法及应用丛书

工程项目社会评价理论方法及应用

主　编　李开孟
副主编　陈绍军　朱秀杰

中国电力出版社
CHINA ELECTRIC POWER PRESS

内 容 提 要

本书系统地阐述了工程项目社会评价的理论方法及在工程咨询实践中的具体应用，内容包括社会评价的内涵及关注重点，社会评价所依据的基本理论，参与式社会评价的分析框架及其应用，针对少数民族、社会性别及贫困人口等特定群体的社会评价主要特点，针对不同类型项目的社会评价关注重点，社会评价的常用工具及分析评价具体方法，以及在各类具体案例中的运用示范。

本书可作为各类工程咨询机构、发展改革部门、项目业主单位、投融资机构相关领域专业人员开展专业学习、业务进修及继续教育用书，也可作为大专院校相关专业研究生和本科生教材使用。

图书在版编目（CIP）数据

工程项目社会评价理论方法及应用/李开孟主编. —北京：中国电力出版社，2015.8
（工程咨询专业分析评价方法及应用丛书）
ISBN 978-7-5123-7222-1

Ⅰ. ①工… Ⅱ. ①李… Ⅲ. ①工程项目管理－社会评价 Ⅳ. ①F284

中国版本图书馆 CIP 数据核字（2015）第 028994 号

中国电力出版社出版、发行
（北京市东城区北京站西街 19 号 100005 http://www.cepp.sgcc.com.cn）
北京市同江印刷厂印刷
各地新华书店经售

*

2015 年 8 月第一版 2015 年 8 月北京第一次印刷
787 毫米×1092 毫米 16 开本 23 印张 565 千字
印数 0001—3000 册 定价 **70.00** 元

《中咨研究系列丛书》编委会

丛 书 总 序

现代咨询企业怎样才能不断提高核心竞争力？我们认为，关键在于不断提高研究水平。咨询就是参谋，如果没有对事物的深入研究、深层剖析和深刻见解，就当不好参谋，做不好咨询。

我国的工程咨询业起步较晚。以 1982 年中国国际工程咨询公司（简称中咨公司）的成立为标志，我国的工程咨询业从无到有，已经发展成具有较大影响的行业，见证了改革开放的历史进程，并且通过自我学习、国际合作、兼容并蓄、博采众长，为国家的社会经济发展做出了贡献，同时也促进了自身的成长与壮大。

但应该清醒地看到，我国工程咨询业与发达国家相比还有不小差距。西方工程咨询业已经有一百多年的发展历史，其咨询理念、方法、工具和手段，以及咨询机构的管理等各方面已经成熟，特别是在研究方面有着深厚基础。而我国的工程咨询业尚处于成长期，尤其在基础研究方面显得薄弱，因而总体上国际竞争力还不强。当前，我国正处于社会经济发生深刻变革的关键时期，不断出现各种新情况、新问题，很多都是中国特定的发展阶段和转轨时期所特有的，在国外没有现成的经验可供借鉴，需要我们进行艰辛的理论探索。全面贯彻和落实科学发展观，实现中华民族伟大复兴的中国梦，对工程咨询提出了新的要求，指明了发展方向，也提供了巨大发展空间。这更需要我们研究经济建设特别是投资建设领域的各种难点和热点问题，创新咨询理论和方法，以指导和推动咨询工作，提高咨询业整体素质，造就一批既熟悉国际规则、又了解国情的专家型人才队伍。

中咨公司重视知识资产的创造、积累，每年都投入相当的资金和人力开展研究工作，向广大客户提供具有一定学术价值和应用价值的各类咨询研究报告。"中咨研究系列丛书"的出版，就是为了充分发挥这些宝贵的智力财富应有的效益，同时向社会展示我们的研究实力，为提高我国工程咨询业的核心竞争力做出贡献。

立言，诚如司马迁所讲"成一家之言"，"藏诸名山，传之其人"。一个人如此，一个企业也是如此。既要努力在社会上树立良好形象，争取为社会做出更大贡献，同时，还应当让社会倾听其声音，了解其理念，分享其思想精华。中咨公司会向着这个方向不断努力，不断将自己的研究成果献诸社会。我们更希望把"中咨研究系列丛书"这项名山事业坚持下去，让中咨的贡献持久恒长。

《中咨研究系列丛书》编委会

前　　言

中国国际工程咨询公司一直非常重视工程咨询理论方法及行业标准规范的研究制定工作。公司成立 30 多年来，接受国家发展改革委等有关部门的委托，以及公司自开课题开展了众多专题研究，取得了丰富的研究成果，部分成果以国家有关部委文件的方式在全国印发实施，部分成果以学术专著、论文、研究报告等方式在社会上予以推广应用，大部分成果则是以中咨公司内部咨询业务作业指导书、业务管理制度及业务操作规范等形式，用于规范和指导公司各部门及所属企业承担的各类咨询评估业务。中咨公司开展的各类咨询理论方法研究工作，为促进我国工程咨询行业健康发展发挥了重要作用。

进入新世纪新阶段，尤其是党中央、国务院提出贯彻落实科学发展观、实现中华民族伟大复兴的中国梦，并对全面深化改革进行了一系列战略部署，对我国工程咨询理念及理论方法体系的创新提出了更高要求。从 2006 年开始，中咨公司先后组织公司各部门及所属企业的 100 多位咨询专家，开展了包括 10 大领域咨询业务指南、39 个行业咨询评估报告编写大纲、24 个环节咨询业务操作规范及 10 个专业分析评价方法体系在内的 83 个课题研究工作，所取得的研究成果已经广泛应用于中咨公司各项咨询业务之中，对于推动中咨公司承担各类业务的咨询理念、理论体系及方法创新发挥了十分重要的作用，同时也有力地巩固了中咨公司在我国工程咨询行业的领先者地位，对推动我国工程咨询行业的创新发展发挥了无可替代的引领和示范作用。

工程咨询专业分析评价方法的创新，在工程咨询理念及理论方法体系创新中具有十分重要的地位。工程咨询是一项专业性要求很强的工作，咨询业务受到多种不确定性因素的影响，需要对特定领域的咨询对象进行全面系统的分析论证，往往难度很大。这就需要综合运用现代工程学、经济学、管理学等多学科理论知识，借助先进的科技手段、调查预测方法、信息处理技术，在掌握大量信息资料的基础上对未来可能发生的情况进行分析论证，因此对工程咨询从业人员的基本素质、知识积累，尤其是对其所采用的分析评价方法提出了很高的要求。

研究工程咨询专业分析评价关键技术方法，要在继承的基础上，通过方法创新，建立一套与国际接轨，并符合我国国情的工程咨询分析评价方法体系，力求在项目评价及管理的关键路径和方法层面进行创新。所提出的关键技术方法路径，应能满足工程咨询业务操作的实际需要，体现工程咨询理念创新的鲜明特征，与国际工程咨询所采用的分析评价方法接轨，并能对各领域不同环节开展工程咨询工作所采用的分析评价方法起到规范的作用。

本次纳入《工程咨询专业分析评价方法及应用丛书》范围内的各部专著，都是中咨公司过去多年开展工程咨询实践的经验总结，以及相关研究成果的积累和结晶。公司各部门及所属企业的众多专家，包括在职的和已经离退休的各位资深专家，都以不同的方式为这套丛书的编写和出版做出了重要贡献。

在丛书编写和出版过程中，我们邀请了清华大学经管学院魏林蔚教授、北京大学工业工程与管理系张宏亮教授、同济大学管理学院黄瑜祥教授、天津大学管理学院孙慧教授、中国农业大学人文学院靳乐山教授、哈尔滨工程大学管理学院郭韬教授、中央财经大学管理科学与工程学院张小利教授、河海大学中国移民研究中心陈绍军教授、国家环境保护部环境规划院大气环境规划部宁淼博士、中国科学院大学工程教育学院詹伟博士等众多国内知名专家参与相关专著的编写和修改工作，并邀请美国斯坦福大学可持续发展与全球竞争力研究中心主任、美国国家工程院 James O. Leckie 院士、执行主任王捷教授等国内外知名专家学者对丛书的修改完善提出意见和建议。

本次结集出版的《工程咨询专业分析评价方法及应用》丛书，是《中咨研究系列丛书》中的一个系列，是针对工程咨询专业分析评价方法的研究成果。中咨公司出版《中咨研究系列丛书》的目的，一是与我国工程咨询业同行交流中咨公司在工程咨询理论方法研究方面取得的成果，搭建学术交流的平台；二是推动工程咨询理论方法的创新研究，探索构建我国咨询业知识体系的基础架构；三是针对我国咨询业发展的新趋势及新经验，出版公司重大课题研究成果，推动中咨公司实现成为我国工程咨询行业领先者的战略目标。

纳入《工程咨询专业分析评价方法及应用丛书》中的《工程项目社会评价理论方法及应用》，是中咨公司在工程项目社会评价理论方法研究领域又一重要成果。20 世纪 80 年代末开始，在加强项目评估和可行性研究的基础上，中国开始进行投资项目社会评价能力建设，中咨公司一直是这一过程的重要参与者和推动者。亚洲开发银行于 2000 年启动 TA3441 "中国：投资项目社会评价能力建设" 技术援助课题研究项目，对推动社会评价在我国的应用发挥了重要作用。在本课题研究的基础上，中咨公司在亚洲开发银行和世界银行的资助下，于 2004 年完成《中国投资项目社会评价指南》，由中国计划出版社正式出版。2007 年 7 月，中咨公司完成《中国投资项目社会评价——变风险为机遇》专著（中英文双语版）。本书就是在这些研究成果基础上进行进一步完善和深化所取得的社会评价方法研究创新成果，内容包括社会评价的内涵及关注重点，社会评价所依据的基本理论，参与式社会评价的分析框架及其应用，针对少数民族、社会性别及贫困人口等特定群体的社会评价主要特点，针对不同类型项目的社会评价关注重点，社会评价的常用工具及分析评价具体方法，以及在各类具体案例中的应用示范，可作为各类工程咨询机构、发展改革部门、项目业主单位、投融资机构相关领域专业人员开展专业学习、业务进修及继续教育用书，也可作为大专院校相关专业研究生和本科生教材使用。本书编写得到了河海大学中国移民研究中心陈绍军教授、朱秀杰教授的大力支持，朱运亮、田鹏、李如春、卢义桦等同志也为本书的出版做出了重要贡献。

《工程咨询专业分析评价方法及应用丛书》的编写出版工作，由研究中心具体负责。研究中心是中咨公司专门从事工程咨询基础性、专业性理论方法及行业标准制定相关研究工作的内设机构。其中，开展工程咨询理论方法研究，编写出版《中咨研究系列丛书》，是中咨公司研究中心的一项核心任务。

我们希望，工程咨询专业分析评价方法及应用系列丛书的出版，能够对推动我国工程咨询专业分析评价方法创新，推动我国工程咨询业的健康发展发挥积极的引领和带动作用。

编　者

二〇一四年十月一日

目　　录

第一章

社会评价导论

　　社会评价是把社会分析和公众参与融入发展项目的设计和实施的一种方法和手段。发展项目的社会评价需要对影响项目并同时受项目影响的社会因素进行系统的调查、分析，并提出减少或避免项目负面社会影响的建议和措施，保证项目顺利实施和项目目标的实现。社会评价与项目的经济分析、财务分析、技术方案评价和环境影响评价等活动一样，是项目准备过程中不可分割的组成部分。社会评价需要贯穿项目周期的全过程，具体项目社会评价的内容和方法会因目标、内容、目标受益人口、所处的社会经济环境不同而有所差异，但所有项目社会评价的主要目的、基本框架、一般方法和工具是一致的。本章阐述社会评价的目的、任务和范围，项目周期各个阶段社会评价的内容，社会评价的指标，以及社会评价的一般方法和工具等。

第一节　社会评价概述

一、社会评价的概念、特点及原则

（一）社会评价的概念

　　社会评价是应用社会学和人类学的一些基本理论和方法，系统地调查和收集与项目相关的社会因素和社会数据，了解项目实施过程中可能出现的社会问题，研究、分析对项目成功有影响的社会过程，提出保证项目顺利实施和效果持续发挥的建议和措施的一种方法。

　　社会评价是项目评价的重要组成部分，它与经济评价、环境评价相互补充，共同构成项目评价的科学内容。经济评价、社会评价和环境评价既有交叉，又有区别，它们分别从不同角度分析、考察、判别拟建项目的合理性和可行性。社会评价分为政策规划社会评价、投资项目社会评价和其他活动社会评价。本书仅涉及投资项目社会评价。

　　投资项目社会评价是识别和评价投资项目的各种社会影响，分析当地社会环境对拟建项目的适应性和可接受程度，评价投资项目的社会可行性，以促进利益相关者对项目投资活动的有效参与，优化项目建设实施方案，规避投资项目社会风险。投资项目的社会评价贯穿于项目周期全过程的各个阶段。

　　本书重点介绍项目规划及可行性研究等项目前期阶段的社会评价内容及方法，并简单介绍项目实施监测及后评价阶段的社会评价的内容和方法。

　　（二）社会评价的特点

　　（1）宏观性和长期性。投资项目进行社会评价所依据的是社会发展目标，而社会发展目标本身是依据国家和地区的宏观经济与社会发展需要来制定的，包括经济增长目标、国家安全目标、人口控制目标、减少失业和贫困目标、环境保护目标等，涉及社会生活的方方面面。

进行投资项目的社会评价时要认真考察与项目建设相关的各种可能的影响因素，无论是正面影响还是负面影响，直接影响还是间接影响。这种分析和考察应该是从所有与项目相关的社会成员角度进行的，是全面的、广泛的和宏观的。同时，投资项目的社会影响具有长期性。一般经济评价只考察投资项目大约 20 年的经济效果，而社会评价通常要考虑一个国家或地区的中期和远期发展规划及要求，有些领域的影响可能涉及几十年、上百年。如建设三峡工程这样的投资项目，在考察项目对生态环境、人民生活、社会发展的影响时，考察的时间跨度可能涉及几代人。

（2）目标的多样性和复杂性。财务分析和经济分析的目标通常比较单一，主要就是衡量企业的营利能力及资源配置的经济效率，而社会评价的目标则较为多样和复杂。社会评价的目标分析首先是多层次的，需要从国家、地方、社区三个不同的层次进行分析，以各层次的社会政策为基础展开，做到宏观分析与微观分析相结合。低层次的社会目标通常依据高层次的社会目标制定，各层次社会目标在就业、扶贫、妇女地位、文化、教育、卫生保健等方面的具体要求和侧重点不尽相同。社会目标层次的多样性，决定了社会评价需要综合考察社会生活各个领域与项目之间的相互关系和影响，必须分析多个社会发展目标、多种社会政策、多种社会影响和多样的人文环境因素。因此，综合考察项目的社会可行性，通常需要采用多目标综合评价的方法。

（3）评价标准的差异性。在投资项目的环境、技术和经济分析中，往往都有明确的指标判断标准。社会评价由于涉及的社会环境多种多样，影响因素比较复杂，社会目标多元化和社会效益本身的多样性使得难以使用统一的量纲、指标和标准来计算和比较社会影响效果，因而在不同行业和不同地区的项目评价中差异明显。同时，社会评价的各个影响因素，有的可以量化分析，如就业、收入分配等，但更多的社会因素是难以量化的，如项目对当地文化的影响，对当地社会稳定的影响，当地居民对项目的支持程度等。这些难以量化的影响因素，通常使用定性分析的方法加以研究。因此社会评价中，通用评价指标少，专用指标多；定量指标少，定性指标多。这就要求在具体项目的社会评价中，充分发挥评价人员的主观能动性。

（三）投资项目社会评价的原则

1. 投资项目社会评价应进行多层次分析

投资项目社会评价应当涉及三个层次的问题：国家层次、地区层次和项目层次。在国家层次上进行投资项目社会评价的目的是确定项目（或规划方案）对国家发展目标的重要性和贡献，其所要解决的问题牵涉到国家的社会与经济发展政策，以及国家的发展目标和方向，这些可能包括满足所有公民的物质和文化需要，保持经济持续增长和社会稳定发展，脱贫以及更恰当的收入分配。

在地区层次上进行的投资项目社会评价主要涉及特殊的地区发展目标和地区实际状况，地区的优先发展次序以及项目目标和地区的优先发展次序之间的关系等方面的问题。在该层次上应更加注重地区差别。

投资项目的社会评价在项目层次上涉及确定项目范围内的关键社会因素，例如，项目受益人的参与意愿，项目社区的吸收能力、民族习惯、本地文化、脆弱群体。这些关键性社会因素将影响到项目的设计、规模、选址、时机、技术和项目目标的实现。

2. 根据投资项目的具体特点选用不同的评价方法

不同类型投资项目所使用的社会评价方法应当有所区别，项目的社会影响因素因它们的目标、选址和类型的不同而各异，这就导致不可能采用某种统一的社会评价方法来对所有类型的投资项目进行分析。社会评价的一条重要原则就是要依据不同项目的特定情况使用社会学和人类学的知识进行特定的社会评价，并根据项目目标和所涉及社会因素的重要程度而有所侧重，特别要注意对那些影响面大、影响持续时间长的社会因素的分析。就同一类型项目来说，由于地理位置不同，所处的社会环境不同，所涉及的利益群体不同，其分析的主要社会因素也应有所区别，应当采取灵活的方法，具体问题具体分析。

3. 坚持以人为本的原则

投资项目的社会评价强调人是投资项目主体，项目的各个利益群体都要参与项目的全过程，项目的计划、设计与实施都要考虑项目不同利益群体的意见、要求、对项目的态度，并能满足他们的需要。投资项目社会评价把人放在首位，重视项目对人和社会因素影响的分析，增强项目决策的透明度和民主化，着重考虑项目过程中社会因素的变化，注重人的作用，不仅包括项目的实施者、管理者，而且把重点放在项目影响社区的各类人群。

投资项目的社会评价应衡量项目全过程中人的因素，评价项目与不同人群利益协调的程度，以最大限度发挥投资效益，满足人的需要；同时促进不同人群自身的发展与进步。在分析项目对社会的各种正负影响的基础上，分析项目的各种影响对社区人群生活的作用，以及当地社区人群对这些影响产生的反应及其对项目的影响和反作用，采取措施促使项目与社会相互适应，相互协调发展，从而保证项目的持续生存与发展，并推动社会的进步，促进不同人群自身的进步与发展，提高人的素质。

4. 投资项目社会评价应贯穿项目周期的各个阶段

项目周期包括项目的识别、准备、评估，实施监测和后评价等各个阶段。不同阶段社会评价的目的、内容和侧重点各不相同，对项目的影响程度也不相同。因此，应根据项目周期各阶段的具体特点开展相应的社会评价工作。

二、社会评价的目的、作用及任务

（一）社会评价的目的

社会评价的主要目的是判断项目的社会可行性，消除和尽量减少项目实施所产生的社会负面影响，使项目更符合项目所在地区的发展目标及目标人群的发展需要，为项目地区的区域社会发展做出贡献，促进经济与社会协调发展。社会发展的目标包括提高人们的教育水平、知识技能，增进人们的健康，促进社会公共福利增长以及公平分配等，这就决定了投资项目的社会评价目标具有多重性。

在宏观层面上，投资项目社会评价的目的主要包括：

（1）实现经济和社会的稳定、持续和协调发展；

（2）满足人们的基本社会需求；

（3）保证不同地区之间的公平协调发展；

（4）充分利用地方资源、人力、技术和知识，增强地方的参与程度；

（5）减少或避免项目建设和运行可能引起的社会问题。

在项目层面上，投资项目社会评价的目的主要包括：

（1）制定一个能够切实完成项目目标的机制和组织模式；

（2）保证项目收益在项目所在地区不同利益相关者之间的公平分配；

（3）预测潜在风险并分析减少不良社会后果和影响的对策措施；

（4）提出为实现各种社会目标而需要对项目设计方案进行改进的建议；

（5）通过参与式方法的运用增强项目所在地区民众有效参与项目建设和管理，以维持项目效果可持续性的途径；

（6）防止或尽量减少项目对地区社会环境造成负面影响。

（二）社会评价的作用

（1）有利于防止单纯追求项目经济效益，促进经济发展目标与社会发展目标协调一致。如果缺乏对投资项目的社会评价，项目的社会、环境等问题未能在实施前得以解决，将会阻碍项目预期目标的实现。例如，有些项目具有很好的经济效益，但可能造成严重的生态环境污染，损害当地居民的利益，并引起社会矛盾，将不利于项目的顺利实施；有些项目在少数民族地区建设，没有充分了解当地的风俗习惯，导致当地居民和有关部门不配合；有些项目由于移民安置解决不好，导致移民生活水平下降等，这些都不利于社会经济的协调发展。实践证明，项目建设与社会发展能够协调配合，是促进经济发展目标和社会目标实现的基本前提，是建设和谐社会，实现以人为本的科学发展观的基本要求。

（2）有利于项目所在地区利益协调一致，减少社会矛盾和纠纷，防止可能产生的负面效应，促进社会稳定。投资项目一般都存在对所在地区的有利影响和不利影响。有利影响与所在地区利益相协调，对地区社会发展和人们生活水平起到促进和推动作用，不利影响则会对地区的局部利益或社会环境带来一定的损害。分析有利影响和不利影响的大小，判断有利影响和不利影响在项目投资效果中的分布情况，是社会评价中判断一个项目好坏的重要尺度之一。如一个水利工程项目，有利影响包括防洪防涝、发电、灌溉和水产养殖，不利影响主要就是由于库区建设而导致的人口迁移。如果库区迁移人口安置不当，致使当地人群生活水平下降，生活习惯改变，难以适应新的生活环境，可能引起移民的不满或过激行为，对当地社会稳定和项目的顺利进行都会产生不利的后果。因此，社会评价中应该始终把项目建设同当地人群的生活和发展联系起来，充分估计到项目建设可能造成的不利影响，预先采取适当的措施，把由项目建设引起的社会不利影响降至最低。

（3）有利于减少或避免项目建设和运营的社会风险，提高投资效益。项目建设和运营的社会风险是指由于在项目评价阶段忽视社会评价工作，致使在项目的建设和运营过程中与当地社区发生种种矛盾，长期得不到解决，导致工期拖延、投资加大，经济效益低下，偏离当初拟定的项目预期目标。这就要求评价人员在进行社会评价时要侧重于分析项目是否适合当地人群的文化生活需要，包括文化教育、卫生健康、宗教信仰、风俗习惯等。通过考察当地人群的需求状况，对项目的态度如何，是支持还是反对，深入广泛地进行实际情况分析，提出合理的针对性建议以避免或减少项目的社会风险，保证项目的顺利实施，持续发挥项目的投资效益。

（三）社会评价的任务

投资项目社会评价需要考察、分析与项目的设计和实施方案有关的社会发展目标取向、潜在的社会负面影响和其他社会因素，如受益人的参与、贫困、社会性别平等、少数民族发展，以及征地拆迁的社会风险及脆弱群体等。社会评价要求采用公众参与的方式，收集有关项目地区的社会经济数据、利益相关者的人口统计特征，以及在当地社会生活中对项目具有潜在影响的传统文化、风俗习惯、宗教信仰、社会组织和社会网络等方面的信息，分析影响项目实施效果的社会因素，以及项目实施可能带来的社会风险和社会后果，并提出优化项目设计方案、减少或避免负面社会影响、降低社会风险、提高项目的实施效果的具体措施和建议。投资项目社会评价的主要任务可以概括如下：

（1）识别关键利益相关者，制定适当机制使其参与项目的方案选择、设计、实施、监测和评估，尤其要为贫困和弱势群体的参与制定恰当的机制；

（2）确保目标受益人群能够接受项目的目标及项目实施所带来的社会变化，使项目的内容和方案设计能够考虑到性别、民族及其他社会差异问题；

（3）评估投资项目的社会影响，并在确认有负面影响的情况下，提出减轻由项目产生的负面影响的行动方案，并使行动方案符合当地社会习俗；

（4）加强目标群体在社区参与、冲突解决和服务提供等方面的能力。

三、社会评价对人员的要求

从社会学的角度对投资项目进行社会评价时，不仅需要工程技术人员、经济学家、管理人员，更需要社会学家，并且社会学家的工作必须贯穿项目的整个过程。另外，社会评价的工作特性（动态环境、以人为本、关注发展和风险等）则对于参加评价的人员素质和工作方式提出了详细、明确的要求。

（一）组织评价队伍的基本要求

一般来讲，对社会评价人员的选择由评价委托人（如地方政府、国际发展机构、业主单位等）来决定；当然，评价对象也往往有一定的发言权和选择权，而不论对评价的委托者还是对评价对象，他们都会非常关心评价的质量、公正性、可用性等内容。另外，由于评价工作本身是在动态的社会环境当中进行的，评价的对象也是以社会化的个体为主，这些都对社会评价参与人员的知识和素质提出了较高的要求。因此，评价人员与委托者之间必须就评价的目标、预期产出、过程、方法、结论等达成共识，明确双方的合同责任和角色；同时，专业评价人员的资格、工作中的社会责任感对于工作的成功也非常重要，而地方利益群体的广泛参与也对社会评价乃至整个项目的顺利实施和目标的实现有决定性的意义。

对参加社会评价的人员的一些基本要求包括：①清楚了解国家及地方的有关政策和法律法规；②最好具有社会学、人类学、发展学等专业背景；③有良好的人际沟通技巧，善于以团队的形式工作；④善于以特定的工作方式（如：参与式工作方法）发动基层群众；⑤熟悉发展及投资项目周期内的不同环节和重点；⑥具备参与社会经济评估、项目规划、监测评估等项目不同阶段的工作经验。

（二）组织评价队伍的原则

1. 强调评价对象的参与

投资项目建设的目的是为了项目建设地区人民生活、生产环境的改善，而这些环境条件的改善，是为了人的健康生活和发展。对项目执行所在的当地人来说，他们是投资项目的建设者和受益者，他们不仅亲身经历项目，并且在咨询专家离开后还要参与项目建设，与项目的成果长期共存。从以人为本的科学发展观和社会学的角度对项目的评价，必须有当地人的参与。

2. 具备敏锐的观察和分析能力

社会评价人员面对的是比较复杂的当地社会、人文、经济环境，评价工作的特征要求他们能够迅速从各种复杂社会现实条件中发现潜在的问题、改进的机会、解决问题的潜力及外来的事物对当地社会环境带来的潜在的影响；同时，他们也往往要能够敏感地对一些潜在的社会风险进行预判，分析其发生的前提和可能性以及加以解决的方式和途径。

3. 在工作中应具备超前观念

面对复杂的社会环境的挑战以及发展问题、投资项目的性质，社会评价在考虑发展目标、对社会现实的干预、对社会问题的解决、对人文环境的长远影响等方面应该超越现实社会的需要，面向未来，适度先行发展。这主要是因为社会评价本身需要对问题（正面或负面影响、社会风险等）进行预判并先于一些事物的发生提供应对措施；另外，社会评价对项目（包括同类或后续项目）的走向带有导向性，因此社会评价是否有超前性会决定项目在将来的成功程度。应特别指出的是，社会评价中的超前观念必须注意适度的原则，既不能过度，也不能不及，因为"过度"与"不及"，都有可能影响预期的项目产出和目标。

4. 在工作中强调评价的伦理观

所谓伦理，就是道德的规范与准则。社会评价的伦理观要求评价人员在评价过程中务必遵循专业道德规范与准则。具体而言至少应该包括：不违背政府的法律与法规；不违背社会道德；引导正确的社会评价方向；具有较好的评价责任感；坚持社会评价的公正性；及时履行自身的评价义务；具有服务国家与服务社会的良好愿望。

强调社会评价中的伦理观，主要是因为：首先，我们在以往更重视从自然科学角度出发的评价，过分强调评价工作的科学性、客观性与标准性，而容易忽视评价中人的存在与人的价值，忽略了评价对象是具有独立性、自主性与能动性的主体的人；其次，社会评价人员一般会与其他评价人员、受评价的当事人以及评价的委托人发生互动关系。也就是说，在评价中存在着大量人与人之间的关系，而凡是存在人与人关系的地方就有伦理与道德；最后，评价人员在社会评价从抽样到问卷的设计、在过程中对其他评价工具的使用、评价后报告的撰写、最终评价结果的使用等各方面都具备一定的主观能动性。因此，有必要强调他们必须尊重事实、尊重评价对象、尊重评价涉及各方应有的利益、尊重自己从事的工作。

5. 在工作中充分考虑发展的全程观

社会评价具有非常明显的全程性，就是说评价涉及的各要素具有动态组合和相互作用的特征，这就要求评价人员在工作过程中注意全程观和综合观。这一观点要求评价人员必须从确定评价目的入手，紧密结合几个重要而相互联系的环节，包括制定评价标准、搜集评价所需信息、选择适当的评价方法、进行价值推理、作出价值判断和重视评价结果等。这一观念的提出依据有以下几个方面：一是任何事物都具有动态的发展性，而社会评价具有明显的发展性特征，即阶段性、动态性、时间性等；二是只有用发展的眼光去看待，才能把握社会评价对象的真实情况，从而更好地完成评价的任务；三是社会评价是以社会存在为基点，以社会发展过程为主线，围绕评价对象在不同阶段的变化、需求等动态因素有步骤分阶段进行。

6. 社会评价合作观

社会评价人员既要对内协调好与不同评价人员及评价委托者之间的各种关系，又要协调好与社会评价当事人及其他涉及的评价对象的关系。强调合作观主要是基于下述几个原因：一是社会评价的对象是复杂的，这就要求评价人员务必要加强与评价对象的合作（如：采取预先对评价对象进行宣传乃至培训的方式）；二是因为社会评价正日益走向大型化和综合化，这就对评价人员提出了更高的要求，必须要依赖不同评价人员的共同合作，彼此支持，才能最终完成；三是随着社会的发展与进步，社会评价的市场化进程越来越快，其最大的影响可能是要求评价人员为评价当事人提供优质的服务，保证评价的质量。为此，评价人员既要以良好的质量让当事人满意，又要注意不能违背评价人员必备的专业道德与行为规范。

7. 社会评价开放观

任何一个系统都应该是开放的，否则就难以生存，更不用说发展。社会评价作为一个系统，也应该是开放的。社会评价开放性原则要求评价人员要用发展的眼光看待周围的事物，关注个体与社会环境的相互关系的发展变化，为评价对象提供表达自己观点的机会，重视现有的价值观念以及乡土知识并以此来适应社会的需要与特定的社会评价工作的要求。

第二节　社会评价的范围及关注重点

一、社会评价的范围

将社会评价或参与式监测纳入项目的实施和评价中，将会使项目产生的重要影响得到应有的考虑。就时间跨度而言，社会评价应贯穿于项目周期的全过程。在项目周期的不同阶段，社会评价的任务和内容应有所不同。在项目的鉴别阶段（建议书阶段）应进行初步社会筛选；在项目准备阶段（可行性研究阶段）应进行详细社会分析；在项目实施阶段应进行社会监测与评价。在不同的阶段，如何界定社会评价的范围，对完成社会评价工作极为重要。

（一）社会评价的地域和时间范围

一份有价值的社会评价报告应该能够为项目计划的制订者提供相关且有用的信息，而实际上，社会评价中的难点之一就在于确定哪种信息是最重要的。项目决策人员在了解哪些信息最有用之前，首先应广泛收集了解大量的信息。

（1）为确定社会评价的范围，需要了解有关项目场址、项目影响区域及可能产生的社会影响的信息；

（2）为确定社会评价中需要评价的对象，需要了解受影响区域内不同群体的情况；

（3）为确定社会评价的各项内容，需要了解项目可能产生的各种影响。

由于投资项目之间的区别很大，没有可靠的方法能够准确无误地确定社会评价的范围。例如，有些项目只在单一的地点进行，而有些项目可能覆盖多个省、县；有些项目预期只会产生很小的影响，而有些项目带来的变化将随时间的推移越来越大或覆盖越来越多的区域。在如此多变的情况下，特别重要的是要注意社会评价的实施方案的制定应能适应具体项目的特殊需求。针对某一个仅影响到一个地区的项目所设计的社会评价实施方案不可能同样也适用于一个影响范围更广、建设内容更为复杂的项目；相反，针对一个复杂的发展项目所设计的社会评价实施方案也不可能适用于另一地区建设的一个基础设施项目。

进行初步社会评价筛选是确定社会评价范围最有效的方法。尽管初步筛选会因具体的项目情况而有所不同，但有助于提醒人们注意以下方面的情况。

1. 项目影响区域

"项目影响区域"是指在该领域里居住的人群受到项目的影响或可能影响项目进展的区域。项目影响区域比项目直接影响地区的范围大，社会评价的范围应尽可能扩大至能够涵盖所有潜在的影响因素，但不应超出必要的范围，如果社会评价范围过大会造成其侧重点分散，同时还会增加项目准备期间的费用开支。例如，对基础设施项目而言，项目直接影响区仅限于工程实施的区域，可能还包括一些辅助性的仓库或材料堆放区，但是项目实施的目标不仅是基础设施的建设，还包括改善附近地区的生活条件，这可能在该地区产生预期之外的变化。与土建工程许多方面不同的是，项目的影响区域无法通过系统而科学的方法进行明确界定。人为判断在所难免，而有效的判断应建立在对潜在社会影响进行认真的研究。例如，我们可以预期一个有游牧人群居住的偏远地区的道路建设，其影响区域远比一个已有道路网络和有工资收入的劳动力居住的城乡结合区的影响区域要小。尽管基础设施项目的实物影响范围非常清晰且有限，但从性质上看其开发活动是逐步开展的，这些项目的土建工程可能涉及若干个省、县或镇，而有些项目仅产生很少的土建工程，如卫生、教育项目。这些情况下，在设计社会评价方案的过程中，对"影响区域"的确定将更加困难，特别是对于一些规模较大的项目，社会评价可能涉及数以千计的村庄，可能需要消耗很多时间，并且可能需要付出昂贵的代价。因此，应仔细考虑社会评价的操作模式，以便在确保社会评价工作方案体现项目所在地区地理、社会和人群等因素特征的前提下提高质量和效率。

2. 项目影响群体的判断

在项目影响区域内居住的人群受到项目影响的方式和程度不可能完全相同，有些人可能没有受到任何影响，有些人可能受到的影响并不大，有些人则可能受到很大的影响，还可能有些人因项目受到不良影响而有些人却因项目而受益。社会评价应谨慎考虑社会和人口统计的范围，这样才能估计出社会影响在年龄、性别、收入水平、民族因素等方面的差异。然而，在社会评价的工作实践中不可避免地将会遇到的一个重要问题就是确定哪种人群将会受到最大的影响，这种确定往往借助于人为的判断。由于项目的潜在影响种类繁多，或由于影响的程度多年以后才能显现出来，或由于不同的人群对影响程度的看法不一致，人为判断将相当困难。因此，初步社会评价筛选（和随后详细的社会分析）应当就社会影响的范围和程度征求各利益相关者的看法。

3. 哪些社会影响是由项目直接导致的

初步社会筛选阶段应对已有的项目设计和可行性研究的相关内容进行认真分析，以便估计项目会产生哪些直接影响。对基础设施项目而言，直接影响包括土地被征用或其他由于土地用途发生变化带来的影响。项目的直接影响还可能受到政策、法规的改变或服务规则更改等的影响。在社会评价工作中，应不断征求群众意见，以便了解有无其他直接影响或潜在的相关影响。

4. 项目可能带来哪些大的变化

如前所述，即使一些项目的影响可能跨越多个地区，社会评价也必须确定评价的地理范围。类似地，社会影响随着时间的推移可能引发各种连锁变化。例如，一条新路的修建，其直接影响可体现在土地征用成本、通行速度和交通便利等方面，但随着时间的推移，它可能会带来其他形式的变化，例如房屋供需的变化、房屋价值的变化、交通堵塞、对行人和非机动车的限制等。由于这一过程是不断发展变化的，我们无法预测所有最终可能会出现的变化情况。但是，初步筛选阶段（及随后的社会评价）应当仔细考虑社会评价的时间架构及哪种变化应引起足够的重视❶。

---

❶ 将社会评价或参与式监测纳入项目实施和评价体系是比较好的做法，这样就可以随着时间推移，对项目产生的各种影响进行跟踪评价。至于时间架构，社会评价应贯穿项目周期的整个过程。社会评价的任务和内容在项目周期的不同阶段是不同的：在项目鉴别阶段（项目建议书阶段），应进行初步社会筛选；在项目准备阶段（可行性研究阶段），应进行详细社会分析；在项目实施阶段，应进行社会监测与评价。

（二）社会评价的项目类型

由于不同的项目，其目标、内容和所在地区的社会经济环境不同、项目影响群体和目标群体不同、项目的社会影响和社会风险不同，社会评价的内容也有所差异。就项目的范围而言，不一定对所有的项目都进行上述鉴别、准备和实施等三个阶段的全部评价。对于那些社会因素复杂、社会影响久远（具有重大的负面社会影响或显著的社会效益）、社会矛盾突出或社会风险较大和社会问题较多的发展项目，应当进行全面的社会评价。这些项目一般包括：

（1）引发大规模移民征地的项目，如交通、水利、采矿和油田项目❶；

（2）具有明确的社会发展目标的项目，即扶贫项目、区域性发展项目和社会服务项目（如教育、文化和公共卫生项目等）❷。

对于其他项目应当首先进行初步社会筛选，然后根据社会筛选的结果，决定是否需要进行详细的社会分析，需要进一步进行详细社会分析的项目一般具有以下特征：

（1）项目地区的人口无法从以往的发展项目中受益或历来处于不利地位；

（2）项目地区存在比较严重的社会、经济不平等现象；

（3）项目地区存在比较严重社会问题；

（4）项目地区面临大规模企业结构调整可能引发大规模的失业人口；

（5）可以预见到项目会产生重大的负面影响，如非自愿移民、文物古迹的严重破坏；

（6）项目活动会改变当地人口的现行行为方式和价值观念；

（7）社区参与对项目效果可持续性和成功实施十分重要；

（8）项目设计人员对项目影响群体和目标群体的需求及项目地区发展的制约因素缺乏足够的了解。

（三）项目影响群体和目标群体

项目影响群体既包括项目受益群体（包括直接受益群体和间接受益群体），也包括可能会受到潜在负面影响的群体。在项目准备的开始阶段，首先要识别项目影响群体，一般需要从正式和非正式渠道收集、分析有关信息资料，为更准确地了解项目影响群体的需求，需要将项目影响群体细分为亚群体，通常情况下可以根据影响人口的贫困状况、民族、社会性别、受影响的程度分为不同类别的亚群体。

项目目标群体是指项目直接瞄准的预期受益人群。

识别项目的影响群体和目标群体包括识别该群体中具体亚群体的需求及其应对项目实施所带来的变化和负面影响的能力。这需要对一系列社会因素进行评估，如目标人群的社会凝聚力、协助项目活动的现有社区机构以及当地人口的知识和技术水平等。

（四）社会评价的切入点

社会评价的中心思想是以人为本。人是发展的主体，也是发展的受益对象。人们在推动发展的同时，也受益于发展过程。从以人为本的思想出发，就必然要求在社会评价中将人的因素放在中心位置予以考虑。从发展项目与社会发展的相互关系中考察人的因素，项目社会评价可以有不同的视角和切入点，如从贫困人口的视角、社会性别的视角、少数民族的视角

❶ 此类项目也包含供水或修路等社会发展目标。项目造成的其他负面影响包括机构/行业重组造成的失业或利益受损、必需品价格上涨，以及价格上涨影响服务的获得。

❷ 此类项目也会带来负面影响，例如设施建设造成征地移民（规模可能小一些），或服务价格上涨。

（如果项目区域有少数民族）、非自愿移民的视角（如果项目涉及非自愿移民）等。

通常，相比于非贫困人口，贫困人口因为贫困，其社会影响力明显较弱，如果不特别关注，他们的声音就很可能被忽视，他们的权益有可能会受到侵害。从以人为本的发展思想来看，如果这部分人被忽视，就谈不上是以人为本的发展。消除贫困是社会发展的一个主要目标。任何投资项目，其最终目标都是为了实现社会的发展。从这一意义上来说，社会评价关注贫困人口是与项目目标相一致的。

社会性别指男性和女性在社会活动中的角色定位。通常男性和女性由于其在社会活动中所扮演的角色不同，其在生活中所处地位、基本需求、对事物的看法和认识也就会有所不同。一个发展项目往往对男性和女性会产生不同的影响。促使项目的设计满足不同性别群体的需要，不仅有助于消除项目对不同性别群体的负面影响的差异，提高项目的实施效果，也将有助于为促进社会性别平等这一长远的社会发展目标做出贡献。

少数民族因为在人数上不占优势，因此他们对项目的设计和实施过程中的一些要求和建议有可能会被忽视，这就要求在社会评价中具有民族视角，以保证少数民族的民族文化不被项目所破坏。同时，通过这一手段，能够使少数民族群体参与到项目中来并从中受益。如果项目所在区域属于少数民族地区，社会评价就必须特别考虑少数民族的特点，特别是民族文化的特点。这是因为：一般而言，少数民族社会经济发展水平相对较低，这就意味着少数民族区域很可能就是贫困地区。另外，保护民族文化多样性的社会发展目标也要求在少数民族地区社会评价中具有民族视角。

对于涉及非自愿移民的项目来说，这一群体是项目重要的受影响群体。无疑，社会评价必须将这一群体作为社会评价的一个重点。非自愿移民在没有成为移民之前，他们有可能也是发展的主流，并未被归入弱势群体或者贫困群体之列，但当他们成为非自愿移民后，将有可能丧失土地资源，劳动、生产和管理技能贬值，社会网络和社会资本发生较大改变等。一旦采取的补偿和恢复措施出现偏差，他们就可能成为新的脆弱群体。因此，如果拟建项目中涉及非自愿移民问题，社会评价中的一个重点目标人群就是非自愿移民。项目实施过程中可能出现的主要问题见表1-1。

表1-1　　　　　　　　　　　项目实施过程中可能出现的主要问题

横向主题	主要问题				是否与项目相关
	灌溉项目	渔业项目	公路、铁路项目	供水项目	
贫困	（1）经济活动、就业与收入； （2）对损失的补偿是否能受益，特别是对受到负面影响人口和贫困者的土地能否得到灌溉； （3）技能与知识要求； （4）基础设施与服务的可利用性与准入条件	（1）经济活动、就业与收入； （2）运作过程的可获利性； （3）是否能受益，特别是对受到负面影响人口和贫困者； （4）技能与知识要求； （5）基础设施与服务的可利用性与准入条件	（1）经济活动、就业与收入； （2）生活水准：对损失的补偿是否能受益，特别是对受到负面影响人口和贫困者； （3）对项目含义与机会的了解； （4）市场与社会服务设施的可利用性	（1）经济活动、就业与收入； （2）运作过程的可获利性； （3）是否能受益，特别是受到负面影响人口和贫困者； （4）技能与知识要求； （5）是否能得到饮用水（自来水）	
环境	（1）小流域治理； （2）水质；	（1）水质； （2）水资源可利用性	（1）空气质量； （2）水质；	（1）生态敏感区域； （2）污水与水质；	

横向主题	主要问题				是否与项目相关
	灌溉项目	渔业项目	公路、铁路项目	供水项目	
环境	(3) 淤积与排水装置; (4) 水资源利用; (5) 土壤特性; (6) 植被、栖息地和特别生态系统的保护	(养殖渔业); (3) 外来品种的引入 (养殖渔业); (4) 排水条件; (5) 渔业存货管理(捕捞渔业); (6) 渔业制度与鱼类栖息环境	(3) 土壤动态; (4) 植被与栖息地的保护; (5) 生态敏感性区域; (6) 文物与文化景点; (7) 项目诱发的开发活动	(3) 水的利用; (4) 土壤动态; (5) 文物与文化景点	
人口	(1) 非自愿搬迁与移民; (2) 人口特征与动态; (3) 土地利用; (4) 水资源准入与权利; (5) 自然资源管理; (6) 农作习惯与当地风俗; (7) 生活质量	(1) 移民; (2) 人口特征与动态; (3) 土地与水资源利用; (4) 对水产资源的权利; (5) 水产资源的准入与利用; (6) 生活质量	(1) 非自愿搬迁与移民; (2) 人口特征与动态; (3) 土地利用与可获得性; (4) 生活质量; (5) 传统生活方式与当地风俗	(1) 生活质量; (2) 土地与水权及使用; (3) 水资源管理	
健康	(1) 细菌与水介疾病; (2) 性传播疾病; (3) 食物供给与安全饮用水; (4) 意外事故与损伤; (5) 卫生设施与卫生条件	(1) 可传染疾病; (2) 饮食习惯与食物保障; (3) 伤亡事故	(1) 艾滋病与其他性传播疾病; (2) 细菌与水介疾病; (3) 伤亡事故	与水有关的、水传播、水接触疾病	
性别	(1) 妇女劳动负担; (2) 对土地及土地收益的支配; (3) 创收活动; (4) 是否能利用公共设施与服务; (5) 妇女在决策过程中的参与	(1) 妇女劳动负担; (2) 在渔业活动中的参与和对收益的支配; (3) 文化障碍; (4) 是否能利用公共设施与服务; (5) 妇女在决策过程中的参与	(1) 妇女劳动负担; (2) 对土地及土地收益的支配; (3) 创收活动; (4) 是否能利用新建基础设施; (5) 妇女在决策过程中的参与	(1) 妇女劳动负担; (2) 对土地及土地收益的支配; (3) 创收活动; (4) 妇女的要求与需求; (5) 妇女在决策过程中的参与	
参与	(1) 在咨询过程中受影响人群的参与; (2) 灌溉水管理的参与组织	(1) 在咨询过程中受影响人群的参与; (2) 渔业生产者与工人的组织化程度	(1) 在咨询过程中受影响人群的参与; (2) 用户与运输人员的组织程度	(1) 在咨询过程中受影响人群的参与; (2) 用水管理中社区的参与	

二、社会评价的关注重点及实施步骤

(一)社会评价关注的重点

社会评价从以人为本的原则出发,研究内容包括项目的社会影响分析、项目与所在地区的互适性分析和社会风险分析等三个方面。

1. 社会影响分析

项目的社会影响分析在内容上可分为三个层次,从国家、地区、社区三个层面展开,包括正面影响和负面影响。

(1)项目对所在地居民收入的影响。主要分析预测由于项目实施可能造成当地居民收入增加或者减少的范围、程度及其原因；收入分配是否公平，是否扩大贫富收入差距，并提出促进收入公平分配的措施建议。扶贫项目，应着重分析项目实施后，能在多大程度上减轻当地居民的贫困和帮助多少贫困人口脱贫。

（2）项目对所在地区居民生活水平和生活质量的影响。分析预测项目实施后居民居住水平、消费水平、消费结构、人均寿命等的变化及其原因。

（3）项目对所在地区居民就业的影响。分析预测项目的建设、运营对当地居民就业结构和就业机会的正面与负面影响，其中正面影响是指可能增加的就业机会和就业人数，负面影响是指可能减少的原有就业机会及就业人数，以及由此引发的社会矛盾。

（4）项目对所在地区不同利益相关者的影响。分析预测项目的建设和运营使哪些人受益或受损，以及对受损群体的补偿措施和途径。兴建露天矿区、水利枢纽工程、交通运输工程、城市基础设施等一般都会引起非自愿移民，应特别加强这项内容的分析。

（5）项目对所在地区弱势群体利益的影响。分析预测项目的建设和运营对当地妇女、儿童、残疾人员利益的正面或负面影响。

（6）项目对所在地区文化、教育、卫生的影响。分析预测项目的建设和运营期间是否可能引起当地文化教育水平、卫生健康程度的变化以及对当地人文环境的影响，提出减少不利影响的措施建议。公益性项目要特别加强这项内容的分析。

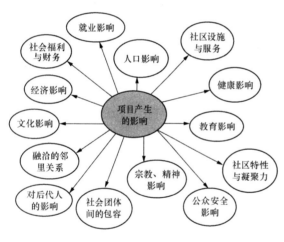

图 1-1　项目社会影响举例

（7）项目对当地基础设施、社会服务容量和城市化进程等的影响。分析预测项目的建设和运营期间，是否可能增加或者占用当地的基础设施，包括道路、桥梁、供电、给排水、供汽、服务网点以及产生的影响。

（8）项目对所在地区少数民族风俗习惯和宗教的影响。分析预测项目建设和运营是否符合国家的民族和宗教政策，是否充分考虑了当地民族的风俗习惯、生活方式或者当地居民的宗教信仰，是否会引发民族矛盾、宗教纠纷，影响当地社会安定。图 1-1 所示为项目社会影响举例。

通过以上分析，对项目的社会影响做出评价。编制项目社会影响分析见表 1-2。

表 1-2　　　　　　　　项目社会影响分析

序号	社 会 因 素	影响的范围、程度	可能出现的后果	措施建议
1	对居民收入的影响			
2	对居民生活水平与生活质量的影响			
3	对居民就业的影响			
4	对不同利益相关者的影响			
5	对脆弱群体的影响			

续表

序号	社 会 因 素	影响的范围、程度	可能出现的后果	措施建议
6	对地区文化、教育、卫生的影响			
7	对地区基础设施、社会服务容量和城市化进程的影响			
8	对少数民族风俗习惯和宗教的影响			

2. 互适性分析

互适性分析主要是分析预测项目能否为当地的社会环境、人文条件所接纳，以及当地政府、居民支持项目的程度，考察项目与当地社会环境的相互适应关系。

（1）分析预测与项目直接相关的不同利益相关者对项目建设和运营的态度及参与程度，选择利益相关者参与的适当方式，对可能阻碍项目存在与发展的因素提出防范措施。分析内容包括：项目所在地区中不同利益相关者参与项目活动的重要性，影响当地人群参与的关键社会因素，在项目社区中是否有一些群体被排斥在项目设计方案之外或在项目方案中没有发表意见的机会，找出项目地区的人群参与项目设计、准备和实施的恰当的形式和方法。

（2）分析预测项目所在地区的社会组织对项目建设和运营的态度，可能在哪些方面、在多大程度上对项目予以支持和配合。首先，分析当地政府对项目的态度及协作支持的力度，尤其是大型项目，在后勤保障等一系列问题上更离不开当地社会的支撑，应当认真考察当地能否提供交通、电力、通信、供水等基础设施条件和医疗、教育等社会福利及生活条件等方面的保障。其次，分析当地群众对项目的态度以及群众参与的程度，通过分析项目的受益者及受益面的大小、受损者及其受损程度和补偿方案，寻找共赢方案。

（3）分析预测项目所在地区社会环境、文化状况能否适应项目建设和发展需要。对于主要为发展地方经济、改善当地居民生产生活条件兴建的水利项目、交通运输项目、扶贫开发项目，应分析当地居民的教育水平能否适应项目要求的社会环境条件，能否保证实现项目的既定目标。

通过项目与所在地的互适性分析，评价当地社会对项目的可接受程度和项目对当地社会条件的适应性，编制社会与项目的互适性分析表，见表1-3。

表1-3 社会与项目的互适性分析表

序号	社会因素	适应程度	可能出现的问题	措施建议
1	不同利益相关者的态度			
2	当地社会组织的态度			
3	当地社会环境条件			

3. 社会风险分析

群体之间的社会紧张或冲突可能会损害项目目标，这一点毫无疑问，正如忽视政治经济环境可以使强大的利益相关者获取或者破坏项目利益一样。尽早识别这些风险，并在实施中对它们进行必要的监测，对于项目的成功至关重要。

（1）社会风险及其分类。在社会风险的识别中，项目方案设计人员应该反复提出下列问题并试图找出答案：什么地方可能出现问题？应该设计怎样的风险管理措施应对已被识别的风险？一旦我们考虑了所有的风险以及风险管理措施，项目是否还仍然合理？

任何项目的社会风险都可以被分成五个类别，见表1-4。

表 1-4 　　　　　　　　　　　　　　　　　五类风险的常见例子

脆弱性	越来越遭受压力或打击
国家风险	冲突和暴力，政治不稳定，种族和宗教紧张
政治经济风险	有影响力的利益相关者掌握项目利益，抵制或者损害项目
制度风险	管理差，技术和管理能力有限，程序复杂
外在风险	贸易条件，地区冲突，气候效应

1）脆弱性风险是指项目的实施可能使利益相关者越来越多地遭受来自外部因素或当地风险的打击，特别是脆弱和贫困人口，项目分析人员应特别关注并探讨如何管理这种风险。项目本身还受到其他四种风险的影响。

2）国家风险——如政治不稳定、种族或宗教紧张、暴力冲突和社会军事化——往往超出了单个项目的控制范围，必须在项目评估时加以考虑。社会腐败有时可能是对项目及其受益者造成损害的主要国家风险。项目受益者通过行贿才能获取本该免费提供的服务，或者躲避责任和义务都将损害项目目标并加剧脆弱性。家族、婚姻、政治赞助和顾客以及构成政府正式框架的其他社会群体之间正常的交换礼物不应该被视为贿赂。参与这些交换的人把它当成是互惠的社会义务，不是腐败，但是在很多情况下，所交换的礼物跨越了种族、阶级、社区和语言的界限之后，就会成为贿赂。

3）政治经济风险是那些可能影响项目预期受益者的风险，是项目的间接结果，损害项目目标以及优势群体掌握项目利益是这类风险的很好例证。政治经济风险也能对项目目标的实现造成严重影响，与项目有关的两个常见的政治经济风险是社会优势群体掌握项目利益以及利益受到项目目标威胁的强大的利益集团破坏项目目标。例如，水利项目所包含的灌溉管理体制的改革可能遭到拥有土地的优势群体的抵制，因为他们利用现有灌溉体系早已占有了过多的水利资源。在很多国家，灌溉改革的方向之一就是强调成立用水户协会，进行参与式管理，但在有些情况下，大农户往往能够控制用水户协会，以维持其曾经拥有的特权。类似地，如果贸易商或供销公司将农业改革的大部分利益内部化，那么这些旨在通过私有市场渠道提高农民收入的农业改革也可能遭受失败，使得项目的目标难以实现。

4）制度风险包括不合理的制度安排、薄弱的管理体系、繁杂的管理程序和低能力。在制度方面，为了项目的实施而成立的新的临时性实施机构，其工作人员来自不同职能部门，受过去工作习惯的影响，他们可能不了解或者没有能力行使新的职能，这时制度风险就会出现。和所有其他类型风险一样，了解出现社会制度方面可能的风险来源，有利于清除或减少其危害。制度分析和利益相关者分析对确定社会制度风险可能的来源很有价值。

5）最后，还有外在风险，例如地区冲突或对社会发展具有重要影响的宏观经济变革。

掌握或控制与项目有关的资产或收益，往往会相应地增加其社会风险，制定有效的规则并不总能预防这些风险。在一个深陷冲突的社会体系中，政府往往通过与非政府组织制定契约的形式来运行一个社会保障体系项目，但是这些服务合约往往都授予了与政府同盟的非政府组织。

（2）社会风险的识别与评估。由于贫困人口缺乏管理风险和应对外部打击的手段和能力，分析社会风险的第一步就是评价项目可能会影响的贫困人口的脆弱性。世界银行的社会保护署制定了评价风险和脆弱性来源的指导原则，他们把脆弱性分解成了一个"风险链"的三个组成部分：①风险，即不确定事件；②风险管理的可选方法，即风险应对策略；③所造成的福利损失后果。指导原则将"脆弱性"定义为"预期成果的前瞻性状态，由风险发生和对风险做出反应之间的关系、频率和时间决定。如果家庭因为一个打击而可能被推向事先设定的福利下限（如贫困）以下（或远远低于下限），那么这个家庭就是脆弱的。"他们指出脆弱性为：（a）是前瞻性的，定义为未来遭受损失的可能性，与某些福利标准有关；（b）一个家庭可以被认为对未来福利损失脆弱，这种脆弱性是由不确定事件引起的；（c）脆弱性程度依赖于风险的特点以及家庭应对风险的能力；（d）脆弱性依赖于时间范围，也就是说一个家庭可能在未来几个月、几年的时间段内对风险脆弱，还要过一段时间才能对风险做出反应；（e）贫困和接近贫困的人口趋于脆弱，因为他们在遭受风险的情况下获得资产补偿（广义上的"资产"）的机会有限，应对风险的能力有限。

项目背景能够提供很多关于风险的信息。降雨和洪水灾害的历史状况、当地人口健康状况的统计数据、区域的社会经济统计资料等，都可以提供有关风险的线索。同样重要的是，要倾听贫困人口如何谈论风险，因为他们最了解各种情况发生的可能性。

项目对其潜在影响的人口的资产和自我保障机制的影响也很重要。项目评价人员首先应调查贫困人口的物质资产（以衡量其自我保障的能力），并调查其他因素——他们的人力资本（教育程度）、获得多样化收入的能力、他们与社会网络（如互助小组的联系）以及他们进入信贷市场的机会等。在存在非自愿移民的项目中，边缘化农民失去土地意味着整个家庭都将处于贫困的危险之中，而对于一个富有的拥有多种财产和收入来源的土地所有者而言，却不会构成风险。

由于时间因素在决定脆弱性方面很重要（如某人可能病了几天或几个月，在其生病的时候如果遭受风险，其脆弱性就会明显增加），一般的家庭收入调查往往难以全面反映不同类型家庭的特殊情况。在社会评价中，应重视采用诸如关键人物的个别访谈和参与者观察等方法，在了解脆弱性方面往往能够发挥重要的作用。

贫困人口常常能够找到应对风险的独特方法，如进行移民、把现金换成珠宝、维护共用的基础设施、通过婚姻扩大家庭势力范围、加入一些行业协会等。当面对打击时，他们还可能选择卖掉牲口、减少食物消费或者向高利贷借钱等来渡过难关。前一类"风险应对"是可持续的，后一类由于破坏了他们的资产基础，可能导致加深贫困，从而提高了他们面对下一个风险的脆弱性。

在一个坐标上画出风险出现的可能性以及重要性有助于确定一个特定项目适宜的风险管理措施（见图1-2）。随着风险靠近图的右上方，对其进行防止和管理就会越来越重要。聚集在右下方向的风险很重要，但其发生的可能性不大，需要制订相应的应付偶发事件的计划。聚集在左上方向的风险虽然危害较小，但其发生的可能性较大，也应该加以考虑。

风险的可能性	风险特征			
高	R	R	MP	K
较高	R	R	MP	MP
一般	I	R	T	T
低	I	R	T	T
风险特征	低	一般	较高	高

风险的重要性

图 1-2 社会风险评估坐标

图中各指标的含义：

K：淘汰项目方案。放弃原有方案设计，从头开始，因为这一方案风险高得不可接受。

MP：对原有设计方案进行修改。采取行动预测可能出现的风险，修改项目方案或提出弥补缺陷的措施。

T：项目将面临有可能产生负面影响的社会风险。应考虑建立绩效评价指标体系，在已取得成绩的基础上，不断调整改善项目实施方案或及时采取减缓负面影响的对策措施等。

R：对项目方案进行仔细审核并加强风险控制。

I：可以忽略这些社会风险。

在社会评价中，可以通过情景分析的方法，帮助政策制定者了解外部战略环境变化可能产生的不确定性。和多数风险评估方法一样，情景分析只有由决策者和利益相关者代表合作配合，共同进行时才最有效（见表 1-5）。

表 1-5 社会风险分析表

序号	社会风险因素	持续时间	可能导致的后果	措施建议
1	移民安置问题			
2	民族矛盾、宗教问题			
3	弱势群体支持问题			
4	受损补偿问题			

（3）社会风险的规避。进行社会风险分析的主要目的是要全面了解目标人群和项目潜在触及的其他群体的风险及其脆弱性，并针对这些风险和脆弱性制定相应的应对策略，通过将传统的风险降低和管理机制与项目方案设计和实施等其他措施相结合，提高目标人群承受风险的能力。项目往往面临不在其控制范围内的风险，在这种情况下，项目管理者也许只能通过政策对话的方式来规避风险。例如，对于公共卫生项目，对很多贫困人口而言，疾病是最常见的压力，一个显著的后果就是维持病人家庭生计的风险。公共卫生政策对大规模消除风险有巨大的多重效应。

投资项目无法预防类似飓风或战争之类的风险。同样，可能的应对手段往往属于政策对话的范畴，特别是关于社会保障体系的政策对话，如社会保障资金和健康保险政策等。因此，风险并不总能被预测或管理，但是项目分析和决策人员应当对它们的存在提高警惕。决策者必须考虑在不同的可能的情景下，政策影响会如何不同。

归纳起来，项目社会评价分析框架如图1-3所示。

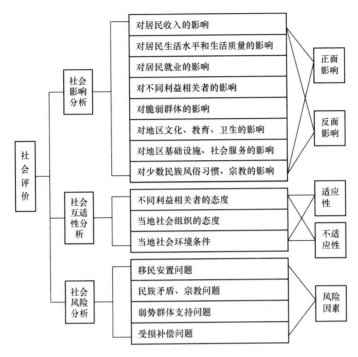

图 1-3 项目社会评价分析框架

（二）社会评价需要关注的其他重点问题

1. 公平问题

公平指的是公正，或公平原则所追求的目标，它意味着：只要人们认为某种方式或方法是公平或正当的情况下，人们就可以给予不同的待遇，或者相同的需求应获得相同的供给（或相同的获取机会）。这在发展研究中已经被视为社会发展的一项主要目标，同时在国际社会中也被视为投资项目社会评价的一个重要指标。

在现实世界中，公平作为社会发展的一个目标，常常与平等或不平等紧密联系在一起。因此，当公平被视为社会评价中的一个指标时，必然要涉及不平等问题。在现实社会中，有各种各样的不平等，如经济的、社会的不平等，地位、权力的不平等，分配性不平等及关系性不平等。不同种类的不平等应当在不同的层次上予以考虑。因此，公平也应在不同的层次上考虑，一般应在宏观和微观两个层次上考虑公平性问题。

在宏观层次上，公平应当作为项目立项阶段社会评价的一个主要指标。目前，中国地区之间的不平衡发展越来越严重，如沿海地区与边远地区间的不平衡发展，东南部与西北部的差别。逐步消除地区间的不平衡发展已经列入中国政府重要的议事日程，因而这一问题在投资项目的立项及准备阶段也应当考虑。在宏观层次上，社会分析人员的主要作用是根据各地区的社会统计数据分析各地区的社会发展水平，提出适应于各地区发展水平的项目建议。

在微观层次上，公平也应作为项目社会评价的一个主要指标。在这一层次上，社会评价可以以两种方式来分析公平问题。第一种方式是，项目的实施在使得项目地区的某些人得到益处的时候，将不损害其他任何的人利益；第二种方式是，项目的实施将不会加剧项目地区现有的人们之间存在的各种不平等现象。通常情况下，应当分析四个方面的不平等，即经济的、社会的、政治的及自然的不平等。为了分析这些不平等，应当应用一些社会发展指标，如平均收入，平均财产，平均工资，人均国民生产总值，性别差异、住房、通信及交通条件，不同群体的人们利用社会服务设施的机会等，所选用的指标将因项目不同而有所差异。

投资项目的社会评价还应当分析实现公平的手段。一般情况下，有两种实现公平的途径，一种方式是由上级政府组织由上而下的干预，另一种是项目社区的基层群众或利益集团的参与。社会评价人员应根据项目社区的社会状况选择恰当的实现公平的方式。

如果公平目标仅能通过当地人群的参与实现，那么，社会评价人员应确定项目的目标人口，并分析目标人口的利益、需要及能力等，同时还应当分析其他一些对实现公平有影响的社会因素，如信仰、种族、社会习俗及亲戚关系等。最后社会评价人员应当推荐采取什么样的方式才能通过项目活动实现公平目标。

在具体的项目分析中可提出如下一些问题：

（1）项目的收入分配是否公平？是社区居民间的贫富差距是扩大了，还是缩小了？群众是否不满？需要采取什么措施？

（2）项目的收益在各群体间分配的比重如何？它使哪些群体增加了收入，哪些群体、哪些人受损？对受损的人如何补偿？

（3）项目的收益分配是否存在目标受益人得不到，而被其他单位或有权势的个人夺走的问题？如果有可能，采取什么预防措施防止效益流失？

（4）目标受益人是否包括妇女在内，如果由于当地特殊情况妇女应得的收入实际可能拿不到，如何解决？

（5）项目的收益分配如果存在不公平问题，是否将影响项目的效益，是否将影响项目的持续性，如果是，需要采取什么措施？

2．参与问题

通常，参与是实现项目效果持续性的一种有效的工具，是吸收公众参与投资项目设计、评价和实施的一种有效方法。它有利于提高项目方案的透明度和决策民主化；有助于取得项目所在地各有关利益群体的理解、支持与合作；有利于提高项目的成功率，减少不良社会后果。一般来说，参与程度越高，项目的社会风险越小。

参与对于那些当地居民和地方组织有直接利害关系的项目，如移民项目、扶贫项目、基础设施项目、农村发展项目，以及文化、教育、卫生等社会事业项目，尤为重要。参与的主要功能是：

（1）可以更多地了解到现有统计资料所无法提供的有关社会变迁、发展的活动等情况；

（2）可以掌握与项目有利害关系的不同利益群体对项目的态度，及其可能产生的正、负影响；

（3）可以吸收更多人的智慧，优化原有方案；

（4）可以提高当地居民、机构对项目实施的责任感。

在项目可行性研究评价阶段，要根据项目的具体情况设计出确实可行的参与模式，参与一般可采用下列形式：

（1）咨询式参与。由社会评价人员将项目方案中涉及当地居民生产、生活的有关内容，直接交给群众讨论，征询意见，一般可用问卷调查法。

（2）邀请式参与。由社会评价人员按不同利益群体分组，推选有代表性、较公正的人员座谈，此时应特别注意收取反对意见，并进行分析。

（3）委托式参与。由社会评价人员将项目方案中特别需要当地居民支持、配合的问题委托给地方有关机构，组织有关利益群体讨论，并进行反馈。

社会评价中有关参与的分析应当包括以下内容和步骤：

（1）分析项目社区中不同利益群体参与项目活动的重要性；

（2）分析对当地人群参与有影响的关键的社会因素；

（3）分析在项目社区中是否有一些群体被排除在项目设计之外，或在项目的设计中没有发表意见的机会；

（4）找出项目地区的人群参与项目的设计、准备及实施的适当的形式和方法。

在具体的项目社会评价中可以提出以下一些问题进行参与的分析：

（1）社区干部特别是领导干部对项目的反应如何？他们对参与项目活动的积极性如何？他们对组织群众参与项目的积极性如何？

（2）社区各群体对参与项目活动持什么态度？有无影响群众参与项目活动的障碍，如何克服这些障碍？

（3）社区干部与群众对参与项目活动的方式、时间有何要求？

（4）用什么方式听取社区各群体对项目的意见和要求为好？如召开各类座谈会、访谈、办信息站公布项目有关资料并定期听取群众意见等。

（5）项目周期各阶段社区群众参与项目的不同方式、时间、人数、如何安排？可能的成效如何？如何作出项目参与规划？

3. 持续性问题

社会评价中持续性评价应当包括三个方面的内容：

（1）环境功能的持续性。环境功能的持续性是一个全球性的长期发展目标，它与人类的生产和生活方式紧密联系在一起。几乎所有的项目在它们的建设和实施过程中对环境都会有影响，因此环境功能的持续性应作为投资项目社会评价的一个指标。

关于环境功能持续性的社会评价应当包括以下内容和步骤：

1）分析由于投资项目的实施引起的主要环境影响；

2）分析对环境功能有影响的主要社会因素；

3）分析实现环境功能持续性的方式。

（2）经济增长的持续性。经济增长的持续性即国民经济以一个持续的速度增长，这是国家发展的目标之一。因此，投资项目的社会评价应把经济增长的持续性作为一个主要指标来考虑。关于经济增长持续性的社会评价的内容和步骤如下：

1）分析项目主要投入物和产出物的关系；

2）分析不同利益群体对项目的态度；

3）找出对项目的实施和运行有影响的主要社会因素；

4）分析实现经济持续增长的各种可能方式。

（3）项目效果的持续性。在社会评价中，项目效果的持续性能力作为判断项目的成功与否的一个主要指标。项目效果的持续性亦即实现项目所计划的目标为人们提供商品和服务的能力，满足人类需要（包括当代人和未来几代人的需要）的一种持续的能力。影响项目效果持续性的各种社会因素应在项目周期的各阶段都进行分析。实际上，有很多因素，如环境的、技术的、资金的、经济的及社会的因素对项目效果的持续性都有影响，这些因素又相互作用相互影响。关于项目效果持续性的社会评价应包括如下内容：

1）在项目的立项阶段确定影响项目效果持续性的主要因素；

2）在项目的准备阶段设计实现项目效果持续性的方法；

3）在项目的实施阶段分析项目和利益集团之间相互影响关系；

4）分析实现项目效果持续性的途径。

在对具体的项目进行持续性分析时，可提出如下一些问题进行分析：

1）投资资金能否按时供应，顺利到位，有无落空或中途被人截流的问题？

2）建设中社区群众是否可能存在对抗情绪或行动？是否可能因人们反对或不支持而拖延建设进度或建不成？

3）建设中各项资源如人、财、物，有无人为被移做他用的问题？

4）项目能否顺利运营，有无中途停顿的风险？

5）政策、体制变化是否将影响项目的持续性？

6）管理机构如项目承担机构、维护修理单位是否会影响项目持续实施？影响项目效益的持续发挥？

（4）机构发展问题。实践经验表明，如果没有一个良好地组织起来的机构来负责项目建设、实施和运行的管理，将很难实现预定的项目目标。因此，机构发展已经成为社会评价的一个主要内容。机构发展不同于公平、参与和持续性，它不能被认为是一个国家的发展目标，它是实现项目目标和社会发展目标的手段。

社会评价中的机构发展最初是集中于能从项目实施结果中得到益处的人们自己组织起来的社区组织。目前，多边机构关于机构发展的兴趣在很大程度上涉及行政的体制政策，然而社会评价所涉及的机构发展仅触及微观的层次。

关于机构发展的社会评价的内容应当包括对现有机构的能力分析及建立新机构的可能性分析。关于现有机构能力的分析应当包括下列内容：

1）目的：即一个机构存在的理由，经常被定义为该机构想要达到的目标，这样的目标可能是广泛的，也可能是具体的。一个强有力的机构能够把不同的目标综合起来，因为不同的人有不同的需要。同时，目标也不是静止不变的，当一些需要满足以后，另一些需要将变得重要起来。有一点应该强调指出的是任何机构都必须取得合法地位，而其目的应通过合法的程序产生。

2）特点：许多机构可能有相同的目的，例如提高生产率，那么这就要通过各个机构的特点来区别各个机构。一个机构的特点经常与其社会的凝聚力联系在一起，有时也指一套共同的价值观和行为规范。

3）结构：有效率的机构应把它的组织结构直接与其目标联系起来。通常很难定义一个机构应有什么样的组织结构，因为其目的是变化的，但一般的机构通常应具有四方面的职能——技术的、行政的、管理的及实施的。社会评价中应当分析这几部分是否有机地联系在一起以及各部分是否有足够的技巧各司其职。

4）体制与程序：有效的劳动分工和再分工需要一定的制度与程序，每个成员应当知道机构期望他做什么，他们的工作在何种程度上依赖于他人的工作状况。一个组织机构的制度与程序应在各个决策层次上得到认可。一个机构还应当有明确的计划、预算、组织、协调、评价等方面的工作程序。每个成员的任务及工作的分配应按程序进行。

5）激励体制：事实上不存在一种单一的原因激励人们在一个组织机构内工作，各个人在同一个机构内工作的激励因素是不同的。有的是为了赚钱，有的是为了得到某种服务、安全或者权力，而有的则是为了离家近一些，取得社会地位或得到晋升机会等。作为一个机构应当具备能够激励人们在该机构内工作的机制。

6）资源：一个机构能否实现其既定的目标，在很大程度上取决于其所能获得的资源，包括人力资源、原材料、资金以及这些资源的组合与应用。关于资源的分配不能与社区的物质、政治及经济环境隔离开来。一个机构所需的社区外的资源越多，就越具有依赖性，因而也就越缺乏持续性。社区所能支配的资源的比例越大，则机构的持续性的可能性就越高。

7）技术：社会评价中还应当注意分析技术的选择应当适应社区组织的特点。通常，技术选择对下列因素有影响：①劳动分工；②与外部维持的联系；③物质环境；④收入水平及社会分层；⑤人们的技术水平；⑥组织机构的体制与程序；⑦对激励机制有影响的利益的类型。

8）协调性：上述七个方面是相互联系相互影响的。因此，社会评价不能仅对各个部分进行单纯的分析，还应分析它们之间是否相互协调。

在对具体项目进行组织机构建设问题分析时，可提出如下一些问题进行分析：

1）项目的组织机构设置是否合理，能否适应项目建设与运营的需要？

2）项目的组织机构设置方案是否与项目采用的技术相适应？

3）项目承担建设、运营、维护的机构能力如何，能否保证项目持续实施，如何提高项目承担机构的能力，以保证项目的持续性？

4）根据项目实施的具体需要，是否需要建立非政府的群众组织机构，协助承担机构保证项目持续实施？

（三）社会评价的实施步骤

社会评价一般包括社会调查、识别社会因素、论证比选方案三个步骤。

1. 社会调查

调查项目所在地区和受影响的社区基本社会经济情况，以及项目影响时限内可能的变化，包括人口统计资料、基础设施与服务设施状况；当地的风俗习惯、人际关系；各利益相关者对项目的反应、要求与接受程度；各利益相关者参与项目活动的可能性，项目所在地区干部群众对参与项目活动的态度和积极性，可能参与的形式和时间，妇女参与有无特殊情况等。

2. 识别社会因素

分析社会调查获得的资料，对项目涉及的各种社会因素进行分类。一般可分成三类：

（1）影响人类生活和行为的因素，如对就业、收入分配、社区发展和城市建设、居民身心健康、文化教育事业、社区福利和社会保障等的影响因素。

（2）影响社会环境变迁的因素，如对自然和生态环境、资源综合开发利用、能源节约、耕地和水资源等的影响因素，以及由此对社会环境的影响。

（3）影响社会稳定与发展的因素，如对人们风俗习惯、宗教信仰、民族团结的影响，对社区组织结构和地方管理机构的影响，对国家安全和地区发展的影响等。

从这些因素中，识别与选择影响项目实施和项目成功的主要社会因素，作为社会评价和对项目方案进行论证比选的重点。

3. 论证比选方案

对拟定的项目建设地点、技术方案和工程方案中涉及的主要社会因素进行定性、定量分析，比选推荐社会正面影响大、社会负面影响小的方案。主要内容包括：

（1）确定评价目标与评价范围。根据投资项目建设的目的、功能以及国家和地区的社会发展战略，对与项目相关的各社会因素进行分析研究，找出项目对社会环境可能产生的影响，确定社会评价的目标，并分析主要目标和次要目标。分析的范围包括项目影响涉及的空间范围和时间范围。空间范围是指项目所在的社区、县市等，有的大型项目如水利项目，影响区域可能涉及多个省市等较为广泛的地域；时间范围是指项目的寿命期或预测可能影响的年限。

（2）选择评价指标。根据评价的目标，选择适当的评价指标，包括各种效益和影响的定性指标和定量指标。所选指标不宜过多，且要便于搜集数据和进行评定。

（3）确定评价标准。在广泛调查研究和科学分析的基础上，收集项目本身及评价空间范围内社会、经济、环境等各方面的信息，并预测评价在项目建设阶段有无可能发生变化，然后确定评价的标准。

（4）制定备选方案。根据项目的建设目标、不同的建设地点、不同的资金来源、不同的技术方案等，提出若干可供选择的方案，并采取访问、座谈、实地考察等方式，了解项目影响区域范围内地方政府与群众的意见，将这些意见纳入方案比较的过程中。

（5）进行项目评价。根据调查和预测的资料，对每一个备选方案进行定量和定性评价。首先，对能够定量计算的指标，依据调查和预测资料进行测算，并根据评价标准判断其优劣。其次，对不能定量计算的社会因素进行定性分析，判断各种社会因素对项目的影响程度，揭示项目可能存在的社会风险。再次，分析判断各定性指标和定量指标对项目实施和社会发展目标的重要程度，对各指标进行排序并赋予一定的权重。对若干重要的指标，特别是不利影响的指标进行深入的分析研究，制定减轻不利影响的措施，研究存在的社会风险的性质与重要程度，提出防控风险的措施。

（6）编制社会评价报告。将对所评价项目的调查、预测、分析、比较的过程和结论，以及方案中的重要问题和有争议的问题写成一定格式的书面报告。在提出方案优劣的基础上，提出项目是否可行的结论或建议，形成项目社会评价报告，作为项目决策者的决策依据之一。社会评价工作程序和任务框架见表1-6。

表1-6   **社会评价工作程序和任务框架**

步骤	程　　　序	任　　　务
第一步	描述拟建投资项目/替代方案	对项目的规划设计以及比较方案进行简要描述
第二步	描述评价方法与限制条件	对相关社区进行描述

续表

步骤	程 序	任 务
第二步	描述评价方法与限制条件	确认可以利用的资源——时间、人员、数据
		确认所有可能的影响范围
第三步	进行筛选性社会影响评价①	制订数据收集计划
		制订公众参与计划
		确认可利用的二手数据
		确定专家
		使用数据收集与分析工具
		实施公众参与计划
		文献研究
第四步	进行完全社会影响评价	按照评价方案进行全方位社会影响评价
		专家参与

① 即项目社会影响范围的确定是一个相对快捷的、不需要花费太多费用的对拟建项目潜在影响的调查。完全社会影响调查是一个更深层次的、对初步影响调查所确定范围的资源集中的详细调查，应当注意在这两个过程中公众参与的作用。在所有情况下，与二手资料和专家意见协同作用的重要因素就是数据收集工具。

三、不同类型项目社会评价的着眼点

（一）甲、乙、丙三类项目

1. 甲类项目

甲类项目包括对社会环境具有显著潜在负面影响的项目，包括那些原则上被认为是敏感的项目：①可能影响脆弱的自然资源（热带雨林、自然保护区等）；②消耗大量的资源，特别是大量土地占用和水资源消耗；③对公众健康造成主要危险（居住区设施、有毒物质的处理）；④可能造成重大环境影响（磁悬浮、大量排放废弃物等）。

在甲类项目中，必须开展社会影响评价，特别是影响显著的大型项目。

2. 乙类项目

乙类项目包括可能对社会环境造成负面影响但不严重，而且通常可以通过现有的应对措施或标准解决办法可以缓解。

3. 丙类项目

丙类项目指涉及国防军工的项目，以及没有或仅有微小社会损失和负面影响的项目，如电子信息、机械装备制造类项目等，这类项目不需要进行社会影响评价，但要在项目可行性研究报告或申请报告中予以说明。

（二）甲、乙类指导性项目清单

1. 甲类项目

项目具有复杂的社会环境影响，补偿只能解决部分问题。例如：

（1）大型基础设施项目、交通项目，如道路、机场、铁路线（含城市轨道交通）、桥梁、管线、旅游设施（土地征收、自然保护、搬迁安置、噪声等影响），大型水利工程，比如水库、海岸保护、港口设施、河道与引水渠建设（自然保护问题、搬迁安置、水平衡

的变化）；

（2）能源建设项目，如水电、火电、煤炭、石油与天然气的开采与加工储运（工厂安全、尾气排放、地下水污染），天然气与石油的开采（地下水污染、甲烷气体排放）；

（3）采矿与矿产品加工（地形的转变、水污染、搬迁安置）、钢铁以及有色金属的冶炼与铸造（尾气与粉尘的排放）；

（4）石化和化工项目，如纸浆生产（水污染）、化学与制药企业（空气与水污染）；

（5）固体与液体垃圾处理设施（空气污染、垃圾气体的排放、垃圾处理厂地点的安全、淤泥处理）；

（6）大型农林项目（土地消耗、自然保护）和集约型畜牧业生产项目（水污染、废弃物排放）；

（7）触及社会影响方面的项目比如需要大型的搬迁安置、对土著民族栖息地的侵扰、对传统权利的影响（比如土地所有权与使用权）、对文化遗产的破坏、社会服务的私有化；

（8）具有综合社会影响的项目，比如项目涉及大量的非技能人员、临时工或劳务输出人员的就业问题，劳动力集约型的产品加工、危险工作环境（例如有毒物质或气体）的项目。

2. 乙类项目

项目造成的社会影响可以通过目前的技术或标准的解决办法得以控制。例如在原有厂址上进行小规模扩建或进行技术改造的项目：①金属加工（酸洗和除油剂、垃圾、噪声）；②木器加工（粉尘、化学制剂、噪声）；③纺织品加工（染色工艺排出物、噪声）；④对第三方关注的社会问题仅有微小的社会影响的项目；⑤工作环境没有显著偏离公认的标准的项目。

第三节　项目周期各阶段社会评价的主要内容

如前所述，社会评价工作应贯穿于项目周期的全部过程，但项目周期各阶段的社会评价工作的侧重点应有所不同。一般情况下，在项目建议书阶段（鉴别阶段），应进行初步社会筛选，在项目可行性研究阶段（准备阶段）应进行详细社会评价与分析，在项目的实施阶段应进行社会监测与评价。

一、项目鉴别阶段的初步社会筛选

初步社会筛选的目的是识别对项目设计或实施具有重要影响的社会因素，并确定是否需要在项目准备阶段进行详细社会分析。初步社会筛选要通过实地考察来进行，要考察拟建项目所涵盖的样本社区。在实地考察中，社会评价人员要实地考察社区情况并访问目标受益人群、受影响群体以及能够掌握相关信息的关键人物。

（一）初步社会筛选的主要任务

1. 识别关键利益相关者

关键利益相关者是指在项目的设计、决策及实施中具有重要影响的项目利益主体，包括与项目有关的各种社会群体、公共和私有部门的正式和非正式机构，以及各类非政府组织。识别关键利益相关者可以从研究现有的项目资料入手，在审阅二手资料时，可以发现与项目活动关系最大的团体和机构，然而要确认哪些机构与项目息息相关，必须与决策者、中央和地方政府代表、经验丰富的国内外社会学家以及当地非政府组织进行磋商。此外，还要充分了解项目地区广泛的社会发展问题和项目的内容和可能包括的技术方案。

2. 识别与项目密切相关的社会因素和社会风险

在对项目所在地区的社会发展问题进行总体判断并确定关键利益相关者之后，社会评价人员应当分析项目实施对不同的利益相关者可能产生的社会影响（包括正面影响和负面影响），项目实施可能遇到的社会风险，关键利益相关者、贫困和弱势群体的参与能力，以及他们的参与对项目目标的实现和项目效果可持续性产生的影响。同时，初步社会筛选还要考虑更广义的一些社会因素，如社会凝聚力、社会资本、社会组织等对项目设计与实施的影响与作用❶。

3. 判断进行详细社会分析的必要性和内容

在对现有资料进行研究分析和对项目地区进行初步调查了解之后，应根据初步社会分析的结果，确定是否有必要进行进一步的详细社会分析，如有必要应确定详细社会分析的具体内容。

（二）主要步骤及内容

1. 明确项目的目标和主要社会效益与影响

首先，运用逻辑框架分析法研究项目的初步设想方案，投入、产出及主要内外部关系，从而明确项目的目标，包括直接目标与宏观目标。分析研究项目的目标是否与国家、地区发展目标相适应。其次，调查了解项目拟建地点的社会经济环境、当地的社会人文情况、人口统计特征、资源情况等，根据项目社会评价的内容，结合项目的行业特征、功能、产出等，初步预测评价拟议中项目可能产生的主要社会效益与影响，包括直接影响与间接影响，有利影响（效益）与不利影响。例如，某项目的直接有利影响有增加农业生产、增加农民收入；不利的直接影响有生活区将被项目征地，有些人需要拆迁、失去土地、失去生计等。间接的不利影响如项目近期水质恶化，可能影响农业灌溉和生活用水，由此而影响农业生产，影响农民的生活和收入，还要调查预测当地社区居民对项目的影响的反应等。

2. 明确项目的目标群体与受影响群体

通过明确影响区域，进行影响区域的社区调查和识别项目的主要影响和波及范围，就可以初步确定目标群体与受影响的群体。目标群体是指项目直接受益的群体，受影响的群体是指非目标群体而受项目影响的群体。明确目标群体与受影响群体一般可按两个步骤来完成，首先收集项目区总体人口统计资料，包括性别、年龄、民族、收入状况、地理位置、职业与社会经济特征等方面的信息和数据；然后，按照人口的社会经济及文化特征不同对人口构成进行分类（如按职业、收入水平、宗教、风俗习惯等指标来划分），并进一步收集，整理各子群体特有的社会、经济及文化特征的信息和资料，以明确目标群体与受影响群体的结构及特征。

3. 评估目标群体对拟建项目的需要和需求

对项目的需要，可以通过评定拟建项目是否符合国家、地区或当地的发展规划与发展重点、资源状况等加以确定；对项目的需求，则要通过了解当地目标人口对拟建项目的反应和态度，比如是否欢迎这个项目，是否愿意参与项目的活动并为之做贡献等来加以确定。

---

❶ 一个社会的社会资本包括用于构筑个人之间交往并维系经济社会发展的机构、关系、态度和价值观。它包括私人关系、信任和公民责任共同意识中表现出来的社会行动所共有的价值观和规则，这使得社会整体超越了所有个体的总和。

4. 评估目标群体对项目的吸收能力

吸收能力，是指目标群体对项目的投入的接受能力，以及对项目带来的技术、经济和文化的变化，特别是项目的不利影响的适应和承受能力。影响目标群体对项目的吸收能力的主要变量有：目标群体及其社区的内部凝聚力、自主性、基层组织的健全和发展程度、当地领导的素质、目标群体的现代知识和技能水平，以及他们与项目执行机构之间的关系等。如果当地社区组织机构健全，经营管理以及与外部协作的能力较强，社区凝聚力、自主性强，干部素质较好，具有开拓进取精神，与项目实施机构及有关部门建立了较密切的联系等，则表明其吸收能力高。反之，则显示其吸收能力低。

特别值得强调的是，有些项目，如引起大量非自愿移民的建设项目，或在少数民族地区投资的项目，对部分目标群体或受影响群体造成不利影响的可能性较大。对这类项目，要特别注意评估项目可能产生的不利影响，鉴定易受损群体及其吸收能力，并研究如何减轻、化解不利影响，提高易受损群体对项目的适应及承受能力的措施。

初步社会评价的结果，如果显示出项目没有消极影响，目标群体对项目的需要和需求较高，受影响群体对项目的反应较好，没有潜在的不满和反应情绪，吸收能力也好，就可确定不需要进一步进行详细社会分析评价。否则，如果发现项目对某类人口可能产生不利影响，目标群体对项目的需要和需求有限，吸收能力不强，或受影响的群体存在不满和抵触情绪，则需要在下一阶段进一步开展详细社会评价。如果估计有些社会风险难以解决，则需要重新研究项目的内容或建议不批准立项。

综上所述，鉴别阶段的初步社会评价，应对以下几个问题进行分析、说明并得出初步结论：①项目目标及其功能对本地的适应性；②项目区各群体与当地干部愿意接受、参与拟建项目的可能性和程度；③是否需要进行详细社会评价，以使项目有利影响最大化，不利影响减少到最低程度；④估计项目持续实施是否可能有社会风险；⑤进一步开展详细社会评价的主要问题；⑥从初步分析看，建议项目是否可以批准立项。

二、项目准备阶段的详细社会评价

详细社会评价的主要目的是为项目设计和实施提供有关社会组织和文化习俗方面的信息，为消除和减缓负面社会影响的行动方案提供详尽的社会经济数据，以确保项目准备的质量和实施的成功。在发展项目的社会评价中，收集和分析与社会发展相关的信息是一个相互作用和参与的过程。项目地区人口的社会文化和人口统计特征、他们的生产活动和社会组织，以及项目内容与他们的需求兼容的程度等，是影响诸多发展活动的至关重要的因素。详细社会分析的内容应基于初步社会筛选的结论和建议，但通常情况下，应主要侧重于以下几个方面：

1. 利益相关者分析

详细社会评价与分析应当对在初步社会筛选中识别出的项目利益相关者进行更为详细的分析，主要分析各个利益相关者受项目影响的程度以及他们对项目的影响力。

2. 评价机构制度和社会组织

项目活动的预期受益人群，如贫困与弱势群体（如妇女、儿童、老年人），可能在利用项目资源方面遇到困难。原因多种多样，如正式和非正式机构、当地风俗习惯、社会组织形式、不同群体之间的关系、社会机构（如家庭、亲族或民族群落）、正式的和习惯的规章制度、产权、补贴安排、中央和地方政府机构，以及信息和通信系统。因此，社会评价应确定是否存在体制性和机构性障碍；如果存在，则提出克服这些障碍的建议。社会评价中的机构分析是对项目技术、经济和财务分析的补充，它侧重于考察所建议的瞄准措施的可行性和所建议的参与机制的可持续性。同样重要的是，社会评价人员在进行机构分析时，还应分析研究社会资本、社会网络等因素对项目设计和实施的影响与作用，并列出能够帮助动员利益相关者实现发展目标的现有当地机构。一些非正式的地方规则，如那些影响社会群体的行为和态度的道德规范、价值观念和信仰体系，可能会影响项目的实施安排。因此，社会评价中的制度分析不仅要识别是否存在机构障碍，还要提出克服现有机构障碍的建议，包括现有机构安排的改进或新制度的建立。

3. 制定参与框架

社会评价要注重不同群体的参与。首先是贫困和弱势群体的参与，这是社会评价必须坚持的基本原则；其次是更广泛的利益相关者（政府和非政府组织、资金提供者和其他伙伴）在项目准备、设计和实施过程中的参与。参与机制的方案设计是社会评价的重要工作内容之一。完整意义上的参与框架机制一般分为三个层次，即信息分享机制、协商机制、参与机制。详细社会分析应在基于对项目的基本内容、项目利益相关者的社会经济特征、传统文化、风俗习惯等详细分析的基础上，提出项目应当采用的参与机制和参与框架。

4. 制订详细的负面影响减缓计划

对于那些无法量化或确定的负面或间接影响，社会评价要切实找出减缓负面社会效果的措施，对弱势群体的负面影响尤应重视。比如，大型土木工程中的短期流入劳动力可能带来负面的和间接的影响，项目设计者应该考虑到这种外来劳动力的流入给项目社区带来的影响。在已经识别了具体社会群体所受负面影响的情况下，必须确定减轻影响的措施方案，并确保有相应的机构设置来负责实施这些方案。如果减缓计划必须纳入整个项目方案的必要组成部分，就特别需要社会评价专家参与项目工作。

5. 确定评价指标并完成基线调查

要衡量一个项目的社会影响，必须要有一定的指标。在详细社会分析阶段要根据项目的具体目标，项目地区的社会发展目标和项目目标群体以及影响群体的社会经济条件等因素确定评价的指标。同时，为了衡量项目的实施效果，在项目实施之前或开始实施之际就应当对项目地区进行基线调查，以确定"无项目"状态下可能发生的情况，此类基线调查可以得出衡量项目影响的基准点。这种调查应尽可能地得出量化数据指标，以便通过"有无对比"分析，判断项目的实施可能带来的变化程度。从社会评价的角度看，每一个亚目标群体都有各自不同的特点，受项目影响的程度也会各不相同，因此应该分别对待。

三、项目实施阶段的社会监测和评估

为了衡量项目的实施成功与否，评价项目设计方案能否满足项目目标群体的需求，需要充分、及时地获得有关项目实施各个方面的信息，这就要求在项目的实施阶段做好社会监测和评估工作。为了保证评价方法的严密性，社会监测与评价应对"无项目情况"做出估计。也就是说，如果没有该项目会怎么样，或者会出现什么情况。为了确认无项目情况，需要关注来自其他因素的影响，这是一个复杂的工作。通过利用比较群体或控制群体，即不参与项目，不从中受益的群体，与那些目标受益人群进行一系列对比分析就能掌握这方面的信息。控制群体是从参与项目的人群中随机抽样而选定的，而比较群体则是完全不参与项目活动的人群，这两种群体都可以用于社会评价的对比分析对象，其区别仅为是否参与项目。

确定无项目情况是社会监测与评价工作方案制定的核心，确定的方法可分为两大类：实验法（随机抽样）和类实验法（非随机抽样）。然而，要勾勒出非项目情况下的项目影响却非易事，因为会受到历史、选择偏好等的影响。也可运用定性的和参与式的方法来评价项目的实施活动所产生的各类社会影响，以便让项目的有关受益人群直接发表对项目的观点和看法。通过项目实施过程中的社会监测与评价，有助于及时发现项目实施过程中存在的一些问题。当这些问题有碍于项目目标的实现时，应当提出调整方案。

项目周期各阶段社会评价的主要内容见表1-7。

表 1-7 项目周期各阶段社会评价的主要内容

项目周期	关键的社会评价活动
项目鉴别阶段：初步社会筛选	（1）识别有战略性参与意义的关键利益相关者； （2）识别对项目方案制定和实施有重要意义的社会因素； （3）按项目内容归纳关键社会问题； （4）根据项目地区的发展优先次序及社会发展目标，从社会评价的角度论证项目建设的必要性； （5）识别项目可能引发的负面社会影响； （6）寻找使项目影响人群受益的机会； （7）判断是否需要进一步详细的社会分析评价
项目准备阶段：详细社会评价	（1）提供当地社会组织（如生产和服务组织）和文化习俗等方面的信息； （2）评价项目活动与当地需求（包括性别需求）之间的兼容程度； （3）评价机构和组织方面的问题，确认有助于利益相关者参与项目的社会资源状况； （4）制定参与框架，使男性和女性、穷人和脆弱群体及更广泛意义上的利益相关者能够参与项目的有关过程； （5）作为参与框架的一部分，设计参与机制框架（即信息共享、协商和具体参与的机制）； （6）确定每个利益相关者的具体责任和可供监测的项目活动； （7）制定实施方案，包括机构调整、能力建设、目标定位、职能排序、激励机制； （8）评价社会效益和社会风险（包括潜在冲突和成本）； （9）提出减缓项目负面影响应采取的措施
项目实施阶段：社会监测与评价	（1）制定公开的可核查的监测与评价程序（包括参与方式）； （2）制定监测与评价指标（如投入指标、过程指标、产出指标），以衡量项目实际产生的社会影响； （3）评估项目满足目标群体需求的程度； （4）确保在各类负面影响减缓方案中建立监测与评价程序； （5）及时提出消除妨碍项目社会目标实现的调整方案

四、项目后评价阶段的社会评价

投资项目后评价是在项目完成后，对项目的决策、执行、效益、影响和管理的系统的总结性评价。它是对项目预测评估进行的再分析评价，是项目决策管理的反馈环节，目的是总结经验教训，为今后建设同类项目提供经验；改进项目管理，消除或减轻不利的社会影响，提高投资效益；为国家、地方改进投资决策管理，完善相关的政策措施，提高科学管理水平服务。

后评价包括管理过程评价、财务经济效益评价、社会影响评价以及持续性评价。社会影响评价与持续性评价属于社会评价的内容。

后评价的社会评价一般称影响评价或社会影响评价（包括持续性评价）。分析的内容、方法、步骤与可行性研究阶段的社会评价基本相同，但项目后评价主要是分析评价项目实施若干年后产生的实际情况，并在实际影响的基础上预测项目寿命期内影响的变化状况，因而在分析内容、方法、步骤上也有不同特点。

1. 后评价阶段社会评价的步骤

（1）重新明确项目的目标与实际影响范围。根据项目评估时的目标，分析收集到的实际状况与资料，重新明确项目投资要达到的目标，能定量的应尽量定量。根据项目的目标与已有的实际社会影响情况，重新确定评价的时间范围与空间范围。

（2）调查预测。除了从监测获得的影响状况的信息流以外，后评价的调查预测要着重深入项目影响区各社区开展现场调查。

（3）进行分析评价。后评价的社会影响评价，要注重实际影响与预测影响的对比分析，发现影响的变化状况，找出变化的原因，还要研究对仍然存在的不利社会影响采取适当的减轻措施。在与预测影响对比时，实际影响要用"有项目"与"无项目"情况进行有无对比分析，确定哪些实际影响确实是项目投资引起的。

（4）结论。后评价的分析结论，应着重经验教训，可以采用矩阵分析总结法，提出从社会评价方面看，项目是否成功，有何经验教训，还存在什么不利影响，如何采取措施减轻。

2. 后评价阶段社会评价的内容

评价内容主要包括影响评价、项目与社会相互适应性分析和项目的持续性分析。

（1）影响评价。主要揭示项目实际发生的社会环境影响，以及对社会经济的影响，特别是其中对社区的影响和对社区各群体的影响。与前评价对比，有无预测未料到的影响，有无原来未发现的受损的群体和不利影响。如果有，不仅要总结经验教训，还应研究采取补救措施，消除或减轻不利影响，以利项目持续实施，并促进社会稳定与进步。

（2）项目与社会相互适应性分析。主要分析项目是否与社区群众的需要相适应，当地社区对项目是否满意并能支持项目持续实施；扶贫、收入公平分配、组织机构发展、妇女地位等方面，参与状况如何；与前评价对比，研究总结项目与社区是否协调，如果存在问题应研究采取措施解决。

（3）项目的持续性分析。在后评价时，项目的持续性问题，比预测评估时容易看清楚，因为有些影响持续性的问题在几年实践中可能已经显示出来，后评价应对持续性问题做深入的分析。

持续性分析应综合各方面的实际影响因素，如政府的政策、管理、组织机构发展、地方政府与社区群众参与、财务、技术、社会环境（文化、风俗习惯等），外部的政治、经济环境等进行深入的综合分析，研究项目是否可持续地顺利实施下去，项目的目标是否还可以继续；承担项目建设与运营的业主是否愿意并可以依靠企业自身的力量继续实现既定的目标；是否还存在任何社会风险影响项目的持续性，如发现存在不利于项目今后持续实施并持续发挥效益的问题，如项目的收入在受益人间分配不公，妇女未得到应得的份额，群众中存在不满，或新建的组织机构不能适应项目发展，群众参与不充分，影响项目的效益和持续运营等。应在分析基础上提出解决措施建议，以保证项目的持续性。项目社会评价及其报告所对应的项目阶段见表1-8。

表 1-8　　　　　　　　　　项目社会评价及其报告所对应的项目阶段

项目阶段	项目准备阶段	项目建设阶段	竣工验收	项目后运营阶段
项目报告	（1）项目建议书； （2）项目可行性研究报告	（1）项目进展报告； （2）项目中期检查报告	项目竣工报告	项目总结报告
社会评价	立项前的详细社会评价	建设过程中的监测与评价	项目竣工社会评价	项目后评价（一般在项目竣工投入运营两年后）
社会评价报告	社会评价报告	（1）年度评价报告； （2）中期评估报告	终期社会评价报告	竣工后社会评价报告

第四节　社会评价采用的指标、方法及报告撰写

一、社会评价中采用的指标

为了有效开展社会评价工作，尤其是在社会监测评价工作中，需要制定能够对社会风险和社会变化反映敏感的一系列评价指标。为准确反映项目的效果，社会评价指标应把社会性指标（如时间节约、教育、健康、技能开发、信息透明和社会性别等）和经济性指标（如收入增加、新增就业机会、生产率提高、收入分配等）综合在一起，作为分析项目社会影响及效果的辅助工具。社会评价指标按照其衡量的内容和对象不同可分为客观指标和主观指标、核心指标和其他指标。

（一）客观指标和主观指标

按照指标值的取得方式及其性质，社会评价指标可以分为客观和主观两种。客观指标反映客观社会现象，它们最适用于衡量项目带来的结构性变化。例如，客观指标衡量贫困时，使用的是官方贫困线以下的家庭数量、人均净收入或人均粮食生产量等可能从客观上获得的数字。主观指标最适用于衡量对个人的影响，即他们的福利现状和期望，以及对影响的各方面的满意程度。由于个人的主观判断受多种因素的影响，不同社会群体及各种利益相关者的各类社会因素及投资项目社会效果的主观理解可能存在很大差异，因此应该建立一套综合客观和主观指标的核心指标。

（二）核心指标和其他指标

核心指标是衡量项目影响，特别是衡量受项目影响人群的收入（收入来源、收入水平、储蓄、信贷）和就业状况，以及社会服务和当地文化状况的指标。这些指标同时反映项目地区的具体目标人群对项目的看法，其他指标是特定行业的，或与特定项目目标或具体情况相关的指标。

对于不同的项目，社会评价具体采用的指标可能存在较大差异，但所有项目的社会评价指标具有一些共同的特征。纳入社会评价指标体系中的评价指标，应该具有以下特征：①必须是可测量的；②必须是现成的，以可靠的现有信息为基础；③指标数据的收集和测算应考虑成本效益因素，必须是经济上可以承受的，收集数据及分析计算这些指标所花费的财务费用及时间应在已确定的预算中所规定的范围之内；④指标应能用来反映随时间变化的动态趋势，并且是根据特定时间内所收集的数据进行分析测算的；⑤应有对性别反应灵敏，能显示和衡量与妇女进步有关的评价指标，并且通过这些指标数据易于观察这些变化和趋势；⑥必须对受项目影响的社会经济状态的变化反应灵敏，从而能够对这些变化做出正确的反应；⑦应该是能快速观察到的，如果能在数据采集之后马上得到这些评价指标，比花费很长时间

处理这些观察数据更有益；⑧所采用的指标必须是易于为大家所理解并能被使用者所接受的；⑨能够用简单的方式来表述这些指标的含义，以便广大群众能够理解。

（三）指标体系的建立

1. 社会评价指标的特征

对于不同的项目，社会评价具体采用的指标可能不同，但所有项目的社会评价指标具有一些共同的特征：

（1）应该是可量化计算的；

（2）所依据的信息资料必须是可以得到的，并且能够获得可靠的信息资料；

（3）指标数据的收集和测算必须是经济上可以承受的，收集数据及分析计算这些指标所花费的代价及时间应在已确定的预算范围之内；

（4）指标应能用来反映随时间变化的动态趋势，并且是根据特定时间内所收集的数据进行分析测算的；

（5）应有对弱势群体反应灵敏，能显示和衡量与弱势群体社会状况改善有关的评价指标，并且通过这些指标数据易于观察这些变化和趋势；

（6）必须对受项目影响的社会经济状态的变化反应灵敏，从而能正确反映现实；

（7）所采用的指标必须是易于为大家所理解并能被使用者所接受的；

（8）指标体系应具有全面性综合性特征，既能反映正面影响，又能反映负面影响。

2. 社会评价的指标体系

社会评价应以各项社会政策（如就业政策、分配政策、扶贫政策、社会福利政策和社会保障政策等）为基础，针对国家与地方各项社会发展目标的贡献与影响进行分析评价，其主要评价指标多而繁杂，在选择社会评价指标时，不同行业、不同类型的项目应有所差别。这里给出一些社会评价指标（见表1-9），在实际运用时可视具体情况有所取舍。

表1-9　　　　　　　　　　　　　**社 会 评 价 指 标 举 例**

一级指标	二级指标	三级指标
对社会的影响	1.1　就业效果 1.2　对收入分配的影响 1.3　对社区发展和城市建设的影响 1.4　对人们身心健康的影响 1.5　对社会环境的影响 1.6　对社区福利和社会保障的影响 1.7　对社区组织机构和地方管理结构的影响 ………	1.1.1　安排直接就业 1.1.2　吸收间接就业 ……… 1.4.1　增加社区服务设施 1.4.2　改善城市基础设施 1.4.3　扩大社区住宅面积 ………
项目的互适性	2.1　当地政府对项目的态度 2.2　当地群众对项目的态度 2.3　当地社会组织对项目的态度 2.4　当地的基础设施支持条件 2.5　当地的技术支持条件 2.6　当地的文化教育水平 2.7　群众的参与积极性 ………	2.1.1　地方政府财政支持 2.1.2　地方政府加强宣传力度 2.6.1　当地科研院所众多 2.6.2　科技人员素质较高 ………
项目的社会风险	3.1　对弱势群体的影响 3.2　对人们风俗习惯、宗教信仰、民族团结和文化多样性的影响 3.3　对受损群体的安置和补偿的影响 ………	3.1.1　对妇女的影响 3.1.2　对儿童的影响 3.1.3　对老年人的影响 ………

二、基本方法和分析工具

社会评价运用多种收集和分析数据的方法，既包括定量方法（如社会经济调查和统计分析），也包括定性方法（如受益人群评估），使用何种方法主要取决于问题的复杂性和必要的参与程度。具体来说，信息的收集是在用参与方式通过与主要利益相关者进行协商的过程中进行的，这包括（但不限于）访问掌握关键信息的人物、重点群体以及问卷调查等。同时，在尽可能的情况下，社会评价还应该利用现有资料和二手统计数据。

传统的信息收集和分析方法包括定量的，即用问卷调查等方式收集有关定量分析的信息，也包括定性的，即用开放式问卷收集非定量性的信息。两种方法各有利弊，而人们越来越认识到把两种方法结合使用的必要性，而不必片面强调定量方法。社会评价应强调定性和定量方法相结合，以取长补短，提高结果的可靠性，在中国社会科学研究中运用得越来越广泛。集合这两种方法收集的信息所形成的建议可以取得更好的效果。例如：①用定量调查数据确定待研究的个人或社区；②用定性方法确定定量调查问卷的设计或正式面访中需要询问的问题；③用定性方法丰富和解释定量数据中出乎意料的结果；④用定性方法调查满意度或个人意见。

社会评价常用的方法和分析工具包括：

（1）社会经济调查：当地农村或城镇社区和家庭社会经济情况的定量统计，家庭调查应包括家庭内部劳动分工和收入转移等社会性别内容；

（2）利益相关者分析：确定项目的主要利益相关者及其与项目活动之间的相互作用，包括拟建项目将对他们产生何种影响，以及他们可能给项目施加的影响，确定贫困和弱势群体对有关影响和代价的承受能力；

（3）机构分析：确认一个机构开展必要活动的能力，评价机构内部协调机制是否充分，必要时提出加强机构能力建设的措施；

（4）社会性别分析：确定妨碍妇女参与的瓶颈，描述社会性别的具体活动和现有的受益渠道；

（5）社会影响评价：评价发展活动的成本效益在不同利益相关者和不同时间是怎样分配的，确认项目对社会环境的潜在正面和负面影响，包括对收入、生活水平、生活质量、就业、当地不同利益相关者、脆弱群体、男性和女性、地方文化、教育、公共卫生、基础设施和社会服务等方面的影响；

（6）贫困评价：根据收入贫困线，确认最大程度实现项目的减贫目标措施和规避风险变化、寻找发展机遇的具体办法；建立有效的参与机制和途径，并对多种方案进行评价；

（7）社会风险评价：确认因社会情况的改变而产生的社会风险，分析社会风险可能发生的社会环境，并特别关注那些长期存在、影响广泛和易起争端的社会风险因素；

（8）参与式评价：参与式评价有助于有效地促进与项目利益相关者的协商、促进双向信息流动、并能促进提高项目目标群体对项目的拥有感。

三、社会评价报告撰写

社会评价的结果应形成社会评价报告，报告内容应能够满足进一步明确投资项目应达到的社会目标等要求，并可作为针对这些目标制定项目方案的依据。在投资项目的研究论证中，社会评价可能以独立的研究报告的形式出现，也可能作为投资项目可行性研究报告或咨询评估报告等项目论证报告的一个独立章节的形式出现。无论以什么方式出现，对社会评价报告编写的基本要求是一致的。

（一）社会评价报告的要求

1. 社会评价报告的内容深度要求

社会评价报告是社会评价工作成果的集中体现，是社会评价承担单位向其委托单位提交的工作文件，是政府有关部门对有关建设项目进行审批、核准或备案的重要依据，其内容应该达到以下要求：

（1）社会评价报告总体上应做到内容全面，重点突出，实用性强，全面回答有关各方所关注的涉及社会评价的各方面问题；

（2）项目背景的社会信息以及相关社会层面的项目受益人群范围应界定清楚，包括对社会经济和人口统计特征、社会组织和社会服务、文化接受程度和融合能力、受益人群参与项目相关活动的可能性等方面的阐述；

（3）解释在所选定的需要进行社会调查和评价的受影响范围及特定社会环境条件下所开展的社会评价工作的过程、目的及效果，包括为开展相关社会评价工作所采用的策略和方法；

（4）确认主要利益相关者的需求、支持项目的意愿、目标人群对项目内容的认可和接受程度等；

（5）阐明需要由拟建项目来解决的社会问题及解决方法，在需要时制定缓解负面社会影响后果的方案，如果所造成的负面社会影响后果不能由项目业主自身来解决，阐述其他可供选择的解决途径；

（6）为增强不同利益相关者参与项目的能力提出具体方案，为提高项目透明度和确保社会公平、减轻贫困和降低社会风险提出具体方案，制定必要的利益相关者参与方案，在少数民族群体将会受到负面影响时，按国际惯例制定符合少数民族特殊需求的方案；

（7）提出从营造良好的社会环境条件的角度，提升项目实施效果及实现项目预期目标的有关建议，并提出使项目机构能够继续自我发展且符合当地可持续发展目标要求的策略和途径；

（8）对项目实施过程中的监测评估机制提出建议，从而通过把重点放在符合项目社会发展目标的投入、过程、产出和结果上，对项目实施过程中的监测评估做出制度性安排。

2. 社会评价报告的编写要求

（1）所采用的基础数据应真实可靠。基础数据是评价的基础，社会评价强调重视社会经济调查工作，尽可能全面了解项目影响区域的社会经济真实情况。社会评价报告引用的数据资料应确保来源可靠，要选用最能支持和说明观点的关键指标和最新、权威的数据资料，并明确指出数据的来源渠道。对于国家及当地统计部门已经发布的数据，要求至少是上一年度的统计数据。对于统计部门尚未发布，通过其他途径获得的数据，引用时应对数据的准确性进行分析论证。

（2）分析方法的选择要合理。社会评价应在社会基础数据资料调查研究的基础上，对拟建项目预期可能的社会影响进行预测分析。应根据项目所在地区的实际情况，通过定性分析与定量分析相结合的方法，对未来可能的社会影响后果进行分析预测。

（3）结论观点明确，客观可信。结论中必须对建设项目可能造成的社会影响、所采用的减轻负面社会影响措施的可行性、合理性做出明确回答，不能模棱两可。结论必须以严谨客观的分析论证为依据，不能带有感情色彩。

（4）报告格式应规范。应强调社会评价报告的客观性、科学性、逻辑性和可读性。报告写作应合理采用图表等形式，使报告的论证分析过程直观明了，版面图文并茂，简化不必要的文字叙述。语言表达要准确、简明、朴实、严谨，行文不加夸饰和渲染。凡带有综合性、结论性的图表应放到报告正文之中，对于有参考价值的图表应放到报告的附件中，以减少正文篇幅。

（二）社会评价报告编写要点

建设项目的类型不同，对社会评价要求的差别很大。社会评价工作在我国的开展刚刚起步，国外及有关各级组织对社会评价报告的编写要求也不尽相同，因此没有一个被普遍接受的社会评价报告编写标准格式，报告的章节设置、表达方式存在很大差别，但投资项目社会评价报告编写时应重点关注的内容相差不大，主要包括以下方面：

1. 报告摘要

主要阐述评价项目的由来，编制社会评价报告的依据、评价范围、主要工作过程、主要结论及建议等。

2. 建设项目概述

主要阐述建设项目的规模、工程技术及产品方案、原材料、燃料供应、辅助设施建设、项目建设和运营活动的社会影响范围和途径等。

3. 社会影响范围的界定

根据项目的具体特点及当地的社会经济情况，对社会影响范围及对象进行合理界定。重点包括以下内容：

（1）对项目的社会影响区域进行界定。社会影响区域应是可能受到项目直接或间接影响的地区，社会评价的区域范围应能涵盖所有潜在影响的社会因素，而不应受到行政区划等因素的制约。

（2）对项目影响区域内的目标群体和影响群体进行合理界定。目标群体应是项目直接瞄准的期望受益群体。项目影响群体应包括各类直接或间接受益群体，也包括可能受到潜在负面影响的群体。

（3）分析哪些社会影响是由项目直接导致的，以及项目的实施还可能产生哪些间接影响。

（4）对项目可能导致的重要影响因素进行合理界定，以便合理确定社会评价的内容及侧重点。

4. 社会经济调查

在社会影响范围界定的基础上，阐述对受项目影响的社会环境、经济环境及人文环境进行调查的过程、方法和主要步骤，包括召开各种研讨会、听取弱势群体的意见，对受影响的人口、财产、资源、社会组织结构、法律制度环境进行调查的过程。

5. 利益相关者分析

在社会经济调查的基础上，进行利益相关者分析，确定主要的利益相关者，分析利益相关者的利益构成，对各利益相关者的重要性和影响力进行分析评价，并在此基础上为各利益相关者参与项目方案制定、实施管理提出相应的参与方案，以提高项目建设的透明度，避免工程延期或管理方面的冲突。

通常还应结合项目的具体情况，对贫困人群、妇女群体、少数民族群体和非自愿移民群体等特定利益相关者进行重点专题分析评价。

6. 减轻负面社会影响的措施方案及其可行性

在对利益相关者社会风险分析评价的基础上，应针对比较重要的风险因素，通过工程规划设计方案的调整和变更，或者采用相应的对策措施，有针对性地提出规避社会风险的措施方案。例如，对于非自愿移民的社会风险，主要通过移民安置计划的编制和实施，规避失去土地可能造成的社会风险；通过编制收入恢复计划，使受影响人群得以妥善安置、生产生活水平得以恢复和逐步提高，解决失业人群的再就业问题及丧失家园的恢复重建问题等。

措施方案应包括损失估算、补偿标准制定、收入恢复计划、补偿措施、实施进度计划、费用预算等相关内容，并结合社会经济调查及利益相关者分析的结果，对措施方案的可行性进行分析论证。

7. 参与、磋商及协调机制

社会评价报告应结合项目的具体特点，对利益相关者参与社会经济调查、参与补偿措施方案的制定和实施、参与项目的实施管理等活动提出措施建议，对相关的沟通协调、意见反馈、申诉及纠偏机制建立提出措施方案。

8. 监测评价

社会评价重视对项目的实施效果及社会风险规避措施的监测评价。项目业主应根据项目的具体情况，建立内部监测评价的框架机制。对于存在社会风险的可能性较大的项目，还应委托外部机构和专家建立相应的外部监测评价制度。在项目前期论证的社会评价报告中，应对监测评价方案提出明确要求。

9. 主要结论及建议

社会评价报告应给出项目社会可行性的基本判断，并提出项目优化的合理化建议。

10. 附件、附图及参考文献

社会评价报告应结合项目的具体情况，在报告正文之后提供有关的附件、附图及参考文献等。附件可能包括项目建议书、可行性研究报告、项目申请报告等项目前期论证报告及其审批、核准的文件，社会评价调查大纲、访谈记录等。可以根据项目情况，提供有关地图、反映当地社会经济特征的图表等资料。参考文献应给出作者、文献名称、出版单位、版次、出版日期等相关信息。

第二章

社会评价的基本理论

工程是人类实践活动的重要组成部分，也是推动人类文明、社会进步的主要载体。工程不仅仅是一系列技术性问题，而且也表现出一定的社会属性，因此，工程既具有技术属性也具有社会属性，是两种属性的结合体；同时，随着人类技术和工程实践的不断推进，参与式发展理念在全球日益引起重视，无论是全球性的减贫工程，还是区域性的发展项目，无不引进参与式发展理念。本章重点介绍社会评价的基本理论，主要包括工程社会属性、社会风险理论、利益相关者理论以及参与式发展理论。

第一节　工程的社会属性

一、工程的概念

工程有广义和狭义之分。广义工程是指改造自然和社会的一切实践活动。这类工程主要有两类：一类是为了经济社会的发展，在某一领域实施的具体工程，如我们国家实施的三北防护林工程、长江三峡工程、三江源地区的生态移民工程、农村综合发展工程等；一类是事关国家经济社会发展全局的战略性工程，如中国 21 世纪科技发展战略、高等教育"211 工程"等。狭义的工程是指改造自然的实践活动，即人类利用和改造客观世界的一种有目的、有组织的实践活动，是科学知识和研究成果应用于各种资源的开发、利用和配置的过程，其目的在于利用和改造自然来为人类服务，改善人与人、人与自然之间的关系。我们认为，工程是指在一定时空条件下、旨在改善人与人或人与自然关系的一种综合性的集体实践活动。该定义强调工程具有以下四个方面的内涵。

首先，从本体论角度看，工程是一种系统的实践活动，包括政治、经济、文化、社会、伦理等多种因素，即工程是一种综合性很强的实践活动。因此，要从整体的视角系统地分析工程中的各种社会现象。

其次，工程并非发生于社会真空中，而是在一定的社会结构和社会关系之中，并受一定时间和空间的限制和制约，即工程与社会的关系具有格兰诺维特❶意义上的"嵌入性"特征。

再次，工程是一种社会分工的产物，也是社会合作的结晶，即工程的专业化程度越高，越是要求包括工程师、工人、投资者、管理者等在内的各利益相关主体分工协作、通力配合，共同完成工程的各项职责和任务。即工程是一种集体性活动，任何个体都不可能单独完成工程使命。

---

❶ 格兰诺维特（Granovetter）是美国斯坦福大学人文与社会科学学院教授，全球知名社会学家，对社会网络和社会经济学研究成就显著，对经济行为如何嵌入社会结构提出过独到见解。

最后，工程具有很强的实践性。工程不同于形而上的思辨活动，它要求人们将头脑中的各种想法付诸实践，并改造人与人、人与自然之间的关系，因此，这就要求我们在分析工程活动时不能忽视工程实施的社会风险，尤其是工程有可能产生的各种负面社会效益。

二、工程社会属性的表现形式

作为人类进步的重要推动力和载体，工程不仅仅表现为一系列技术问题，而且也是一种社会行为，即工程影响社会的方式表现为一种"嵌入"。因此，工程既具有技术性，又具有社会性。所谓工程的技术性是指实现工程目标或发挥工程功能所必须的一系列技术性实践的总称，主要表现为工程活动中的技术应用，如中国载人航天工程表现为一系列技术性突破和创新。因此，可以说工程的技术性是实现工程目标、发挥工程功能的重要保障。

然而，工程不仅仅是一系列技术性问题，作为一种人类实践活动，工程也表现出很强的社会属性。所谓工程的社会属性是指工程作为一种社会活动"嵌入"社会后引起的一系列社会影响的总称。具体而言，工程的社会属性表现为以下几个方面：

首先，工程活动本身是集体实践的结果，尤其是大型社会工程，如三峡工程，它的功能实现是群体智慧和集体实践的结果，因此，工程的社会属性首先表现为工程实践者之间的协作关系。

其次，工程的社会属性还表现为工程活动实施后产生的一系列社会影响，这是与工程的技术属性相对应的，如通信技术的改进对人与人之间的交往方式产生了重要的影响，改变了传统的人际交往方式。

最后，工程的技术属性和社会属性是辩证关系，工程目标的实现既不能忽视工程的技术属性，也不可轻视工程的社会属性。

因此，工程的双重属性决定了工程社会评价的必要性，即工程活动的顺利实施和工程目标的实现不能不对工程社会影响进行分析。要做好工程社会影响分析，应特别注重以下几方面内容：

首先，工程活动中的公众参与问题。所谓参与（participation）是指人们加入到发展工程的过程中去，其方式可以是当地群众参与项目建设，以降低项目实施的成本（把参与作为一种手段），也可以是当地群众和机构控制决策过程的一种方式（把参与当作一种目的）。显然，作为一种工程社会行动的参与，不仅有利于工程设计方案的改进并取得各利益相关者的支持和理解，同时也有利于增强工程的社会适应性和利益相关者的社会主人翁意识，并减少工程引发的社会矛盾和纠纷，规避工程建设和运营的社会风险。因此，多层次的公众参与作为一种对专家知识补充和完善的必要措施，能增强工程与地方社会的社会互适性，帮助工程成功"嵌入"当地社会。

其次，工程活动中的"非自愿移民"问题。根据亚洲开发银行的定义，所谓非自愿移民（involuntary resettlement）是指违背其本意而被迫迁移的各种年龄和性别的移民。诚如世界银行移民专家 Michael M. Cernea 所言，被动的迁移常会形成危机，其所造成的破坏与一般的发展过程是不能等同的。国内外的工程经验均表明，非自愿移民是发展项目过程中最容易受到伤害的群体，如果处理不当，可能产生贫困、社会不公平等一系列社会问题。因此，非自愿移民就成为工程是否成功"嵌入"的试金石。

最后，工程活动中的社会风险评估。根据世界银行的定义，所谓社会风险（social risk）是投资活动可能产生的、导致社会不公和冲突加剧，或关键利益相关者的态度和行为阻碍了社会发展目标的实现，或破坏了实现发展目标的手段，关键利益相关者缺位等。工程作为一种实践性很强的活动必定伴随一定的社会风险，按照不同的分类标准可以将社会风险区分为不同的类型，如脆弱性风险、国家风险、政治经济风险、制度风险和外部风险等。而如何规避工程引发的社会风险，尤其是那些影响程度深、范围广、持续时间长，并容易导致大规模群体性事件的社会稳定风险，是工程"嵌入"当地社区的前提条件。

三、工程社会及"域"

工程通常是发生在一定的社会历史条件下的，会"嵌入"到一定的社会网络和社会结构中，因此，采用"嵌入"的视角可以清晰地分析工程不同阶段和不同领域内的利益相关者之间的博弈。这里提出两个概念，即工程社会和"域"。

所谓工程社会是指由工程社会行动的实施者及其所指向的社会群体构成的那个社会，该社会的典型特征是指向社会群体的异质性，但并不是说工程社会行动发生区域就是工程社会。工程社会的群体边界可以通过利益相关者识别的方法得以确认，通常包括资金支持机构、业主、监督管理机构、施工人员与项目社会行动的指向群体。工程社会的存在具有临时性，从工程活动准备开始，到工程结束后一段时间为止。传统意义上的工程持续时间（即施工期）小于工程社会行动的持续时间，工程社会行动从工程实施前期即已开始，到工程实施结束仍将持续。工程社会行动的持续时间小于工程社会的存在时间，随着工程社会行动的影响，逐步融入工程社会，时间意义上的工程社会也就消失了。虽然这个社会仍将持续存在下去，但是已经不具有社会评价的研究意义。

"域"是指一个特定的关系系统，这个系统在一定地域空间内与外部环境交换，交换的内容是"社会影响"。在发展项目中，不同利益相关者的利益分配是否均衡是项目能否顺利进行的重要环节，本质上，项目不同利益主体的互动是控制主体基于不同"域"中的博弈过程，博弈的焦点在于"利益"之间的差异，而博弈的目标是实现利益的均衡或统一。在这一过程中"域"进行了复杂多样的、多层次的运动。随着项目的不断发展，域也会发生相应的变化，包括域的博弈逻辑和核心利益等，都会在项目的不同周期阶段表现出不同的特征；另一方面，在不同的域内，控制者、受控制者和控制手段都有可能不同，"域"不仅直接影响了控制者的利益和价值，还对他们的行为产生了影响，这也就意味着项目社会评价在不同的发展周期关注的重点也不同。

第二节　社会风险理论

一、风险社会

风险社会是指在全球化发展背景下，由于人类实践所导致的全球性风险占据主导地位的社会发展阶段，在这样的社会里，各种全球性风险对人类的生存和发展存在严重的威胁。关于何为风险社会，不同的学者给出了不同的解释。在乌尔里希·贝克（Ulrich. Beck）那里现代性的特征被称为"风险社会"（Riske Society）。安东尼·吉登斯（Anthony. Giddens）在对现代性的分析中引入了时空特性，他认为现代性与前现代性区别开来的明显特质就是现代性意味着社会变迁步伐的加快、范围的扩大和空前的深刻性。风险社会是指这样一个时代，社会进步的阴暗面越来越支配社会和政治。他提出，人类面临着威胁其生存的由社会所制造的风险，如工业的自我危害及工业对自然毁灭性的破坏。究竟什么是风险社会呢？不同的学者有不同的界定。大致可以归纳出三种理解方式：

第一种是现实主义者，以劳（Lau）的"新风险"理论为代表，认为风险社会的出现是由于出现了新的、影响更大的风险，如极权主义增长、种族歧视、贫富分化、民族性缺失等，以及某些局部的或突发的事件能导致或引发潜在的社会灾难，比如核危机、金融危机等。

第二种理解是文化意义上，认为风险社会的出现体现了人类对风险认识的加深。比如凡·普里特威茨（Von Prittwitz）的"灾难悖论"理论，以及拉什等人提出的"风险文化"理论。普里特威茨认为，我们已经对技术发展的副作用，即其引起的灾难有了新的认识。换句话说，我们在风险社会中认识到本来用来解决问题的手段反而引起了新的问题。拉什是从批判贝克等人的"风险社会"理论出发提出自己的看法的。他认为风险社会概念无法准确地描绘出我们当前面临的境况，因为风险并不是有序排列，带有明确的结构性和指向性的。更重要的是，风险作为一种心理认知的结果，在不同文化背景中有不同的解释话语，不同群体对于风险的应对都有自己的理想图景，因此风险在当代的凸显更是一种文化现象，而不是一种社会秩序。他认为，贝克和吉登斯仍然属于制度主义者，他们将风险界定在一个由制度性的结构所支撑着的风险社会中。这个风险社会是规范有序的，而且还呈现出一种垂直结构，有一定的等级秩序，以自私自利的个人主义为基础。与风险社会相反，风险文化是混乱无序的，呈现出一种横向分布的无结构状态，并且是以关注社会公共事务为基础的。风险社会这一概念先假定在一个社会中有一个公众关注的热点和难点，并且通常把它称之为社会的焦点，先假定有一个确定的、制度性的、规范的治理范围，并且每一位单个的社会成员为了他们的实际利益需要有一个等级秩序。相反，风险文化并没有假定一个确定的秩序，而是假定有一个需要通过自然调节的非确定性的无序状态。风险文化依存于非制度性的和反制度性的社会状态之中，其传播不是依靠程序性的规则和规范，而是依靠其实质意义上的价值。在风险文化时代，对社会成员的治理方式不是依靠法规条例，而是依靠一些带有象征意义的理念和信念，因为风险文化中的社会成员宁可要平等意义上的混乱和无序状态，也不要等级森严的定式和秩序。风险文化中不确定的准社会成员可能是一盘散沙式的集合体，并且他们不太关心自身的实际利益，他们只是对美好的生活抱有幻想和期望。

第三种理解是制度主义的，以贝克、吉登斯等人为代表，他们是"风险社会"理论的首倡者和构建者。比较而言，他们对于风险的分析更为全面深刻，尽管依然带有拉什所批评的用一种制度结构替代另一种制度结构来应对当代失去结构意义的风险的缺陷。贝克声称自己既不是"现实主义者"也不是"建构主义者"，而是"制度主义者"。制度最重要的东西是责任。对他来说，责任包含在简单现代性的"保险原则"中。在反思的现代性中，随着对危险应负的责任陷入空间、时间和社会的不可预测性，保险原则不再能够成立。1986年贝克在德国出版了《风险社会》一书，但反应平淡。直到1992年该书被马克·里特（Mark Ritter）译成英文后，"风险社会"作为一个概念和理论才被更多的西方学者以及公众所接受，而吉登斯涵盖丰富、内容全面的著作无疑在推广这个理论过程中起到推波助澜的作用。他们两人关于风险社会的论述具有高度的互补性。贝克更强调技术性风险（尤其在早期著作中），而吉登斯侧重于制度性风险；贝克的理论带有明显的生态主义色彩，而吉登斯的话语则侧重于社会政治理论叙述。他们虽然都认为传统社会与现代社会在风险结构和认知上存在着根本的区别，但并没有简单地停留在这种"二分法"上，而是对现代性进行了更详细的区分。在他们看来，早期现代性（或简单现代性）解决的是传统社会的风险，但也产生了新的风险，并且这些风险的累积构成晚期现代性（或高级现代性、反思的现代性、激进的现代性等）的特征。由于风险是一个时代的特征和社会的特征，所以才可以说出现了"风险社会"。

贝克认为，风险社会的概念指现代性一个阶段。在这个阶段，工业化社会道路上所产生的威胁开始占主导地位。风险社会的概念在三个参照领域内带来了划时代的、系统性转变。首先是现代工业社会与自然资源和文化资源之间的关系，在现代化完全确立后这些资源逐渐消失了。其次是社会与其自身所产生的、超越了社会对安全的理解范围的威胁与问题之间的关系。人们一旦意识到这些威胁和问题的存在，就很可能动摇旧社会秩序的根本假设。最后，工业社会文化中的集体的或具体团体的意义之源（比如阶级意识或进步信念）正在枯竭、失去魅力。

综上所述，风险社会作为一个概念并不是历史分期意义上的，也不是某个具体社会和国家发展的历史阶段，而是对目前人类所处时代特征的形象描绘。因此，我们可以说，人类处于风险社会时代，但不能讲某个国家是风险社会，尽管那个国家的国内情况比其他国家更不安全。但是，风险社会不仅仅是一个认知概念，还是一种正在出现的秩序和公共空间。在后一种意义上，它更具有现实性和实践性。如吉登斯、贝克等人所说，风险社会的秩序并不是等级式的、垂直的，而是网络型的、平面扩展，因为风险社会中的风险是"平等主义者"，不放过任何人。风险社会的结构不是由阶级、阶层等要素组成的，而是由个人作为主体组成的，有明确地理边界的民族国家不再是这种秩序的唯一治理主体，风险的跨边界特征要求更多的治理主体出现并达成合作关系。

二、社会风险

风险（risk）一词最早出现在航海贸易和保险业中，它被理解为客观的风险，体现为自然灾害现象或航海过程中遇到风暴等不可遇测的自然灾害事件。在现代社会，风险已经不是最初的所认为"遇到危险"，而是遇到"破坏或损失的机会或者危险"。在现代社会，人类面临的最大敌人往往不是外在的风险，而是人类自身，即那些由人类自己有意或无意制造出来的风险，这些人为的风险会反过来对人类施加报复。随着上述风险内涵的认识的变迁，风险这个概念内涵已经越来越多地与人类决策和人类行动的后果愈加密切。

《辞海》中关于风险的解释为"人们在日常生产建设和日常生活中遭遇能导致人身伤亡、财产受损及其他经济损失的自然灾害、意外事故和其他不测事件的可能性"。国内一些风险管理学者认为："风险是给定条件下，特定时间内发生的不良后果的可能性。"美国风险管理专家 C. Arther Williams，J Rocjard M Heoms 将风险定义为："给定情况下的可能结果的差异性。"贝克赋予风险新的涵义，他认为"风险是个指明自然终结和传统终结的概念"或者换句话说："在自然和传统失去它们的无限效力并依赖于人的决定的地方，才谈得上风险"。风险概念表明人们创造了一种文明，以便使自己的决定将会造成的不可预见的后果具备可预见性，从而控制不可控制的事情，通过有意采取的预防性行动以及相应的制度化的措施战胜种种发展带来的副作用。由此可见，社会风险的内涵应该包括以下三种属性：①社会风险的不确定性。风险事件的发生及其后果都具有不确定性，表现为风险事件是否发生，何时发生，发生之后会造成什么样的后果等均是不确定的。②社会风险的相对性。风险总是相对于事件的主体而言的，同样的不确定性对不同的主体有不同的影响。人们对风险事件都有一定的承受能力，但是这种能力因活动、人、时间而异。③社会风险的可变性。一定条件下任何事物总是会发展变化的，风险事件也不例外，当引起风险的因素发生变化时，必然会导致风险的变化。

贝克认为，后现代社会已进入一个风险社会，他认为，从 20 世纪 50 年代开始，生态主义运动成为西方新社会运动的核心力量。民众对工业化造成的环境破坏有了切身的感受，而美苏两个大国的核武器竞争不断升级，给人们的心头罩上了"核冬天"来临的恐惧。1986 年苏联切尔诺贝利核电站第 4 号机组发生了泄漏事故，造成了地区性的灾难，涉及相邻的几个国家。技术进步带来的风险变成了现实，也成了风险研究者最关注的问题。贝克提出"风险社会"理论，根本目的是要以此为依据来批判和改造"简单现代性"，或者说改造资本主义社会，提出新的未来图景，因此他对于风险社会的出现并不悲观，而是认为这些新的风险具有政治反思性，能对制度变革产生推动。在《风险社会》一书中，他将风险社会的风险特征概括如下：

（1）风险造成的灾难不再局限在发生地，而经常产生无法弥补的全球性破坏，因此风险计算中的经济赔偿无法实现；

（2）风险的严重程度超出了预警检测和事后处理的能力；

（3）由于风险发生的时空界限发生了变化，甚至无法确定，所以风险计算无法操作；

（4）灾难性事件产生的结果多样，使得风险计算使用的计算程序、常规标准等无法把握。

三、社会风险治理

现代化带来了科技的进步，但人类又不得不面对科技带来的副产品——社会风险。现代社会风险不断涌现和普遍化，已经超越了人为的控制，社会风险蔓延到社会的各个领域。就在人类深信科学技术会带来确定性的时候，现代化之后的社会却不断出现将风险视为现代社会的一大特征，甚至将风险社会视为一种新的社会形态，形成了有关风险的社会学思想和理论，使得社会风险得到广泛重视。在 20 世纪后半期，社会风险逐渐被社会学界所关注，西方许多著名的社会学家如贝克、吉登斯、卢曼、拉什等都对风险进行了比较深入的研究，形成了有关风险的社会学理论。

人类社会从传统社会向现代社会转变的过程中，高风险性已经成为现代社会的典型特征。与传统社会中的风险相比，现代社会中风险的复杂性、破坏性、不确定性、不可预见性以及迅速扩散性等都日益增强。当社会风险超出人类控制的范围并蕴积到一定程度时，这种可能性就转变为现实性，社会风险就会演变成社会危机，导致社会失序、社会动荡。中国正处在社会转型期，从整体上看，中国社会经济持续快速增长，政治体系平稳有序的运行，社会整体发展保持着良好态势，各项社会事业良性运行，但整体平稳的同时存在着严重的社会风险。社会转型发端于对传统社会体制、制度和社会结构的根本性变革，它把现代性注入社会的同时，也引发了种种社会问题和社会矛盾。在社会转型过程中，社会分化加剧、贫富差距拉大、社会矛盾集聚、社会问题丛生，中国面临诸多社会风险。

现代风险的表现形式多种多样，如环境和自然风险、经济风险、社会风险、政治风险等，它几乎影响到人类社会生活的各个方面。现代风险是隐形的，并且具有高度的不确定性和不可预测性。现代风险不是孤立的，它的影响将波及全社会，而且是以一种"平均化分布"的方式影响到社会中的所有成员，包括穷人和富人。风险一旦转化为实际的灾难，它的涉及面和影响程度都将大大高于传统社会的灾难。更为重要的是，由于现代信息技术的高度发达，由风险和灾难所导致的恐惧感和不信任感将通过现代信息手段迅速传播到全社会，引发社会的动荡不安。贝克认为，我们现在正生活在一个与传统的现代化社会完全不同的"风险社会"之中。在传统的现代化社会中，人们相信人的理性力量可以控制自然和社会，使人类社会有秩序、有规则地发展。这种对社会的看法可以称为一种"常态社会"的观点。但是，随着科学技术的高速前进以及全球化的迅猛发展，这种"常态"社会的观点已经日益不能符合社会的实际情况，因此我们不得不正视世界已开始进入一个新的"风险社会"这一事实。贝克指出，"风险"（risk）本身并不是"危险"（danger）或"灾难"（disaster），而是一种危险和灾难的可能性。当人类试图去控制自然和传统、并试图控制由此产生的种种难以预料的后果时，人类就面临着越来越多的风险。风险在人类社会中一直存在，但它在现代社会中的表现与过去已经有本质的不同。

现代风险已经在很大程度上改变了社会的运行逻辑，从而使传统的现代化社会变成了一个新的"风险社会"。例如从社会制度的层面上说，"风险社会"中社会不平等的机制已经有了根本的变化。如果说在传统的现代化社会中，社会不平等主要表现为一种收入和财富的不平等的话，那么在"风险社会"中，现代风险——特别是环境风险、核技术风险、化学污染风险等，对社会成员的影响将是"平均化分布"的，一旦空气或水受到大面积污染，每一个社会成员都会不可避免地受到波及。

现代风险与科学技术的发展有着密切的联系。科学技术的高度发展大大提高了人类的生活水平，但与此同时，它所带来的后果也变得越来越难以预测与控制。科学技术就像一柄双刃剑，它在给人类带来巨大福祉的同时，也潜藏着对人类社会的各种威胁，成为现代社会风险的重要根源。风险社会的来临，对传统的风险治理机制提出了新的挑战。建立符合风险社会需要的新型风险治理体制，已经成为一项紧迫的任务，给人类社会传统的风险治理机制带来了新的挑战。由于现代风险已经在本质上和特征上与传统风险有了根本的差异，因此我们必须重新审视传统的风险治理体制，建立符合风险社会要求的新机制。

第一，随着现代社会的发展，人们的信任也从"个人信任"转为"系统信任"，表现为对各种各样的"专家系统"的充分信任，而科学家及其他专家们的知识成为人们安全感的重要基础。但如前所述，由于现代风险的高度不确定性和不可预测性，专家在面临新风险时往往也难以对其做出准确地说明与预测，这将大大动摇人们对于"专家系统"的基本信任，加大了风险治理的难度。

第二，强化风险意识，倡导风险治理的观念是当前风险社会治理的先决条件。当前，我们正生活在一个高度不确定性社会中，风险事件的频繁发生已使风险成为一种社会常态。然而，由于人们缺乏对风险的认知、判断和评价，结果可能出现两种对待风险的极端态度：一种是极端的恐惧，这种人在生活中由于对风险的极端恐慌和焦虑，从而对其产生一种过度的防范，导致惶惶不可终日；另一种是极度的漠视，这种人对风险的态度是听天由命，对风险不采取任何防范措施。这两种态度都无助于风险问题的解决。因此，我们要改变以往那种风险就是恶、应尽一切可能消除风险的看法，要学会和风险共处，适应与风险共存。我们必须要树立正确的风险理念，培养健康的风险心态，采取科学的社会生活方式，正确面对风险，不断强化风险意识。此外，还要提前采取防止风险发生的预防措施，做到未雨绸缪，防患于未然。

第三，要以风险治理为契机，从政治战略的高度提出风险社会有效治理的策略。政府管理风险的水平和效果如何，影响到民众对政府执政能力的认同，影响到政府的合法性基础。因此，有效地管理和降低风险，保护人类安全和公民福祉，保障社会有序运转，是政府的基本职能，也是政府的基本政治责任。有鉴于此，政府不仅与风险治理利害相关，更在其中居于主导地位；政府不仅要参与风险治理，更要切实承担起风险治理的主导作用。当个人或企业行为对他人构成风险时，政府扮演的是管制角色，旨在确定游戏规则；当风险不可抗且不能归结于任何主观故意因素时，政府扮演的是服务角色，提供保护和减轻影响；当政府处理自身事务带来的风险时，扮演的是管理角色，减少自身运行给外部带来的风险。一个负责任的政府应当具有强烈的使命感、政治承诺和政治责任感，将责任范围内的风险纳入自身的职能范围，并明确区分和应对。与此同时，应当在风险治理的组织建设、制度创新、资源保障、文化培育等方面予以坚定的政治领导和政治支持。

第四，复合治理的战略选择是当前应对风险危机的最优策略选择。由于转型风险具有复合性特征，因而如何逐步建立起适合各国国情的各主体积极参与的民主协商的公民社会，是我们控制转型风险的关键。要实现这一战略，就必须提高整个社会应对转型风险的复合治理水平，以期实现善治的目标。所谓复合治理主要指政府组织、非政府组织、企业组织、家庭以及个人等各方面主体对于社会公共事务共同进行协调式管理，以实现预定利益或价值目标的过程与方式。复合治理具有多主体性、多维度性，其中个体是复合治理的最基本单位，只有个体风险意识的能动性和自觉性被调动起来，把控制风险的制度安排贯彻到行动中去，才能最大程度地解决风险。风险的复合治理可以具体化为四个过程：发现风险、选择风险、分配风险以及规避或者减小风险。

第五，采用组织化战略思维来应对和防控风险。风险社会的有效治理需要组织化的力量，依托于一定的组织平台。首先，风险治理是任何社会组织的基本目标，无论是公共组织还是私人组织。风险的存在，使得组织的内、外部环境随时可能发生变化，影响组织目标的实现，这些因素都应被纳入有效管理，以保证组织的生存与发展。其次，必须存在长期承担风险治理责任的组织机构，但并非一定要成立独立的专职机构。由于风险治理不断朝着更加综合、全面或整合的方向发展，因此，应将风险治理整合进既有的管理活动中，并明确哪些组织机构承担风险治理职责与合理划分权责范围。最后，要有从事风险治理的专业人员。为确保专业性和职业化，从事风险治理的组织成员应当具备与风险治理相关的资格证明、知识体系和道德标准，并在工作中通过教育培训不断发展提升。

第三节　利益相关者理论

一、利益相关者的概念

利益相关者一词最早出现于 1708 年的《牛津词典》，"Have a stake"用于表示人们在某一项活动或某企业中"下注"，在活动进行或企业运行的过程中抽头或赔本。随后，潘罗斯（Penrose）在 1959 年出版的《企业成长理论》一书中提出了"企业是人力资产和人际关系的集合"的观点，奠定了利益相关者的理论基石。然而，西方学者并未给出利益相关者真正的定义。直到 1963 年，斯坦福研究院的一些学者受到"股东"（Shareholder）戏剧的启发，将利益相关者界定为：对于企业来说存在这样一些利益群体，企业如果缺少他们的支持就无法生存。可以说，利益相关者就是指与所有企业有密切关系的人。在随后的十几年中，企业逐渐地接受利益相关者这一概念。但是在今天看来，这个定义是不全面的，它只考虑到利益相关者对企业单方面的影响，并且利益相关者的范围仅限于影响企业生存的一小部分。但是，它让人们认识到，除了股东以外，企业周围还存在其他的一些影响其生存的群体。随后，瑞安曼（Eric Rhenman）提出了比较全面的定义："利益相关者依靠企业来实现其个人目标，而企业也依靠他们来维持生存。"这一定义使得利益相关者理论成为了一个独立的理论分支。1977年，美国宾夕法尼亚大学的沃顿学院（Wharton School）开设了利益相关者管理课程，经学者的不断努力，逐步形成了一个较为完善的利益相关者的分析框架。

在此后的30年间，学者们从不同角度对利益相关者进行多达30多种的定义。其中，弗里曼（Freeman）的观点最具代表性，到了1984年，弗里曼出版了《战略管理：利益相关者管理的分析方法》一书，明确提出了利益相关者管理理论，给出了一个定义，即利益相关者是能够影响一个企业目标的实现，或者受到一个企业实现其目标过程影响的所有个体和群体。这个定义大大丰富了利益相关者的内容，受到了当时经济学家的广泛认同，并成为20世纪80年代末期、90年代初期关于利益相关者界定的一个标准范式。然而，弗里曼界定的是广义上的利益相关者，他笼统地将所有利益相关者放在同一层面进行整体研究，给后来的实证研究和实践操作带来了很大的局限性。随着研究的深入，90年代中期，经济学家们普遍认为可以从多个角度细分利益相关者，因此，多维细分法在利益相关者的分析中成为主要工具，但利益相关者的理论应用仍然缺乏可操作性。

1994年，世界银行在其援助策略中提出了"利益相关群体"（Stakeholder）概念，并对利益相关群体进行划分。世行认为，利益相关群体是指"那些影响世行行动和政策，以及被世行影响的各方人群"。利益相关者是指与项目或发展规划有利害关系的人、群体或机构。

二、利益相关者分类

将利益相关者从学术研究转变到实际应用的是美国学者米切尔（Mitchell）。他曾经详细研究了利益相关者理论产生和发展的历史，归纳了27种有代表性的利益相关者定义，在此基础上，米切尔提出一种评分法（score based approach）以界定利益相关者。他将利益相关者的界定与分类结合起来。首先认为，企业所有的利益相关者必须具备以下三个属性中至少一种：合法性、权利性以及紧迫性。依据他们从这三个方面对利益相关者进行评分，根据分值来将企业的利益相关者分为三种类型。

（1）确定型利益相关者，同时拥有合法性、权力性和紧迫性。他们是企业首要关注和密切联系的对象，主要包括股东、雇员和顾客。

（2）预期型利益相关者，拥有三种属性中任意两种。他们同时拥有合法性和权利性，如政府部门、投资者和雇员等；另外，也包括有合法性和紧急性的群体，像社会组织、媒体等；同时拥有紧急性和权力性的，却没有合法性的群体，比如，一些政治和宗教的极端主义者、激进的社会分子，他们往往会通过一些比较暴力的手段来达到目的。

（3）潜在型利益相关者，他们只具备三种属性中的其中一种。简而言之，米切尔评分法能够用于判断和界定企业的利益相关者，操作起来比较简单，是利益相关者理论的一大进步。

世界银行将利益相关者分为主要利益相关者和次要利益相关者，主要利益相关者，是指发展项目的直接受益者或直接受到损害的人；次要利益相关者，是指与项目的方案规划设计、具体实施等相关的人员或机构，如银行机构、政府部门、非政府组织等。社会评价重点关注关键利益相关者，他们既可以是主要利益相关者，也可以是次要利益相关者。利益相关者分析在社会评价中用于辨认项目利益相关群体，并分析他们对项目的实施及实现目标的影响。详细社会评价与分析应当对在初步社会筛选中识别出的项目利益相关者进行更为详细的分析，主要分析各个利益相关者受项目影响的程度以及他们对项目的影响力。

三、利益相关者识别的步骤

利益相关者分析一般按照以下四个步骤进行：界定利益相关者；分析利益相关者的利益所在以及项目对他们的利益所产生的影响；对每一个利益相关者的重要性和影响力进行分析；为重要的利益相关者制定出相应的参与方案。

1. 识别主要利益相关者

社会评价第一步就是根据具体项目的特征和背景条件，通过文献查阅，利用专家相关经验等方式来初步识别利益相关者。在社会评价中对主要利益相关者进行确认，可以为参与式社会评价提供参与的群体和评价对象。受到项目影响的对象可能是个人、群体或者机构，他们可能会对项目产生重大的影响，或者对项目能否达到预定目标起着十分重要的作用。这些个人、群体或者机构包括政府、实施机构、目标人群、其他个人或者诸如社区组织、当地政府或者捐赠者等相关群体，其中主要利益相关者是指那些直接受到项目的积极（受益者）或者消极（例如那些非自愿的搬迁移民）影响的人、群体或者机构等。

2. 分析利益相关者的利益构成

在对项目的主要利益相关者进行界定之后，还需要对他们从项目实施中可能获得的利益以及可能对项目产生的影响进行分析。由于不同的利益相关者存在机会与能力的差异，这使得他们对项目的看法和需求也不同，所以在分析利益相关者的利益构成时不能将他们单一等同看待，必须根据项目实际情况及本土化知识来对利益相关者的利益构成进行分析。为了评估主要利益相关者的影响力，对每个群体需要提出下列五个主要问题：

（1）利益相关者对项目有什么期望？

（2）项目将为他们带来什么样的益处？

（3）项目是否会对他们产生不利影响？

（4）利益相关者拥有什么资源以及他们是否愿意和能够动员这些资源来支持项目的建设？

（5）利益相关者有没有与项目预期目标相冲突的任何利害关系？

对某些群体而言，这些问题可能比较容易回答；但对另外一些群体来说，这些问题也许不易回答。在许多情况下，一个项目对相关机构的影响程度可以通过分析二手数据来获得答案，而对于有些群体和当地的群众则可能需要进行实地访谈，以便得到答案。

3. 分析利益相关者的影响力并制定参与方案

获得所需信息之后，应从以下方面对利益相关者的影响力及其重要程度进行评估：

（1）权利和地位的拥有程度；

（2）组织机构的级别；

（3）对战略资源的控制力；

（4）其他非正式的影响力；

（5）与其他利益相关者的权利关系；

（6）对项目取得成功的重要程度。

对项目的影响程度与利益相关者对项目所拥有的权利密切相关，这种权利能够直接影响到项目的各种活动或者间接影响（拖延）项目的实施。重要程度与利益相关者参与实现项目目标的必要程度有关。这些利益相关者既包括那些其需求要通过项目实施得以满足的人群，也包括那些其利益与项目利益相吻合的群体。

有些利益相关者对项目的成功与否可能至关重要，但其影响力却可能非常有限。对于诸如贫困人口、老人、妇女以及少数民族等弱势群体而言，情况更是如此。在社会评价中，应设法采取各种必要的措施使他们成为项目的积极参与者。

对各种社会群体影响力的评估，通常是在一定范围内对他们进行影响力排序，并通过分析比较，对其影响力进行判断，为制定参与方案提供依据。利益相关者的重要性和影响力排序见表2-1。

表 2-1 利益相关者的重要性和影响力排序

利益相关者	主要	次要	在项目中的主要利益
A			
B			
C			
……			

利益相关者分析包括确认将受到项目正面或负面影响的所有群体，并评估项目成功与否给不同群体带来的影响程度。当已获得了利益相关者的信息、明晰了不同群体之间的关系，并且明确了参与方案时，则不必要开展完整的利益相关者分析。如果在项目地区的其他地方已经进行过类似的项目，并且当地的状况和人口也类似，在这种情况下，利益相关者分析可以很简略，而且不需要进行广泛的实地调查。调查者可以使用已有的知识，通过与利益相关群体的座谈、组织研讨会，来了解他们新的认识和观点，并进而完善和完成对利益相关者的分析。

当调查者对项目给当地人的发展造成的潜在影响知之甚少时，则需要进行完整的利益相关者分析。界定利益相关者是整个分析中十分重要的一步，为了确定当地利益相关者关心的问题，采取参与式方法是至关重要的。如何在当地收集信息在很大程度上依赖于当地的具体情况，调查者可以在参与式评价方法中选取他们认为恰当的方法。

四、利益相关者的参与机制和途径

（一）参与机制

恰当的参与机制有助于确保贫困人口以及其他利益相关者适当地参与项目规划和实施的全部过程。制定参与机制的目的在于提高项目建设的透明度、确保项目的成功以及项目的可持续性，并有利于避免工程延期或管理方面的冲突。每个项目的建设条件各不相同，因此各个项目的参与机制也各有不同。制定参与机制必须权衡短期和长期目标，考虑资源和时间的限制。如果利益相关者感到在决策过程中没有受到足够的重视，还要考虑到项目进度可能延期或者遭到投诉等的消极影响及其应对策略。参与机制通常分为下列三个层次：

1. 信息分享

信息交流属于单向信息流动，包括向各有关方面披露有关项目的信息，或者收集项目受益者或受项目影响群体的数据。如果利益相关者不能充分了解一个项目的目的和预期效果，他们不可能真正地参与该项目。因此，信息交流在促使项目各方进行有意义的磋商以及使利益相关者真正参与项目方面具有十分重要的作用。

2. 磋商

磋商是指利益相关者之间的信息双向交流，例如在政府和受益者或者受项目影响群体之间的信息交流。虽然决策者通常就是政府，但利益相关者可以对决策或者规划的项目提出意见。通过磋商收集到的信息和反馈意见必须在项目的规划和实施过程中有所体现，从而使磋商更加真诚有效。社会评价中的参与机制强调信息分享机制的重要性，对于磋商机制则根据评价的要求而有所差别。如果社会评价要求评价内容中包含减轻负面影响的建议，则磋商机制就会显得非常重要。

3. 参与

参与是一个过程。在这个过程中，利益相关者共同设定目标、找出问题、寻找并商讨问题解决方案、评估规划草案等。参与实际上是分享决策控制权的一个途径。共同进行评价、共同做出决策并在项目的规划和实施过程中通力合作都是参与的不同形式。

制定项目参与机制可以促进利益相关者之间的互动，因此有利于项目的规划和实施。向受到项目不利影响的人及时发布信息非常重要，信息流动可以进行方向性的引导，信息发布有助于项目获得当地受益群体的理解、支持和合作。使用参与式评价方法收集主要利益相关者（受益者和受到项目不利影响的人）的信息可以使项目更加符合当地的需求。

（二）参与途径

参与虽然已经开始大范围地应用于项目计划的实践之中，但是，参与的方法却仍然停留在试验阶段，没有形成一个固定的、成熟的参与模式。不过，康尼提出的关于项目计划过程的四种可能的参与途径，可以给我们提供一个关于参与方法的一般参考。

1. 地方的咨询和调查

社区参与的一种方法是：负责项目设计的决策人员深入到项目拟建地，通过调查、会见当地民众、举办座谈会等获得有关项目拟建地社会条件等的第一手资料，这可以使项目计划人员了解和把握当地居民的所思所想。然而，尽管这些方法对于获取有关项目计划的资料很重要，但是它并不是获得有效社区参与的很成功的方法。

2. 使用兼职调研员

许多政府部门都拥有一批兼职调研员，这些调研员的职责是为政策制定、规划和项目的决策者和受这些决策影响的地方群众之间提供一种联系的"桥梁"。一些兼职调研员是来自一些专业部门的技术型官员，另外一些则是来自地方政府下属的社区干部或区域管理干部。他们提供一条信息上下对流的通道，也就是说，他们把地方需要和地域条件等信息传递给地方或国家权力当局；又把地方和国家的发展政策和规划传送给当地民众。这些兼职调研员的特殊地位，使他们可以把地方对不同类型项目的需要传递给项目的规划者，又能向当地居民解释为什么要引入一个项目，这个项目将采取何种形式，以及当地居民可以从这个项目中获得哪些利益。社区参与可以通过这种方式实现。投资项目的社会评价，应当分析如何在项目的设计和实施中吸收这些兼职调研员加入。

3. 分散型计划

分散型计划是指把计划的实施下放到地方手中。地方计划可以通过两种方式制订：一种方式是在地方寻找国家计划部门的代理者；另一种方式是建立地方计划实体，这个实体由地方官员或经挑选的代表构成，他们负责当地计划的准备。分散型的计划对于地方群众的参与是有帮助的，至于地方群众有效参与的程度则有赖于计划的实际分散程度。

4. 社区发展

社区发展是一个过程，在这个过程中，群众的努力与政府当局的努力化成一体，来改善社区的经济、社会和文化条件，把社区的活动纳入到国家的生活当中，使它们为整个国家的发展增添光彩。这个复杂的过程由两个基本的要求构成：人民群众通过参与，尽可能地依靠自己的力量努力改善他们的生活水平；政府以鼓励群众自主、自助、互助的各种方式提供技术及其他服务，并使其得到有效的利用。

五、利益相关者参与的主要形式

利益相关者参与的广度和深度往往直接影响工程项目的实施效果。正当的或适度的组织和个人的参与能推动项目的建设实施，不当的或过度的组织和个人参与会阻碍项目的顺利实施，甚至破坏社会秩序，影响社会正常生活。公众参与项目的主要形式从不同的侧面可以分类如下：

1. 自主性参与和动员性参与

又称主动性参与和被动性参与。自主性参与是指在项目计划和实施过程中参与者主动地、自发地进行的参与，而动员性参与则是指在项目计划和实施过程中参与者在其他参与者动员或胁迫下进行的参与。自主性参与一般更能反映参与者的参与意识和民主程度，但在实际中，自主性参与和动员性参与之间的界限并不十分明显，很多参与都是自主性参与和动员性参与的混合。二者也会相互转化，最初的自主性参与在某些情况下可能被操纵为动员性参与，原来的动员性参与也可能逐渐变为主动地参与。

2. 组织化参与和个体化参与

组织化参与是指利益相关者以一定的组织形式进行的参与，个体化参与是指以个人方式进行的参与。在项目的实施过程中，组织化参与比个体化参与往往更加富有成效。有组织的参与才能更好地维护和促进社会公众的共同长远利益，效果更加明显。

3. 目标性参与和手段性参与

目标性参与是指参与具有明确的目标，人们进行这类参与是为了在参与中实现相应的目标，而手段性参与则不然，参与者主要把它作为实现其政治、经济及其他目标的手段，参与本身不是目的。一般来说，目标性参与反映了参与者具有更多更强的参与意识，而对于手段性参与来说，如果假定的参与者能通过其他途径实现自己的目标，他就有可能不进行参与。很多参与既是目标性参与又是手段性参与。

4. 支持性参与和非理性参与

支持性参与是指利益相关者为了表示对项目的支持和拥护而进行的参与，至少不是持反对态度的参与。非理性参与主要是指利益相关者为了表示自己的不满而进行的参与，是一种反对态度的参与。

5. 制度化参与和非制度化参与

制度化参与是指利益相关者按照制度规定的要求所进行的参与活动，制度化参与寓于合法参与之中。非制度化参与则是指参与者不按制度规定的程序或要求而进行的参与活动。合法参与未必完全是制度化参与，如民众越级反映情况的现象，并不违反法律，但是不符合正当程序，因此是合法参与，但同时是非制度化参与。

第四节　参与式发展理论

在当代国际发展、国际政治、经济政策、社会政策等研究和实践领域中，参与式发展几乎是出现频率最高的新的概念。无论从主导世界发展潮流的世界银行领导人，还是在一个社区中从事发展实践的管理者，都在应用参与式发展的概念。参与式的概念从理论探索角度开始，已经拓展到了国际政治及国际发展的宏观政策领域。这里讲的参与式发展其内涵已远远不再是一个群体参与的简单涵盖，而更重要的是，它包含着对传统发展方式的深层次反思，并且包含着从微观到宏观层面上具有操作性的社会发展的变革方案。当然，不同的流派、具有不同学术思想的人、具有不同意识形态的人似乎都在使用参与式的概念。其中，值得注意的是，参与式发展思想受到了自由民主主义及社会民主主义思潮的影响，因此，应该全面审视参与式发展的理论与实践。

一、参与式发展理论的起源

尽管在后面会对参与式发展的内涵给予详细的解释，在进行参与式发展起源的介绍之前仍然有必要对其概念做出一些必要的说明。也许"参与"这个英文"participation"的中文译法并不能确切地反映英文中所表达的含义，人们往往从字面上将其简单地理解为"介入"，或是简单地理解为群众的参加。而事实上，"参与"反映的是一种基层群众被赋权的过程，而"参与式发展"则被广泛地理解为在影响人民生活状况的发展过程中或发展计划项目中的有关决策过程中的发展主体的积极的、全面的介入的一种发展方式，也就是说"参与式发展"事实上正是基于如上所述的对于传统发展的反思的、在发展理论与实践领域的、综合的具体体现。确切地说"参与式发展"方式带有寻求某种多元化发展道路的积极取向。从某种程度上来说，参与式发展的起源可以从发展实践的角度、历史的角度、哲学的角度、研究范式的角度以及组织的角度去探索。

尽管参与式发展是在发展文献中使用的一个相当时髦的名词，但"参与"本身并不是一个全新的理念，在发展实践中体现参与概念已有很长的历史。比较早、比较显著地体现参与概念的发展战略可以追溯到 20 世纪五六十年代一些西方国家在对第三世界国家实行发展援助时所采取的"社区发展战略"。在 20 世纪 40 年代末期，一些早期的发展援助活动开始在发展中国家进行以促进发展和社会变化。到了 20 世纪 50 年代，特别是 20 世纪 60 年代，发展援助机构企图通过社区发展过程使当地人纳入到改进社区的活动中去。在印度第一个五年计划期间，社区发展项目首先以先导项目形式出现，继而在其第二个五年计划期间得到广泛执行。这种社区发展形式一方面修建基础设施，一方面动员地方人口的知识和技能，使其加入到基础设施建设上来，同时也试图建立社区组织，组织扫盲运动，使社区群众与管理机构建立更加密切的联系。这时候，"社区"被作为一个基本的行动单位，参与是体现在社区层次上的。Cary（1971）认为社区发展战略的宗旨就是"组织社区人口处理影响他们生活及生活发生的问题和发展机会。"

尽管 20 世纪五六十年代社区发展在非洲、亚洲的蓬勃兴起，促进了社区在国家发展中的作用，但许多决策控制仍掌握在社区之外，社区只是作为支持国家发展计划的一种工具，而并不能真正对其自身发展的内容和方向做出决定。到了 20 世纪 60 年代末期和 20 世纪 70 年代，社区发展战略逐渐失去了其主导地位，参与式发展方式开始成为国际发展领域中创新性的理论与实践方面的突破。20 世纪 70 年代末期对于不发达的分析开始为贫困人口之所以贫困的原因提供不同的说辞，认为贫困人口被置之于广泛的社会参与和直接的发展活动之外。世界银行在 1976 年曾经就一些参与效果的经验研究如用水系统管理研究得出结论，如能使用水户参与决策与管理，用水系统的供应将更加成功。同一时期，国际劳工组织（ILO）的世界就业大会提出"参与"应作为基本需求战略的重要因素，而经济发展所（EDI）在"社区参与"研讨会上强调了各种参与式工具的重要用途。这一段时期内,新的项目设计形式被提了出来,同时发展政策制定者和规划者实施各种战略以使社会参与制度化。农事系统研究,快速农村评价,参与式农村评价等方法先后被应用到各种发展研究与实践中去,也就是说在过去的 10 年中各种促进当地人的参与的努力形成了发展的主流,这种参与是对非参与实践的计划体制从态度到方法论上的彻底变革。到了 20 世纪 90 年代初期,一些主要的援助机构如世界银行等开始将其援助重心和发展重点向促进参与式发展方面实行全面转移,参与式发展方式在全世界范围内真正蓬勃兴旺起来。

探讨"参与式发展"的历史起源,不如说是探讨"参与"理念的历史起源。除去上述参与理念在发展实践中的种种体现之外,我们还有必要回顾一下参与理念在历史上的种种社会运动中是如何发挥作用的。19 世纪中期恩格斯在英国第一次工业革命时期为了探询危机的原因,利用"参与式观察法"亲自参加了工人的大罢工,而同一时期,马克思在法国革命中根据其被 Bodeman(1977,8)称为"结构性访谈"的结果建立了无产阶级公社的哲学基础。而 20 世纪初期一位意大利的政治家安东尼·格莱米希(Antonio Gramsci)所倡导的"工人知识的重要性"无疑对参与式发展的历史起源有着重要的影响。他认为农民工人出身的知识分子和领袖人物深刻理解基层劳苦大众的现实,他们是能够利用他们的知识和能力将劳苦大众从受压迫中解放出来(Hall,1981)。这一观点实际上正是体现了参与式发展中"自我组织,确定需求,制订计划,采取行动"的精神。

20 世纪 60 年代出现在拉丁美洲的"解放理论"和"解放社会学"强化了社会学家在阶级斗争中的作用,同时也为今后的参与式方法,特别是参与式研究方法的基本原则奠定了基础。在冈纳缪尔达尔 1968 年出版的《亚洲的戏剧》一书中,"参与"的意义也可见一斑,他对于"民主计划"的概念与实践曾进行过深入探讨。他指出:制订计划和在计划中协调的政策不仅应该取得民众的支持,而且在准备和执行计划的过程中,应该有他们的积极参与。他的这种观点实际上反映了后来人们赋予参与式发展的含义中的"让群众成为受益群体、让群众参与到发展的过程之中去"的内容。Schumacher 也曾在他著名的《小的最好》中就发展中的扶贫干预问题发表看法,他指出:如果我们能把我们关心的问题转向贫困人口的真正需求上来,那么无疑我们将赢得这场战争。20 世纪 70 年代早期巴西哲学家和教育学家保罗·弗利埃(Paulo Freire)在其《被压迫人口教育学》(1970)中提出"文盲启蒙运动"概念,即通过对社会政治经济矛盾进行评判性分析,有组织地采取行动来解决现实问题并反抗剥削压迫阶级。弗利埃提出了"主题调查法",即群众进行自我问题分析寻求解决办法,这种过程实际上暗示了一种后来 Norman Uphoff 和 Robert Chambers 等人提出的外来专家角色转换的过程。外来人员不再是主导着,而是以"合作调查者"的身份出现,而同时那些通常意义上的目标群体在分析过程中成为了积极的参与者。

尽管亚洲国家的一些历史性的实践并未对现今流行的"参与式发展"的形成真正造成影响,但许多做法从不同程度上体现了参与式发展所要求的原则并且或多或少地影响了发展研究与实践的一些具体做法。如 20 世纪初期晏阳初先生穷其毕生所倡导的"平民教育(Mass Education)"、"社会实验室(Social Laboratory)"途径,特别是他提出的"平民自治(Self-government)"很大程度上与参与式发展中强调的"自我组织"和"自立"的观点不谋而合,并且对于包括中国在内许多国家的可持续发展战略、科学与民主的实施及以后的农村教育事业都有着深远的影响。另外,20 世纪 20 年代毛泽东所作的《湖南农民运动考察报告》

以及他的《实践论》中的"从群众中来,到群众中去"的指导思想尽管与我们目前所讨论的非革命性的社会变迁与发展方法并无本质上的关联,但他所采取的获得信息和认知世界的方法不能不说与参与式发展的快速农村评价的方法有着异曲同工之效。

参与式发展的起源还可以追溯到实用主义、理想主义和历史唯物主义哲学观点。实用主义的信奉者认为知识来源于人类实践并应用于人类实践,即知识的产生开始于对于实际问题的确认,而知识之所以产生正是为了去解决实际中的问题。参与式发展中对于乡土知识的认同和知识的学习途径正是反映了这种实用主义的观点。此外,参与式发展中所提倡的"外来者与当地人一起思考、分析当地人所面临的问题,寻找解决的途径"以及后来的"在外来者的辅助作用下,由当地人进行自我分析,自己组织起来探寻发展的途径"的精神,体现了理想主义者对于包括专家、研究人员及发展实践者在内的外来人和当地农民百姓共同为社会变迁而努力的信心,同时也是人文主义者的理想主义的表现。而从历史唯物主义者的观点出发,参与式发展过程构建于外来者与当地人的相互作用,同时遵循理论与实践的辩证关系。以后英国学者 Norman Long 教授提出的在发展社会学研究中的"以参与角色为导向的方法"和"相互作用"概念。

参与式发展的研究范式的起源主要基于人们对于一直处于主流位置的实证方法在研究社会变迁方面的"力不从心"。Stavenhagen(1971),Hall(1972,1979),Polsworth 和 Ruddock(1975),Apps(1979),Gaventa 和 Horton(1981),Huizer(1973),Bryceson,Manicom 和 Kassam(1982),Tandon(1982),De Schutter(1983)以及 Robert Chambers(1997)先后对实证科学范式方面提出过批评。这些人曾经指出过传统研究范式在认识论方面的假设和方法论方面的具体问题。Bryceson,Manieom 和 Kassam(1982)认为用于探询真实世界的试验性或半试验性的设计和统计分析过分强调量化指标削弱了社会系统的复杂多样性,将其简化为适用于计算机输入的社会经济指标。另外,那些依赖量化指标的研究人员视定性指标为普通人的知识,为"不科学的"知识。Hall(1977)曾经指出传统的调查方法由于简化了社会现实而从三个方面导致结果的不准确性:

(1)信息收集取自单独的个体,然后将其加和成单一系列的数字,削弱了人类感觉与经验的复杂性和丰富性;

(2)通过结构性调查或多重选择问卷收集信息使得被调查者有时不得不选择实际上并不能反映其真实现实的答案;

(3)传统调查方法使得现实变为静止,既不能反映过去的情况也不能反映未来情况。

Tandon(1982)进一步批评传统调查方法由研究人员设计问卷,分析调查结果,忽视了被调查群体的作用。他们只是作为提供信息的来源和被研究的对象,而没有机会确认或分析他们存在的问题,而且很多时候问卷的设计、计划的制订,或者说是基于管理者、政策制定者和项目设计者的知识体系产生的方案由于与现实的脱离并不能真正付诸实施。

参与式发展的组织起源涉及大量促进参与式发展方式的应用和研究其原理与方法论的组织和机构。这些机构出版了大量文字材料、研究论文、照片,组织了各种项目、会议和活动。举例来说,在20世纪70年代和20世纪80年代初期一段时间内,在美国国际发展署的帮助下,美国康奈尔大学的 Norman Uphoff 教授与其同事一起一直在主持发行《农村发展参与综述》的文章。参与主题的重新复苏是迈克尔·克尼亚在为世界银行编辑的《把人民放在首位》中,将其多年发展的经验,特别是基层群众的作用和位置方面的思考陈于书中。位于英国伦敦的环境与发展国际所（IIED）首先在印度、肯尼亚等国家使用 RRA 方法，RCPLA 方法对后来参与式发展方法的形成也产生了重要影响。

二、参与式发展的基本特征

"参与"这个词在现今的多数发展项目中被广泛应用。农村发展的实践者经常在他们的项目评价、项目计划及监测评价的文件与报告中引用这个词。然而，最重要的是如何真正理解"参与"的内涵，并把参与理论付诸实施。关于"参与"的定义，在国际发展文献中可见许多，而且有一定的差别，以下是几种主要的定义方式。

（1）公众参与指的是通过一系列的正规及非正规的机制直接使公众介入决策（Sewell，Coppock，1977）。

（2）参与是在对产生利益的活动进行选择及努力的行动之前的介入（Up-hoff，Esman，1990）。

（3）市民参与是对权力的再分配，这种再分配能够使在目前的政治及经济过程中被排除在外的穷人在将来被包括进来（Cahn，Passeff，1971）。

（4）参与可被定义为在决策过程中人们自愿的民主的介入，包括：①确立总目标、确定发展政策、计划、实施及评价经济及发展计划；②为发展努力做贡献；③分享发展利益（Poppe，1992）。

（5）参与能带来以下好处：①实施执行决策时具有高度的承诺及能力；②更大的创新，许多新的想法和主意；③鼓励动力的产生和责任感（Spencer，1989）。

（6）参与可被定义为农村贫困人口组织自己、组织他们自己的组织来确定他们真正的需求、介入行动的设计、实施及评价的过程。这种行动是自我产生的，并且是基于对生产资源及服务的可使用基础上，而不仅仅是劳动的介入。同时，也基于在起始阶段的援助及支持以促进并维持发展活动计划（Oakley，Peter et al.，1991）。

Oakly 及 Marsclen（1984）回顾并总结了众多在发展项目中应用的对于"参与"的理解及解释，并把它们归纳成以下四个方面。

（1）参与是人们对国家发展的一些公众项目的自愿的贡献，但他们不参加项目的总体设计或者不应该批评项目本身的内容（拉美经济委员会，1993）。

（2）对于农村发展来说，参与包括人们在决策过程中，在项目实施中，在发展项目的利益分享中，以及在对这些发展项目的评价中的介入（Cohen，Uphoff，1977）。

（3）参与涉及人们在给定的社会背景下为了增加对资源及管理部门的控制而进行的有计划、有组织的努力，这些人在过去是被排除在对资源及管理部门的控制之外的（Pearse，Stiefel，1979）。

（4）社区参与是受益人影响发展项目的实施及方向的一种积极主动的过程。这种影响主要是为了改善和加强他们自己的生活条件，如收入、自力能力以及他们在其他方面追求的价值（Paul，1987）。

从上面所列的一些学者对"参与"的定义中，可以分析出"参与"本身主要包含以下一些重要因素和方面。

（1）决策及选择过程中的介入。这与传统发展思路恰恰相反，是使受益人在全部的发展过程中参加决策并做出选择的高度介入。

（2）在全部项目循环中的介入。所有的发展努力都是为了使目标群体受益。比如说，农村发展项目是为了给农民带来任何形式的利益，因此只有当农民参加发展项目的全部循环过程，如项目确立、可行性研究、项目设计、实施及项目监评，才能使得他们的需求得到考虑和满足。这就需要对传统思路的一种逆向思考，即从"我们为农民工作"转变成"我们和农民一起工作"。

（3）贡献努力。发展中的参与还指受益人尽可能地对发展项目给予自己的贡献和努力，如农民应对社区林业发展项目贡献出一定的努力。

（4）承诺及能力。发展项目中的参与要求受益人对项目的成功具有相当的承诺，并要求受益人要具有一定的能力来实施项目。

（5）动力及责任。发展项目的受益人应主动参加发展项目。他们应该参加项目的计划并对实施项目具有主动性和责任感。

（6）乡土知识及创新。参与理论的一个重要方面是使当地群众在他们熟悉的环境中充分地把他们自己的知识及技能用到发展活动中去。比如说，在一个社区里，农民比任何一个外来者都更加熟悉他们自己的发展限制、发展潜力及发展机会，同时通过长时间的实践磨炼，农民已经总结出并掌握处理他们自己所面临的问题的一套特有的知识与技能。因此，任何社区发展项目或其他支持只能起到一种协助作用，即协助农民来增加基本技能，充分利用并根据他们自己的乡土知识去理解他们面临的新问题、新情况，同时充分利用他们的创新潜力和能力去发展自己的社区。

（7）对资源的利用和控制。对资源的利用和控制是鼓励农民积极参与发展活动的另一前提条件。比如说，如果农民对林业资源如林地、林产品拥有使用权和控制权，农民就可能积极地参与社区林业发展。当然，从另一角度看，参与也是人们寻求对资源不断地有权利用和控制的过程，从而更好地提高他们的生活水平。

（8）能力建设。一部分学者把参与作为发展活动中人力资源建设的不可缺少的内容。以前，发展计划工作者曾过高地期望人们在发展中所能做出的贡献，过高地期望他们在发展中的技能。假如在过去的项目中能把人力资源部分充分考虑进去，并说服人们积极参与发展项目，这也许会对项目的成功能够多增加些机会（Oakley，1991）。因此，参与式项目的重要目标之一就是帮助农村广大群众自我教育、自我培训，这样他们才能够更好地衡量评价他们自己的情况，并把他们自己组织成一个有影响有力量的自我组织，从而对社区的发展变化等起到创造的作用。

（9）利益分享。参与决策并不是只意味着地方群众在发展活动中参与投入。如很多地方都把农民以义务工或非义务工的形式参与社区造林或公共设施建设当成是农民对发展的高度参与，而我们所说的参与还包括人们要从参与的项目中分享利益，即不能只参与投入，还要参与利益分享。假如利益分享没有在项目总体设计思路中考虑进去，这样我们也不能也不应该期望农村贫困的人口能积极参与任何发展活动。这里要指出，利益不只是指直接利益，也指间接利益。

（10）自我组织及自立。参与式项目也是为了促进建立各种形式的自助小组或组织。这些组织应该是人们为了满足他们特定的社会及经济需求而建立的自己的团体，有些参与式发展项目在农民自立方面取得了很好的成果。在这种情况下，外部干预只是起到一种催化剂的作用，促进并协助人们的集体行动，做到使地方群众不对外部支持有依赖性，增加人们的自组、自助、自立意识。

（11）权力及民主的再分配，这是参与的较高层次。这在部分程度上是完善政治及法制的发展，从而确保人们在经济发展过程中能够具有立即参与可能性。

（12）机制促进。现在大家已经广泛地认识到有一系列的正式和非正式的机制或手段能够较大地促进人们参与发展活动的过程。这里涉及的机制不仅包括社会和经济方面的机制手段，还包括文化、政治和法制方面的机制。因此，在一个发展服务项目开始执行实施之前，或者是在项目的计划及实施过程中，建立这样的正式或非正式的机制尤为重要，只有这样，才能实现大众参与的最终目标。

三、参与式发展的范畴

所谓范畴是指研究对象所涵盖的领域及其内涵。与之相对应，参与式发展的范畴是指参与式发展的理论及实践所包括的各个主要方面。具体的讲，它包括：参与式发展的理论范畴、制度范畴、社会范畴、经济范畴、伦理范畴、实践范畴和学习范畴。这些范畴构成了参与式发展的理论及实践的整体框架。各范畴所包含的内容有其相对独立的范围，更重要的是，内容之间有时是相互交叉的以及所有的内容之间是相互联系的，并在此基础上构成了参与式发展的范畴体系。

参与式发展的理论范畴是指参与式发展的理论依据及体系。在对参与式发展的理论范畴进行讨论之前，有必要简单回顾一下参与式发展理论兴起的历史和实践背景。

尽管努力发展和促进参与式方法的开发和应用主宰了许多发展中国家的发展实践，但发展中参与式的概念并不完全是新的。早在 20 世纪 40 年代末，通过对欠发达国家有计划的干预和发展援助来促进发展和变革的努力就已经开始了。然而，在 20 世纪 50 年代，特别是在 20 世纪 60 年代，通过采取社区发展（Community Development）过程的行动，在改变社区面貌的努力中开始寻求人们的参与。20 世纪 60 年代的社区发展在许多农村和城市社区建设了许多基础设施，同时也发展了当地人们的技能和能力，并鼓励了当地人民在支持和实施一些具体的基础设施建设工作方面部分地参与和负一些责任。那个时期的社区发展也努力建设一些以社区为基础的组织（Community-based Organizations）以通过它能促进当地人民的参与。它还开展了一些扫盲运动以使人们能更好地理解和与现存的行政实体（Administrative Bodies）建立联系，在社区成员间，它寻求创造一种相互联系和团结的气氛。

20 世纪五六十年代社区发展运动的兴起，尤其是在非洲和亚洲，许多国家项目着重于建设社区基础设施和消除将社区排除在发展活动之外的各种限制。这是一种相当普遍的情况，社区发展工作者被看作是工作在现代化的外部力量和农村社区的自然保护主义与猜疑之间这一界面上的政府官员。社区发展虽然促进了社区的参与，但却是服务于一个已经确定了的目的。即所有的控制和决策仍然是由社区外做出的，社区只是被看作对国家发展计划和项目提供支持和做出贡献，社区并不被看作有必要参与决策它的内容和方向。

当社区发展作为社区参与的基本策略进入 20 世纪 70 年代时，它已经从很大程度上失去其支配地位。20 世纪 70 年代后期和 20 世纪 80 年代，对欠发达地区社会变迁的研究，开始关注贫困，穷人被认为在广泛的民事社会的参与（Societal Participation）和直接的发展活动的参与（Direct Involvement）上都被排除在外和被边缘化。同时，发展政策制定者和计划者开始为民事社会水平上的政治参与和生计策略进行讨论。通过政治参与和设计发展战略，穷人能够更直接地参与到发展过程中去。在发展实践和研究领域，最近主要被促进人们参与到发展甚程的努力所支配。这种努力是为了促进一个根本性的转移，包括从态度上和方法上，打碎数十年的纯粹自上而下的、非参与式的方法和实践。由于认识到非参与式发展途径所造成的问题，自 20 世纪 90 年代初，许多发展援助机构把它们的重点和资源放在了促进参与式发展上。

从以上对参与式发展方式形成过程的简单回顾可以得到两点启示：产生于社区发展而不同于社区发展；对传统的自上而下发展方式的反思和否定。因此，参与式发展理论范畴的分析，旨在从社区层次展开并伴随着对传统自上而下发展方式的反思。

参与式的发展途径是指目标群体（在很多情况下尤其要注意包括穷人和妇女）全面地参与到发展项目和发展活动的规划、实施和监测与评价过程中去。因此，从技术层面上讲，有参与式农村评价、参与式发展的项目规划与设计、参与式发展项目的监测与评价等。

参与式发展途径的一个重要基础在于对目标群体，尤其是穷人和妇女，即所谓的"社会弱势群体"的知识、技能和能力的重新而公正的认识，对造成贫困的经济、社会、政治、文化和环境等原因进行全面诊断，并充分考虑目标群体尤其是妇女和穷人的观点和看法。

参与式发展的核心是赋权（empowerment），而赋权的核心则是对参与和决策发展援助活动全过程的权力再分配，简言之，即增加社区和穷人与妇女在发展活动中的发言权和决策权。对政府和发展援助机构来说，首先是赋权给社区，通过充分听取社区的意见和放大社区在决策过程中的声音来实现社区的参与：这一点体现了它与社区发展概念的主要不同，社区发展概念一般只是强调社区被动参与，并不能参与决策过程，而参与式发展不仅仅强调目标社区和目标群体参与发展项目的实施过程，更重要的是参与对发展项目的方向和内容的决策，即参与决策过程。其次，在社区内部，对社区精英（包括社区的'正式'和'非正式'领导人）来说，是赋权给穷人和妇女（或称为"社会弱势群体"或"社会边缘化的群体"），通过充分听取社区中穷人和妇女的意见，放大穷人和妇女在发展决策过程中的声音来实现穷人和妇女对发展过程的参与。这一过程具有特别重要的意义，因为在大多数情况下，尤其在贫困地区，穷人和妇女不仅在社会经济生活中被边缘化，而且在社会政治和文化生活中也被边缘化。赋权给穷人和妇女的过程是重建穷人和妇女对自身知识、能力的自信，这对构建社区的自我发展能力和增加社区的社会资本（Social Capital）来说至关重要。

参与式发展途径的过程也是赋权的具体实现过程，对这一过程的掌握和重视以及大量的实践操作技术和工具（如各种参与式农村评价技术和工具），在这一过程中被开发出来，并应用于这一过程，使得参与式过程成为参与式发展途径的实践重点。这一过程充满了"学习（learning）"、"教育（education）"、"谈判（negotiation）"。一方面通过社区积极参与发展援助活动的预评价、规划、实施、监测和评价过程（尽管他们可能不是最后决策者），社区内成员和社区外成员之间可以相互学习知识、技能和交流信息；另一方面，这一学习或教育过程也存在于社区内部成员之间。尽管发展援助活动的各参与方（stakeholders）有着共同的利益和目标，但他们同时又有着各自不同的特殊利益和兴趣，因而为参与式的过程和方式提供了一个场所和机会，使得各方不断地进行谈判并在发展干预的各个方面和各个环节达成妥协与共识，这是达成有效率（efficiency）的，并使目标群体受益的发展干预之前提。

参与式建立在"平等磋商"基础上的过程特点，以及对社区、社会弱势群体（亦即目标群体）的参与发展干预过程的赋权，使社区和目标群体对发展干预项目能自然而然地建立起"主人翁意识（ownership）"，这是实现发展干预可持续性（sustainability）的根本前提。"长时间的"、"平等谈判和磋商式"以及"相互学习"的过程特点，大大促进了社区成员间的社会交往和社会联系，并创造了建立社区组织的社会基础，增进了社区社会资本的培育，从而进一步促进了社区的能力建设（capacity building），这对社区的可持续发展来讲至关重要。

尽管存在着多种对参与式发展途径多样性的理解和解释，但其强调自下而上、强调目标群体广泛参与的基本特征与传统的自上而下的发展方式形成了显著对照。事实上，传统的发展方式多将重点定位于经济领域，而参与式的发展方式则将重点定位于"人"的发展、对人的尊重，尤其是对社会弱势群体的尊重以及对基本人权的保障和人的全面发展上。

建设具有参与式发展特点的施政（governance）是参与式发展中制度建设的核心，因而也是讨论制度范畴的核心。1989 年，世界银行言及非洲当时的情况，称之为"施政危机（crisis in governance）"。从那时起，"施政"一词便广泛地和发展的政治，尤其是和后殖民世界的发展联系在一起。

施政是指"它所要创造的结构或秩序不能由外部强加；它之发挥作用，是要依靠多种进行统治的以及互相发生影响的行为者的互动"（库伊曼和范·弗利埃特，1993 年，第 64 页）。这些行为者至少主要包括了各种非政府组织（NGO）、社区内的各种民间社团或自治组织、社区内的各种利益集团和相关政府部门。因此，施政的本质在于，它所偏重的统治机制并不依靠政府的权威或制裁。

格里·斯托克对施政的五个论点进行了探讨。它们是：

（1）施政指出自政府，但又不限于政府的一套社会公共机构和行为者；

（2）施政明确指出在为社会和经济问题寻求解答的过程中存在的界线和责任方面的模糊点；

（3）施政明确肯定涉及集体行为的各个社会公共机构之间存在的权力依赖；

（4）施政指行为者网络的自主自治；

（5）施政认为，办好事情的能力并不取决于政府的权力，以及政府实施命令或运用其权威的能力。

政府可以动用新的工具和技术来控制和指引，而政府的能力和责任均在于此。联合国开发计划署的主要目标是促进"可持续的人类发展（sustainable human development）"。为此它设计了一个施政项目（governance program），其要点包括如下一些内容（UNDP，2000）：自由而公正的选举（free and fair elections）；结社自由和参与自由（freedom of association and participation）；独立的司法（independent judiciary）；官员/政府责权明确（bureaucratic accountability）；信息获取和流动自由（freedom of information）；有用而高效的公共事务管理（effective and efficient public sector management）；决策和资源管理的非集中化（decentralization of decision making and resource management），政府与民间组织的互动（government interaction with organizations of civil society）。

建立良好高效的施政既是应用参与式发展途径的前提条件，又是成功的参与式发展所必然导致和期盼的结果。在许多欠发达地区，权力往往高度集中于一极，即政府部门，这是与传统的自上而下的施政方式和发展途径是一致的。它完全不利于参与式发展途径的运用。参与式发展强调目标群体的参与，而目标群体的参与效率与目标群体的自我组织能力紧密相连。同时，有组织的目标群体能更好地成为自身的利益代言人。因此，目标群体的自治组织的发育或当地机构建设（local institutional development），是参与式发展中制度建设的另一个核心。这一点是与社会资本的增加和良好施政的建立是紧密联系的。

在建立良好施政的诸多行为中，非政府组织是作为其中的一个主要部分来看待的。非政府组织的建立和积极参与发展干预的过程是建立良好施政的条件，也是参与式发展所要求的。非政府组织的形式和领域是多种多样的，最典型的是以环境保护为目的的、以保护妇女儿童权益为目的的、以反贫困为目的的和以改善落后地区教育为目的的各种非政府组织。非政府组织有时是全国性的，有时又是区域性的。由于在促进良好施政的建立中所起的作用和本身的机构性质，各种非政府组织常常是参与式发展途径的实践者和倡导者。

需要特别强调的是，如何建立具有中国特色的良好施政仍然是一个需要在实践和理论中不断探索和完善的问题。如 1999 年颁布的《村民委员会组织法》、各种个体经济和私营经济的发展、经济发展领域各种民间协会的成立、新闻媒体和相关机构的舆论监督作用的加强等，都体现了我国在这方面的不断努力和所取得的进步。

在社会范畴方面，参与式发展的目的是要达成社会发展的公平、公正和目标群体受益。

公正是指要减少存在于社会或社区成员间的经济、政治、社会和文化等社会生活的各个方面的不平等和差异。此一含义常常使参与式发展更多的将目标群体定位于社会弱势群体上，即通常意义上的穷人和妇女，或者在一个更广泛定义的包括社会弱势群体的目标群体中，给予他们更多的政治、经济、发展机会和发展能力建设的关注。需要引起注意的是，社会弱势群体不仅在社会经济生活中被边缘化，同时在社会政治和文化生活中被边缘化。因此，公正的目的不仅仅是要在经济上促进贫困社区或社区中的弱势群体的发展，同时也要在政治上提高他们的地位。在具体的操作层面上，使社会弱势群体在发展干预过程中有更多的发言权并参与决策过程。

公平是指给社会或社区成员平等的获得帮助、获取外在和内在资源以及参与发展决策的机会。参与式发展在社会范畴方面的这一目的是基于这样一个基本事实，即社会或社区成员在资源占有和控制方面是不平等的，在发展决策方面也是不平等的，尤其是在许多发展中国家或欠发达地区尤为明显。社会弱势群体在政治上被边缘化，无权无势，缺乏利益代言人，因而不能平等地获取资源和控制资源，导致发展机会的丧失，并进一步在经济上被边缘化，形成恶性循环。因此，参与式发展的最基本社会策略之一就是促进社会或社区成员在各种政治和经济权益上的平等。

参与式的发展干预根据干预的性质和干预的原则和目的，一般都界定一个明确的目标群体，最大程度地使目标群体受益便是其社会范畴的、具体的主体内容体现。追求社会发展上的公平与公正、强调社会发展的平衡和可持续性是确定特定地域或空间中受益目标群体的主要原则。由此，在空间上，受益群体或目标群体常被界定为欠发达地区的农村社区。在社区内部，受益群体或目标群体则常被界定为社区中的弱势群体，通常指妇女与穷人（公正原则），当然，目标群体也可以是整个社区中的人（公平原则）。强调这一点的重要性在于明确干预或援助资源的使用方向和使用对象，而这些原则在具体操作中则体现为以下方面，如社会性别与发展、反贫困、环境友好意识、同步的社会经济发展、公平广泛的目标群体受益等。

参与式发展的经济范畴在于其对参与式发展的成本和效率的长期和全面的认识。这种认识是建立在参与式发展的特点基础之上的，强调目标群体的参与使发展干预发生偏差的概率被大大降低。相互"学习"和"教育"的过程特点使发展干预的设计规划和实施过程充满了"创新"，如对乡土技术（indigenous knowledge）的开发和应用。尽管这一过程也充满了"协商"和"谈判"，有时甚至是非常耗时间的（从个别案例和短期角度看，这似乎是成本较高的），但正是这一过程使得目标群体具有了对发展干预的主体意识，从而为发展干预的可持续性和社区发展的能力建设打下了坚实的基础。所有这一切都会为降低发展干预的成本和提高发展干预的效率做出长期而持续的贡献。

伦理学本是研究关于道德问题的科学。因而，参与式发展途径的伦理范畴与其社会范畴紧密相关，并主要体现在对社会发展的公平性和公正性的认识和追求，同时，它还强调了对社会弱势群体中的基本人权，即生存权和发展权的保护与重视。

如何有效而快速地对目标群体进行动员（mobilization）往往是参与式发展实践范畴的核心，这一点之所以重要是因为它是一个重新调整传统的社区权力结构的过程。实践证明，越是欠发达（这种欠发达的含义不仅仅是指经济上的欠发达，有时不完善的、甚至缺陷严重的政治制度和行政体系以及传统文化中某些消极因素的历史积淀，都是欠发达的原因同时又是其导致的结果）的地区，其建立在对传统文化和体制的简单继承基础上的社会结构和权力结构往往表现为一种呆滞的稳定性，因而，参与式发展对社区和社区中的弱势群体的赋权便首先需要对目标群体进行必要的动员，有时这种动员是相当困难且具有挑战性的。这一方面是为了重新唤醒目标群体对自身能力的充分认识，使目标群体建立起参与发展干预决策的自信心；另一方面是为了目标群体建立起对发展干预或发展项目的主体意识，从而产生主动参与发展干预过程和决策的积极性。

因为动员目标群体的重要性和在某些特定社会政治、经济、文化和宗教条件下的敏感性，参与式发展实践开发出了许多适合于各种不同情况的参与式技术或工具，其中，最为典型和被广泛应用的是参与式农村评价（PRA）中所应用的参与式工具。从很大程度上讲，开发和应用这些工具的目的都是为了有效地动员目标群体参与发展干预的规划、实施以及监测评价过程，从而增加对发展过程和发展目标的控制。

由于参与式发展途径被广泛应用于具有不同的社会政治、经济、文化和宗教背景条件下，对如何操作和对操作过程的研究便成为参与式发展途径中实践范畴的另一个重点。这种操作研究或实践研究是与动员目标群体和开发与应用参与式发展的技术工具紧密相连的。

四、参与式发展研究

（一）参与式发展研究的内容

发展是由欠发达或不发达状态向发达状态转变的过程，也就是说现代化的过程。在学术界，对发展有两种基本观点：一种观点是基于现代化理论的社会进化论，即由不发达向发达状态的进步，这是我们通常所讲的传统的发展观；另一种观点则认为发展并不必然意味着通向现代化，而应该是社会要素互动的渐进式进步过程，这种进步不应该以牺牲社会价值和生态环境为代价。

无论以何种观点来对待发展，人类社会毕竟是趋向进步的，研究社会变革和进步的规律应该说是发展研究最基本的特征。最初的发展研究从范围来讲主要是研究发展中国家的发展问题，所以西方的发展研究机构也就主要研究发展中国家如何发展的问题。由于发展问题日益国际化，发展研究也就逐渐演化成了一个并非是只针对发展中国家的主题。从某种意义上说，发展的研究带有某种殖民主义的色彩，这一色彩实际上在逐步淡化。发展实践则主要是指基于对发展规律的认识而实施的发展行动。狭义地讲，发展行动主要是指有计划的干预。参与式发展的研究与实践也正是基于对传统发展理论以及干预行动进行反思而形成的新型的理论及实践体系。反思的重点是发展实践的效益、效率以及可持续性。在过去的探索中越来越多的证据表明，传统发展理论与实践框架无法适应发展中国家异质的、多样的以及复杂的政治、社会、经济、特别是文化的条件。有效地促进发展中国家的发展，特别是摆脱贫困的困扰需要基于发展中国家基本的、现实的理论体系以及实用的实践框架。

发展研究被归纳为四个大的方面：

（1）基础性研究。主要是用于解释和说明发展的现象、发展的概念，如贫困、环境的脆弱性、可持续发展、社会变迁的理论问题等。

（2）应用基础研究。主要以发现及分析问题为导向，重点放在社会结构、社会变动中各要素的相互关系、性别与权利的配置、制度变迁、人力资源开发、民主与施政。

（3）应用研究。这类研究包括实践研究、行动研究以及政策研究。这一类研究主要是在两个层次上进行：一是微观；二是宏观。其主要特点是能够直接针对实践中的问题。

（4）部门类研究。这一类研究包括农村发展的研究、农业技术研究、健康问题研究、营养问题研究。

有的学者根据研究的形式又把发展研究分为 11 种类型，如长期研究、多学科研究、假设演绎研究及分析归纳研究、比较研究、设计性研究、基本状况和效益性研究、追踪研究、实验研究、案例研究、历史研究、先导性研究。还有人根据所采用的方法分为文献研究、非数量化研究、量化研究、文化适应性研究、市场研究等。

根据发展实践研究的周期又可将发展研究归为：确认性研究、前期论证研究、可行性论证研究、回顾研究、监测评价研究。

就参与式发展研究而言，则可分为参与式快速评价研究、参与式行动研究、对话研究、自我评价研究。

如果我们根据研究的性质来分，则又可将研究归为：

（1）描述性研究。描述性研究主要研究事物如何变化，要求数据可靠、真实、精确，要求研究者保持中立。

（2）说明性研究。除了具有描述性研究的特点以外，还应该进一步对造成现象及产生问题的原因进行说明，这些说明可以是量化的、也可以是非量化的等。

（3）分析性研究。在要求数据可靠、精确、可信的基础上，对事物的认识的细节、整体进行研究，从而能上升到概念、理论。

（4）行动研究。行动研究更多地强调社会变化的原因、规律，特别重要的是要提出具有实践意义的建议及其实践的具体步骤和对实践效应的预测。

发展研究主要由以下两个方面构成：

（1）理论。理论是指针对一个研究问题所提出的认识框架，如从事发展研究时，其理论框架是对系统、整体、复杂的现实的认识框架。

（2）模型。模型是指在理论指导下，所形成的对具体问题的认识方式，如对贫困问题的认识，其模型是经济、社会、环境、文化等条件制约下的贫困发生的因果关系。

（二）参与式发展研究的方法

以牛顿力学为代表的现代科学体系，既指导着自然科学的研究，同时，也对社会科学的研究方法产生着深刻的影响。现代自然科学体系在认识世界的世界观方面属于唯物的，被归结为实证主义方法（Positivism）。实证主义的核心是将复杂的社会存在进行分解，然后从局部的认识和研究开始，再向整体进行扩展，最后再依据这些研究将局部的认识还原为所谓的真实世界。对实证科学的反思来源于自然哲学领域，其后，这些反思演化成著名的反科学主义思潮，而对环境、可持续发展极为关注的社会学家、历史学家、人类学家及发展实践工作者，则从如何真实的认识客观世界的复杂性方面质疑实证科学的方法论。争议的结果是实证科学方法并非完全无用，而是有许多局限，甚至是缺陷。在针对一个确定的、单一的问题时，实证科学的方法仍具有不可替代的作用，而对于复杂的农村问题、发展问题则无法使用这种还原性的方法。比如研究者到农村去，仅通过了解农民收入、农业生产就来判断农村问题，往往会出现相当大的偏差。图 2-1 和图 2-2 说明了实证科学的局限性。

图 2-1 说明了现实世界的交错复杂性，事物之间相互交错、相互影响。图 2-2 反映的是实证主义的还原论，只把错综复杂的现实世界，简单机械地分解为几部分（图中分为四个部分），然后把分解的几部分还原，整合成真实世界。显然实证主义的还原法不能反映客观世界各因素间的交互影响。

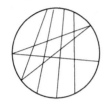 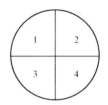

　　　图 2-1　现实世界的复杂性　　　　　图 2-2　实证科学的还原论

　　系统论、方法论是在过去 20 多年中蓬勃发展的新型学科，其对发展研究与实践方法的进步起到了极大的推动作用。虽然现在还无法确定什么是发展研究与实践的方法论，但就过去在发展研究与实践中所创造的认识论基础、方法及工具来看，这一方法论的要素已基本有了雏形。

　　1. 发展现实的系统性

　　发展是一个社会结构与功能的转型过程，这一转型过程中并非只有一个单一的经济因素，如国民生产总值的变化，它是一个系统的转型，包含经济、社会、文化、制度等多个因素，包含着结构与功能的转型。这一系统的转型无法用单一的经济指标来反映。当从事发展研究时，如不从系统角度出发，就无法逼近真实世界的运作状况。系统方法研究强调在方法论上所贯穿的系统原则。发展研究与实践方法论强调系统是通过协调，而不是通过组合而成为系统的。

　　2. 复杂性

　　发展系统不是由各种要素组成的简单复合体，而是一个充满相互关联、相互影响、各种因素综合的协同系统。这种复杂性表现在系统的结构与功能两方面，我们观察到的现象往往是这些复杂系统运行的结果，这种变化的动因是个模糊系统。对这样一个复杂系统的了解和研究，往往是非常困难的，没有一种理想的方法论。发展研究与实践强调在从事研究与实践工作时，应该从认识论角度，深刻反思方法论问题，始终将研究对象作为一个复杂体来对待。

　　3. 整体性

　　系统性的观点似乎更强调系统结构、功能的动态变化，整体性原则强调事物的不可分性及通过常规认识论和方法论无法认识的复杂性，但这并非是不可知论。这一概念本身也是基于对实证方法论、还原性方法论的一种质疑。整体性方法论已被广泛应用于整体性资源规划研究中。

4. 多学科性

基于研究对象的整体性、复杂性及系统性，在方法论上假定不同学科的认识及知识的协作，可以帮助我们更好地认识复杂的社会、经济、文化等问题。多学科协作是过去形成的在方法论层面上对如何有效认识复杂世界的必由之路。诚然，不同学科知识的相互结合固然会对清楚、明确地了解世界起很大作用，然而，多学科原则不是多学科知识的叠加、组合，而是互相作用。参与式发展研究与实践方法论明确地要求多学科是学科交叉。学科交叉的含义并非是不同学科的学者依自己的学科框架研究同样一个问题，如果说，经济学家、土壤学家、社会学家等都依自己的研究兴趣、方法、框架、理论来分别独立地研究土壤问题，这样的多学科研究充其量只能提供比单个学科提供多一点的信息而已。交叉学科方法论要求不同学科的专家就发展中的问题共同提出具有共识的认识框架，并且共同去发展如何研究这一问题的方法和工具。这些方法和工具不隶属于任何一个学科，但又反映每个学科的特点，它是学科知识的综合，而不是组合。学科间的交叉点往往是发展研究中推崇的部分。

图 2-3 说明了交叉学科方法论的核心。图 2-3 中的不同圆圈，表示不同的学科。交叉学科强调多学科的交叉，如图 2-3 中的交叉部分，而不是多学科的简单相加。

所以在一个交叉学科的多学科研究小组中，大家用不同的知识来思考同一个问题，按照共同的认识及方法来寻求解决问题的办法。

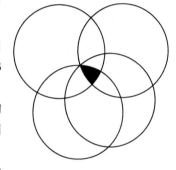

图 2-3　多学科交叉

参与式发展的研究与实践方法论主要适用于以社会系统为基础所开展的研究活动，它特别适用于以人的生存和发展为内涵的多种类型的研究。除了在认识论及方法论上与传统研究方法有区别以外，它本身的应用涵盖着直接促进社会转型与发展的行动含义，从强调被研究对象的参与到由研究对象直接进行研究。参与式发展的研究方法论是概括了由社会科学领域进入到实践应用及综合学科研究工作的标志。

参与式发展的研究与实践方法是以实践为基础的，并从理论和实践两个领域共同展开的研究与实践活动，其方法论适应了实践过程中的一些客观条件及客观实际的需要。一方面，现实世界是复杂的、综合的，是很难通过一两种方法来加以认识的；另一方面又需要对这一复杂的、综合的实践予以了解。因此，如何更能接近实际情况了解现实世界，这对以认识世界为主要任务的研究工作形成了挑战。发展研究实践活动是一项以人为基础，涉及社会、经济、文化、宗教等非常复杂的综合系统。了解这样一个以人为基础的系统，在以前很长一段时间内，都是由"局外人"用调查的形式来实施的，这也是常规的社会学家、经济学家、人类学家的实践调查研究方法。经常的情景是研究者们带着自己预先想到的问题，坐着颠簸的吉普车，带着雇来的翻译，在阳光明媚的日子里进行着调查研究。Chambers 把这种传统的研究称之为农村发展旅游，这样传统方法的科学性和精确性受到了实践的挑战。

参与式的方法论主要体现在以下几个方面：

（1）在规范层次上，参与式强调以人为中心，以弱势群体为重点，无论是研究还是实践，都有非常明确的基于这样一个现实来探索解决问题的方案。

（2）发展是一个多方位的、连续的、渐进的过程，发展不是通向一个固定目标的有序过程，因此，发展研究与实践的工作无法在研究者以及干预者所设计的轨道上运作，而应最大程度的吸收研究对象的参与。

（3）实证角度的研究应该基于研究对象自身的直接体验、需求以及机会而不是基于样本及数据分析，因为这些数据本身与研究对象的事件行动存在差异，分析与数据之间又存在差异，因此最终的差异放大作用将会使发展研究的结果完全扭曲，而由研究对象直接参与的研究则会在很大程度上缩小这种差异。

（4）参与式研究和实践的方法论不在乎如何精确地获得数据，因为任何所谓精确的数据都是建立在不精确的假设基础上的，统计学中的置信区间为假设检验提供了所谓科学的庇护所，从而使不精确的信息获得了所谓的精确的头衔，这应该说是实证科学在社会发展领域应用的悲剧。

参与式研究与发展的主要特征总结如下：

（1）研究者与被研究者的关系。传统的研究与实践框架是研究者依托科学的方法认识被研究者，然后形成行动框架，从而改变被研究者，这是传统的发展研究和实践的主要方法论。参与式研究与实践则恰恰相反，通过被研究者在研究与实践过程中高度参与从而形成更适用于解决问题的行动框架，这一框架表现在被研究对象在发现问题、确认问题、研究解决问题的方案，实施解决问题的措施。

（2）由于发展问题的复杂性以及综合性，参与式研究与实践采用交叉学科的方法论，交叉学科的视角重点在研究与实践框架中的学科交叉性，这样一种交叉在将学科的优势通过不同视角，融于一个整体的解决方案中，从而使方案更为有效。在很多情况下，许多人往往将多学科视为交叉学科，这种认识是不全面的，因为如果没有交叉学科的思想，多学科的过程也只能是一种简单的叠加。

（3）参与式研究与实践不仅仅是一种认识世界的方法论，而且更重要的是去改变既有的社会权力结构，即如何促进被研究者自身主动的认识和实践变革的需求。

（三）参与式社区发展

1. 概述

参与式社区发展方法是在参与式理论的指导下，借鉴国际经验发展出的在农村社区水平进行发展实践的一套方法。同时，这一方法被欧盟、加拿大海外援助署、澳大利亚、国际发展署、新西兰、关怀国际、德国民爱、国际计划等国际组织在华发展项目中得到了不同程度的应用。该方法的应用主要是以自然村或行政村为基础，以外部干预项目为手段，围绕着社区群众的自主管理能力的建立，启动社区群众自我发展的发展机制。该方法充分体现了参与式发展中强调的基本原则，力求在社区层面建立可持续的人力、财力、设施、管理等方面的基层发展能力。

2. 特点

（1）内部为主、外部为辅。以内部为主、外部为辅的原则，打破了由外部有权力的群体操作社区发展的传统格局。强调在分析农村社区问题，并提出解决方案时，应以社区农民自己为主，而外部专家为辅，外部专家主要起辅助支持的作用。之所以这样，是因为社区的群众最了解他们自己的问题和需求，在他们的生活中蕴藏着丰富知识和实践经验，蕴藏着巨大的发展潜力，如何有效地挖掘这些潜力就成了该方法的一个非常重要的目标。

（2）赋权。人们普遍相信农民是愚昧的、落后的、无知的。当发展干预到达贫困社区时，往往是那些所谓的聪明的、有知识的、有权力的外部人员，如专家、领导来决定如何进行发展。常常是专家和领导的作用在很多情况下被扭曲为外部来的个别专家和个人的愿望，而这些个人可能并不具有真正的科学的方法，或不了解农民的真实情况。因此，其结果往往会出现很大的偏差，导致很多失败的例子。成千上万失败的例子告诉我们，不充分尊重农民的创造、不重视他们的要求，而只靠外部人员的力量和智慧，发展几乎是不可能被启动的。这种现实要求必须赋权给农民，将社区发展决策权赋予社区农民，由农民来决定发展的进程、资源的分配等，同时外来人员应向社区农民了解情况，学习其对社区的实践知识，并为社区提供支持。这一赋权过程改变了传统发展决策过程中的权力结构，从而实现了社区发展权在社区的建立。

（3）确立发展管理权。由谁来管理社区发展项目，常规的做法是由项目管理人员、专家，由谁来评价和检测项目，传统的做法也是由专家。这种管理范式在传统的管理方式和管理体制下不应受到质疑，但实际上，这一现象在理论上是并不符合辩证唯物主义的发展观。由农民自主管理就是使农民对发展过程的拥有。在这样的自主管理过程中，农民创造出各种各样的乡土性的管理方法，而且行之有效，这也可以使发展支持在社区发展中具有可持续性。

（4）促进学习。干预支持进入到社区后，在参与式原则指导下，把社区群众动员起来，讨论问题、发现问题、找出解决问题的方案，从而启动所谓的学习过程。当然，社区学习每天都在发生，而参与式方式启动下的学习，会使社区活动更加活跃、有效，并具有明确的以解决问题为导向的特征。与此同时，专家、学者也可参加社区学习的过程，增加对社区的理解，向农民学习自己不知道的社区知识、实践。这就加快了内外部的和谐伙伴关系的建立。学习过程往往是朴素的、简单的，但其内涵是深刻的，这种双向式的学习改变着传统的学习范式，动摇了传统的权力结构。

（5）贫困优先。社区发展中的外部支持如何有效地到达最需要支持的群体，一直是扶贫工作的一个关键问题，参与式发展方式通过一套实用的工作方法确保了最需要支持的贫困户能优先获得支持。

（6）性别敏感。参与式发展方法始终将妇女作为其重要的支持对象，强调每一过程都要有妇女参与。因为妇女的认知、知识、能力在社区往往受到忽视，而他们的知识、能力的影响往往是不可估量的。所以，当地妇女的参与对社区发展来说是非常重要的。

（7）专家的作用。强调农民的自主性并不是排斥专家的作用和专门知识的不可替代性，参与式发展方法将专家的作用有机整合到社区开发中，使其作用更加有效。

3．工作步骤

（1）基本情况调查。基本情况调查涉及社区的地理、历史、文化、社会、经济、劳动力、农户生计等一系列问题。基本情况调查采用快速农村评价法（RRA）和参与式农村评价法（PRA），由专家与农民共同进行，往往需要 2～3 天，以便更好地掌握该社区的情况。

（2）问题分析。在基本情况调查的基础上，将基本调查中所涉及的各种问题整理出来，开始进行社区问题分析。一般情况下，先将基本情况调查表中发现的问题列成半结构式访谈表，进行关键人物访谈，以便对这些问题有比较明确的认识。关键人物是指对社区比较了解的当地农民，对这些问题确认完后，召开旨在分析问题的村民会议。运用问题树工具对问题的因果关系进行参与式分析，由农民来分析这些问题产生的原因及其造成的结果，分析这些问题间的相互关系，最终找出影响社区发展的关键问题。一般情况下可能会出现很多问题，由农民对这些问题进行优先排序，以便选出关键的问题。

（3）方案分析。找出制约社区发展的关键问题后，由农民来分析如何解决这些问题，这包括方案的罗列，并在罗列的基础上进行方案的对比分析。对比分析往往运用排序打分等工具，从而确定在社区最受欢迎、最适用的方案。经常出现的情况是要对不同的方案进行优先序列的选择。选择结束后，即进行所选方案的可行性分析，最终选出可行的解决问题的方案。

（4）参与式社区规划。得出可能的方案后，就需对如何实施这些方案进行计划。计划的内容包括实施这一方案所需的资源，如资金、劳动力、组织、技术、管理等。计划过程还包括时间分配、项目监督与管理等。参与式社区发展中的计划是典型的参与式计划，它不同于传统的由外部专家制订计划并操作实施，参与式计划花费较长时间让社区农民充分讨论自身的能力、潜力、决心、信心。一般情况下，也由社区农民讨论如何组织实施，而外部机构只作为一个辅助支持机构。计划过程中的一个非常关键的环节是目标群体的定位。如在扶贫项目中，在农村贫困社区排除富裕群体进入项目是保证扶贫到户的一个关键。参与式社区发展方法一般情况下采用社区农户贫富排序，通过公平、公正、公开的程序，确定出全村富裕户、贫困户名单，这一过程完全是民主的、透明的。参与式社区发展方法将村里的富裕户、贫困户、中等户的利益，在项目中有机结合，优先性并不是排他性，而只是说，最贫困人口优先受益，富裕户间接受益，但他们均是受益群体。所以，村中每个人都认为项目是自己的，都关心项目的发展。所以说，计划过程实际上是个社会动员过程、分权过程、创建社区民主的过程，这对于在村民自治条件下的社区建设具有十分重要意义。

（5）实施。由村委会组织农户按照计划的内容组织村民执行，实施中会出现很多问题，如技术问题、农户间冲突等。这些问题促使农民组织起来，自发地组织讨论、决策、寻求解决问题的办法。他们会主动寻找科技人员，进行技术咨询，主动找政府部门要求提供市场信息。这就改变了农民与政府人员、与技术人员之间的传统关系。

执行一般分两种操作过程：一种为由外部专家参与监测、管理的半参与式执行过程，即通过参与式计划形成项目实施的蓝皮书，书中按照传统规范要求列出项目的目标、产出、投入、工作计划及对各种项目活动的检测指标，在执行过程中，由地方项目负责机构的人员与农民一道进行监测，根据监测的情况及时进行调整，这种方法可称为半参与式项目。另外一种即所谓的放任式的自主执行过程。这种操作方法建立在农民对项目的完全拥有及充分的社区动员的基础上，由农民依自己的乡土习俗及适合当地的组织管理方式，自主管理项目活动，不对项目进行传统意义上的监测，而把监测与评价融在社区农民日常生产活动中。其目的在于使外部干预逐步成为农户自身的日常生产活动，避免出现社区活动似乎是额外负担的不良现象，这被称为极端类型的参与式方式。

（6）监测与评价。参与式监测评价是参与式社区发展中的重要组成部分，其主要包括由农民共同制定监测评价指标，这不同于由外部专家设计制定的方法。然后，通过参与式排序、打分等各种工具对项目的进展、效益进行监测和评价。

第三章

参与式社会评价

参与式发展研究目前已经成为一个相对独立的、综合的跨学科的新型领域，并已积累了相当丰富的理论与实践经验。虽然还不像经济学、社会学那样具有清晰的、成熟的框架，但却是一个正在成长的新兴学科体系。本章主要介绍参与式社会评价的框架体系，参与程度的测定及监测评价。

第一节　参与式社会评价框架

一、参与式评价概述

（一）参与式方法及参与式社会评价的概念

参与式方法是通过一系列的方法或措施，促使事物（事件、项目等）的相关群体积极地、全面地介入事物过程（决策、实施、管理和利益分享等过程）的一种方式方法。通过这些方法或措施的运用，使当地人（农村的和城市的）和外来者（专家、政府工作人员等）一起对当地的社会、经济、文化、自然资源进行分析评价，对所面临的问题和机遇进行分析，从而做出计划、制定行动方案并使方案付诸实施，对计划和行动做出监测评价，最终使当地人从项目的实施中得到收益。参与式方法在社会评价中的具体运用包括参与式评价和参与式行动两个方面。

参与式评价，如参与式贫困评估、参与式规划、参与式监测评价等，主要强调乡土知识对专家知识的补充和完善，侧重于应用参与式的工具进行数据的收集、分析，以弥补专家知识的不足。参与式评价包括收集主要利益相关者的信息，特别是那些受项目消极影响的人的信息，从而根据充分的信息资料制定出能够为他们所接受的项目方案。这样做能够最大程度地优化项目的运营效果，并为项目运营方案的制定做出贡献。

参与式行动更加注重的是从发展的角度来认识参与方法。与参与式评价最主要的区别是：参与式行动更偏重于让项目的利益相关者在决策和项目实施上发挥作用。当某个项目的受益群体（即受项目积极影响的群体或者机构）的积极参与和贡献对该项目的成败起关键作用时，参与式行动发挥的作用就更加明显。

参与式评价和参与式行动之间的区别主要在于参与的程度不同。参与式评价主要强调充分利用乡土知识来补充和完善专家知识。参与式评价在很多项目中可以用来收集主要利益相关者的信息，特别是那些受项目不利影响的人群的信息，从而制定出可以被他们接受的项目方案，使项目发挥最大效益，达到扶贫效果。参与式行动注重的是项目活动的实施，项目的利益相关群体参与项目的决策和实施过程。当项目受益者（即受项目积极影响的个人、群体或机构）的积极参与和实际活动对项目成败起关键作用时，参与式行动发挥的作用就更加

65

明显。

（二）参与式方法的理念和原则

（1）外部的支持固然重要，但当地人在一般情况下有能力认识和解决自己的问题。

（2）每一个人，不论是当地人还是咨询专家，他们都具有自己特有的知识和技能，这些知识和技能在社会经济的发展中都应该同样地得到充分尊重和运用。

（3）分享知识，共同决策，共同行动，共同发展。在行为与态度上，参与式方法的应用要求尊重每个人以及每个人所拥有的知识，充分利用每个人的力量。工程项目咨询评估人员不能将自己看成专家，所有的参与人员都应视为处在完全平等的位置上。在应用参与式方法时，社会评价人员应坚持以下原则：

1）尊重每个人；

2）尊重每个人以及每个群体的知识；

3）站在当地人的观点和角度看问题，而不是外来者的观点；

4）理解当地不同人群所面临的困难、问题及需求。

（4）项目社会评价人员在应用参与式方法时应关注公平、公正、公开等问题，并重视倾听弱势人群的声音。此外，还要注意了解和理解政府机构的决策过程和决策机制，理解他们的决策语言；尽量理解当地人的文化、生计、经济状况，以及他们面临的问题、需求和需要的帮助；对于需要采取行动的项目，虽然由于资源有限而无法满足当地人的所有需求，但是可以通过相关群体的相互协调、共同探讨来提高资源利用的效率，尽量满足当地人的需求。

（三）参与式方法在社会评价中的作用及必要性

1. 参与式方法在社会评价中的作用

参与式方法在社会评价中的作用主要体现在以下方面：

（1）通过相关群体的参与，增强人们对项目或者是某件事情的了解和拥有感，有助于项目的成功；

（2）在决策体系中，每个人的知识是有限的，更多人知识的贡献有助于减少决策失误；

（3）参与式工具的使用有助于提高人们参与的热情和意识；

（4）参与式方法的运用，有助于增强项目的透明度和公平性、公正性。

在社会评价中引入并使用参与式方法的必要性，主要体现在以下方面：

（1）通过当地人的参与，有利于通过当地人对当地情况的深刻了解，减少社会评价出现偏差的可能性；

（2）通过当地人的参与，为社会评价专业人员提供把自己的知识与当地的知识结合在一起的机会，使获得的信息更加充分和完整；

（3）使当地人的知识得到充分尊重，有利于帮助当地人树立信心，使项目的积极影响得到进一步发挥；

（4）通过当地人的参与，获得他们对项目的理解和支持是项目成功的基础，使得以项目为依托的发展干预活动更适合社区和项目实际使用者的需求。

当地人是最直接的受项目影响的群体，如果项目出现了负面影响，就应减少这些影响。通过参与式方法的应用，了解他们所处的处境，理解他们的问题和想法是非常重要的。这些情况是不同利益相关者之间相互沟通的重要基础，同时也是找到减少负面影响的最好措施和办法的出发点。表现为：

（1）通过当地人的参与，能提高当地人对项目的关注程度，妇女、贫困人口、少数民族以及其他弱势群体更大程度的参与，可以增强项目的公平性，使项目获得更为广泛的支持；

（2）能发现当地对项目有用的资源，更好地实施发展项目并确保发展项目具有可持续性；

（3）在决策过程中考虑当地人的意见在一定程度上能降低做出错误决策的风险。

2. 参与式方法在社会评价中的必要性

应用参与式社会评价方法的主要目的是为了最大程度地降低项目投资的社会风险，最大程度地确保项目能够获得成功。参与式方法的有效利用，使得社会评价在考虑到专家知识和意见的同时，还考虑到当地人群的知识和意见，使得社会评价更加全面、完整和更具有针对性，并使得所提出的社会评价行动建议更易于被当地人所接受，为项目的成功运营创造良好的条件。因此，在社会评价中采用参与式方法，不仅可以使社会评价所获得的信息更具有准确性和实用性，而且可以有效地降低项目可能出现的社会风险。运用参与式方法的必要性主要体现在：

（1）使项目更有效地满足社区和设施/服务的客户/使用者的需要；

（2）使项目得到更好实施，提高可持续性；

（3）通过利益相关者的参与，增强当地人对项目的了解和拥有感；

（4）决策过程中运用当地知识，可以减少决策失误；

（5）参与式工具的运用可以增强当地人对项目的支持和兴趣；

（6）通过妇女、贫困人口、少数民族和其他弱势群体的积极参与，促进平等和赋权；

（7）通过利益相关者参与，加强他们开展其他发展活动的能力；

（8）提高项目的透明度和可归责性，可以加强制度和机构能力建设；

（9）政策和项目的更多承诺，包括愿意分担成本和持续受益。

（四）影响参与的因素

投资项目社会评价中，必须涉及参与的两个方面。当参与被认为是社会发展的一个目标时，方可以作为投资项目社会评价的一个指标。这样就应当进行一些定量的分析，如当地人参与项目的立项、准备及实施的人数。与此同时，应当分析参与的形式与渠道。通常，参与可以通过不同的渠道以主动的和被动的方式进行。项目社区内，当地人参与的程度不仅反映了社会发展的程度，而且也影响着项目目标的实现。因此，参与也经常被认为是一种手段。当参与被认为是一种手段时，社会评价人员应当分析影响参与的各种社会因素。

尽管参与是实现项目所计划的目标和目的的重要手段，但它并非发生于"真空"状态。在现实中，有很多因素影响参与的程度。其中一些因素可能是正向影响，而另一些因素则可能是负向影响。参与式方法有很多优势，但也存在缺点和局限，例如：①参与者可能不具有代表性；②参与可能需要大量时间和资源；③公众意愿可能倾向眼前利益而不是有利于子孙后代的可持续解决方案；④不同人群的观点或倾向不同，可能引起冲突；⑤可能提出过高的期望，难以实现；⑥制订的工作计划可能比较分散，难以管理。

影响参与的因素主要体现在以下方面。

1. 社会文化因素

项目所在地区的社会结构、社会等级划分、宗教差异以及差异水平，民族构成和信仰，权力分配格局等因素都对当地人民有效的参与有重要的影响。例如，在项目拟建地，若有几个民族同时存在，而且其中一个民族对当地的社会和经济活动拥有控制权，其他民族则依赖于这个民族而生存，那么，这必然限制其他民族在各种活动中的发言权，这样有效的参与将难以实现。相反，如果权力是平等地分配于各个民族中，他们可以以平等的机会表达他们的意愿，那么在这种状态下，真正的参与可能很容易得以实现。另外，地方组织也是影响参与活动的一个重要因素。一个良好组织起来的机构，可以给当地人民提供一个参与项目设计和实施的场所。任何形式的参与都发生在特定的环境里，它们都受到形成这种环境的经济和社会力量的制约，这明确地表明社会文化因素对参与的影响。

2. 政治因素

政府的管理制度是影响有效参与的另一个主要因素。一方面，中央集权的管理体制通常采取自上而下的计划方法。在这种体制中，政府官员和项目的规划者往往相信：①他们掌握地方人民面临的种种问题的解决办法；②他们能送去符合当地人民需要的服务。在这种体制框架下，当地人民仅仅是最终服务的被动接受者。然而，一个有效的参与方法，需要一种自下而上的计划，以及政府管理者与当地人伙伴式合作关系的发展。如果这个条件不能实现，那么将很难使当地人有效地参与项目的计划实施过程。另一方面，中央集权的政府往往对项目决策、资源分配和地方人民需要的信息知识保留相当的控制权。如果政府官员和项目的规划者能够听取地方人民的意见，考虑地方人民的需要，那么地方人民的需要也可以得到很好地满足。此外，一个国家中的政治环境、法律状况和政府法规也都对参与活动形成重要的影响。

3. 人的因素

"人们真的愿意参与吗？"这是一个不容易回答的问题。一方面，如果我们简单地询问项目拟建地的人们是否想参与项目的计划与实施，他们的回答或许是肯定的。但是有相当多的证据表明，在很多情况下，人们不是积极地参与地方的规划，即使他们有机会去参与。事实上，人们参与的意愿通常依赖于地方人民自己的需要以及项目规划者、官员等所愿意给人们参与的支持和鼓励的程度。首先，如果人们发现他们的参与对最终的计划没有实质性的影响，则他们不可能积极地、主动地去参与项目的计划活动；其次，如果项目对他们没有特殊的利害关系或者说项目对他们没有直接的影响，则他们也不会积极参与这些活动；最后，地方人民参与的积极程度，在很大程度上来说，依赖于他们的需求层次。按照马斯洛的"人的激励理论"，参与是一种高层次的人类需要，它不属于那些满足生存和安全需要的低层次需要。但是，人们的动机首先是满足低层次的需要。生存和安全需要没有得到满足的穷人不可能积极地参与，除非他们认识到，参与活动可能对他们生存需要的满足有很大的影响。因此，我们在分析项目地区人民的参与时，必须考虑他们的基本需要。

二、参与式社会评价的工作框架

（一）参与式社会评价的工作步骤

根据参与式评价的原理，参与式社会评价的工作步骤可表示如图3-1所示。

由图3-1可以看出，参与式社会评价工作大致包括如下环节：

（1）识别和确定社会评价的目标及任务要求；

（2）根据目标和任务要求，组织由当地人员（包括当地政府官员）和社会评价专家组成的社会评价工作小组；

（3）对工作小组成员开展参与式社会评价工作方法等方面的培训，以便更好地开展工作；

（4）通过召开研讨会等形式，交流有关意见，收集相关资料；

（5）通过收集统计资料等二手资料，以及通过实地调查获取第一手资料，详细了解有关背景情况；

（6）撰写初步评价报告；

（7）将初步报告提交有关各方，听取反馈意见；

（8）根据反馈意见进行修改，形成最终社会评价报告。

上述社会评价工作步骤表明，参与式社会评价强调邀请不同方面的利益相关者参与到社会评价的具体过程中，要求当地人员直接参与到社会评价工作小组之中；在社会调查中，要求广泛调查收集有关利益相关者的意见，在调查过程中体现参与的过程；在初步报告完成以后，强调广泛征求有关利益相关者的意见，重视信息反馈。

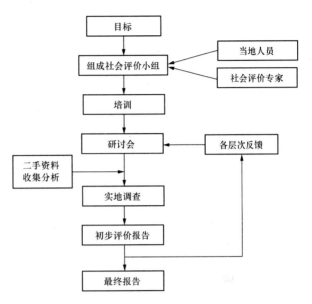

图 3-1　参与式社会评价工作步骤

（二）参与式社会评价工作队伍的组成

参与式社会评价工作小组的组建，应结合项目的具体特点及专家资源的具体情况灵活确定，一般应包括下列人员：

（1）至少应包括一定数量的当地政府工作人员参与，特别是那些为今后制定和执行减少负面影响实施方案有重要影响的政府工作人员；

（2）一至两名社会学家作为项目的协调人；

（3）社会评价小组应注意性别的平衡，至少应该包含一至两名女性参与。

参与社会评价工作的小组成员应该全程参与，包括参与报告的编写，而不能仅仅是资料的收集，社会评价报告也应该获得当地政府的认可。通过这种方式，能够增强他们对项目的拥有感，这对今后评价成果的应用将有很大好处❶。在完成了评价小组的组建之后，就应该在评价小组内开展诸如调查方法培训、举办项目地区研讨会、调查样本地点选择等工作。

（三）社会评价工作方法培训

由于有非专业的人员参与，因此在工作开始之前对这部分工作人员进行工作方法的培训是非常必要的。培训内容不仅要包括调查的内容和方法，还应使参与式社会评价工作小组的成员树立遵循公平、公正、公开的原则，关注不同性别、贫困人口及其他弱势群体的意识，增强对有关社会问题的敏感性。

三、制定调查方案

（一）调查地点的选择

（1）线性选点，一般适用于公路、铁路等项目，沿项目的走向每隔一定的距离选取社会评价的调查点。

---

❶　通过参与式社会评价小组的内部合作，可以增强当地干部对社会评价的理解。

（2）同心圆状选点，适用于一般企业建设、水库、自然保护区等项目，以项目点为中心，每隔一定的距离在同心圆上选择一个或几个社区作为社会评价的调查点。

（3）其他选点方法，对于农业、扶贫、卫生等项目，由于所覆盖的范围比较广，因此可以通过均匀地选取一些有代表性的社区作为投资项目社会评价的调查点。

（二）调查范围的确定

应根据项目实际可能影响的区域来确定社会评价的调查范围，一般包括县级调查、乡级调查、村级调查等。分级的层次与项目所涉及的影响范围有很大关系。

在县级及以上的层次调查时，主要是对相关的机构和团体进行调查，了解他们对项目的看法，以及对这些机构参与项目有关活动的能力进行评价等。

（三）调查对象的确定

调查对象可以是个人、机构或某一特定社会群体，很多社会评价希望了解具体家庭对项目的看法，以及项目对家庭的影响，这就需要进行家庭调查。同时，通过家庭调查，可以了解一些社会经济的基本情况，特别是在农村，可以通过家庭调查，了解当地人的生产生活状况。

第二节　参　与　程　度　测　定

一、社区参与程度监测评价的主要内容

我们在对社区的参与进行评定前，首先要弄清楚谁在参与，即参与者有哪些；进而需要回答，他们是怎样参与到项目中去的，参与的程度如何以及在项目从决策到结束的整个过程中，是在什么时候参与进来的。这几个问题具有逻辑上的关联性，构成了监测与评价的内容体系。

（一）参与者

1. 利益主体的概念

社区参与是一种将不同主体的利益通过项目活动进行整合的过程，因此，在对项目活动的参与中，每一个有关的个体及组织，便都成为其中的利益主体，这一概念较受益人具有更丰富的内涵。受益人通常仅指项目的目标群体，而将社区内其他成员排斥在外，而实际上任何一个项目都会使社区内所有的成员从中受益，尤其是被忽视的所谓"弱势群体"，包括妇女、儿童和最贫困者。因此，项目对弱势群体的关注，使他们的利益在项目中得到应有的体现，是调动其有效参与的重要因素。从这个角度来看，利益主体的概念较之受益人的概念具有更积极主动的意味。同时，在项目活动中，涉及外来的组织机构及当地的政府组织，他们的参与对项目的确立、实施和成功亦是极为重要的，在项目中他们亦会以各种不同的方式表达其利益，因此，他们也便成为项目中不可缺少的利益主体。为此，我们需要将其进行必要的区分，即社区当地的参与者或受益人被称为主要的利益主体，而外来的参与者及地方政府则相对成为次要的利益主体。按照利益主体的概念，只要人们同意共同开展一个项目，那么，他们的利益目标将被不断地调整到一致的方向，这是参与式途径能优于其他途径的重要体现。

2. 直接参与和间接参与

一般来讲，可以将参与分为两种方式，即直接参与和间接参与。前者是指各利益主体直接包含在项目活动中，从而表达自己的意愿并对项目做出贡献；而后者则是利益主体通过选

出其代表以表达其对项目的意愿，并由此对项目做出贡献。这两种方式各有其利弊：直接参与具有更高的民主性，而间接参与显然能提高效率，尤其是当项目的参与者数量较大时。关键的问题是，在间接参与中，所选出的代表能否充分地表达其"选民"的"声音"（问题、需求、意愿等）以及"选民"如何对其进行监督。显然，这涉及参与中的领导及领导机制，将作为对参与进行监测和评价的一个最重要的变量之一，在指标体系中予以讨论。

（二）参与形式

作为社区的利益主体，他们在社区中的参与具体表现在他们为社区的发展或项目所做出的贡献，因此，他们参与的形式可用他们在项目中的投入形式来衡量，包括：

1. 资金

对此人们是十分容易理解和评定的。当然，最好的方式是用其在社区总投入中所占的百分率以及其投入在其总收入中的比例等相对值来表示，从而避免用绝对数量所引起的误导，如同样数量的资金对于富裕者和贫困者的意义是不一样的。

2. 实物

指参与社区项目活动所无偿提供的物质数量。

3. 劳动力

可用与项目相关的活动中所投入劳动力的多少来表示，一般以小时或天为单位，但在实际中社区成员，尤其是那些贫困者往往对时间缺乏某种精确的概念。

4. 信息

即利益整体为项目决策及实施所提供的信息量大小，可用其在社区有组织的会议/研讨会、访谈或问卷等活动中的参与情况来评定。

在实际项目的实施过程中，参与者的参与形式是上述几种形式的综合表现，即参与者总是在几个方面对项目的进行做出贡献。

（三）参与程度

在对参与进行监测与评价时，仅仅停留在"谁参与进来了"以及"他们是怎样参与的"是不够的，对于项目的完成更具有意义的是参与者贡献的大小，亦即参与的程度/强度，可用定量的和定性的两种形式予以评定。

1. 定量

对于利益主体的参与程度以定量的数值表示，具有明显的直观性，例如，在项目活动中劳动力或资金的投入，显然，不同的参与者所投入的量是不相同的。因此，根据其所投入数量的多少，我们可以判定那些投入量大的参与者具有较高的参与程度，反之，其参与程度则较低。当然，要注意的是需要对有关的一系列数据进行综合的评定，而不能仅用单一的数据。如贫困农户可能比富裕户投入较少的资金，但却投入了更多的劳动力，为此需要做相应的转换处理。

2. 定性

参与者的参与程度除了存在量上的差别外，更多的还表现在质量上，即同样是参与，但参与的层次及最终的贡献是不同的。对此，我们可以举一个5级分类的例子：

（1）1级：没有参与，或仅使用项目提供的服务；

（2）2级：单向参与，如一方接受另一方提供的信息，但没有反馈；

（3）3级：双向参与，如面对面的咨询活动，这里仅有对话交流，但并未对决策及资源的控制达成一致；

（4）4 级：参与决策及对资源予以控制或分享的过程；

（5）5 级：平等地做出决策及对资源予以控制，即没有权威的存在。

显然，处于较高级别的参与程度要比低级别的高。第 5 级是参与达到最理想的民主状态，这亦是参与本身的目标所在。因此，参与作为一种有效的手段，从而达到过程和目标的统一。当然，在一个有不同利益主体构成的群体里，总是存在参与程度的差异的，而且当一个主体处于较高的层次时，则意味着另外的主体处在相对应的低层次，尤其是项目资助者同其受益人在项目过程中的关系能很好地反映出参与程度的变化，即在项目初期，外来的资助者处于

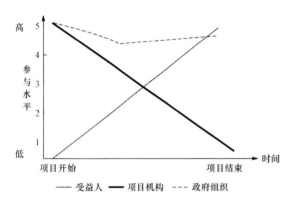

图 3-2 不同利益主体在项目进程中参与程度的变化趋势

较高的参与程度，而到项目结束时，项目的受益人则起决定性的主导作用，否则，我们可以认为项目的进程是不正常的或是失败的。图 3-2 是对这一进程的描述，在项目的进程中，政府组织将经历一个不断弱化，然后增强，最终同社区参与者到达某种程度的均衡的过程。

（四）参与时间

作为利益主体，他们可以在项目周期的不同阶段参与进来，如：

（1）在需求评价及计划期。Rifkin 认为在需求评价期的参与程度可以列为影响社区参与的 5 个关键的因素之一；

（2）在项目实施及管理阶段；

（3）在项目的监测与评价阶段。在这一阶段，项目效果指标的选择对参与的评定是十分重要的。

实践证明，在项目早期调动人们参与到项目中来，对于项目的成功是至关重要的，尽管在项目后期（实施及评价），人们的参与程度可以较高，但对项目的持续性贡献较少。这是因为早期的参与能使参与者对项目目标产生更多的认同，由此而转化为行动中的自觉，如果他们将自身与项目关联在一起，他们便会有更多的机会获取新的技能及产生必要的自信心，这是开发其潜能的重要途径。而在项目后期，由于时间关系，他们不可能充分掌握某些技能及增强自信心，因而会产生受挫感及对项目的不信任，并经常出现刚参与进来就退出的现象。

尽管对参与所作的评价可以在项目的任何一个阶段进行，但最好是同项目的整个进程相伴随，这亦是衡量项目进展及效果的重要方面。

二、社区参与程度监测评价的方法及意义

（一）评价方法

关于社区参与监测与评价的方法目前尚处于探索阶段。由于其涉及一系列的相关因素，因而 Rifkin 提出了一个星形图模式，同时对多个变量进行分析表达，见图 3-3。

图 3-3 中仅选择了一个变量，显然这一变量是同其他变量相关的。那么，对参与进行有效的评价到底选择多少个变量是合适的呢？Rifkin 提出了五个相关的变量，即：需求评价、领导、组织、资源动员和管理。Duchscherer（世界银行）则在此基础上另外增加了三个变量，即：决策、实施和监测与管理以及沟通。当然，并非变量越多越好，因为我们需要对监测和评价的成本和效率进行控制，变量过多显然是不经济的；同时，又不能漏掉关键性的变量，

尤其值得注意的是不能将那些并不十分相关的因子列为变量，这样会使我们误入歧途。

为了对变量进行比较，需要对变量进行分级，如在项目中有95%的社区成员参与了，我们可以认为到达了最理想的参与程度，故将其定为最高的五级；如果参与人数减少20%，则下降一个级别，这样我们便可对不同情况下参与程度进行有效的比较。

在变量确定后，另一个问题是如何确定测量这些变量的指标。

图3-3 一个变量的星形图

有的变量具有较好的定量特性，如参与的人数，当然是越多越好，但其参与的质量如何，则并非定量指标可以解决的，因此，必须根据具体的变量而确定可测量的指标。在下一部分中，我们将对常用的指标体系做进一步的介绍，对指标的测定以"有"为1分，而"没有"则为0分，即最后的结果介于0和1之间。

进一步的问题是如何获得所需要的数据。通过第二手资料，可以勾画出项目中社区参与程度的轮廓，但这往往是不够的。因此，最好也采用参与式的方法，让受益人参与到对参与的监测与评价的过程中来。这一方面可以验证第二手资料，即来自于项目管理机构的数据；另一方面使受益人在这一过程中能对参与有更深切的体会，尤其认识到他们在决策及管理中参与的作用和意义。

在所采用的方法中，需要充分地考虑社区中的弱势群体，包括妇女、儿童和穷人，如果他们在对参与本身的监测与评价的过程中都被排斥在外，可想而知，他们很难真正地参与到项目中去。作为评价者，这是检验项目参与程度中必须牢记的一个理性参数。

（二）评价意义

参与作为一种促进社区发展的有效途径，通过实践已为人们所充分认识，并在规划、设计社区项目时，成为人们的首选。参与式发展作为一种原则、一种理论及一种方法体系，在社区发展中具有广泛的适应性，它不仅被用于社区发展的各个领域，如资源管理、社区健康、社区教育、社区可持续发展、小额信贷及农地研究开发等，同时亦被用于各种目标群体，尤其是在针对妇女、儿童和贫困农户的项目中，能产生其他途径所不可能取得的效果。

从参与式发展的历程中可以看出，它的不断完善是从在项目中局部阶段的应用开始的，进而扩展到项目的整个过程中，包括问题的识别、需求评价、项目决策、项目计划、项目实施与管理及项目的监测与评价等阶段或环节。在这一过程中，参与不仅作为促进项目的有效手段，同时被当作项目本身的最终目标之一，对于项目的持续性具有极为重要的意义。

因此，从这个角度出发，社区项目的有效实施及最终成果的取得，在很大程度上取决于参与，即能否有效地调动社区成员对项目的参与，并以此而激发他们在社区项目及社区发展中的主体意识，进一步增进他们的技能及开发他们的潜力，通过一个或几个项目，最终对社区的整体发展产生深刻的影响。

然而，参与式在从一种观念或一种理念转化为具体的行为方式时，往往存在一些问题，如对参与的概念缺乏足够的理解，以为就是把农民组织起来进行一些培训或建立某种组织形式等，而忽视这些活动所包含的有关参与的实质；缺乏明确的可操作性的定义，不能使相关的个人和组织有机地整合在一起，使参与在很大程度上不能取得其所追求的整体效益；缺乏对项目的指导和监督的工具，由于利益主体间的矛盾冲突发生频繁，在缺乏有效的协调机制的情况下，项目的运行常常处于有序化程度较低的状态。

如何对参与进行评定，如何对参与的有效性及参与的程度进行衡量？这里涉及人们在采用参与式途径时，是否同时认识到对参与进行必要的监测与评价的必要性和重要性，即对参与本身同时需要控制，对参与者亦需要进行引导，以正确地认识参与及参与在项目活动中的作用。

对参与进行监测和评价如同对项目的监测与评价一样，涉及一系列方法学的问题，包括监测与评价的内容、所需要的工具及有效的指标体系，由此而判定项目是否真正实行了参与式，以及在参与中不同利益主体的参与程度。无论是从定性的或定量的角度，当人们了解到参与是可以用一定的方法予以测量的，那么，人们便能在提高自身的参与程度上做出定向的努力，并排除和消除影响人们有效参与的不利因素。

我们根据联合国组织，包括儿童基金会、世界银行、开发计划署、粮农组织等在其项目活动中所运用的方法，对参与的监测与评价做一简要的介绍，以增加人们对参与的理解，以及如何通过参与而达到提高社区项目的代表性、项目的有效性和效率等目的。显然，通过对参与的监测与评价，能使参与这一有效的途径在社区发展项目中发挥更大的作用。

三、社区参与程度监测评价的指标体系

（一）领导

1. 定义

领导是在一种情形中所行使的个人间的影响力，通过一定的沟通过程，而同特定的目标的达到发生关联（Hobbs.D and Powers.R，1992）。在这一定义中使用"影响力"代替传统的"权威"或"权力"，其意义在于"领导"作为其选民的代表，其所表达的意愿是合法的，并能得到其"选民"的尊重。因此，在有效的领导中，其领导者具有的特征包括：领导者在其"选民"眼中有很高的权威，领导者的行为是透明的，领导者敢于承担为项目应尽的义务，同时领导者鼓励人们参与。

2. 指标

（1）权威性：领导者的意见/观点是否被其"选民"所尊重/追随？（是，1分）。

（2）领导的透明性和责任心：领导是否为其选民所信任？（是，1分）。

（3）对目标承担的义务：领导是否亲自从事项目活动？（是，1分）。

（4）对受益人在决策过程中的参与予以支持：领导是否鼓励在决策过程中的参与？这种鼓励是否针对所有的群体（包括妇女、青年和穷人）？受鼓励参与的人数是否同其"选民"人数一致？（是，1分）。

（5）正式领导同非正式领导同时存在。（是，1分）。

3. 数据收集方法

常用的方法有：关键人物访谈、半结构访谈、绘制"参与性图"（用图标出社区内对自己有影响力的人及影响程度）。

（二）组织能力

1. 定义

组织：两个或两个以上的个人，为了某种共同的兴趣、目标或利益而自愿地结合在一起，并通过一定的沟通而形成可以协调的行动。

组织能力：表现为组织有效地和有效率地完成其任务的能力，其中所涉及的因素有：共同工作、互相信任、整合他们的努力、解决他们的问题、调动资源、解决冲突、同其他组织建立工作网络关系、最终达到共同的目标。组织能力的形成和提高常常是以利益为纽带。因

此，在社区项目中充分考虑那些弱势群体（包括妇女、儿童、穷人）的切身利益，是提高项目组织能力的重要途径。

2. 指标

（1）社区结构，业已存在的有组织性的群体及功能的发挥：包括按年龄（如青年小组）、性别（如妇女小组）、经济技术（如专业协会）以及政治或宗教的群体（是，1分）；

（2）组织成员参与组织活动有一种明显的激励：这种激励可以是经济上的、社会性的、政治上的或宗教上的（是，1分）；

（3）存在动员和协调不同小组与发展项目关联的机制：如小组间的联合、网络形式等（是，1分）；

（4）受益人理解并分享组织的理念和作用：组织是基于共同的理念而形成的（是，1分）；

（5）存在有效的规则和机制：以规范组织成员的行为（是，1分）。

3. 数据收集方法

常用的方法有：社区关系图、角色扮演、政治活动记录等。

（三）沟通渠道

1. 定义

沟通渠道是指信息从发送方到达接受方之间的连接手段，通常可以区分为传统的与现代的以及正式的与非正式的。

传统社区的封闭落后状况，在很大程度与信息在社区内外的传递过程受阻相关。因此，对信息的关注是社区项目中能否成功调动社区参与的关键。

2. 指标

（1）至少百分之多少的社区成员能通过收音机和（或）电视得到信息（是，1分）；

（2）至少百分之多少的社区成员能读墙报、报刊等上的通知（是，1分）；

（3）至少百分之多少的社区成员至少一个月参加一次有关会议（是，1分）；

（4）有其他的能将消息有效传递给大多数人的传统手段（如非正式聚会、集市、戏剧等）（是，1分）；

（5）学校系统被用来向整个社区传播信息和知识（是，1分）。

3. 数据收集方法

常用的方法有：民意投票、半结构访谈、农户调查等。所有的方法中均不能忽视传统认为的弱势群体（包括妇女及穷人），对于儿童在信息及知识传播中的作用可以通过对学校活动进行调查而进行评价。

（四）需求评价

1. 定义

使受益人对其存在的问题不断予以认识，并最终升华为试图去解决的过程。因此，在需求评价中的参与，能使他们理解社区所面临的问题以及解决这些问题的途径，理解在经过协议而形成解决问题的努力中他们的作用以及项目能给他们个人、家庭和社区所带来的利益预期，由此而使受益人自觉地认识到项目的意义，并激发其参与项目活动的积极性。

2. 指标

（1）受益人是否以各种方式参与过有关问题及寻找解决途径的讨论，是否有一个显著的访谈者的比例接受项目的选择而不是其他的问题？（是，1分）。

（2）假如对（1）回答是，那么，是不是所有的社会群体（包括妇女、穷人）都参与了讨论？（是，1分）。

（3）根据（1）和（2），是否形成了一个具有优先序的清单？（是，1分）。

（4）受益人是否理解所涉及问题的性质与原因？（是，1分）。

（5）受益人是否理解他们在处理这些问题中的作用？（是，1分）。

3．数据收集方法

常用的方法有：矩阵排序、半结构访谈、关键人物访谈。

（五）决策

1．定义

对项目进行决策是项目形成的核心，涉及干什么、怎样干以及由谁来干等问题，在这一过程中，首先要找出社区成员最关心的问题，为此而确定的优先序能最大限度地反映社区大多数人的意愿，这样他们在项目中的参与就会更多地出于自愿，而非强迫。显然，决策是对所收集到的有关需求信息进行筛选，并最终做出决定的过程。

2．指标

（1）与采取什么行动相关的决策：项目是针对社区最紧迫的问题吗？一旦项目开始，受益人在操作决策中有发言权吗？（是，2分）。

（2）关于对资源利用的决策：受益人在就最基本量的资源利用有发言权吗？（是，2分）。

（3）关于行政问题的决策：受益人在招募项目工作人员和调动当地人力资源中有发言权吗？（是，1分）。

3．数据收集方法

常用方法有：阅读项目文件（项目建议书、项目分析、项目记录）、对项目主管及当地项目委员会成员进行访谈、因果关系图、时间序列图等。

（六）资源动员

1．定义

是指受益人确认并调动当地有效的人力和财力资源，以到达项目目标的努力。资源动员对于参与是极为重要的，受益人对资源动员的水平越高以及他们在有关资源的决策中发挥的作用越大，则其参与程度则越高。

2．指标

（1）对项目启动和基础设施建设的贡献：①资金（1分）；②劳动力/实物（1分）。

（2）是否大部分成年人均对项目的启动做出过贡献？（是，1分）。

（3）对项目的维持/操作的贡献：①资金（全部或部分回收）（是，1/2分）；②劳动力/实物（是，1/2分）。

（4）持续性：是否有一个可持续的成本回收机制（如使用付费、特别税、保险方案）？（是，1分）。

3．数据收集方法

常用方法有：详细的资源调查、社区地图、项目记录等。

（七）行政管理

1．定义

项目的管理系统是指在项目组织中用于协调项目活动及加快项目进程的机制，包括规划、计划、信息、人力资源和人事管理、预算与会计、财务报告和控制、采购与供应等环节。通常将项目的管理分为两个方面，即行政管理和操作管理。行政管理作为变量，主要是与项目行政上有关的任务，包括财务、日常行政活动及对当地项目人员的招募等。

2. 指标

（1）在行政管理活动中的参与：社区代表是否参与到项目的行政活动中（规范的），如执行委员会、对当地人员的招募及涉及动机的决定等？（是，1分）。

（2）在财务审计中的参与：社区成员是否参与对财务的审计？（是，1分）。

（3）对更新信息的分享：行政和财务更新的情况是否能周期性地为社区其他人所分享？（是，1分）。

（4）社区成员的意见：社区成员对行政和财务问题的意见能否通过正式的渠道予以转达以及是否为项目管理所考虑？（是，1分）。

（5）招募当地人作项目职员：在项目职员中，从本地社区中招募的至少占多少百分比？（是，1分）。

3. 数据收集方法

常用的方法为收集第二手资料：包括政策、文件、会议记录、关键人物访谈等。

（八）操作管理

1. 定义

操作管理是指受益人被包含在项目操作过程中的性质和程度，其中重要的环节有：社会动员、自愿、使用项目提供的服务以及对项目的监测与评价。对项目操作管理的参与一方面取决于项目是否为受益人提供了这样的机会，另一方面则同他们的能力有关，尤其重要的是在监测与评价的过程中培育出一种"反馈"机制，从而能使项目更好地达到预期的目标。

2. 指标

（1）社会动员：社区代表是否在涉及全社区（绝大多数）的活动的计划和执行中起到一种主导作用？（是，1分）。

（2）社区成员是否经常作为自愿者支持项目活动？（是，1分）。

（3）信息沟通：当地信息沟通机制是否确实用于对项目的支持？（是，1分）。

（4）服务的使用：所提供的服务是否为受益人（考虑弱势群体）所使用？（是，1分）。

（5）监测与评价：在项目的监测与评价中是否系统地运用了参与式的途径，监督与评价的结果是否在社区内予以讨论？（是，1分）。

3. 数据收集方法

常用的方法有：对利益主体进行有选择的半结构访谈（包括项目受益人和执行结构的关键官员）、焦点小组。

第三节　参与式社会评价的监测评价

一、参与式社会评价应注意的问题

与有组织的问卷调查相比，参与式评价方法的主要优点在于：这种方法强调尽可能充分地了解当地人的意见、态度和倾向性，强调对项目的建设和运营可能存在的关键问题进行系统深入的分析调查，并以开放的态度应对没有预料到的项目影响；通过使社会上的弱势群体参加项目活动的方式，确保处于边缘状态的个人和群体能参与到当地项目规划中来。参与式评价方法的突出特点是，强调不能让没有文化或没有受过正规教育成为参与的障碍。由于不需要使用书面文字，使得那些缺少文字表达能力或者缺乏自信的人们能够通过口头语言等方式来表达他们的观点，给他们提供一个向项目评价及规划人员提出建议和表明他们能力的机会。虽然参与式评价方法有许多优点，但在不同类型的项目中，利益相关者参与的范围和程度是有差别的，因此在具体的运用过程中，需根据项目的目的及特点对具体的参与工具进行选择。

（一）不同类型项目的参与范围和参与程度

针对特定受益人的项目，尤其对于目标受益人口是贫困人口、妇女和少数民族的项目，要求这类群体在项目的准备和实施阶段进行广泛参与，从而了解受益人口的社会、经济和文化特点，评价项目的需求和目标群体的需求之间的一致性。

对于提供公用资源服务的项目，如供水、灌溉、小额信贷、社区林业等项目，这类项目能否成功，在很大程度上依赖于相关群体的支持和积极参与。对于具有明确的社会发展目标，如提供基础教育和医疗卫生等公众服务的项目，需要项目的主要利益相关者的广泛参与，以便了解利益相关者享受该服务的主要渠道和障碍。利益相关者的广泛参与还有助于了解他们的特殊需求，最大限度地提高项目的规划质量。

如果项目需要征用土地和/或造成非自愿搬迁移民，需要与受项目影响的人群及其代表进行广泛的磋商和对话。

对于防洪和排污等可能改变人们获取特定资源的方式的项目，这种获取方式的改变可能导致他们从土地或水资源获得收入的能力发生变化，并对他们的生活产生影响。在这种情况下，需要与受项目影响的个人、家庭和社区进行广泛的磋商，从而选择对各个方面都最为有利的防洪和排污解决方案。

（二）参与式社会评价结果运用

参与式社会评价的结果最后将反馈给相关的部门和决策机构。一般而言，下列信息反馈是必须的。

（1）改善项目规划设计方案的建议：如通道、线路走向等，立体交叉的位置确定，防护设施方案的选择等。

（2）项目涉及的移民搬迁安置计划的建议：安置点的选择、安置方式确定、需要得到的外界支持（资金、技术）等。

（3）未来发展计划的制订建议：通过制订和优化未来发展计划，扩大项目的积极影响，这些建议主要供当地政府部门参考。

（4）降低负面影响的计划建议：通过受影响人群的讨论和调查，了解他们的想法和计划，了解当地的资源，为相关部门制定减缓负面影响的措施提供依据。

（三）参与的风险与成本

社区参与可以对社会发展和实现项目的目标做出很多贡献，但这并不意味着参与没有风险和成本。

凡是计划在项目周期中纳入参与的人，都应该在思想中明确一点，即社区参与不是一种无风险的活动。首先，社区参与可能会提高公众对项目的期望值，而在某些情况下，这是难以满足的。把项目受益者组织起来是个漫长而复杂的过程，那些急于从这样的投资中得到收益的人可能会因此感到失望。第二，社区参与的失败结果的可能性也很高，社区参与比许多其他项目更能引起公众的广泛注意，因为社区参与溶入人们一些感情色彩，因而，有社区参与的项目的失败往往不能被人们所忽视。第三，或许更为重要的一点是，如果在实施社区参与的社区中，收入和权力分配的不平等现象十分严重，那么社区中的上流人士将对项目的效益拥有较大的支配权。因此，不公平现象对社区参与的可能影响，在项目的设计阶段应予以特别的注意。

社区参与也不是不花费成本的，要组织和维持参与活动，必然要有时间、金钱和技术上的投入。对于大多数穷的社区，组织和积极参与的短期机会成本可能会很高，而对于项目单位而言，在初始投资中，获得社区参与就意味着需付出一笔额外的费用。

（四）应用参与式评价方法应注意的问题

由于这种方法习惯于采用可视性工具等特点，所获得的数据很有可能不便于统计分析，并且还有可能存在参与者不具有代表性，从而使得调查的结果出现片面性等风险。如果需要判定研究结果的有效性和可靠性，可以通过基于分层方法和交叉校验的方法进行抽样调查分析。在实地调查的最后阶段，应该将调查结果提供给当地社区进行交流并征求意见。向社区反馈调查结果的目的是对调查结果进行讨论，让当地人自己对调查结果进行验证。

参与式评价方法的另一个缺点是，这种方法与有组织的正式社会经济调查相比，所占用的时间往往较长，因此必须为进行适当的访谈和评价活动留有足够的时间。有些参与活动可能需要花费很长的时间，不能为节省时间而牺牲质量。

由于投资项目的不同，利益相关者各自的利益不同，来自各个群体的意见可能有冲突，因此在应用参与式方法的过程中，有可能出现相互协调比较困难的情况。由于这种方法强调尽可能充分地了解当地人的意见、态度和倾向性，因此有可能使被调查者产生不易实现的、过高的期望值。这些问题都应在社会评价的实际工作中加以注意并设法予以解决。

二、参与式社会评价监测与评价

（一）概述

监测与评价是发展援助项目的重要管理工具，而参与式监测与评价则是在国际上越来越受到提倡和被证明是达成项目可持续性的最基本方法。

1. 监测与评价

尽管监测与评价是一个统一的不可分割的过程，但事实上它包含着两个相对独立的概念，即"监测"与"评价"。

监测是指依据一定的指标体系和为了特定的目的对一事物的发展过程进行观察、测量、记录和分析。因此，监测是一个动态过程。在发展援助项目中，监测被定义为一个监测系统，是一个项目的负责方用它来了解项目的一切活动，使之尽可能按项目规划进行并避免资源的浪费。它是一个持续的反馈过程和系统，贯穿整个项目生命周期的始终。它包括对项目实施的每一层次的每一个项目活动进行回顾，并及时或定期地进行分析和判断。它总与一些相关的语句相联系，如："观察发生过的和正在发生的变化"、"了解现在的处境和所处的阶段"、"检查项目的进展"和"定期地、持续地对项目活动和发展趋势进行评价"。

监测过程中收集的资料为评价分析提供了基础。评价是指项目的实施对项目计划确定的项目的使用者或目标群体的影响。它通常与"评价"、"了解"、"定期对项目活动进行回顾与反思"、"总结过去和指导未来的反思过程"和"策略、概念、变化、成绩和影响的评价"等词句相关联。

在发展援助项目中，对援助组织来讲，监测与评价是项目管理的工具，其结果是确定发展援助的原则与方向的决定性因素之一。越来越多的援助活动证明，只有当援助活动在受援国或受援地进行并被受援者管理的时候，援助的效果才会可持续。因此，监测与评价应同样地被看作是接受援助方的一个项目管理工具。

参与式监测与评价服务于一个双重目的。第一，它是一个管理工具，这个工具能使人们改进工作效率和提高业绩；第二，它也是一个教育过程（educational process），参加者通过它增加认识和了解影响项目活动的各种因素，因而也就增加了对发展过程的控制。尽管有些是与传统的监测与评价方法相同的，但从根本上讲，它既不同于由外来者主宰的传统式的监测与评价，也不同于纯粹由当地各项目利益方主导的监测与评价。

参与式监测与评价可以被看作是一个系统的过程，这一过程使项目的使用者或目标群体能持续地参与评价他们自身的进步，并定期对从过去的错误和经验中学习的过程进行评价。

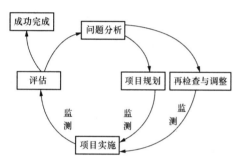

图 3-4　监测与评价在项目周期中的位置

参与式监测与评价同样包含两个相对独立的过程，即"参与式监测"和"参与式评价"，见图 3-4。

2．参与式监测

参与式监测是指项目的使用者（或受益者或目标群体）参与测量、记录、收集、加工和交流信息以帮助项目管理人员或机构做出决策。因此，其要点是强调目标群体的参与。在一个社区发展项目中，参与式监测是指系统地记录和定期分析由社区内成员在外来者（Outsiders）的帮助下有选择地收集和记录信息。因此，这一定义强调以社区内成员为主，外来者只起帮助引导作用，其主要目的是在项目实施期间提供信息以便做必要的调整和改进。

参与式监测的目的具体体现在：

（1）为决策者定期提供重要的信息资料，并为外来评价提供一个基础。

（2）信息不仅被记录，还被定期的分析。一般根据项目活动的季节性或其他特点，选择一定时间，对收集到的信息进行分析以便及时的改进工作。

参与式监测要求社区所有成员（或目标群体）了解为什么进行监测和监测什么，所有人都应该知道关于项目进展的情况。监测过程中测量用的单位应由社区成员（或目标群体）来确定，如亩、斤、尺、步等，这样信息才会更好地被他们理解，监测持续下去的机会就更大一些。外来评价人员提供正式评价报告时，如果需要其标准化，再将其换算成国际通用标准单位，如千克，米，公顷等。一般来讲，社区内成员（或目标群体）只要给他们机会，他们是有能力将质量信息（描述性的）和数量信息（数字的）结合起来，并提供一个更全面的分析。当然，这并不排除有时候需要外来者给予简单指导和培训。

例如，有一个项目，目标是减少风对土壤的侵蚀，具体活动是建 400km 风障。来自监测的信息表明，也许第 1 年 100km 的风障根据规划围绕着农田建起来了。这是重要而有用的信息，它表明项目活动按计划进行，但如果减少风蚀的信息没有被考虑进去，这个信息可能是不完善的。农民也许发现在风障之旁的农田土壤侵蚀仍在增加。这个信息向项目提出了一个问题，即建风障如像目前的植树造林是否有效或值得，或者是否需要进一步改进，这可能要求进行一个早期评价。在另外 300km 风障建成之前，一些重要的问题得到了回答，原来计划的项目活动也得到了改进。一个可能的潜在错误不仅得到了避免，而且可能带来一个成功的项目。

参与式监测的好处是明显的。它提供了一个动态的画面，允许社区自己（或目标群体）来确定项目是否在按计划进行。如果发现项目活动不是为了达到项目目的，则可以进行必要的早期调整。因此，它通过发现在早期阶段存在的问题而提供了一个"早期预警"，使得在问题变得失控之前找到解决办法。这对那些新技术和新方法来说尤为重要，因为引入新技术和新方法有时候会带来负面影响。

参与式的监测还能使我们了解到资源是否得到有效合理的使用。无论是社区内成员（或目标群体），还是外来人员（项目工作人员）都从参与式监测提供的信息中受益，它提供的不仅是真实的信息，还显示了发展趋势。

3. 参与式评价

在一个社区发展项目中，参与式评价提供了一个机会使社区内成员和外来者能反思过去（已经做过的）以更好地为将来做决策。社区内成员在外来者的鼓励和支持下负责和控制规划要评价的内容，确定怎样进行评价，实行评价并分析资料信息和展示评价结果。

事实上，社区内成员根据他们自己的目标凭直觉而非正式地进行了评价。这是因为：①社区发展项目活动要求社区内成员参与；②社区内成员是项目的最大受益者，并且要做出相当的贡献（如劳力、当地建筑材料等）；③而且，当外来者离开后，是社区内成员自身来决定是否继续项目活动。

因此，外来者的主要作用是协助社区内成员进行评价。他们观察评价过程，有时候提出一些主意和观点，在被要求的时候提供帮助。

可能有时候项目不同利益方对评价内容在某些方面有不同要求。如政府机构和援助机构可能想知道一些特别的信息，但所有各方都需要知道，项目是否能帮助解决社区发展中的问题以及在外来支持结束之后，社区内成员是否会继续这一类活动（可持续性）。

参与式的评价过程对社区内成员和外来者来说都是一个有意义的学习和教育过程。通过全面参与这一过程，社区内成员开发了他们自己的评价方法，发展了评价技能和分析技能，以为将来做出更好的决策。这也帮助社区内成员改善其组织能力，促进了内部成员的相互对话与理解，并更好地与外来者对话。

而对外来者来讲，通过参与式的评价，他们不仅完成了评价本身，而且丰富了评价经验，更多地了解了社区的经济、文化、社会、政治等。这一过程也促进了社区内的自助和可持续发展能力，外来者能知道在他们离开之后，项目是否会继续。表 3-1 列出了参与式评价与传统评价的区别。

表 3-1 参与式评价与传统评价方法的区别

类别	参与式评价	传统评价
谁评价	社区的人们，项目工作人员和主持人（外来者）	外来专家
评价什么	社区的人们来确定他们自己的衡量成功的指标，这也可能包括经济指标如生产产出	提前决定了衡量成功的指标；它主要是经济指标如成本和生产产出

类别	参与式评价	传统评价
怎样评价	自我评价；采用适合当地文化习俗的方法；通过当地人们全面参与评价过程，使得评价结果具有良好的公开性并使人们能立即了解评价结果	强调"科学的客观公正"；评估人员与其他参加者保持一定的距离；统一的复杂的程序；延期出结果，并且人们只能获得有限的结果
什么时候评价	监测和评价融合在一起，因而频繁进行小规模评价	一般在项目结束时进行，有时候也进行中期评价
为什么进行评价	使当地人具有启动、控制项目和采取正确的行动的能力和权利	核算，通常是总结以决定资金支持是否继续

有一点必须强调，有效率的参与式监测和评价要求参与者最好参加了早期项目活动即决策和规划，参加了项目实施过程及能从项目中受益，这样的参与者既了解项目背景，又具有参与的动力。

应用参与式监测与评价仍存在许多限制。虽然很多监测与评价倾向于支持参与式的监测与评价原则，但实施这些原则的方法仍有待进一步发展，另一个限制参与式监测与评价方法应用的因子是项目周期的相对固定，并且每一步骤都有相对固定的程序。参与式的监测与评价期望参与式原则应用到项目周期的所有阶段。只将参与式原则引进到监测与评价阶段可能会导致相反的效果，除非参加者对项目十分了解。

进行受益评价是参与式监测与评价不同于传统的"自上而下"的评价的一个重要方面。

尽管世界银行被认为是代表了一种"自上而下文化"的援助机构，但受益评价仍受到了它的推荐。根据世界银行的定义，受益评价是"一个系统地调查与一个计划了的促进社会经济变化的项目相关的人们的价值和行为"（Salmen，1992）。

受益评价是通过放大受益者的声音来增强受益者自我管理和自我发展的机会和能力，这是受益评价方法的基本目的。另外，受益评价也是一个工具，是用来创造和鼓励项目管理者和受益者相互对话，并促进各方共同理解这一点，即可持续发展依赖于双方的共同努力和综合参与。

（二）运用与工具

1. 参与式的方法

除了上面提到的参与式评价步骤之外，参与式的方法是必须学习的。很多 PRA 技术和方法鼓励参与式的研究、监测和评价，除了通常的 PRA 技术和工具之外，FAO 还推荐了以下一些方法。

（1）民主的小组机制和领导机制；

（2）绘制一个村庄或一个社区的地图；

（3）绘制一个家庭或小组的资源图；

（4）参与式的监测墙表；

（5）分小组和鼓励参加者主动学习；

（6）小组中的教育游戏和角色扮演；

（7）小组实习；

（8）用故事和戏剧性的表演来展示结果；

（9）小组实地走访和到外地访问学习；

（10）使用真实的身边的案例研究；

（11）有用的数据资料的小组展示；

（12）小组分析研究报告。

另外，还可以加上趋势与变化分析、因果关系图等，这些方法使用不同的技术和工具，但首要的是指标要明确。

2. 监测和评价指标

在发展项目中，指标是可检测的、用来监测和评价变化的工具，是对由一项活动或一项产出（由一项活动导致）带来的变化或结果的客观测量。指标提供了一个用于测量、评价或展示进程的标准。

合适的指标选择是参与式的监测与评价过程的一部分，在不同类型人们中通过集思广益的讨论能够相互增进理解和分享经验并有助于指标的选择，也有一些标准可用来帮助选择指标（见表3-2）。下面列出了一些基本的标准，并且给出了一些可以量化的测量社会发展变化的指标。

表 3-2　　　　　　　　　　　选择监测与评价的标准和社会发展指标

测量内容	一些相应的社会发展指标	测量内容	一些相应的社会发展指标
营养状况	各年龄段体重；各身高段体重；各年龄段身高	农村贫困	人均土地资源；农村失业情况；季节性移民（外出打工）
健康	婴儿死亡率；导致死亡的主要原因	疾病控制	特别疾病的消除；免疫覆盖率
教育	非文盲率（或文盲率）；平均受正规学校教育的年限	生活标准	饮用水情况；农民卫生状况
性别平等	正规教育中妇女的比例；男、女工资差异；决策机构中女性成员的比重	环境	土地盐碱化不能种植水稻（或作物）的面积；自然森林被毁坏的面积

3. 展示和使用监测与评价资料

多样化和形象化地向不同的对象展示和介绍评价结果是展示和使用监测与评价资料的基本原则。最常用的展示所收集到的用各种指标表示的数据资料的工具主要有方格表、图表和多种曲线图，用简单的图表和不同的标记能同时展示不同的指标。

制图表的方法多种多样，事实上很多图表是使用者、技术人员和社会学家之间达成的一个谅解。技术人员和社会学家受过使用和绘制各种图表的培训，但对一般的使用者和了解监测与评价但经验并不丰富的实地工作人员，他们也许并不熟悉怎样将资料转换成图表，因而需要给他们进行介绍。要注意当地的人们在将信息资料形象化方面常有自己的主意和想法。与此同时，应该尽可能避免在同一张图表上使用太多的相似的标记，表达太多的信息以致造成混乱或不够清楚，也应该避免由于机械地使用一种表述形式，信息表达不充分而导致结果的不清楚。

无论监测与评价结果是用来立即纠正或调整一个正在进行的项目，还是用来为未来项目做更好的项目计划，大多数情况下，监测及评价结果都需要写成一个报告。各种图表在将信息形象化方面非常有用，但并不是所有结果，尤其是评价结果都是数量信息或都能量化，其含义并不总能用数字来表达。

在参与式的评价中，当地的项目计划人员、工作人员和参与评价的用户（或受益者）都参加汇报结果。虽然汇报的形式共同决定，但需要分工进行必要的计算和写作。参与式的方法并不意味全部扔掉传统的方法。对一些已经标准化的信息来说，问卷也许是最合适的技术，很多数字化的结果可以用百分比、份额、图表等表示，有些甚至可以转换成图片。至于展示的形式和详细的程度，应该由"谁需要获得结果，为什么和怎样获取？"来决定。

只有当监测与评价结果转变成具体行动的时候，它才是有用的。尽管采取的行动并不总能让项目有关各方满意，但结果必须由那些能使用它的人来分享。大多数情况下会涉及几个类型的人，每一个类型都有它自己的特定需求和期盼，但一般来讲，评价结果主要应用于：

（1）改进项目组织管理；

（2）改进项目计划过程；

（3）帮助决策（decision making）；

（4）帮助制定政策；

（5）指出项目需要调整的地方和需要进一步采取的行动；

（6）为更大范围的公众提供项目信息。

第四章

社会评价中的贫困人口分析

当发展项目影响到贫困人口时，必须识别贫困人口所面对的社会风险。就项目对贫困状况的影响而言，社会评价能够促进贫困人口更大程度地参与到项目的前期准备、方案设计及建设管理等过程；就项目方案规划设计使贫困人口受益而言，社会评价有助于更多的贫困人口有更多的机会从发展项目中受益。为帮助读者理解社会评价如何使贫困人口受益于项目，本章简要介绍我国的扶贫政策和战略，我国贫困人口的特点及分布情况，发展项目如何帮助贫困者摆脱贫困，实现扶贫目标的制度安排和机制以及项目减贫影响的监测和评估方法。

第一节　我国的扶贫政策与战略

自1978年农村经济体制改革开始以来，我国在扶贫方面已经取得了快速进展。截至2014年底我国改革开放以来共减少2.5亿贫困人口。如果参照国际扶贫标准测算，我国共减少6.6亿贫困人口。经济的快速增长和有针对性的扶贫投资是贫困人口所占比例迅速下降的重要原因之一。

一、我国扶贫的组织框架和政策

（一）我国扶贫工作的组织框架

我国农村和城市地区扶贫的组织框架有所不同。在城市，有两个部门及其下设机构负责帮助那些有城镇户口的城市贫困居民。民政部管理社会福利项目，为那些收入低于省（市）政府规定的最低标准的城市贫困者提供补贴❶。社会保障部门负责为下岗工人和失业人员提供培训和帮助寻找新的就业岗位。

在农村，中央政府在国务院下设立扶贫开发领导小组及其办公室来负责农村扶贫工作。国家发展和改革委员会、财政部和中国农业银行都在农村扶贫工作中起着重要的作用，民政部也负责救灾工作以及对农村的残疾人提供生活补贴。图4-1是农村扶贫的组织结构基本框架。

（二）扶贫政策

正如上面提到的，农村的扶贫政策与城市的扶贫政策不同。城市的福利项目覆盖面广，而农村的扶贫政策的焦点是地区发展和创收。农村的主要扶贫政策包括：

（1）确定贫困县/贫困村。我国扶贫计划的最突出特点是区域瞄准，即政府的扶贫项目和扶贫投资是针对特定的地区，而不是直接针对贫困人口。直到2000年底，县一直是国家扶贫

---

❶ "最低生活保障制度"旨在帮助收入在当地贫困线以下的城市居民。

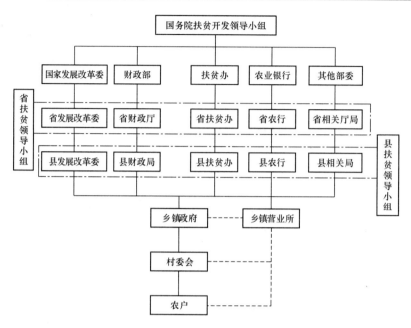

图 4-1　我国农村扶贫组织结构图

投资的基本单位。中央政府根据一定的标准先指定贫困县❶，然后，通过国家扶贫开发领导小组办公室、农业银行、国家发展改革委和财政部把所有的扶贫资源投向贫困县。在制订扶贫计划的初始阶段，区域性瞄准是一项经济有效的手段，因为农村的贫困人口大多集中在低收入县。然而，目前最贫困的人口大多分散到边远地区和山区，而且贫困人口中的一半左右居住在非贫困县。因此，中央政府从 2001 年开始对扶贫地区的选择从县级瞄准转变为乡镇和村级瞄准。

（2）中央政府和地方政府的扶贫投资。中央和地方政府每年为贫困地区的扶贫和经济发展提供各种有特定用途的资金。1986～2002 年，中央政府投入的贴息贷款、以工代赈和财政扶贫资金累计达到 2122 亿元，并一直保持稳定增长。2014 年中央财政安排扶贫资金 433 亿元，较上年增长 10%。

（3）部门扶贫政策。各级政府部门和群众组织也被要求参加扶贫（通常称为社会扶贫）。

（4）地区对口扶贫政策。从 1996 年开始，东部沿海的 13 个发达省市分别帮助西部的 10 个贫困省区。沿海省市按要求给西部的十个贫困省和自治区提供各种形式的支持。

（5）利用外资扶贫。

（6）鼓励非政府组织的参与。

我国政府在以往的扶贫规划中主要依赖于区域性瞄准，并以促进贫困地区经济发展为主要目的。这种方法虽然降低了扶贫的组织成本，但也降低了瞄准的准确性。区域性瞄准的主要问题是最贫困的人口难以从项目中受益，并且因为缺乏授权而严重地限制了贫困人口在扶贫项目中的参与。另一个严重的问题是以贫困县为单位的区域瞄准办法会使占总贫困人口一

---

❶　确定贫困县的收入标准与政府公布的贫困线有所不同。后者主要用于统计贫困人口，中国在 1993 年以前没有公布过贫困线。1993 年，中国政府有关部门结合国际惯例及中国的实际情况，制定了贫困线标准，并每年随物价及经济发展指标的变化进行相应调整。

半左右的非贫困县内的贫困人口无法获得贫困资金。

二、扶贫投资及其效果

（一）扶贫投资的类型

扶贫投资的类型有以下几种：

（1）贴息贷款项目。贴息贷款项目的主要目标是为贫困地区和贫困人口的生产活动提供信贷支持以便促进经济发展，从而提高贫困者的收入和生活水平。贴息贷款不能用于日常消费。

（2）以工代赈。以工代赈的主要目的是利用贫困地区的剩余劳动力进行修路、水利设施和基本农田等方面的基础设施建设。同时，为贫困农户提供就业机会和收入来源，以提高他们短期的收入水平和长期的发展能力。

（3）财政发展资金。我国贫困地区的经济发展水平较低，财政支出一般都大大超过财政收入，大多数贫困县无法在财政上自给自足。因此，这些贫困县几乎根本无法依靠自身力量筹集资金用于投资建设。财政发展资金的目的就是通过提供特殊资金来支援生产建设项目。

（4）国际和双边发展机构的投资。例如：世界银行在西南和秦巴山区的综合扶贫项目、联合国开发计划署的小额信贷项目、亚洲开发银行的河南农业发展项目等。

（5）非政府组织的投资。小规模的国际非政府组织和国内的非政府组织也广泛地参与了我国的农村扶贫。

（二）扶贫投资的效果和效率

我国的咨询研究机构还很少对扶贫投资的有效性和实际运作效率进行实证性研究。根据以往的经验和少量的实证研究结果，可以归纳出下列几点结论：

（1）政府扶贫投资的效果因项目而不同，如以工代赈较贴息贷款项目更成功。

（2）政府扶贫投资对地区发展的影响比扶贫的影响更大。

（3）政府投资覆盖面广，但是效果相对而言不理想，效率不高。

（4）非政府组织的投资覆盖面小，但效果较好，效率较高。

这些结论表明，我国的扶贫开发投资项目还有许多可以改进之处。其中，如何利用社会评价作为优化扶贫开发投资方案的重要工具，提高扶贫投资的效果，还有待于进一步研究。

第二节　贫困及其特征分析

一、贫困及其类型

（一）贫困的定义

贫困是多种因素引起的社会现象，可以从不同的侧面进行定义。在实践中，收入贫困和人类贫困这两个概念常常被用来定义贫困的最基本特征。

1. 收入贫困

在我国，国家统计部门给贫困下的定义是物质极度缺乏以致一个人或一个家庭不能达到社会可接受的最低生活水平。因此，贫困线（满足人们在某一具体的时期、地点和社会环境中必需的物品和服务需求的最低生活支出）是被用来衡量谁是贫困者或者谁不是贫困者的重要依据。

由于"社会可接受的最低生活水平"定义本身就不是一个可以比较的指标，不同的国家和社会有着不同的理解，因此不同国家的收入贫困线也各不相同。我国不同年份的农村贫困线是由国家统计局计算的。根据我国营养学家的推荐，国家统计局采用的最低营养标准是每人每日摄取 2100cal（1cal＝4.184kJ）的热量。一份可以满足最低热量需求的食物清单被用来计算食品消费开支，非食品消费开支是用不同的方法计算出来的❶。

为了进行跨国比较，世界银行也制订了国际贫困线标准（根据 1985 年购买力平价计算的每人每天一美元）。

2. 人类贫困

除了收入和物质消费外，人类也需要诸如教育、医疗等基本的社会服务以及在社会中的社会关系。人类贫困针对的是非物质，有时甚至是更基本的贫困因素。教育、健康和权力是人类贫困中最重要的内容。

根据中国贫困农民划分的贫困类型和指标包括：①生计贫困，主要包括现金流贫困，缺乏食品安全及日常舒适贫困；②基础设施贫困，主要包括饮用水贫困，交通隔绝因素和能源贫困；③人力资源贫困，主要包括妇女健康及儿童教育投资的缺乏。

（二）贫困人口的类型

贫困人口通常可以根据他们在某些方面的不同特征被划分为不同类型。根据贫困人口的贫困程度可将贫困人口划分为绝对贫困人口、相对贫困人口和临界贫困人口。所谓临界贫困人口就是那些收入在绝对贫困线以上但很接近，并且当受到外部影响时，其收入水平极易下降到贫困线以下的人口。

另外根据项目对贫困人口的影响程度不同还可将贫困人口划分为项目目标受益贫困人口、潜在受益贫困人口和受损贫困人口。在投资项目的社会评价中要分析不同类型贫困人口所面临的不同问题，在项目设计中采取不同措施以便达到项目的扶贫目的。

（三）贫困人口的分布

1. 农村贫困和城市贫困

最常见的贫困群体有农村贫困人口和城市贫困人口。农村贫困人口住在农村，并主要以农业为生，而城市贫困人口住在城市和城镇，靠工资收入和小规模的个体经营为生。我国的农村贫困人口和城市贫困人口之间的另一个重要区别是他们享受完全不同的社会福利。至 1999 年 9 月，所有城市和县城都制订了城镇贫困人口的最低生活标准。到 2001 年 6 月，四百五十八万人定期从当地政府领取生活补贴❷。到 2002 年底，最低生活保障制度已经覆盖到所有难以维持基本生活的城镇居民。另一方面，除东部沿海地区的几个省份的农村人口可享受到最低生活保障外，绝大多数农村贫困人口不能享受生活补贴。农村贫困人口不得不依靠他们的家庭和社会关系来应对危机和生活困难。

2. 我国农村贫困的地区分布

在 20 世纪 90 年代中期的国企改革和重组之前，贫困主要是一种农村现象。尽管城市贫困已经出现并成为一个越来越严重的社会问题，但是城市贫困的规模和程度相对于农村贫困而言要小得多。社会福利项目对农村人口的忽视也导致农村贫困更引人注目。

我国的农村贫困人口集中在几个重点地区，包括西南和西北在内的西部地区聚集了超过

---

❶ 20 世纪 80 年代和 90 年代早期，非食品支出是依据消费开支的 40%用于非食品支出这一假设估算出来的。1998 年以来，国家统计局采用世界银行马丁·拉法林推荐的回归方法计算非食品支出。

❷ 2002 年，中国政府拿出 460 亿元，当地政府拿出 590 亿元用于支付这笔费用，受益人口达到 1990 万。亚洲开发银行，2004，p. 102。

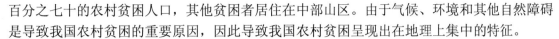

百分之七十的农村贫困人口，其他贫困者居住在中部山区。由于气候、环境和其他自然障碍是导致我国农村贫困的重要原因，因此导致我国农村贫困呈现出在地理上集中的特征。

二、致贫因素及其特征

所有的贫困者都生活在这种情况下：他们不能找到足够的收入来维持生计，他们的孩子由于缺乏营养而发育迟缓，周围的一切都对他们不利而使他们感到无望。贫困现象是多方面的，导致贫困的原因也是复杂多样的，并且这些因素在贫困的恶性循环中还相互加强。导致贫困的因素及其特征主要体现在以下方面。

（一）环境脆弱

我国大多数的农村贫困人口居住在边远的山区，那里的气候恶劣（如寒冷、少雨）和环境脆弱（如土地坡度大、植被稀少），贫困和环境密切相关，导致贫困的主要环境因素有：

（1）西北地区少雨和严重干旱；

（2）西南地区降雨集中导致的洪水和其他地质灾害；

（3）高海拔地区的寒冷气候；

（4）坡地和植被稀少导致的土壤流失。

（二）缺少物质财产

物质财产的重要性体现在两个方面。首先，它们是农业生产的基础和提高生产率的主要因素。其次，物质财产在处理家庭危机方面也起着重要的作用。这是因为当家庭急需食品或非食品消费（如教育和医疗）时，一些财产可以在市场上变换成现金。另外，有些财产（房屋、饮用水设施等）是福利的直接指标。缺少下列物质财产或物质财产质量差是导致贫困的重要原因：

（1）可耕地资源有限，土地质量差；

（2）没有公路或离公路较远，即使有路，路况质量差，缺乏维护；

（3）缺少饮用水设施；

（4）缺少灌溉设施；

（5）缺少其他生产性财产，如大牲畜、机器和树木；

（6）房屋状况欠佳。

（三）缺少获得基本经济和社会服务的途径

可以获得重要的经济和社会服务对所有的家庭来说都是极其重要的，因为这些服务要么可以创收、提高生产率，要么可以改善生活水准。缺少以下服务也是导致贫困产生的一个主要原因。

（1）由于对抵押品的要求和其他歧视贫困者的金融政策，穷人不能或几乎不能获得正规信贷；

（2）因为市场设施和营销组织（如合作社）不发达，穷人接近市场较困难；

（3）因为学校少、教师水平低以及上学费用高，穷人获得的教育水平低；

（4）由于没有医疗保险制度以及贫困者支付不起高昂的医疗费用，穷人的医疗保健保障程度较差。

（四）缺乏能力并与社会隔绝

一些边远地区的贫困人口往往很难融入社会主流，对影响他们的社区甚至是影响他们生计的问题几乎没有发言权。在历史上和文化上，非贫困者趋向于把贫困者看作是无能和无望的人，在多数情况下，贫困者自己也接受这些观点。社会结构和文化关系使贫困者更加难以靠自己的努力摆脱贫困。就能力的获得而言，妇女和少数民族是相对较为弱势的群体。

（五）易受自然、经济和社会风险的冲击

既然贫困者没有或几乎没有办法来处理风险，他们更加易受各种冲击的影响。由于缺少资产和储蓄，缺乏获得经济和社会服务的途径，如信贷和卫生保健，当风险（自然灾害、产品价格下降、疾病等）出现时，贫困者非常容易陷入贫困的恶性循环之中。

第三节　社会评价中的贫困分析方法

一、发展项目的扶贫目标

（一）投资项目对贫困者的影响

既然贫困通常是由自然因素、经济因素和社会因素共同作用的结果，人们往往通过投资项目的建设活动，尤其是有针对性地优化项目建设实施方案，为贫困者创造更多的脱贫致富机会，降低自然、经济和社会风险对他们的打击，取得长远的扶贫效果。项目给贫困者带来的帮助可以表现在以下方面。

1. 创收

主要包括：①直接提供就业机会或项目带来的其他相关就业机会；②支持创收活动，如作物生产、牲畜饲养和其他经营活动。

2. 固定资产投资建设

具体包括：①家庭财产建设，如土地、房屋、生产性固定资产数量的增加和质量的提高；②社区资产建设，如道路、灌溉和饮用水设施、社区林业和其他土地资源、市政设施、学校、诊所等。

3. 提供服务

具体包括：①农业技术的推广；②信贷和储蓄服务；③投入品和产出品的市场服务；④儿童易获得教育的途径，特别是少数民族儿童；⑤贫困者易获得医疗保健的途径，特别是妇女、残疾人和老人。

4. 能力培养

具体包括：①促进农民组织如信用合作、营销合作和技术协会的发展；②进行生产技能、营养知识、自我意识、法律权利的培训；③促进贫困者（特别是妇女）参与项目的设计、执行、监督和评估；④促进贫困者（特别是妇女）参与社区决策过程。

贫困通常是由自然因素、经济因素和社会因素共同作用的结果，因此可以结合创造机会、消除障碍、为贫困者赋权以及降低自然、经济和社会风险对他们的打击等多种方式，取得长远的扶贫效果。在实际项目运作中，应强调多种扶贫策略相结合，以提高综合扶贫效果：①创造创收、固定资产投资建设、提供服务和能力培养的机会；②消除贫困人口获得服务、资源和收入的经济、财务、法律、社会以及其他方面的障碍；③给贫困人口赋权，增强他们的自信心；④降低自然、经济和社会风险对他们的打击。

（二）项目扶贫目标的设计

除具体的扶贫项目外，扶贫也可以作为其他项目的目标之一，如那些具有明确的社会发展目标的项目，造成大规模移民或征地拆迁的项目。对那些不以扶贫为主要目标的项目而言，通过贫困分析进行实施方案的优化设计，可以尽可能地使投资项目对扶贫做出直接或间接的贡献，因而扶贫可以以不同的方式成为项目的目标。

扶贫可以是扶贫项目的首要目标。这类项目瞄准的直接受益人就是贫困人口，也就是说这些项目的关键利益群体和项目的主要受益人都是穷人❶。

扶贫可以是具有特定目标群体的援助项目的次要目标。例如，一个农村发展项目可以把经济增长作为其首要目标，而把扶贫作为其次要目标。

专栏4.1　　　　　　　　扶贫作为一个农业发展项目的次要目标

某县DW村是一个典型的贫困村庄，共170户人口，散居多山地区。半数以上耕地的坡度都大于25度，根据国家有关政策，这些土地应退耕还林或还草。项目建设方案设计希望通过种草来养羊，并逐步提高圈养率，达到保护脆弱环境的目的。DW村是该项目区的一个养羊村。尽管在20世纪90年代，该项目地区的经济已经有了很大的发展，但2001年的人均收入也不过700多元。

由亚行贷款的该农业发展项目将畜牧业发展作为整个项目组成部分，并且将经济发展列为项目的首要目标，扶贫列为次要的目标。项目要求受益家庭中有至少40%为贫困户。贫困家庭的界定为人均年收入低于1000元（根据购买力平价计算，相当于每人每天1美元）。

所有的项目户都能从项目中贷款5000元用于购买羊和改造羊圈，贷款期限为5年，月息6厘。所访问的农户清楚地了解贷款期限和要求。由于当地的农户很难从当地的信用社贷到钱（该地区被金融部门列为高风险区，近三年各大银行没有在DW村所在的县发放过贷款），项目贷款对农户发展养羊帮助很大。由于DW村特别贫困，大多数农户都参加了项目，所以可以肯定项目的主要受益人是贫困家庭。

为确保在所有受益家庭中有至少40%是贫困家庭，该农业发展项目还使用了另一种方法，就是在非贫困村中特意选出贫困家庭参与同样的项目。这种方法的有效性主要取决于执行机构和当地政府所采取的选择程序和规定。

评价：由于当地多数的政府官员和家庭都相信较为富裕的家庭更有能力，也更有条件来执行项目，所以项目贷款更容易给富裕家庭，而不是贫困家庭。由于多数村庄都很贫穷，DW村的方法，例如主要在贫困村庄实施该项目并让多数家庭都参加进来，尤其是鼓励贫困家庭参与到项目中来，似乎更容易帮助项目实现其扶贫目标。

扶贫可以是不具有特定目标群体的援助项目的次要目标。不具有特定目标群体的援助项目是指那些主要利益群体是项目影响人口而不是主要受益群体，例如高速公路、铁路和水运项目，水利和火力发电项目，机场等。这些项目可能需要征地或移民，扶贫也可以作为这类不具有特定目标群体的援助项目的次要目标。

专栏4.2　　　　　　　铁路项目将扶贫作为次要目标

某铁路项目处于我国西部某省区的一个贫困、多山地区。项目包括修建和运营一条从LP至GB的长128.5km铁路。该条铁路将与该地区的现有铁路线相连接。项目地区已建成有几个地方煤矿，并且煤炭资源丰富。该地区现有的煤炭和其他自然资源的开发一直受到运输基础设施不足的制约。建设该项目的目的，主要是要将该地区的煤炭运输到周边省份

---

❶　此类项目包括贫困地区的农村发展和/或环境项目，以及基础教育或卫生项目。

能源短缺的地区，这样就能帮助相关产业发展、增加就业和收入，达到扶贫的目的。

项目的主要目标是通过在项目地区提供交通基础设施来促进经济的发展，创造减少贫困的条件。扶贫被列为该项目的次要目标，要求该项目应为贫困人口带来新的工作机会、增加收入，并提供获得基础教育、医疗、通信、农业发展和信贷资源的机会。由此，该项目将有利于提高当地的生活水平，使92000多人口或项目地区40%的居住人口脱贫。基于这种目标定位，项目方案规划设计人员对其长期和短期地方扶贫目标进行了周密的策划设计。

短期目标：在铁路建设期间和相关服务业发展当中，项目将为 5500 个贫困户提供长期就业机会。预计项目会带来 3600 个工作机会，并为非熟练工提供技术培训。

长期目标：为部分贫困人口提供长期的就业机会（包括铁路基础设施维护，通过煤炭开采为当地贫困户提供非农就业机会，为贫困户的外出就业创造便利的交通条件，改善交通条件并促进当地经济和社会发展等）。

二、项目周期不同阶段的贫困分析

项目周期可以划分为不同阶段，各个阶段对社会评价有不同的需求。在项目准备阶段，应重点了解项目对贫困者和其他群体可能造成的影响，应评估利益相关者对扶贫的具体需求。在项目执行阶段，设计一个良好制度安排和有效的激励机制对项目能否使贫困者受益起着决定性的作用。在实施阶段或后评价阶段，有效的监督和评估不仅是项目达到预期目标的保证，也是实施机构改善项目设计和实施的基础。

中国的经济增长对贫困人口生活水平的影响越来越小，这对从前以发展为核心的战略提出了质疑。邓小平提出的"一部分人先富起来"的口号与主要考虑经济增长的政策相适应，其主要依据是诺贝尔奖获得者库兹涅茨的理论，即发展初期社会不平等会有所加剧，但这一趋势会在以后扭转过来。然而，中国改革开放以来，社会不平等趋势并没有什么扭转迹象。毋庸置疑，消除农村贫困的努力已经取得相当大的成功，但与此同时，社会两极分化也发展到了令人忧虑的程度。农村富余劳动力和城市下岗职工所形成的新的贫困问题已经造成了相当严重的社会后果，社会不满日益严重。因此，中国的扶贫战略已经逐渐从组织管理严密、以发展为核心、通过发展贫困地区经济来实现的方式转向以社区为基础的贫困图示和贫困瞄准，并利用参与式方法开展村一级的扶贫。

这个转变要求将社会发展作为扶贫活动的主要内容。此外，还要采取综合措施，将贫困地区的社会保障、健康、教育、基础设施、能力建设和小额信贷项目结合在一起，形成村一级的社会综合发展项目。因此，贫困分析和其他社会评价工具越来越成为扶贫项目和以扶贫为次要目标的投资项目中必不可少的工具。

（一）项目识别阶段的贫困分析

该阶段的贫困分析应重点关注以下问题：①在项目地区有与扶贫相关的具体项目吗？②贫困人口从项目受益的最大障碍是什么？③贫困人口能否利用现有的资源与服务以及他们的支付能力如何？④哪种机制能保证贫困人口从项目中受益？⑤项目能否从强调资源利用转换到促进项目地区的发展和扶贫？⑥贫困人口能否作为项目的利益群体发表自己的意见？⑦项目如何为贫困人口提供更好的机会？⑧贫困人口面对的主要风险是什么？⑨是否存在使贫困人口防止或减缓这种风险的机制？⑩扶贫项目是否包含了具体的战略、方案设计或有针对性的项目构成部分来提高妇女的参与和受益机会？⑪能否识别贫困化的风险，如丧失土地、搬迁、失去生计手段或就业收入或工作等？

投资项目可能对项目地区的不同群体产生各种可以预见或难以预见的影响。初步影响评估将有助于投资者和项目执行者了解项目对弱势群体可能产生哪些积极影响和负面影响。如果有负面影响，可以采取哪些对策来消除或减缓这些影响。

除分析项目可能带来的影响外，在此阶段还应重视需求评估，其目的是了解贫困者到底想从项目中得到什么，并将评估结果作为项目方案设计的依据。项目的设计要考虑不同的受益群体，设计出不同的项目组成部分来满足他们不同的需求。当进行需求评估时，应遵循需求评估应由具有不同专业知识背景的专家共同进行的原则，并采用参与式方法动员贫困者和其他目标群体的积极参与，通过参与找出他们所面对的问题及克服问题的方法。

（二）项目准备阶段的贫困分析

能够正确认识到项目的风险，以及这些风险可能造成的人力与财务负担，对优化项目方案设计是十分重要的。项目准备阶段的贫困分析重点关注目标人群的瞄准及项目方案设计等问题。

1. 贫困人口可能面临的风险

在项目实施过程中，贫困人口可能面临的风险主要包括：

（1）支付能力：比如价格的上涨可能会降低贫困人口利用资源或从项目中受益的能力。

（2）移民：由项目或必要的土建工程引发的移民。

（3）贫困人口对资源或货物的有限利用：在服务提供方面对某些社会群体或机构的不公平对待可能会使贫困人口享受不到应有的服务。

（4）劳动力：如投资项目引发的资产重组可能会产生下岗人员或对工人带来负面影响。

（5）权利：如由于项目的实施造成对过去免费或享受补贴等权利的丧失，如福利分配住房等。

2. 项目实施方案中的瞄准机制建立

实践证明，通过调整成本的方式来帮助贫困人口往往是很困难的，并且如果不采取补救措施，可能会将贫困人口完全排除在项目受益范围之外。提高扶贫效果的有效途径是完善瞄准机制。

一个项目可以采用不同的瞄准机制，如区域瞄准和家庭瞄准。好的瞄准机制能使目标群体更多地从项目中受益。

（1）区域性瞄准。我国的主要扶贫项目采用的是以贫困县或贫困村为单位的区域瞄准，而不是以家庭或个人为瞄准对象。区域瞄准的好处是管理成本低，缺点是项目资源容易流向非目标群体以及项目不能完全覆盖既定的受益人口。只有当项目计划瞄准大多数人口或目标群体高度集中在某些地区时，区域瞄准的做法才行之有效。

（2）家庭/个人瞄准。以家庭/个人为瞄准对象的做法更准确，利益的流失也不太严重。当没有家庭一级的系统信息时，把家庭/个人作为瞄准对象的缺点是识别成本高。因为缺乏必要的信息，像在我国这样的发展中国家实施的大规模国家扶贫开发项目要识别到每个家庭或个人几乎是不可能的。

（3）自我瞄准。所谓自我瞄准机制常用于一些发展中国家的公共工程项目和小额信贷项目上。例如在印度和其他国家，公共工程项目采用低于市场的工资标准以便保证参与者主要来自贫困家庭，因为只有那些不能在市场上找到支付市场工资工作的贫困者才愿意为公共工程项目工作。这种做法会自动将那些容易在市场上找到较高报酬工作的富人排除在外。

根据国际经验，凡实施比较成功的小额信贷项目，收取的贷款利率一般都普遍高于商业贷款利率，以保证借款人是贫困者，并维持小额信贷机构的持续发展。正如上文所提到的，贫困者通常难以获得正规的信贷，经常向高利贷者贷款，高利贷的利息比商业利息可能高出几倍，甚至十几倍。既然小额信贷项目收取的利息比高利贷者的利息低许多，这些项目就能改善贫困家庭信贷资源的可获得性。

（4）制度安排和激励机制。制度安排和激励机制对准确地瞄准目标群体至关重要，这需要对贫困人口和潜在的实施机构之间的相互作用进行详细的分析。设计制度安排时，应回答下列问题：

1）哪些组织参与传递项目的资源和利益？他们的作用是什么？相互之间是什么关系？

2）他们为贫困者和其他弱势群体提供资源和服务的动机和利益是什么？

3）实施机构的人员是否有适当的技能来实施所建议的项目？

4）不同层次的有关政府职能部门是否作为项目的利益群体进行了利益相关者分析（这些政府机构包括：城市地区如民政和社会保障部门；农村地区如扶贫办等部门）？

5）是否建立了投诉机制以便让受影响的人群反馈他们的意见和想法？（扶贫项目应设计有倾向性的措施以加强透明度并提高贫困人口在获得信息、参加公开会议的权利。利用非政府组织和社区组织可以协助贫困人口提高这方面的能力。）

6）有什么样的监督机制来保证目标受益人群能够真正受益？

（5）贫困者的参与。另外一种提高瞄准的准确性的方法是让贫困者积极参与项目的设计、执行、监督和评估。当贫困者和其他受益人把项目当作他们自己的项目并且能影响项目的决策时，他们在保证项目能使自己受益中将会发生重要作用。

在项目设计期间的研讨会能够为各利益群体提供参与的机会。参与策略能保障贫困人口和其他利益群体适当地参与到项目的设计与实施过程中。

参与式快速评价和数据采集从目标客户群体或社区的需要、需求和接受能力的角度对项目设计方案的合理性进行评价，这是贫困分析的一部分。需要对男性和女性分别进行评价，以确保项目设计对男性和女性产生公平的影响。

（三）贫困影响的监测与评价

监测与评价的价值在于有机会发现在项目设计和实施中所需要进行的调整并确保这些调整能够予以实施。一些未知事件可能会引起扶贫影响的变化，这就需要对项目及其实施进行相应的调整以使项目的扶贫效果最大化。为应对这些不可预知的事件，应该设计出能对实际情况进行反映的监测指标，并根据指标的变动对实施方案进行调整。

监测与评价通常用于项目实施阶段。除了内部和外部监测以外，项目受益者的积极参与也很重要，应纳入到监测与评价计划当中。捐助者和实施者应充分听取主要结论和相关建议，并在接受评价的项目以及未来的项目中加以运用。

在项目规划的方案设计中，经常采用逻辑框架分析方法，通过设计一些与扶贫目标相关的重要指标，用于监测项目的进展情况和对扶贫的影响。此外，还可以通过逻辑框架矩阵来监测实现扶贫目标的各种外部假设和前提条件等。

监测扶贫的指标有两类：贫困瞄准指标和扶贫影响指标。贫困瞄准指标度量贫困人口（占多大比例）是否得到项目所生产的产品和服务；贫困影响指标度量贫困人口在获得项目所提供的产品和服务的情况下将会产生的扶贫效果。

三、参与式贫困评价

（一）概述

扶贫研究与实践是发展研究与实践的主要内容之一。在扶贫实践中，扶贫干预的第一步就是要做好对干预对象的贫困评价，它也是设计和实施一个成功的扶贫干预活动的前提保证。

区别于传统的"自上而下"和单纯依赖统计数字的评价方式，参与式贫困评价更侧重于倾听贫困的受害者自身关于贫困的体验。因而，它不倾向于设定一个固定的指标体系（仅有一个指标指南），而倾向于采用一种更开放的、易于为贫困人口所接受的方式和指标，来展示和反映他们亲身体会的真实贫困的各个方面。在绝大多数情况下，它会自然而然地涉及他们社会和家庭生活的各个方面，包括社会的、经济的、政治的、生态的和文化的各个领域。

（二）特点

参与式贫困评价的目的是为进一步的扶贫干预提供真实准确的有关干预对象的信息，以便扶贫干预的设计、规划和实施建立在对干预对象的充分了解基础之上，使扶贫干预更有效益，并为扶贫干预采用参与式的扶贫策略准备一个预先的方法和实践基础。而对贫困人口而言，参与式的贫困评价则使他们拥有了表达他们亲身关于贫困的体会和感受，以贫困人口自己理解的方式描述他们的生存状态，以及他们对扶贫干预的具体期望，以便未来的扶贫干预尽可能最大限度地考虑和符合他们的愿望，使扶贫干预能最终变成贫困人口自己的行动，成为他们自身脱贫努力的一部分，扶贫干预也便能达到最大社会、经济和生态效益，并在社会意义上达成可持续性。

（三）对象与内容

参与式贫困评价的对象通常包括贫困人口和其他社会边缘化群体，如妇女、老人、儿童、少数民族和不同宗教信仰的人。在非贫困人口集中的地区或社区，参与式贫困评价的对象就是社区中边缘化的群体；而在贫困人口比较集中的地区或社区，则评价对象既包括边缘化群体，也包括社区中的其他贫困人口。贫富排队是最为常用的用来确定社区中贫困人口也就是参与式贫困评价对象的参与式工具，除此之外则应对社区中的弱势群体尤其是妇女给予特别的关注。

为了更确切地评价贫困人口和社区中弱势群体在经济、社会甚至政治上被边缘化的状况，常常需要对他们所生活的社区中的其他人群在相应能反映出社会、政治、经济和文化生活差异的方面进行必要的评价和描述。这使得在一定条件下，贫困评价的对象扩及整个社区中各种不同类型人群或他们的代表，但他们不应是贫困评价的主要对象。

参与式贫困评价的内容一般包括能反映评价对象现实生活的各个方面，因而它涵盖了社会、政治、经济、文化、教育、健康、生态和基础设施等。具体来讲，它包括：

（1）经济：家庭财产、收入来源、人均收入、食物安全、家庭支出。

（2）社会/政治：参加选举与被选举、意见表达、社会交往、组织情况。

（3）文化教育：文盲率、人均受教育年限/人均受教育程度、知识和技能、儿童入学率、入学门槛（包括学费、学校远近、师资情况和学校设施等）、教育与职业培训等。

（4）健康：疾病及其控制、人均寿命、营养、生育观念和妇女生育保健、医疗与保健门槛（医护人员数量与质量，医院和诊所的数量、质量与远近，病床数，医疗与护理费用等）。

（5）基础设施：交通、通信、电力和饮用水供应。

（6）环境与生态：室内环境和家居环境（室内通风情况，家居能源使用，如烧木材、植物、煤炭、沼气、煤气或用电，厕所情况，家畜喂养方式，饮用水和清洁用水情况等）、社区生态环境（风蚀水蚀，水土流失，洪涝灾害，土壤退化，肥力下降，耕地减少，森林或林地减少，空气、水面和土地污染等）。

（7）资源获取与控制：财政资源（借贷门槛及对象）、自然资源（土地制度及使用方式，水源分配及使用，其他资源的分配与使用）、市场（距离、交通、信息和价格）。

（四）步骤及应用

1. 参与式贫困评价的主要步骤

第一步：制订评价计划。

这是参与式贫困评价中极为关键的一步。首先要明确评价的目的和内容。具体的评价方法和手段是为了达成评价目的和完成相应的评价内容而服务的。对在什么时间、什么地点、和什么人、采取何种方式谈什么问题或主题，需要充分了解评价对象地区的社会、经济、文化、宗教、气候、地理、交通和生活习惯等基础情况。如与农民座谈最好是在农闲季节，若在农忙季节则应选择休息时间，或直接到田间地头进行走访。评价计划的制订过程应是不断与当地人协商和讨论的过程，因而也是一个"参与式"的"参与式贫困评价"的计划制订过程，是参与式贫困评价的一部分。计划同时还应具有一定的灵活性，以便在实施时根据实际情况进行必要的调整。

第二步：评价的具体操作和实施。

参与式的贫困评价应是在充分做好评价计划的基础上实施的，其操作和实施的效果既与评价者个人的知识背景和经验密切相关，更与评价者是否预先对目标地区进行了充分而必要的了解有关。"参与式"贫困评价的"参与式"特点及技巧性最能在这一过程中得到体现。如与妇女座谈最好带一些糖果作为礼物，因为妇女经常带孩子参加访谈，孩子在调查过程中会吵闹。

对不同的评价内容和对象应选定相应的参与式评价工具。他们主要包括：

（1）半结构访谈。包括个体访谈、主要知情人访谈、男女村民分小组访谈。无论哪种访谈，访谈对象的选择都极为重要。主要知情人既可以是所谓的"社区精英"如村干部和教师等，也可以是普通的了解社区情况和社区变迁的老农。小组访谈的参加者在年龄、教育程度上应具有一定的代表性。弱势群体的代表性很容易被忽略，他们或者由于各种各样的原因不能参加访谈，或者只是出席，而听不到他们的声音，因此，有选择性的个体访谈或案例调查是必要的。

（2）社区资源图。通常包括耕地（旱地和水浇地）、山地、水面、河流、矿藏、牧场等自然资源和男女人口、农户、男女劳力、主要经济活动等社会经济信息。

（3）季节历。当地的主要农事活动及季节分布。

（4）贫富分类。对全社区农户进行贫富分类。评价各类农户的比例、收入水平、从事的主要经济活动、家庭特点及主要原因。贫富分类极为重要也极为敏感，因为由于传统观念的影响，许多家庭不愿意被他人认为富有或贫穷，但这又是参与式贫困评价中必不可少的一步。

（5）贫困原因分析——因果关系图。

（6）社会性别劳动分工图。以明确男性和女性在家庭、经济活动及社区公共事务中所扮演的角色。

（7）走访典型农户。进行必要的家庭财产调查。

（8）对策及发展建议框架图。重点在关于发展的建议、有利条件及所需的外部支持等，以为未来可能的发展干预提供基础信息。

在实际评价过程中，可以创造性、灵活运用许多工具，在此不一一列举。

第三步：评价资料的加工、处理与分析。

除了常规的资料分析方法和手段之外，同一内容常常会有不同的来源及不同的结果，有时候要求进行再度回访和调查。参与式的评价不但会提供许多量化资料，更重要的是能提供许多非量化的、描述性的资料。对这一类资料的加工、处理与分析将显得尤为重要。需要特别强调的是，参与式的贫困评价并不排斥官方或非官方的统计资料，这些资料甚至是必要的，是对实地调查资料的必要补充。

第四步：撰写评价报告。

要充分准确地反映目标地区的贫困情况，报告中既要有量化的资料分析，更要有非量化的资料的描述。将调查地区的资料与全国和区域性的背景资料及相关资料进行比较，也能从某些方面反映调查地区的贫困状况。

2. 参与式贫困评价还应特别注意的问题

（1）社会性别敏感要求不仅参与式贫困评价的过程是社会性别敏感的（常将男女分开进行调查），所获取的资料也要按性别进行分类，获取主要脆弱群体妇女的相关资料，以便将来的扶贫干预也是社会性别敏感的。

（2）在不同民族和不同宗教信仰的人混居的地区或社区，参与式贫困评价的内容和过程也应是相应敏感的，即评价过程按不同的人群分类进行，获取资料也应是分类资料，以便扶贫干预能有效地优先照顾脆弱群体。

第五章

社会评价中的社会性别分析

社会性别问题是发展项目社会评价中不可回避的重要内容。本章简要介绍发展项目中的社会性别问题，以及在项目周期各个阶段进行社会性别分析的基本方法和工具，以便将对社会性别问题的关注纳入发展项目的规划、设计和实施中。

第一节　社会性别政策及社会性别分析

一、我国关于社会性别平等的政策和社会框架

要想实现经济增长、人类发展、扶贫以及自然资源和环境的可持续管理等战略目标，必须对妇女的需要、关注和潜在贡献给予更多重视。对女性地位和能力认识不足可能对投资项目的顺利实施造成严重后果。为了使项目产生预期效果，使男性和女性既参与项目又从中获益，有必要开展社会性别分析。理解劳动的性别分工尤其重要。没有社会性别分析，女性对生产和其他活动的贡献就容易被忽略。如果项目不进行社会性别分析，女性的工作量可能超出她们的能力范围。这种现象尤其容易发生在项目影响区域内男人大量外出务工，妇女承担了主要的农业生产、社区服务和家务劳动的情况下。如果忽略了女性的地位和潜在贡献，男女收入不平等的趋势就会加剧。在充分了解女性喜好、角色、潜力和局限性的基础上，还需要采取一些具体措施。参与式社会性别分析可以说明项目地区性别分工的详细情况。女性对新技能和新知识的需求可以通过一些性别敏感性手段来满足，例如增加现场培训和利用视听材料作为培训教材。

（一）法律和政策框架

我国的法律框架为将社会性别敏感性分析方法运用于社会评价提供了大环境。中华人民共和国在宪法的高度上确保并促进社会性别平等，规定男性和女性在教育、医疗保健、遗产继承和就业等方面拥有平等的权利。另外，婚姻法❶、劳动法、妇女权益保障法等其他相关法律❷也都对男女的平等权益做了相关规定❸。

《中国妇女发展纲要（2011—2020 年）》体现了我国政府在社会性别平等方面所做出的承诺。该规划提出了妇女发展的六大领域和目标：

（1）妇女与健康：妇女在整个生命周期享有良好的基本医疗卫生服务，妇女的人均预期寿命延长；孕产妇死亡率控制在 20/10 万以下；逐步缩小城乡区域差距，降低流动人口孕产

---

❶　新中国成立不久颁布了新的婚姻法（1950 年颁布，1980 和 2001 修订），保障婚姻自由、一夫一妻以及妇女离婚、再婚的权利，禁止童养媳，保护妇女拥有家庭财产的权利。

❷　其他法律法规包括对孕妇和哺乳期妇女的保护，以及禁止卖淫嫖娼。

❸　2001 年修订后婚姻法增加了禁止家庭暴力的条款。

妇死亡率；妇女常见病定期筛查率达到 80% 以上。提高宫颈癌和乳腺癌的早诊早治率，降低死亡率；妇女艾滋病感染率和性病感染率得到控制；降低孕产妇中重度贫血患病率；提高妇女心理健康知识和精神疾病预防知识知晓率；保障妇女享有避孕节育知情选择权，减少非意愿妊娠，降低人工流产率；提高妇女经常参加体育锻炼的人数比例。

（2）妇女与教育：教育工作全面贯彻性别平等原则；学前三年毛入园率达到 70%，女童平等接受学前教育；九年义务教育巩固率达到 95%，女童平等接受九年义务教育，消除女童辍学现象；高中阶段教育毛入学率达到 90%，女性平等接受高中阶段教育；高等教育毛入学率达到 40%，女性平等接受高等教育，高等学校在校生中男女比例保持均衡；高等学校女性学课程普及程度提高；提高女性接受职业学校教育和职业培训的比例；主要劳动年龄人口中女性平均受教育年限达到 11.2 年；女性青壮年文盲率控制在 2% 以下；性别平等原则和理念在各级各类教育课程标准及教学过程中得到充分体现。

（3）妇女与经济：保障妇女平等享有劳动权利，消除就业性别歧视；妇女占从业人员比例保持在 40% 以上，城镇单位女性从业人数逐步增长；男女非农就业率和男女收入差距缩小；技能劳动者中的女性比例提高；高级专业技术人员中的女性比例达到 35%；保障女职工劳动安全，降低女职工职业病发病率；确保农村妇女平等获得和拥有土地承包经营权；妇女贫困程度明显降低。

（4）妇女参与决策和管理：积极推动有关方面逐步提高女性在全国和地方各级人大代表、政协委员以及人大、政协常委中的比例；县级以上地方政府领导班子中有一名以上女干部，并逐步增加；国家机关部委和省（区、市）、市（地、州、盟）政府工作部门领导班子中女干部数量在现有基础上逐步增加；县（处）级以上各级地方政府和工作部门领导班子中担任正职的女干部占同级正职干部的比例逐步提高；企业董事会、监事会成员及管理层中的女性比例逐步提高；职工代表大会、教职工代表大会中女代表比例逐步提高；村委会成员中女性比例达到 30% 以上，村委会主任中女性比例达到 10% 以上；居委会成员中女性比例保持在 50% 左右。

（5）妇女与社会保障：城乡生育保障制度进一步完善，生育保险覆盖所有用人单位，妇女生育保障水平稳步提高；基本医疗保险制度覆盖城乡妇女，医疗保障水平稳步提高；妇女养老保障覆盖面逐步扩大。继续扩大城镇个体工商户和灵活就业妇女的养老保险覆盖面，大幅提高新型农村社会养老保险妇女参保率；妇女参加失业保险的人数增加，失业保险待遇水平逐步提高；有劳动关系的女性劳动者全部参加工伤保险；妇女养老服务水平提高，以城乡社区为单位的养老服务覆盖率达到 90% 以上。

（6）妇女与环境：男女平等基本国策进一步落实，形成两性平等、和谐的家庭和社会环境；性别平等原则在环境与发展、文化与传媒、社会管理与家庭等相关政策中得到充分体现；完善传媒领域的性别平等监管机制；开展基于社区的婚姻家庭教育和咨询，建立平等、文明、和谐、稳定的家庭关系；鼓励和引导妇女做和谐家庭建设的推动者；开展托幼、养老家庭服务，为妇女更好地平衡工作和家庭责任创造条件；全面解决农村饮水安全问题，降低水污染对妇女健康的危害。农村集中式供水受益人口比例提高到 85% 左右；农村卫生厕所普及率提高到 85%。城镇公共厕所男女厕位比例与实际需求相适应；倡导妇女参与节能减排，践行低碳生活；提高妇女预防和应对灾害风险的能力，满足妇女在减灾中的特殊需求。

（7）妇女与法律：促进男女平等的法律法规不断完善；加强对法规政策的性别平等审查；

妇女依法维护自身权益的意识和能力不断增强；严厉打击强奸、拐卖妇女和组织、强迫、引诱、容留、介绍妇女卖淫等严重侵害妇女人身权利的犯罪行为；预防和制止针对妇女的家庭暴力；保障妇女在婚姻家庭关系中的财产权益；保障妇女依法获得法律援助和司法救助。

毋庸置疑，改革开放政策拓宽了人员流动的范围和发展的空间，但这些变化使男性更多受益，并造成一系列新的歧视、安全感匮乏和风险。这个过程也使全国妇联（ACWF）承担起新的角色，即研究女性面临的问题，行使联络和倡导职能，支持女性和女性事业。然而，全国妇联要在社会主义市场经济环境下运行，资金和人员明显不足。由于女性权益代表机构受到局限，女性问题的社会环境更加严酷。与此同时，非政府主导的女性运动开始在中国逐渐活跃起来，并将在社会各领域获得越来越广泛的影响。

（二）社会框架

21世纪初我国经济的转型使得我国社会的性别分工和收入分配发生了重大变化。自20世纪90年代以来逐步深化的改革开放政策对男性和女性、农村女性和城镇女性均产生了不同的影响。在城市，面临着国有企业改革，许多女性劳动者失去工作岗位，而在寻找新的工作机会时与男性竞争处于劣势，女性迫切需要提高自身素质和技能。自20世纪90年代以来，城市女性失业人数上升❶。同时，新的就业渠道逐渐出现在农村妇女面前：首先，乡镇企业为农村妇女提供了四千万个非农业工作岗位；其次，在以家庭联产承包责任制的农业生产模式中，由于男性劳动力大量外出进城务工，更多女性被推向农业生产的主要岗位❷。

男女收入方面的差距自20世纪90年代以来不断加大，农村地区尤其突出❸。女性集中的行业收入水平一般相对较低：相对于64.7%的农村男性劳力，农村女性劳力专门从事农业生产的比例高达82.1%。传统的婚姻体系使得农村女性的生活模式与男性截然不同：男性的生活模式以连续性为特色（这是我国社会为确保家族的连续性而赋予男性的传统角色），而出嫁对于女性来说意味着生活的不连续性。生活空间上的转变——因为她们将离开从小生长的家庭，走入丈夫所在的家族，深深影响着女性在家族中获取土地等的权利，通常移民搬迁征地会对男性和女性产生不同的影响。

在投资项目社会评价中，就考虑女性参与项目实施并获得就业机会等状况而言，应适当考虑她们的婚姻状况。从事农业生产活动的女性大多是已婚女性，这是因为已婚的农村妇女在丈夫外出打工时不得不留守后方以填补农业劳动岗位的空缺。这些复杂的社会现象及问题，须在具体项目中仔细地加以分析，以便设计出适应不同群体需要的项目方案。

在女性就业方面，已婚和未婚女性的就业情况有所不同。在流动人口中，外出打工妇女中占绝大多数的是年轻未婚女性，她们在未登记的打工者中的比例可能更高。这种现象造成了中国外出务工人口的女性化。同时，已婚农村妇女在丈夫外出打工后留守后方，造成了农业人口的女性化❹。

---

❶ 新的就业机会都出现在国有行业以外，主要是私营、服务行业以及信息产业。企业家中女性比例约为25%。Schüller, 2001, pp.1333-1342（Ed）。

❷ 随着改革开放，至少有1亿农民涌入城市，这些外来务工人员中有很大一部分是女性，主要是年轻未婚女性。

❸ 1999年城市男女收入差距比1990年上升7.4%。1999年城市女性人均收入7410元，仅为男性的70.1%。在农村，1999年男女收入差距比1990年上升19.4%，农村女性人均收入2369元，仅为男性的59.6%（Ed）。

❹ 参见Gransow, 2003, p.153（Ed）。

二、社会性别角色及其分析范围

（一）社会性别角色

由于男性和女性的社会角色不同，发展项目对他们产生的影响也不尽相同，同时男性和女性对项目的需求也有所不同。经验表明，在发展项目的设计和实施中不考虑社会性别问题，将会加剧业已存在的各种性别不平等现象，包括劳动分工、资源利用和参与决策等方面的问题。

例如，人们会认为那些在农业发展项目中接受培训的人群理所当然地就是正在或将要从事所培训的生产活动的人群，而在现实生活中，有些项目是男性接受培训，而女性从事生产，培训仅为生产活动作准备（见专栏 5.1）。

专栏5.1　　农业发展项目：男人听课，女人干活？

在某国际金融组织资助的中原某省西部农业发展项目中，为减轻贫困、促进地区经济发展而设定的项目内容之一是在一些山区养羊。过去，该地区主要是由老年人以传统方式养羊。根据该项目规划，羊群须在圈里饲养以防止其破坏植被。这样，现在养羊的工作主要由妇女来完成。由于项目引进了新的畜种，饲养方法也有所不同，该项目为农村家庭提供了养羊技术的培训活动。但是，参加培训的女性仅占培训人员的 30%，其余的妇女仍然沿用传统的方式。

女性缺乏培训往往是导致这类项目失败的重要因素，这一现象的发生有以下几个原因：一是培训课程并非在女性居住的村子里举办，要参加培训就必须出门到城镇里去住几天；二是传统因素，通常进城买东西办事的是男性，而不是女性，如果女性外出参加培训，则有悖于传统；第三个原因也许更重要，就是女性在家庭生活中所扮演的特殊角色（如做饭、看孩子、养猪等）不可能出门远行。另外，事实表明最终参加培训的女性大多为有较高文化水平的人群，农村妇女如果认为自己听不懂（或被告知不会听懂），就不会去参加培训课。

由于劳动体系社会分工中存在固定化的性别分工模式，男性和女性会在主观上以不同方式衡量和评价发展项目所产生的社会影响及其优劣，对于项目潜在的发展机遇和社会风险而言也是如此，甚至在项目的运营上，男性和女性发挥的作用也各不相同。社会性别角色决定了一个社会公认的男性和女性各自的角色分工和劳动分工。男性和女性在社会中扮演的多重角色可以用一个三重结构表示：生产角色、繁衍角色和社会文化角色。生产角色定义为用现金或实物作为酬劳的工作，如商品生产或家庭生产；繁衍角色以家庭工作和养育子女等责任为特征，包括生理繁殖和家庭生活所需的照料和生计维系；社会文化角色则是由社区工作和各种有助于社区福利、社区发展或社会组织的活动等组成。

在投资项目社会评价中，如果项目预期可能产生重大的社会影响（如大规模非自愿移民或征地），或项目旨在实现扶贫、教育、卫生等社会发展目标，而且这种影响对男性和女性可能有所区别，这类项目应进行社会性别分析。

在社会评价实践中，所有项目都同时影响男性和女性。没有与性别无关的项目，性别问题不仅出现在社会发展类的项目当中，公路和城市发展等基础设施项目也需要考虑性别问题。也就是说，项目设计要兼顾男性和女性，使他们同时受益。无论是否属于针对特定受益者的项目，项目对男性和女性的影响都会有巨大差异。可能产生重大社会影响的项目尤其有必要进行社会性别分析，这些项目通常对受益者造成潜在的负面影响，例如需要大规模非自愿移民或征地的项目，以及具有扶贫、教育、卫生等明确社会发展目标的项目。

男性和女性各不相同的社会性别角色分工使得他们有着不同的性别需求、兴趣和生活方式。在发展项目的社会评价中进行社会性别分析时，首先应区分以下两种类型的性别需求。

（1）实际性别需求，是指女性和男性在被社会认同的角色分工中确认的需求。这种需求涉及营养、保健、住房、就业、收入、工作负担和信用等方面，它产生于性别的劳动分工，满足这些需求并不需要改变男性和女性的社会地位。

（2）战略性性别需求，是指提高女性的社会地位，改变从属地位的需求，涉及参与决策、能力提高、实现流动自由和改善社会地位等方面。

（二）社会评价中的性别平等参与

在发展项目的准备、规划和实施过程中忽视妇女的权益和特殊需求，在很大程度上是因为决策主体完全是由男性组成的。同样，项目组织官僚化的日常运营活动阻碍了人们了解女性的权益和需求。因此有必要让当地女性和性别问题专家参与项目的规划和监测工作，从而能够确定女性在哪些方面可能受到投资项目的各种影响，同时可以在项目范围内采取促进女性发展的各项积极措施。女性参与项目不仅能提高她们对自身所处境况的认识，而且能使她们对项目的潜在影响有所了解。例如，拟建的一条公路或铁路如果横穿现有的街道，由于男性和女性使用这条道路的方式不同，从而他们受到的影响范围及其程度就可能有所不同。

过去项目社会评价中与男性和女性分别座谈的结果表明，女性所关注的事务是不同于男性的，这主要是因为她们的生产、养育等社会性别角色使她们看问题有不同的出发点。让女性参与项目讨论不仅使项目人员在项目方案设计时考虑妇女的特殊需要，而且还提示人们项目可能以其独特的方式给不同群体造成不同影响。倾听分别来自男性和女性两个方面的声音，有利于优化项目方案，提高项目投资的社会效果。

（三）"女户主"家庭的社会风险

一般来说，"女户主"家庭（即由女性为经济支柱的家庭）在受到项目影响时产生新的贫困的风险较大。例如，在项目移民拆迁过程中，对于一般家庭来说，房屋拆迁补偿金可以建造与原来同等质量甚至是更好的房屋，但是女性主导的家庭由于缺乏男劳力，通常可能是最贫困的家庭，对破旧房屋的有限补偿以及羞涩的积蓄往往使得她们没有能力建造新的房屋。此外，这些家庭通常缺少建房的帮手，而她们要想得到邻居的帮助也是非常困难的。总之，与男户主家庭经常性的邻里互助相比，女户主家庭的社会关系网络相对薄弱，从而使她们在项目移民活动中处于更艰难的境地。

在非自愿移民和征地过程中，如果没有支付或没有足额支付补偿金，或者这些补偿不能如期到达移民手中，那么受影响家庭产生贫困的风险就会更大。女户主家庭如果无法获得必须的食物量，女性通常会首先考虑减少给自己的份额，并首当其冲成为家庭成员中挨饿的人。另一方面，对于受教育程度较低的农村已婚妇女来说，生产和养育子女的工作迫使她们留守家庭，大规模征用耕地将使他们面临严峻的生存危机，她们显然不具备和男性同时竞争一份工作的能力。

因此，在投资项目社会评价中，除关注女性的参与之外，往往需要特别关注女户主家庭的特殊需求，以减少这类家庭因项目的建设实施可能面临的特殊社会风险。

三、参与式性别分析

（一）概述

性别分析的方法是发展实践与研究的方法，可以广泛地应用于与性别问题相关的种种分析领域，其形成与发展得益于性别与发展的理论与实践。性别与发展的理论与实践是 20 世纪 80 年代与环境等当代发展问题共同发展起来，是可持续发展战略的重要组成部分。人们往往从狭义的角度来理解可持续发展，习惯于把可持续发展狭义理解为环境资源与生态问题。事实上，当人们认识到发展应该回归到以人为中心时，其含义就扩展到了社会的政治、文化、经济、技术、资源与环境等不同方面。可持续发展在强调资源与环境的持续利用时，同时也非常注意社会群体之间的平等以及性别平等与公平。因为不平等的社会现象同样像失控的资源使用一样，威胁人类的可持续发展。所以，性别与发展的问题是涉及从社会制度安排的社会认知过程，以及社会意识、价值观到技术创新的深层次的变革性问题。狭义地说，性别与发展是女权主义在 20 世纪 80 年代后的重新定位；广义地说，则是各种具有进步倾向的思潮相互交融的产物。所以，当我们观察许多国际发展援助政策时，就不难理解为什么会将性别与发展放在可持续发展的框架之中。有人说，从神权的至高无上到人的自身解放是古典启蒙主义对人类的重要贡献，那么可持续发展则无疑是 20 世纪末经历了人类社会对未来人类发展的又一贡献。

性别与发展理论是妇女与发展理论的深化与发展。性别与发展理论进一步地阐述了社会性别关系及其在发展中的含义，它从权力结构和体制的深层次来探讨性别与发展问题，其被接受的程度和应用性更加广泛。性别与发展不仅在理论上阐述了发展过程中性别的作用，而且在实践上也探索了获得男女平等的发展手段。性别分析正是上述背景下在过去开始出现的实践与研究的方法。卡罗琳·摩塞（C. Moser）于 1993 年发表的《性别计划与发展——理论、实践与培训》一书是性别分析理论的奠基之作，哈佛国际关系学院于 20 世纪 80 年代形成的哈佛分析框架是探讨性别分析框架的开创之作，她们均是从性别与发展的角度探讨性别分析的理论与框架。参与式发展以其对发展的哲学思考及其在方法、尤其是操作工具上的创新，为性别分析提供了新的思考与创新的空间。许多学者与发展实践者运用参与式工具进行性别分析，如荷兰发展援助署编写的《性别评价——性别专家手册》一书就详细陈述了如何在性别评价与研究中运用参与式工具。

性别分析包括对男性及女性在社会、政治、经济、文化等不同领域、不同时间中所从事的活动、产生的作用及所产生的社会关系的分析，包括对男性和女性的态度、观点、看法以及对未来预期的分析。性别分析是对上述问题进行分析的系统的方法与工具的总称。男性和女性在社会、政治、经济和文化等不同领域有着不同的活动，产生着不同的作用，而且这些活动和作用在不同的时期有着不同的表现形式。这些是社会中非常常见的现象。然而对其进行的归纳和认识基本上仍处于认识性的或规范性的阶段，而没能够更深入地从实证角度给予总结。这主要是由于妇女权力的获得一直是通过政治运动、革命或立法的程序来获得，因为长期以来，主要是制度要素造成了男女的不平等，当主要的和明显的制度要素不平等消除以后，人们往往以为性别的不平等就由此而消除了。实际上，性别差异的非制度性因素依然存在，因而男女的不平等性也自然未能根本消除。当发展实践成为一种潮流的时候，人们开始认识到这种性别的差异已不再仅仅是妇女权力的问题，而已经成为影响发展效益的重要因素。例如，当把一项支持甘薯生产的项目定位到男性主体参与，而实际上在许多地方妇女是甘薯生产的主体时，这种错位最终将导致项目的失败。因此，对性别在发展中作用的重新审视就奠定了性别与发展实践的理论基础。而在实践中则就出现了这样一种需求，即如何能知道男性与女性的角色与作用。而且应该以一个比较实证的框架来为计划者提供发展资源的分配方向及原则。所以说，性别分析正是产生在这样一种背景之下的。然而需要指出的是，虽然同一个方法与工具往往可以服务于不同的目标，但是，更多的情况是，不同的目的与方法论要求有不同的方法与工具。性别分析正是在性别与发展的理论框架之下，为了最终满足妇女的战略性别需求的分析方法。

（二）特点、框架及工具

性别分析不只是对妇女状况进行分析，而主要是对男性和女性的社会属性及其相互关系与作用进行分析。因此，分析过程均涉及社会生活中男性与女性共同构建的社会、政治、经济及文化的关系的总体，其理论假设在于性别的差异除了受到性别的生物学影响之外，主要来源于社会发展过程中形成的社会性别关系。性别分析的框架具有理论和实践两方面的含义。社会性别分析有助于通过实证的研究来证明或发现社会性别关系的综合运作过程，例如社会性别差异的制度要素、社会性别差异的经济要素等一系列的理论问题。从实践的角度看，社会性别分析提供了认识社会性别差异并继而探讨如何消除差异（如果是必要的）的方案。例如，当简单地从女权主义的角度要求发展项目具备社会性别敏感时，往往会因为缺乏明确的理由而形成潜在的冲突，但当社会性别分析能够提供男性及女性在发展进程中有不同作用时，就容易使社会性别敏感性纳入到主流发展方案中。事实上，社会性别分析在广义上，仍属于社会分析的范畴，因此也被广泛运用于与社会性别有关的社会学、政治学及人类学研究中。社会性别与发展的结合，在分析与实践方面往往非常困难，就好像发展是一部机器，在原来的设计中并没有设计社会性别问题，而只是这部机器运转以后才发现由于没有很好地认识、研究和设计社会性别这个零件而使得机器的工作受到很大的影响。因此，如何改进机器的运转就不单是加入一个零件的问题，而是如何整合社会性别进入整个系统的问题。社会性别分析的框架正是力图提供一个能使社会性别问题的争议建立在一个实证的框架范围之内，从而能使分析的结果作为干预计划的重要组成部分。

社会性别分析根据其目的不同可分为宏观和微观两个层次，本书用表 5-1 来概括说明宏观分析层次所可能包含的分析内容。

表 5-1　　　　　　　　　　　**宏观社会性别分析的框架**

政治	政治			
经济		经济		
社会			社会	
文化				文化
制度					制度

政治是指权力、政体、国体、阶级等。

社会是指宗教、习俗、民族、种族、家庭、社会分层等。

文化是指价值、认同、认知、生活方式、语言等。

制度是指法律、就业制度、土地制度、组织、管治等。

本书用表 5-2 和表 5-3 来说明微观分析层次可能包含的内容。

表 5-2 微观社会性别分析的框架

	什么内容		什么时间		什么地方		如何进行		问 题		现实需求		战略需求	
	男	女	男	女	男	女	男	女	男	女	男	女	男	女
劳动														
收入														
获取资源														
控制资源														
社会政治														
宗教等活动														

注 获取资源是指可以使用资源。

控制资源是指决定如何使用资源。

为了分析上述分析框架中的每一项分析内容,还应再进一步形成具体一些的分析框架。这里仅对第一项内容"劳动"进行进一步说明,其他内容可以根据分析的需要以此类推。

表 5-3 劳动的社会性别分析框架

劳动	谁		在哪里		什么时候/多长时间		问 题		现实需求		战略需求	
	男	女	男	女	男	女	男	女	男	女	男	女
商品生产 如烧砖业、服装加工业等												
服务业 如教育、运输等												
农业生产 如耕地、饲养牲畜等												
庭院生产 如庭院经济、打水、砍柴等												
家务劳动 如做饭、洗衣、照顾孩子等												

上述宏观、微观的分析框架实际上还停留在分析内容的层次上,仍然缺乏如何进行归纳的理论视角。理论视角受各种因素的影响,这种影响主要来自于意识形态、理论背景、实践经验等方面。例如,社会学家与人类学家的分析视角会有很大的差异,政治学家的视角则又不同于社会学家和人类学家。政治学家往往较多地关注权力的运作、权力的结构以及国家管治等,社会学家又较多地注意社会结构、社会功能和社会变迁等,而发展学家则更多地关注实践性的问题。因此,理论视角是很难进行规范的,它的应用往往处于一种不自觉的状态中。这里需要指出的是,在我国进行性别研究时,应注意国际上的各种理论视角与我国社会、政治、经济状况的适应性问题。这是因为一方面全球化的政治、社会、经济和技术的变动会对我国的社会发展产生影响,更重要的是,我国的社会和经济发展又具有相当独特的特征。

参与式性别分析是研究者和研究对象共同进行的分析过程,也是男性和女性共同参与的分析过程,参与式性别分析与一般的性别分析不同的是:

（1）参与式性别分析不将研究对象看作是客体，而是将他（她）们当做与研究者处于同等地位的主体。

（2）参与式性别分析不单纯强调分析结果，更强调在分析过程中研究者与被研究者的相互学习与共同学习。

（3）参与式性别分析过程也是对研究对象的赋权过程。

（4）参与式性别分析将运用参与式的分析与调查工具。

参与式性别分析与一般的性别分析在理论假设、分析框架和分析内容的表现形式上并无大的区别。但在目标、分析过程和所运用的分析工具上有所不同。表 5-4 对两者之间的差异进行了说明。

表 5-4　　　　　　　　　　参与式性别分析与一般的性别分析的区别

一般的性别分析		参与式性别分析
分析目标	分析某发展项目在性别角色与关系变化中的作用	分析某发展项目在性别角色与关系变化中的作用
		促使当地人对性别问题进行思考
		增加研究者对性别问题的认识
		增加研究者对参与式工具的认识
分析过程	以研究者为主导，被研究者参与	研究者与被研究者是相互学习的关系
		研究者启动分析过程，被研究者参与分析过程
		被研究者参与研究结论的形成过程
分析工具	案例分析	半结构访谈
	问卷	小组讨论
	二手资料	对资源的获取与控制分析
		性别分工分析
		机构分析图
		空间活动图
		排序

（三）应用及过程

性别分析方法主要是指一套在性别分析的框架之内确定性别问题，并分析其因果关系的一套操作方法，它包含三个主要的步骤，一是形成理论假设；二是在理论假设的指导下通过实证分析来确认、验证或否定假设；三是形成结论、建议或新的理论观点。

（1）理论假设的形成。

主要以以下几个方面为基础：

1）通常流行的观点。例如，在研究妇女政治地位问题时，理论假设是通常认为中国妇女的政治地位比较高（当然这种认识是以事实为基础的）。性别分析则会通过选择不同地区、不同职业、甚至不同年龄的女性和男性，对他（她）们的政治地位和政治影响进行差异性的分析，并对这种差异进行统计学上的显著性测验。再例如，当从事发展项目时，由于对性别视角的接受往往在项目中强调应给予妇女特殊的支持，这主要是建立在妇女在发展中有特殊作用这样一种假设基础之上的。性别分析则提供具体的方法来说明不同性别在发展中作用的差异性，从而帮助项目进行适当的性别定位，也许分析的结果并不验证假设，那么政治运动或者发展项目中的性别视角就应该发生转变。

2）有限范围内所发现的现象。例如，在发展实践的调查中发现，如果不在特殊的外力和非常的强调之下，妇女不会来参加或被邀请来参加相关的调查与访问。理论假设可能是，妇女对这类事情不感兴趣。通过性别分析发现，妇女们很感兴趣。通过这个结论可以形成新的假设，即这类会议的形式、时间或动员的方式均没有性别敏感性，在这种新的假设基础上再进行新的性别分析。

3）很多被大家接受的理论，就其在一定范围内的普遍性来讲不需要论证，但它的历史性、特殊性含义则会常常不同，特别是当把这些理论应用在实践领域时，性别分析会发生独特的作用。一个经典的例子就是西方中产阶级家庭的性别分工模式，即男人外出工作女人管家，曾在20世纪五六十年代的发展实践领域中造成了在发展中国家忽视妇女生产性作用的消极影响。

（2）实证分析过程。

当在性别分析的框架中确定了理论假设以后，就开始进入实证分析阶段。这一阶段大致可分为以下几个步骤：

1）确定分析的目标，这个目标也包含要明确分析是为了理论还是实践。因为理论分析的目标和实践分析的目标是不同的。理论分析的目标往往在于验证假说，丰富理论或形成新的理论框架，如普遍接受的非洲妇女的生产理论，我们据此在我国河北省农村进行了性别分析，没有发现存在明显的亚生产单位现象。这一发现也就从某种程度上动摇了亚生产理论的普遍性，而以实践为目的的性别分析则立足于解决实际问题并提出解决问题的方案，因此不同于以理论为目的的分析。

2）进一步明确分析的内容。同样，为了服务于不同的目标，分析内容自然会不同，而具体的内容则完全取决于具体的情况。下面举例来进行说明：

研究题目：妇女与农村发展项目的性别影响分析。

假设前提：①性别角色与关系在不同地区、不同时期会有不同的特点。②性别角色与关系是可以变化和改变的。

分析目标：分析某发展援助项目在性别角色与关系变化中的作用。

分析内容（见表5-5）。

表 5-5　　　　某发展项目在性别角色与关系变化中的作用的分析框架与分析内容

理　论　假　设	分　析　内　容
1. 性别角色与关系是社会权力结构的产物	1.1　赋权的机制 1.2　对资源的获取与控制 1.3　男性和女性对生活方式的自主权 1.4　家庭与社区决策
2. 男性与女性有着不同的社会角色，其进一步反应在社会性别关系之中	2.1　社区/机构参与程序 2.2　经济贡献 2.3　家庭劳动分工 2.4　性别问题与需求 2.5　男孩与女孩的家庭角色及不同的问题与需求
3. 社会对男性和女性的不同的价值观，定位和期待	略

3）进入具体的分析技术细节。首先，应确定进行分析的具体变量以及相关的指标，正

如在不同的目标下具有不同的内容一样，不同的内容也具有不同的变量和指标。我们应该探讨的是最能反映不同内容的变量与指标，如在分析妇女的贡献这一内容时，其变量包括社会性的变量和经济性的变量。在经济变量中，妇女的直接经济收入以及妇女所从事的家务劳动（以小时计）均能反应妇女的经济贡献。所要注意的是，在变量与指标的选择中，一旦出现偏差，将直接影响分析的可靠性和科学性。那么，如何保证指标和变量选择的可靠性与真实性，研究者往往采用不同的途径。一些分析者往往使用通常采用的或规范性的变量指标体系，而我们则推荐应把采用规范性的变量指标体系与采用参与式的方式所确定的具有特殊性的和针对性的指标相结合，以避免由于政治、经济和文化的差异而造成的不真实性和负面影响。从上面的描述可以发现这里介绍的方法属于发展研究的方法，不同于社会学和经济学的常规方法。当然，也吸收了经济学、社会学及人类学的方法论。其次，变量与指标初步确定以后，开始进行样本的选择，这里包括分析的地点、样本量的大小。样本的选择可参照常规社会学的方法。

4）在发展研究中，往往需要做研究对象的基础状况调查，基础状况调查作为分析的本底。调查的内容与重点视性别分析的内容与目标的不同而不同。

5）在进行基础状况调查的同时，即可进行分析内容的专项调查。初步调查结束后，应进行快速总结，来检验数据的变异程度和调查方法的适宜性，并与假设进行对比。一般情况下，应该将结论再置于正式研究的方法中进行验证，一般使用的工具是问卷调查及案例分析。

（3）结论的形成。

新的理论观点、建议或行动方案，新的观点、看法、视角，甚至新的理论可以基于上述分析的结果而得出，但在发展研究中，仅仅到此还是不够的，分析工作完成以后，往往应该考虑形成相应的建议或行动方案。这是发展研究与实践中非常重要的组成部分，建议的形成主要基于分析的实践含义方面，因此，建议的内容也就取决于性别分析所涉及的内容与方面。发展研究的建议往往包括政策性的和技术性的，所要注意的是，建议往往要求尽可能的具体。基于分析的结论，针对结论所含指的问题，并具有建设性的、积极的实践含义。不论是政策建议还是技术性建议都应该明确建议的目标群体，如决策层还是工作层等。表 5-6 为一个基于性别分析结果的建议。

表 5-6　　　　　　　　　　基于某项农业技术的性别敏感性分析的建议

社会性别分析的内容	某项农业技术的社会性别敏感性
问题	该项农业技术的采用率很低
结论	80%的劳动妇女不采用该项农业技术
建议	1. 对技术的研究者 （1）在技术研究之前应进行技术应用的性别分析； （2）应研究适合妇女的技术类型。 2. 对推广工作者 （1）应首先在劳动妇女参与的情况下进行实验示范； （2）应让技术的田间操作者（包括男性和女性）共同参加培训。 3. 对劳动妇女 应充分表达自己对技术应用的偏好及对技术采用的难易程度的看法

行动方案基于分析目标和发展实践的要求而制定。在这里性别分析的本质含义在于使男性和女性平等和公平地参与发展和受益于发展，因为发展方案从本质上来讲是资源的分配

方案。

第二节 项目周期各阶段的社会性别分析

进行社会性别分析和性别规划，并将其纳入社会评价整个工作体系，主要是为了确定在项目周期中应该在何时、何地以及以何种方法探讨和解决社会性别问题，并根据项目周期不同阶段的特点，对各个阶段社会性别分析提出不同要求（见表5-7）。一般而言，在项目鉴别阶段，社会性别分析应作为初始社会评价的重要内容之一；在项目准备阶段，应将社会性别分析和性别规划作为项目方案设计应考虑的重要因素之一；在项目实施阶段，应将性别敏感性监控指标纳入社会监测评价体系之中。

表 5-7 项目周期不同阶段的社会性别研究内容

项目不同周期	社会性别研究内容
项目鉴别阶段	（1）识别利益群体的社会性别需求； （2）确定社会性别目标，并纳入项目目标体系
项目准备阶段	（1）确定参与式战略，考虑实际的和战略性的社会性别目标； （2）设计分性别的数据收集方案并将其纳入基线调查范围； （3）进行参与式社会性别分析； （4）优化项目设计方案，进行社会性别规划❶
项目实施阶段	（1）选择性别敏感性监测指标，确立监测与评价体系； （2）收集和更新基础数据，评价与社会性别有关的项目影响； （3）修正项目实施方案，纠正可能出现的偏差

一、项目鉴别阶段的社会性别分析

（一）需要重点调查的内容❷

（1）谁是项目的目标受益人群，男性还是女性？

1）分性别收集社会经济数据；

2）与男性和女性分别交谈（区分已婚和未婚）。

（2）在项目实施地区/行业女性所占比例。

1）在总体上确定社会性别的劳动分工；

2）项目实施地区/行业女性需求与男性需求的识别；

3）分析男性和女性的主要收入来源及其差别。

（3）项目会对男性和女性产生什么样的影响？项目可能对两性产生相同的正面/负面影响吗？

（4）项目在方案设计时有可能将性别问题纳入考虑范围吗？它能有效地平等地对待女性吗？

1）确定男性和女性的特殊性别需求；

2）确立特定的性别目标。

---

❶ 鼓励女性项目人员、全国妇联和/或支持性别敏感性方法的非政府组织的参与，并对他们的能力进行评价。

❷ 这里所述性别分析和性别规划问题主要选自亚行《贫困与社会分析手册》附录 5.1 "性别分析和性别规划"，并参见亚行性别分析清单表，以及性别分析专家的工作大纲。

（5）确认限制女性参与项目的法律、文化、宗教因素和其他因素。

（6）项目实施机构有能力使受影响妇女参与项目并从中获益吗？

1）评价项目实施机构从事社会性别研究和解决相关问题的能力；

2）评价合作机构（妇联、非政府组织）从事社会性别研究和解决相关问题的能力。

（7）项目的准备和实施阶段需要征询有关性别和社会发展问题研究专家的意见，使项目在设计中考虑性别差异吗？

（二）需要重点回答的社会性别问题

（1）项目将对女性产生怎样的影响？会有负面影响吗？

（2）在项目实施地区/部门，男性和女性的需求得到确认了吗？

（3）限制女性参与的文化、社会、宗教和其他因素得以确认了吗？

（4）是否制定了针对上述限制性因素的策略？

（5）有没有咨询当地妇女组织并评价合作机构从事社会性别研究和解决相关问题的能力？

（6）女性会直接从项目的所有活动中获益吗？

（7）与社会性别相关的项目目标是否已经确定？

二、项目准备阶段的社会性别规划

（一）社会性别规划的要求

社会性别规划是指促进男性和女性平等参与项目并从项目中受益的行动规划，是项目准备阶段社会评价的主要任务。对于产生显著社会影响的项目，在初始社会评价阶段进行的社会性别分析随着项目研究的深入将会越来越细致。社会评价专家或社会性别问题专家的首要任务是在设计阶段准备一份性别规划方案，该方案以项目鉴别阶段开展并在项目设计阶段得以深化的性别分析为基础，制定各种战略、机制和项目活动，从而解决与社会性别有关的问题。

项目的性别规划报告应提供以下信息：

（1）为阐述社会性别问题而进行的准备工作；

（2）为促进女性参与，在项目设计阶段应该包含的行动或机制；

（3）为确保社会性别设计方案的实施而必须制定的配套制度；

（4）社会性别监测评价的实施方案。

在适当的情况下，性别规划可与中国妇女发展规划（2011—2020）的目标相结合。中国妇女发展规划涉及各种发展事项，例如，女性与经济，在行政和决策过程中的女性参与，女性与教育、健康，环境与法律等。性别规划还应与投资项目社会评价的其他方面，例如贫困评价，甚至必要时可与少数民族分析及移民规划相结合。制定社会性别规划的目的在于，将通过社会性别分析所确认的各种社会性别事项、问题和限制因素能够在项目的实施方案中体现出来，以确保女性能够积极参与项目并能从中获益。

移民可能对男性和女性造成不同影响。社会性别分析明确了在空间使用方面男女之间的社会性别差异。在中国西部省份的一个交通项目中，给移民家庭（已经移民数次）建造了相当大的新居作为补偿，但庭院的面积缩小了。项目设计阶段没有征求妇女的意见，到了实施阶段才发现移民家庭中的女性对新居不满意，因为她们没有地方养鸡养猪，而以前这是她们的主要收入来源。在移民过程中，一定要对不同性别在生产和其他活动中使用的内部和外部空间进行调查分析。

（二）社会性别规划的步骤及应考虑的主要问题

1. 社会性别规划分析的主要步骤

（1）社会性别角色分工分析。重点调查分析以下内容：谁做什么，怎么做，在什么地方，什么时候，与谁共同完成？

（2）资源及控制权分析。分析当地拥有的社会资源，谁拥有控制权，评价当地习俗及社会性别地位差异。

（3）男性和女性需求分析。分析在当地的社会背景条件下，与项目相关的男性和女性各自的需求及其差异。

（4）制定项目目标。分析拟建项目需要满足哪些需求，哪些人的需求将会得到满足，哪些是实际性别需求，哪些是战略性别需求。

（5）项目行动方案和评价指标的制定。分析如何制定项目实施方案才能使上述需求得到满足，如何进行绩效评价，以便对实施效果进行有效的监测和评价。

（6）机构能力分析及评价。项目行动方案制定后，还应分析相关机构实施该方案的能力，分析有关参与机构对社会性别需求的敏感性，能否有效确保社会性别目标的实现，是否需要加强有关机构的能力建设。

2. 项目方案设计中应考虑的主要性别问题

社会性别规划应包含有助于执行机构或实施机构提高社会性别工作能力的相关内容，或是提供便于非政府组织动员和培训妇女的行动方案，同时应该加强有助于妇女获取诸如土地等资产或阐述女性战略性需求的政策协商机制。应在性别规划中阐述和强调为促进女性参与或从项目中获益而制定的目标，例如女性培训人数，雇佣女性的人数，决策主体中为女性预留的席位，获取奖学金的女生人数，在项目运作过程中女性的参与、监控和评价等。总之，性别规划应该阐明为女性制定的各项目标如何在项目设计过程中得以实现。

项目方案设计中应考虑的主要社会性别问题包括：

（1）来自性别分析的资料是否可适用于项目周期的各个阶段？

（2）项目规划是否包括促进妇女参与项目的架构、方案特征或目标等？

（3）在女性看来项目的优缺点是什么？

（4）是否有实施这些方案特征及机制的预算？

（5）是否划定有一个单独的预算以促进妇女的参与？

（6）妇女参与的方案及目标是否在一个合理的项目框架内？

（7）在项目实施中是否采纳了社会性别专家的意见？

（8）执行机构的工作人员是否有能力规划并实施针对性别问题的行动计划？

三、项目实施阶段的性别监测与评价

在项目实施阶段的监测和评价中，应根据社会性别分析的结论及实施方案，制定社会性别监测的各项活动和绩效评价指标，规范监测评价机制，以确保目标群体的妇女参与建立在完善的机制框架体系之内。在项目初期社会性别分析阶段所得结论的基础上建立起来的各项具体指标应对所有工作人员和项目参与机构都具有约束作用，使他们努力让男性和女性都能以恰当的方式既参与项目，又从中受益。性别敏感性监测和评价的基础应在项目鉴别和准备阶段建立起来。

（一）社会性别监测与评价指标

社会性别监测与评价的关键内容在项目进度监测和社会影响监测中是不同的。项目进度监测的目的是为项目管理小组提供关于调整项目活动、资源分配及内部管理结构的建议，其中包括工作人员的性别敏感性分析及获取和控制项目资源和服务的社会性别分析。社会影响监测是为调整项目战略及规划方案中，提供需要考虑性别差异的各项建议，这种评价针对的是项目预期和非预期的目标群体和与"实际需求"及"战略需求"相关的受影响群体和机构。这两种需求都与项目宗旨和发展目标息息相关。社会影响监测工作的内容，应包括对监测指标基础数据的更新，以及对项目目标群体的实际需要和战略需要等数据的更新。

在实际工作中经常采用的社会性别敏感性监测指标举例如下：

（1）初生婴儿性别比（每百位女婴相对男婴的比例）；

（2）65 岁及以上人口数（按性别区分）；

（3）20 岁及以上男、女比例及婚姻状况；

（4）小学及初中入学率（按性别区分）；

（5）15 到 24 岁非文盲率（按性别区分）；

（6）婴儿出生死亡率（按性别区分）；

（7）母亲死亡率；

（8）就业/失业率（按性别区分）；

（9）工资（按性别区分）；

（10）劳务及婚姻移民（按性别区分）；

（11）中央及地方政府机构、企业、政党及群众组织领导人构成（按性别区分）；

（12）刑事犯罪率（按性别区分）。

（二）项目监测中应考虑的主要社会性别问题

在项目方案设计中考虑的与社会性别相关的特征和机制应在具体的项目实施方案中得到体现。例如，在项目实施监测评价专家小组中应包括社会性别专家，并且需要制定具体的社会性别行动计划，以便系统地执行与社会性别有关的项目内容。项目监测中需要考虑的主要社会性别问题包括：

（1）是否有指标测定男性和女性从项目中获益的程度？

（2）是否有指标界定女性和男性权益的提高程度？

（3）有无分性别收集的数据以监测性别影响？

（4）在项目实施中如何提供性别专家的意见？

（5）妇女是否参与到了监测与评价中去？

（6）在项目实施过程中聘请的咨询专家是否考虑了社会性别问题？

第六章

社会评价中的民族因素分析

本章阐述在何种情况下发展项目应该进行较为详细的少数民族问题分析，以及采取何种方案和工具对少数民族的具体社会风险和需求进行评估。了解民族遗产或文化遗产对知识、理念以及行为的影响，对实现发展目标具有极为重要的意义。事实上，一切项目均会以不同方式对民族或文化群体产生影响，然而经验告诉我们，大多数项目并不会因这种影响而出现严重社会问题。在某些情况下，民族或文化的多样性并不能直接影响项目目标的实现；而在有些情况下，这种多样性则可能对实现项目目标造成相关的影响。因此，应结合项目具体情况进行客观分析。

第一节　社会评价中的少数民族问题

一、少数民族是社会评价必须关注的重要问题

（一）中国少数民族基本情况

我国政府承认和保护民族和文化的多样性。中国有 56 个民族，包括在人口上占多数的汉族和 55 个少数民族，他们的社会地位受到宪法和其他法律的保护。我国少数民族约 1.2 亿人，占全国总人口的 8.4%。20 世纪 90 年代，随着全国范围的人口大流动，各地区人口中的民族成分在不同程度上有所增加，各民族人口在地域分布上进一步扩展。"六普"数据显示，从各地区民族人口分布看，在我国 31 个省、自治区、直辖市中均有少数民族人口，但呈不均匀分布。少数民族人口最多的省区是广西，为 1711 万人，最少的是山西，不足 10 万人。

我国政府处理少数民族关系的基本目标是平等、团结和共同富裕。中国实施少数民族区域自治政策，共有西藏、新疆、内蒙古、广西和宁夏等 5 个自治区，有 3 个省（云南、贵州和青海）的少数民族人口占总人口的三分之一以上。

20 世纪 90 年代，贫困县经常也是少数民族聚居的县。无论是省级、区级还是县级，少数民族聚居区的人均 GDP 通常低于全国平均水平。改革开放以来，除新疆以外的其他少数民族自治区没有取得显著的经济增长，青海、西藏和宁夏是经济增长最缓慢的地区。2000年，少数民族占全国人口的比例不到 9%，但却占绝对贫困人口的 40%。为了达到各地的平衡发展，中国从 2000 年开始实施"西部大开发"战略，帮助西部少数民族脱贫。2005 年，中国政府制定了《扶持人口较少民族发展规划（2005—2010）》，帮助人口在 20 万以下的22 个人口较少民族聚居的 640 个行政村脱贫。2011 年又制定《扶持人口较少民族发展规划（2011—2015 年）》，规定人口较少民族是指全国总人口在 30 万人以下的 28 个民族，制定特殊扶持政策。

20 世纪 90 年代末，超过三分之二的贫困人口居住在西部地区。新时期的中国扶贫战略

（2001—2010）把工作重点放在中西部的少数民族和边远地区。为了加快西部地区的开发，减少地区级和国家级贫困，需要把少数民族的特殊需求和情况融入规划战略的设计和实施中去。西部开发战略及其进一步减贫的目标能否成功实现，取决于省级、区级和县级的少数民族在多大程度上能够参与这些战略的设计和实施工作。

少数民族同胞以不同的途径和方式参与到中国社会经济生活的各个层面，部分少数民族在文化和主体经济上与社会高度融合，可能仅在节日、礼俗方面保持着自己与众不同的传统，或仅仅为了进行旅游宣传而保持着这些传统，他们的生活与其汉族兄弟没有明显区别。相比之下，那些居住在边远地区的少数民族仍然以更为传统的方式繁衍生息，或基本上处于维持生存的水平，参与经济活动的领域仍然很狭窄。还有一些少数民族群体，其内部也存在着差异，这取决于他们居住的地域分布和接触外界的机会。针对这种文化和经济上的明显差异，并考虑千差万别的项目背景和目标，我们应重视项目开发对少数民族，以及民族文化差异对项目目标的实现所产生的潜在影响，使社会评价成为少数民族参与项目规划的重要工具。

（二）社会评价中关注民族问题的必要性

中国国内在这方面取得的经验，以及亚洲开发银行和世界银行等多边机构在相关领域的经验都表明：①项目官员如果未与少数民族或其社会文化群体进行协商，就不可能获得项目区域环境状况的"本地知识"[1]，而这些知识对项目的有效规划是非常重要的；②如果不能认识到项目对这些群体的不利影响并且采取缓解措施，则发展项目可能会导致这些群体的负面影响；③如果某些群体不能或者没有机会分享项目开发所带来的利益，那么该项目的开发可能会造成更多的社会不平等和社会关系不和谐，并且可能导致新的社会封闭和扩大差距；④如果这一群体正是该项目的目标受益人群，除非这些人理解开发该项目的目的，并认同该项目规划的文化内涵，否则该项目的开发有失败的可能。

二、少数民族潜在问题的识别

（一）投资项目及其对少数民族的影响

无论是历史还是现实的原因（或者二者皆有），少数民族或文化群体在整个社会或者经济活动体系中往往处于不同的层面。因此，一项计划中的项目开发活动会以不同的方式对这些群体的方方面面产生影响。一项工程或项目即便成功地为大众创造了经济效益，却有可能对某一特定群体造成危害，原因是该群体缺乏参与竞争的技能或机会。如果这些群体数量相对很小，居住在相对边远的地区，而且依赖于传统的社会关系和传统的经济活动，项目开发带来的变化将使他们的生活更加不安定，甚至即使他们调整生活方式并力图适应变化，这种调整和适应的过程也是十分困难的。比如，如果发展项目有意或者无意地改变了他们所习惯了生活和工作的方式，会使他们的正常生活受到一定程度的影响。

在飞速发展的社会环境下，政策制定者们需要考虑社会经济变化和少数民族之间的关系，必须依靠专门的决策程序，确立开发活动的先后次序，设定希望发生变化的方向和速度，确定怎样协调不同社会群体之间的相互关系，解决可能出现的互相冲突，并且设法保护少数民族的利用。但是，社会评价不同于社会分析的其他形式，它从本质上而言只是一种咨询性工具，即社会评价只是一种研究工具，既不确立项目目标，也不制定政策标准。一项精心设

---

[1] 这里"本地知识"的概念强调本地性。"本地知识"的概念有多种翻译方法，例如"传统知识"强调知识的传承，"民间知识"强调社区可以吸收和改进新知识，"乡土知识"则是指土地。参见中国发展简报，第一期，1998 年 5 月，p.13。

计的社会评价能为决策者提供有关潜在脆弱人群的意见和偏好方面的信息，确保他们了解脆弱性的潜在来源，从而调整项目规划实施方案，提高项目的整体运行效果。

中国的法律法规承认一些少数民族在某些情况下会特别脆弱，这在很多方面都得以体现。例如，一些少数民族的文化教育落后，可以获得优惠待遇。文化教育官员逐渐认识到，使当地教育符合少数民族地区的文化特点，这对于全国教育目标的实现至关重要。还有很多其他例子说明政府承认少数民族的差异性，并给予他们优惠待遇，例如，可以不执行计划生育政策，在制定政策方面享有更大的自治权等。

（二）识别少数民族问题的方法

在可能涉及少数民族的发展项目中，潜在的脆弱性可用以下五类特征进行认定。因此，对这些项目进行社会评价的一个重要目的就是对项目活动及其社会环境进行分析评价，从而确定这五类特点是否存在及其影响的显著程度。

（1）依赖于传统的社会、文化或经济组织机构和制度。少数民族可能仍然沿用很久以前形成的习惯，包括传统的疾病治疗方法或民族特色药物、不同形式的劳动交换模式、婚姻的安排、信仰的崇拜以及社会关系的其他许多领域。居住于边远地区的少数民族与迁入城市的成员在社会组织形式上也可能是不同的。

（2）依赖于维持生存水平的生产活动。在边远地区，进入市场是十分艰难的。在人烟稀少的地方，一些数量很小的少数民族可能仍然严重依赖于土地密集型的经济活动（即靠烧荒开垦的临时性农田的农业生产活动或游牧生活），有时候，这些经济活动为他们提供的是十分脆弱的生态状况和生活环境。如果期望他们适应变化了的经济活动或生态环境，可能需要提供特殊的保护或预先进行培训。

（3）自我认定（或者被他人认定）为有显著特征的民族或文化群体。如果一些群体认定自己的文化价值观念或者习俗与众不同（或者其他人认定他们与特殊的文化价值观或习俗相联系），在这种情况下，为确保发展项目或工程方案设计与当地的文化特征相适宜，对这一群体给予特殊的考虑可能是必要的。不过有时候，这种认定也可能是纯粹为了旅游推广的目的。

（4）特殊语言的使用。如果一个群体无法用汉语进行有效交流，除非使用必要手段，用他们自己的语言与之沟通，该群体成员可能无法理解项目投资发展活动的宗旨并予以支持。

（5）与祖先的领地或传统的居住地保持着密切的联系。当生活在主流经济社会的许多人为了寻找发展机遇而习惯于迁徙生活时，一些群体可能还继续十分看中"家"和传统的生活方式。这意味着他们可能根本就不想移动，而一旦迁徙到其他地方就可能适应不了陌生的环境。除非采取少数民族认同的文化方式进行妥善安排，他们对从外地迁入的其他民族或文化群体的人也会感到不适应。

三、社会评价中的少数民族问题调查

社会评价应该是注重实际并且是卓有成效的工作，需要投入时间和资金来获取信息。由于存在语言沟通问题，从少数民族那里获取信息的成本往往比一般项目要大，不过也不是所有的信息都有必要获取，过度搜集无关信息不但花费大，还会损害社会评价的目的，使项目规划工作偏离正确的轨道。少数民族参与社会评价，也需要在项目的大环境下以有针对性的方式进行。

1. 考察历史

在有些情况下，了解历史背景可能有助于理解某个特定少数民族或文化群体的现状，不过一般来说，过于反复地研究历史对目前的项目方案设计意义不会很大。一个有效的社会评价应将历史因素的调查按设计控制在一定范围之内。

2. 收集民族相关信息

在许多情况下，了解民族的特征和内涵对理解一些传统做法可能是至关重要的。然而，一个有效的社会评价并不需要搜集某个民族群体方方面面的情况，只有对工程或项目起决定作用的民族信息才是相关信息。

3. 信息内容应具针对性

一个有效的社会评价应确保各种调查能够紧紧针对工程或项目的实际内容。例如，一个旨在促进健康的项目，获取某一特定群体有关营养和传统用药方面的信息对于设计具体的项目建设内容就会很有价值，但对于道路施工项目来说这种信息就会风马牛不相及。

4. 界定工程或项目的影响范围

项目内容千差万别使得确定社会评价的地理范围非常困难。比如仅在一个村庄里实施的小项目，其影响范围通常是显而易见的（假设该项目不对居住在其他地方的人群产生外部影响）；对于跨多个省份且有多方面影响的大项目，项目影响的范围就会明显扩大并且不易确定。项目活动的类型也是影响范围的因素之一，如在边远的社区铺设一条管道可能仅会引起暂时的不便，而在同一社区修建一条道路则可能对今后的日常生活带来显著影响。一般来说，有效的社会评价应在尽量窄的范围内确定影响区域，而事实上，这种影响区域常常大于实物工程所带来的显而易见的影响范围，因为在投资项目的社会评价中还要考虑连带的和间接的社会影响。虽然有效的社会评价要求人们应尽可能准确地判断将会产生何种间接影响，并分析这种影响的大小，但无论如何都必须牢记，这种变化对特定少数民族群体的生活和生计产生的远期影响会比一般群体大得多❶。

第二节　项目周期各阶段的少数民族问题分析

需要强调的是，社会评价通常需要具有分步骤采集信息的程序，而并不仅仅是准备一个简单的研究报告。如果存在民族或文化的特殊性，可能需要事先进行认真的分析以便能够确定采集什么样的详细信息才会更有价值。在这种情况下，社会评价程序可能不但要求有"初始评价"阶段（借用亚洲开发银行的术语），而且在初步评价的结论基础之上，还要求有全面展开且更为详尽的评价阶段。

涉及少数民族或文化群体的项目的社会评价，其内容与其他类型项目在许多方面都是相似的。然而，在某些方面，社会评价应表现出不同的特点，以便使评价程序从文化的或语言的角度上易于理解，这样才有助于交流与沟通。

一、项目鉴别阶段的初始评价

（一）初步评价的内容

在初始评价阶段中，调研小组对拟建项目所在区域进行社会影响因素筛选分析，确定该项目是否涉及有显著特征的少数民族或文化群体；如果涉及，应分析这些群体是否会受到该发展项目有利的或不利的影响。初查工作可能主要依赖于二手数据资料，如地图、统计数据、

---

❶ 为使边远少数民族社区群众的意见更好地体现到项目的方案设计中，可以对铁路线或道路建设提出修改建议。

人口统计资料文献，以及对相关政府部门工作人员和各行政级别少数民族代表的访谈。如果条件允许，初查工作应当包括现场访问以及与那些可能受到影响的群体进行初步协商，其目的通常是为了获得基本的人口统计方面的数据和有关生存状况和习俗的信息，看是否有潜在的不利影响。当然，如果这些群体已被确认为预期项目的受益者，则初始评价通常只关注该群体成员对实现项目目标所带来的机遇和威胁有何看法。

如果初始评价确定项目区域内不存在显著特征的民族或文化群体，或者虽然有，但其受项目影响的程度可能很低，就没有必要开展进一步的社会评价工作。如果初始评价表明这样的群体不但存在而且很可能受到影响，那么就应该认真研究所获得的信息，以便展开更详细、全面的精心评价。由于各类项目在区域和目的等方面可能存在很大差别，项目鉴别阶段初始评价的程序和方法可能会有很大的不同。

（二）评价的时机

如果不能及时地向项目规划部门或执行单位提供社会评价的结果，即使是社会评价工作完成得非常出色也可能变得毫无价值，从而变成对资源的浪费。有效的社会评价应以最低的成本来提供有用的信息，因此最好在项目一开始进行项目准备的阶段就展开社会评价，对于那些涉及少数民族问题的项目或工程来说尤应如此。

应当注意的是，当投资项目涉及少数民族问题时，社会评价往往需要花费较高的成本，主要原因是：

（1）研究方案和研究工具的准备，必须考虑到可供选择的语言使用问题；

（2）要求具有特殊专长的人才，并要花费更多的时间进行沟通；

（3）需要更多的时间来协调彼此冲突的利益关系，或者确定协商结果对项目规划方案影响的方式或程度。

理想的做法是在项目一开始进行项目鉴别阶段就着手社会评价的方案制定工作。项目的初步概念一经形成，或者项目的初步方案已经明确了项目的地域范围和基本目标等信息，初始评价或社会因素初步筛选工作就应该马上开始，同时也应该注意避免社会评价程序可能启动得太早。如果最基本的项目方案内容（比如地理位置、土建工程的性质、项目活动的类型等）还没有确定的时候，就启动社会评价程序，不利于社会评价取得理想效果。如果社会评价启动之后，工程或项目又进行了重新设计和布局，建议重新考虑社会评价工作方案，以便确保与那些切实受到影响的群体进行协商，从而有的放矢地获取信息。

二、项目准备阶段需要重点关注的问题

（一）少数民族语言问题

在涉及少数民族的项目里进行社会评价，可能会出现因语言使用不当而造成的问题，对于有跨地区影响的大型项目来说，情况更是如此，因为这类项目往往会有相当多的少数民族可能受到项目影响。因此，无论是制定定量分析还是定性分析的调查资料收集工具，或者是进行实地调查，都需要根据实际情况对调查方案进行调整。

专栏6.1　农业发展项目与少数民族发展计划

农业发展项目可以把经济发展目标和社会发展目标（如少数民族发展、扶贫和性别平等）有机地结合起来，中国西部地区的某农业发展项目就是一个范例。该项目位于西南某少数民族积聚区，项目的首要目标是开发农业资源，提高项目区域的生活水平，次要目标是减轻边远地区农民的贫困。该项目在规划和准备阶段开展了以下活动，目的是使贫困家庭和少数民族群体从项目中受益，并鼓励女性参与项目。

1998年，该项目开展了社会评价，编制了少数民族发展计划，对项目地区的社会情况特别是彝族的情况进行了详细描述，并把重点放在涉及农作物、果园、养蚕和畜牧方面的项目活动，其中包含一项培训计划和彝族语言培训计划。

该培训计划涉及多方面的内容，目的是为解决教育、科技知识和汉语水平等方面的问题。如在农作物生产子项目中，培训的具体内容就是如何正确使用化肥，管理病虫害，如何在软性苗床培育稻种，小规模种桑养蚕等。在畜牧生产子项目中，培训内容则是繁殖畜种的管理，牲畜疾病防治等。培训项目是彝族能否成功参与项目的关键。因此，在制定整个项目实施方案中，在对作为项目活动内容之一的技术、管理、社会和营销等培训方案的制定时，都专门考虑了彝族的社会、文化和语言等特殊情况。

该项目还制定了彝族语培训计划和少数民族教育开发计划，从而提高了农民接受农业技术和管理等培训的效果，增强了他们参与项目实施的有效性。在该地区展开的培训有两种：小学和中学的双语教学；为在彝族社区扫盲而进行的彝族语言教学和农业技术培训，而且这些培训内容都与当地政府的教育工程有内在联系。

在语言方面，应当注意采用能够有效沟通的语言。同时，在开展实地调研时，应当配备有语言特长的研究人员，以便有效地提出问题并沟通反馈意见。

（二）调查样本的选取问题

制定有效的抽样调查方案，是在涉及少数民族的工程或项目中进行有效沟通的至关重要的因素。许多小型项目可以做到对所有（统计学上的"总体"）可能受到影响的人进行调查，但对大型项目而言，比如涉及许多省份的旨在提高人们的健康状况的项目，对所有的人口进行调查既不可能，也没有必要。设计恰当的抽样方法可使调研人员通过与一小部分人进行沟通协商就能获得具有代表性的观点和典型意见。

在许多情况下，"随机抽样"可能是获取这种典型意见的最为有效的方法。纯粹基于随机抽样获得的结果将从年龄、性别、民族分布、收入以及其他的人口统计学的和经济的、社会的特征方面反映出整体人口的情况，而其误差仅在微小的范围之内。

当投资项目涉及少数民族时，还需考虑下列特殊情况：①如果受影响人群的人口基数很大，而其中某一特定的少数民族所占比例很小，随机抽样可能因为抽样误差而导致这一群体从被调查的行列中排除出去。②即使随机抽样能够使一个特定少数民族在整体样本中保持一定比例，也可能由于可抽样的人数太少而不能把该群体内部的不同呼声有效地反映出来。也就是说，一小部分人的反馈不足以充分反映地理分布、该人群赖以生存的不同的生态环境、不同的文化交融程度或经济融合程度等信息，或者不足以阐述对实现社会评价的目的而言至关重要的其他因素。③在许多情况下，针对某一包含不同群体在内的范围较广的调研计划、方法或工具的选择，可能需要佐以其他补充方式，以便从特定的亚目标群体中获取其他类型的和更为详尽的信息。

从广义上讲，在设计调研方案时应该确保：

（1）与所有可能受到影响的少数民族进行访谈❶。为了甄别脆弱性的潜在来源，获取具有代表意义的典型意见和观点，对该人群中人数较少的次群体（特别是少数民族群体）应当给予充分的关注。

（2）尽可能从每个群体的角度对投资项目各个方面的影响进行研究。例如教育项目，可能最重要的是要收集有关受教育情况的资料，但在其他类型项目中，还应该根据项目的内容和目标，收集更为广泛的信息资料，比如地域上的变化程度、文化交融的程度或经济融合的程度等，而这些资料往往不是现成的统计数据所能反映的，需要综合调研各方面的情况而加以判断。

（3）在每一个群体中，对各类人口的相关资料都应该给予研究。根据项目内容和目的的不同，确保每个平民百姓和领导、男性和女性、年轻人和老年人都能够得到沟通协商，做到这一点是重要的。在许多情况下，性别似乎往往会引起特别的关注。在妇女不愿意参加或者不允许参加讨论的情况下，针对妇女召开的专题小组讨论会常常是获得社会性别分类信息和观点的合适方法。

与少数民族沟通是否有效还可能存在方法上的问题，方法的使用可能与调研人员本身的资历有关。如前所述，语言问题就是考虑调研人员效力的一个方面：一名不能使用恰当语言的研究人员在进行有效沟通方面就没有优势。在一些情况下，社会性别是需要重点考虑的因素：通常一名女性研究人员就比较容易在女性专题小组内展开工作。如果当地人对外来人员产生严重的不信任，或生活在边远地区社会中的人们在与外来人打交道时感到不舒服，比较合适的办法就是确保来自相关少数民族群体的成员参与到涉及该少数民族问题的讨论中去。最后，为了实现充分的沟通，（特别是那些涉及多个开发机构投资的项目）应鼓励聘请专业咨询人员开展社会评价活动。

与社会评价的许多方面一样，上述考虑在很大程度上取决于项目的具体情况。毋庸讳言，例外的处理办法是存在的：比如聘请一个优秀的翻译就可以帮助研究人员克服语言障碍；邀请同样具有显著文化特征的其他少数民族代表参与调研可使目标少数民族成员提高对项目的满意度并进而支持该项目的实施。总之，如果要使社会评价能与少数民族进行有效沟通，上述问题在调研设计阶段都应该给予认真的考虑。

（三）项目监测与评价

项目监测工作应对少数民族产生潜在（积极的或消极的）影响的问题给予关注。比如，新修的铁路从少数民族居住区穿行而过，给村庄打开了通向外面世界的通道，村民们不必再为高山阻路、信息不畅而导致的经济不发达困扰。少数民族群体可能成为新铁路的受益人：施工阶段所带来的工作机会可能提高当地人民的收入；与建筑公司和四海为家的建筑工人接触开拓了他们的眼界和技能；居住在边远地区的村民原来不习惯把家养的猪和鸡拿到市场上去卖，而铁路施工队的到来可能使他们愿意到市场去交易，同时增加饲养的数量。然而与之俱来的可能就是不为他们所熟悉的经济文化方式的渗入，这种渗入的显著影响就是农业资源的开发中越来越受到市场因素的驱使，而且交通的便利使外来人员更容易进入并带走该地区的开发利用，并对当地的经济和社会生活产生重要影响。

各类项目社会评价监测的目的和方法是大同小异的，但是当投资项目涉及少数民族问题

❶　经常存在一种倾向，认为访谈应该反映比例要求，对于较大规模的样本应展开较多访谈。

时，不论他们是作为项目的目标受益群体还是潜在影响群体，都需在监测方案的制定中考虑少数民族因素，从而在复杂的项目监测工作中使用合适的语言，恰当地反映项目实施的有关信息。

三、少数民族评价工作清单

大多数项目社会评价实施方案涉及多方面的内容，以反映项目所在区域多层面的社会环境因素。在这种情况下，信息收集和规划方案不仅仅专注于与少数民族有关的问题，还应关注性别、减贫和其他与复杂环境相关的各类社会因素。比如，如果少数民族从传统上习惯于给男人和女人赋予不同的角色和责任，就应同时把社会性别问题和少数民族问题结合起来，作为社会评价工作的重点领域。

（一）一般项目信息清单

投资项目社会评价应重视各种社会经济信息资料的收集，以便对少数民族和其他社会群体之间所产生的不同社会影响进行比较分析。当然，并不是要求所有的项目都要收集全面而复杂的各类信息。例如，收集诸如自然资源的使用等方面的数据信息，可能对城建项目和城市卫生项目而言就关联不大。对于一般的投资项目而言，如果涉及少数民族问题，而少数民族不是项目的目标受益人群，这时的社会评价所收集的信息，应尽可能地能够回答下列问题：

（1）对项目所在地区少数民族人口特征的描述，包括：

1）他们代表哪些少数民族？

2）在整体人口中所占的比重（在有关的一个乡镇、一个县或一个省的整体人口中所占的比重）是多少？

3）平均的家庭状况特点是什么（家庭人口、住房状况、土地状况等）？

4）从地理位置的角度考虑，该少数民族的人口是怎样分布的？

5）从历史的角度考虑，这些少数民族在这一地区生活了多长时间，以及在岁月的流逝中他们在总人口中所占的比例发生了什么样的变化？

（2）对经济活动和参与经济活动的机会的描述，包括：

1）这些少数民族从事的主要经济活动是什么（包括男性和女性）？

2）他们依靠什么样的自然资源来维持生活？

3）他们对于土地和其他资源拥有什么样的权利？

4）与该地区的其他人口相比，他们的就业和收入方式有什么不同？

5）与该地区的其他人口相比，他们对市场和公共服务的依存方式有什么不同？

6）该群体在居住地之外旅游、工作或迁出的情况普遍吗？

（3）反映显著社会或文化特征的信息，包括：

1）在少数民族人口中最为普及的语言是什么，官方语言在少数民族人口中的理解程度如何？

2）在学校里使用什么语言，受教育的平均水平如何（包括男性和女性）？

3）该群体普遍的宗教信仰是什么，宗教场所在哪里？

4）还保留着什么其他广泛使用的传统习俗？

（4）反映组织机构及其与项目关系的信息，包括：

1）在每个少数民族群体中有什么形式的等级关系和制度？

2）这些少数民族与该项目的实施有关的机构打交道的情况如何？在过去，他们之间的关系是积极的还是消极的？

3）有什么样的互动的和有代表性的方式能够使少数民族参与区、县、乡、村等各级项目的方案的设计和具体实施？

（二）在少数民族作为目标受益人群情况下的问题清单

在少数民族作为设定的项目受益人的情况下，社会评价应该把重点放在与项目方案的文化适宜性相关联的因素，以及其他的旨在提高少数民族获得这些益处的能力（包括物质、财务或其他方面的能力）的因素上。应该考虑的问题包括：

（1）少数民族是如何看待该工程或项目的工作重点和有关安排的，有哪些优势和劣势？

（2）少数民族是否认为该项目能满足他们的需要，解决他们优先关注的事项？

（3）在目前的情况下，什么因素限制了少数民族的行为或获取利益的途径？他们认为需要什么样的技能、资源或其他的投入才能够改善或拓展他们获取利益的途径？

（4）项目对该少数民族有什么样的要求（就业、工资或其他形式的参与），他们是否能够或愿意满足这些要求？

（5）这些少数民族群体倾向于使用现有的机构设置，包括正式或非正式的机构，来负责执行本项目并向他们输送项目所带来的益处，还是支持其他的安排？

（三）在少数民族可能会受到负面影响情况下的问题清单

如上所述，社会评价的过程应该有助于向那些可能受到潜在影响的群体传递有关项目的信息，并收集他们对项目目标及其影响的观点和倾向性意见。如果项目并非专为少数民族的具体利益而设计，且其带来的变化（不论是有意的或是无意的）可能会对他们产生负面的影响，则应当研究并解决下列问题：

（1）项目活动将会以什么样的方式影响少数民族对土地和其他自然资源的使用，或怎样影响他们获得土地和其他自然资源的方式？项目活动是否涉及他们的财产权利的变化以及对土地和资源的需求产生的变化？项目实施方案是否将阻碍他们获得这些资源的途径？

（2）项目活动对就业和收入方式会产生什么样的影响，少数民族是否会受到这些变化所带来的影响？

（3）项目活动对相关的人口平衡会产生什么样的影响，这些活动是否会鼓励其他地区的人口迁入，或者鼓励当地的人口迁徙到其他地区？哪些人口群体可能会迁徙或留下？

（4）在每个少数民族内部，项目活动会怎样影响男女在社会中所扮演的角色以及他们所承担的义务和责任？

（5）项目活动可能会以什么样的形式影响语言的使用，并会以什么样的形式影响群体内部对传统关系的依赖方式以及其他的传统文化习惯？

（6）由于政策的变化或项目（工程）方案其他方面的原因，将会给他们的行为带来什么样的变化（特别是限制性的变化）？少数民族群体是否会支持这些变化？

在许多项目中，社会评价还应当与受到影响的人们进行直接沟通，征询他们对减缓消极影响，以使少数民族成员有机会提出他们认为最符合其生存状况或文化价值观的策略或措施；此外，还应该听取不同人群对有关策略或措施的观点和建议。

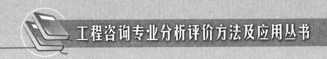

第七章

不同类型项目社会评价要点

　　社会评价适用于各行业的所有投资项目，但要根据各项目所属行业、项目类型、地理位置、预期目标和影响程度的不同进行有区别地运用。社会评价的范围应与项目的规模、复杂程度和所造成社会问题的紧迫性相适应。本章阐述几个具体行业开展社会评价的要点，包括交通、城市环境、能源、水利、农村发展和自然资源管理。按行业对社会评价的目标、项目的主要受益者以及造成的影响进行分析，提出如何利用社会评价对项目的规划、设计和实施进行优化，制定方案对策，将风险降至最小，并使项目获得最大效益。

第一节　交通运输项目的社会评价

一、交通项目社会评价的特点

（一）行业特点和主要社会影响

　　交通项目投资目的是完善城市或乡村经济建设的基础设施，使地区和部门间的物流和人员往来便捷，从而刺激经济增长，扩大提供进入市场、获取社会服务的渠道，同时促进就业。交通项目涵盖内容较广，包括铁路、机场、港口、水路，以及地方道路、公路和收费高速公路等各类道路及相关服务设施。

　　交通的发展也会使地方付出代价。基础设施建设引起的征地拆迁会给当地人口带来直接的负面影响，在社会整体受益的同时，也会使一些人的利益受到损害。另外，由于交通运输和物流的变化，地方社会不同人群的生产生活也可能会受到未曾预料的冲击和影响，包括某些原有经济活动的萎缩及其相关收入的损失，例如，收费公路对行驶速度慢的车辆、自行车和行人的限制会给一些人造成影响。另外，还会有一些涉及交通安全和公共卫生方面的不利影响（如空气污染、噪声污染、传染病和交通安全问题等）。城市交通项目的社会评价主要关注的是这些直接和间接不利影响，并说明如何优化项目设计以避免这些影响。交通项目的征地移民影响见表7-1。

表 7-1　　　　　　　　　　　　　交通项目的征地移民影响

产生征地移民影响的项目内容	征地移民影响的类型
公路、铁路、运河、防护堤和相关工程	主要线路和相关工程造成征地移民影响。重大的、永久性的征地和拆迁还会影响当地道路、灌溉系统、经济和社会网络以及对资源的获取。可能需要临时征地用于项目建设，虽然多数临时征用的土地还可以用于耕种，但土地质量大大降低
相关车站、桥梁和道路	可能造成征地、临时占地和搬迁影响。造成局部地区的搬迁，临时占地用于项目建设
机场、海港、河港	可能造成永久性征地以及居民、企业、商店和其他设施的搬迁，影响经济和社会体系以及资源使用模式，造成整个社区的搬迁。给当地集体组织造成严重的移民影响

大多数交通项目都需要在项目沿线进行征地，为相关设施留出空间，线路宽度从几米到几百米不等。与征地拆迁有关的管理部门为数众多（省级、市县级、乡镇以及村），但每个单位（乡镇和村）征地的比例相对较小。交通项目通常会选择避开人口密集的地区，因而移民人数比水库或城市发展项目少。由于项目类型各异，并且项目的成本和效益在征地拆迁范围内分配不均衡，这类项目的成本变化范围很大。

（二）社会评价的目的

在项目所在地区普遍征询公众意见的基础上，社会评价要特别考虑各种群体的不同行为方式及对项目的可能不同反应，使项目方案的制定能够广泛吸取各类意见，从而在最大程度上排除制约项目效益的因素。社会评价为扩大项目效益、降低社会成本提供依据。

1. 在提高项目成功和可持续性方面

社会评价是理解当地各潜在客户群的需要、倾向以及局限性的基础，为项目设计提供依据。包括：①确定项目预期的影响区域，在可能的情况下加以调整以扩大项目效益；②了解当地的交通模式以及当地对改善交通和项目选址方面的期望；③制定有效措施，增强公众意识，在安全使用交通设施方面取得当地支持；④调查当地支付交通费用的能力和意愿，有助于确定可接受的服务和收费水平。

2. 在扩大项目效益方面

社会评价有助于寻找机会，扩大项目效益。体现在：①交通项目可以为当地提供半技术性或非技术性就业机会，例如项目的建设、原材料供应以及项目维护方面的工作，降低劳动力大量涌入的风险；②交通机构可以向当地人提供培训机会，提高建设、维护和交通安全方面的技能；③交通项目可以给当地人提供一系列在车站或服务区内进行市场营销、车辆保养或运输服务的机会；④交通项目通过基础设施的延伸使当地人受益。可以进行相关投资，改善当地交通环境，提高当地人民的生活质量和收入水平，例如可以根据当地优先发展的需要修建道路。另外，依托交通网络进行市场、农业、能源、水资源、健康、教育和其他方面的投资也可以使交通项目发挥最大效益。

3. 在避免和减缓社会风险方面

开展社会评价有助于识别社会风险、不利影响以及受项目影响的人，为制定措施减缓这些不利影响和制订移民行动计划奠定基础。其目的包括：①现有贸易、运输或服务提供者由于搬迁而丧失收入；②交通项目沿线土地升值，造成当地人的搬迁；③面临新的健康威胁，例如传染病、噪声或空气污染，以及交通危险；④项目沿线永久和临时性征地使人们离开原有的土地、资源、生意、住房和其他设施。

（三）主要利益相关者

城市交通项目的范围很广，从利益分享的角度看，基本涵盖了城市生活中各个层次的居民，包括往返上下班的人、货物运输者、长途旅行者和公共交通运营者。受到项目不利影响的人也属于主要的利益相关者。

不同利益相关者可能对交通需求、现有交通方案和服务等问题和局限因素持有不同的立场和观点。项目的方案设计要考虑需要优先解决的问题和制约性因素。项目使用者或受益者可能提出增加一些服务内容，例如，改善农业延伸服务，或使他们可以更便利地到达旅游区、医疗机构和学校。主要的利益相关群体包括：

（1）预期的参与者和受益者。包括：①交通使用者（包括公共交通运营商、货运公司、旅行社、交通服务提供商，包括路边或车站服务、生产、配送以及往返上下班的人）。②国家、地区和当地政府以及私营机构，例如，铁道、交通管理机构和公路管理公司等。

（2）受到项目不利影响的群体。包括：①受到项目征地拆迁影响的人；②因交通变化而失去收入的人群（例如海岸、道路、河流交通运营者以及受项目沿线土地价值变化影响的人）；土地和文化遗产的丧失；对健康的威胁（例如加剧的噪声或空气污染）；③在被交通项目分割开的社区，社会联系、交易模式以及灌溉系统可能受到影响，人员、资源流动和农业机械设备的使用也会受到限制；④在主要公路穿过乡镇和社区的地方，行人，尤其是儿童，面临交通意外的威胁。

二、社会评价在不同阶段中的任务

在项目识别阶段进行初步社会筛选的基础上，城市交通项目的社会评价可以确定项目对不同利益相关者所造成的社会影响，提出扩大项目效益、避免或减缓不利影响的措施。社会监测和评估为建设阶段之中和之后的纠正性措施提供依据。

（一）初步社会筛选

初步社会筛选可以识别那些对项目的设计和实施意义重大的社会问题，包括项目影响区域内的现有交通方案和服务，用户群体使用和付费的情况；使用现有交通方案和服务出现的问题；现有交通方案和服务与项目拟提供的交通方案和服务在成本和质量方面的对比情况。

社会初步筛选可以识别需要展开详细社会评价的关键社会问题，其中包括：①交通用户提出一些项目内容对拟建项目进行补充，例如天桥、地下通道、道路以及通往当地交通网络的其他连接线路，或者针对项目沿线的交通风险提出交通安全措施；②调查潜在的用户群体为新建或改善的交通服务付费的意愿和能力，这些费用包括新增的公路收费、车站收费、旅费和运费等；③调查项目使贫困人口和包括女性在内的弱势群体增加收入来源的情况，例如，非技术性的建筑或维护工作、原材料供应和提供服务，以及修建道路，改善当地隔绝状况；④识别社会风险和社会成本，例如，某些交通运营商的收入损失、环境问题、传染病和毒品的危险、劳动力涌入带来的风险、永久和临时性征地使搬迁人口失去收入、住房、设施、服务和资源等。

（二）详细社会评价

在项目准备和设计阶段，应根据初步社会筛选提供的资料展开深入详细的分析。进行详细社会评价时，应根据交通项目的具体目标选择评价指标。项目实施之前或之初要进行基线调查，确定"无项目"状态下的情况，用以衡量项目实施的效果。

从社会经济影响角度来看，人们能够更方便地接触到信息和市场，接受政府、医疗卫生和教育系统提供的服务，一直被认为是交通运输设施和服务对社会的主要贡献之一。交通设施对社会的贡献从下列几个方面得以体现：交通量上升、市场活跃、信贷增加、入学率提高以及就医方便。另外，交通项目带来的时间节省以及运输成本的降低也提高了人们的生活质量。由于就业机会的增加，人口流动可能会改进农村、城市和区域中心之间的联系。对城市交通基础设施和服务能力的影响应进行定期评价。同时，交通运输基础设施的建设往往造成土地升值和房地产租金的上涨，这将导致处于弱势地位的贫困家庭处境更加困难，对那些租房户和没有住房产权的人更是如此。

交通项目直接影响的最明显的例子是居民的征地拆迁。一般来说，城市交通建设难免影响到居民拆迁。一些群体对特定地点、建筑物或资源怀有特殊的留恋，在这种情况下，一定要深入探讨项目选址或选择线路的其他方案。类似地，项目可以尽量避开人口密集或经济发

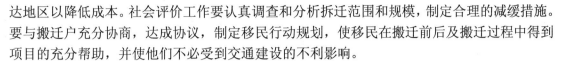

达地区以降低成本。社会评价工作要认真调查和分析拆迁范围和规模，制定合理的减缓措施。要与搬迁户充分协商，达成协议，制定移民行动规划，使移民在搬迁前后及搬迁过程中得到项目的充分帮助，并使他们不必受到交通建设的不利影响。

1. 分配影响

大多数情况下，不同人群从项目中获得的机遇不同，抓住机遇的能力不同，从而从项目中获益的程度也不同。因此，项目规划者应通过建立良好的机制，来确保最大程度地帮助贫困人口、经济上处于更加劣势地位的群体获得交通运输项目投资带来的利益。

交通改善所影响的活动具有性别特定性，男性和女性获得和使用交通服务的情况是有差别的。初步社会筛选必须关注社会性别差异，监测项目给不同社会性别带来的变化。例如，女性获得就业机会、社会服务、政府延伸服务和闲暇时间与男性进行对比。由于妇女、儿童和老人受交通安全的影响不同，因而需要认真监测不同性别的事故发生率和死亡率，必要时，针对性别采取交通安全措施。

2. 空间影响

从空间的角度，社会影响与经济、财务和技术评价共同构成项目选址或选择线路的考虑因素。对于大型交通项目，选择人口不太密集、经济不太发达的地区可以避免重大（通常成本也很高）移民影响。相反，项目选址在资源贫乏或交通隔绝的地区可以在当地产生巨大效益，与当地人进行充分协商可以避开对当地有特殊意义或使用频繁的区域。

另外，从空间的角度看，交通运输条件的改善可以导致新居住区的扩大，而这些是通过新项目的建设、商业基础设施质量的提高或住房条件的变化体现出来的。家庭距基础设施项目的远近决定着他们受项目影响的程度，不论这些影响是有利的还是不利的。

城市发展也会影响交通需求。有关城市交通基础设施改善前后车辆和行人流量变化的信息，项目影响区域的居民获得的各类服务变化的信息等，都是用于分析项目投资社会影响的基础资料。可以通过对交通流量和社区社会经济状况的详细调查来获得这些信息；还可以采用用户调查的方式，收集相关资料，建立不同地点、周末和工作日等不同时段交通量数据库，为系统性的社会分析提供资料支持。其中需要关键调查的资料包括：所花费的等待时间和旅行时间；交通运输设施的使用费用、出行目的及支付意愿；对运输服务的满意度及潜在和现实需求；被调查者的收入情况等。除此之外，用户调查还应该查明可供选择的运输方式及运输服务类型。

3. 城乡影响的区别

交通项目引起的社会问题在城市和农村背景下是不同的，特别在移民拆迁方面。在土地所有权方面，城市土地是国家所有，农村土地是集体所有；在法律制度框架方面，有城市户口和农村户口之分，城市居民具有一定的优越性。土地和租金的区别造成城市和农村征地拆迁成本差别巨大。由于这些城乡差别的存在，识别交通项目造成的社会风险在城乡背景下要考虑不同因素。在农村，面临最大风险的项目影响人群是主要依靠农业生产又面临征地拆迁的农民，他们需要替代的土地或其他非农业就业渠道来谋生。由于居住人口的密度和多样性，城市的移民拆迁问题比农村的情况更复杂。家庭和经济单元（作坊、商铺、小卖店等）的拆迁使受影响人群失去住房、就业或顾客，或几种情况兼有。城市拆迁最关键的问题不是失去住房，而是失去就业或与场地相关的收入来源，以及在搬迁地区重新就业的不确定性。移民拆迁在城市中面临的另一个问题是非法占地或非法建筑问题。由于没有产权，这些人没有资格获得拆迁补偿。移民拆迁工作进行得不好会导致贫困，或简单地把贫民窟从城市的一个地方搬到另一个地方。这在明确提出扶贫目标的项目中不能作为一种解决方案。

4. 制度问题

社会评价对各个机构、项目受益者以及其他各利益相关者之间的相互作用模式进行分析，从而提出合理的制度方案。这包括建立起一套制度框架，明确各政府机构管理交通项目及交通网络的职权划分，具体包括：①确立不同区域的不同机构之间的协作程序；②明确加强交通安全工作的责任；③明确减少交通造成的不利环境和社会影响的责任；④设计方案，在项目建设、原材料供应和项目维护方面为当地创造就业机会；⑤政府机构和交通用户之间在交通设施维护方面的资源共享；⑥制定政策，消除平等获得交通服务的障碍，包括分析现有机制，帮助社区、小商贩和其他商业企业获得新的经济增长机会和社会效益；⑦识别非政府组织作为受益者和社区人群中介的角色以及选择标准。

管理交通设施和交通网络的职责可能分散在几个中央部委和众多当地政府机构之中。交通规划的制度目标之一就是建立交通机构和交通项目的利益相关群体之间的联系。

（三）项目实施的社会监测和评价

在项目实施阶段，交通项目的社会监测和评价指标包括各利益相关群体的交通量；节省的时间，以及为各社会群体直接或间接创造的就业机会；不同地点的交通安全；各利益相关群体对交通规划或交通安全工作的参与程度；项目影响区域内对男性和女性造成的不同社会经济影响。包括移民行动计划在内的所有减缓措施都要进行监测。在项目执行阶段，监测和评价计划为项目规划者提供信息，以控制项目的负面影响，确保达到预期收益。

（四）社会评价结论

交通项目的社会评价应得出以下结论：

（1）项目影响区域内各利益相关群体的社会信息（社会经济和人口统计特征、社会组织和社会服务、文化接受程度和融合能力、受益人群参与的社会发展战略）。这些信息包括项目影响区域内的交通机构、交通用户和社区情况；现有的交通方式和服务，以及用户使用和付费情况（赋税、道路收费、火车票、货物运费）；交通需求和现有交通方式的局限，以及使交通项目发挥最大效益需要额外增加的基础设施和服务。

（2）解释在所有选定范畴和条件下进行社会评价工作的过程和作用，包括为它们选用的战略和方法。

（3）确认主要利益相关者的需求、支持项目的意愿、目标人群对项目内容的认可和接受程度等，例如，农村道路的最佳选址、交通安全措施的设计和管理等。

（4）阐明需要由拟建中的项目活动解决的社会问题及解决方法；在需要时制定缓解负面影响的方案。包括对项目选址或路线的选择提出建议，使当地群众最大限度地获益，同时减小不利影响；在征地移民不可避免的情况下，制订移民行动计划；对被项目路线分割开的社区提出恢复社会经济网络和基础设施的建议；为增加项目效益提出相关投资建议。

（5）为增强不同利益相关者参与项目的能力提出具体方案；为提高项目透明度、促进性别平等、减轻贫困和降低社会风险提供具体方案；必要时，制定交通管理、公共卫生、交通安全和维护等方面的利益相关者参与方案。在少数民族群体受到负面影响时，按国际惯例制定符合少数民族特殊需求的方案。

（6）提出获得最优项目收益和实现项目目标的建议，并提出使项目机构继续自我发展且符合当地可持续发展目标的战略。例如，通过新技能培训，以及在建设、原材料供应和交通设施维护和服务方面提供非技术或半技术性就业机会，使当地人从项目的建设和运营中受益。

（7）重点关注符合项目社会发展目标的投入、过程、产出和结果，对监测和评估机制提出建议。例如，分析各社会群体的交通使用和交通量状况、项目对社会经济发展的影响，特别是对边远地区的收入和生活质量指标的影响，并对所有减缓措施进行监测。

第二节　城市环境项目的社会评价

一、城市环境项目社会评价的特点

（一）行业特点及主要社会影响

城市环境改善是中国城市发展战略体系的有机组成部分。城市环境设施在加强环境保护的同时，还服务于经济增长和基础设施建设及发展。城市环境项目主要包括供水、污水和垃圾收集与处理、城市环境卫生、文物保护及旧城改造、空气、水和土地质量改善，以及环保机构和基础设施的加强等。

城市环境项目主要针对人口稠密的城市，但其社会评价的范围不仅限于城市，城市环境项目也可能对农村人口产生各种影响。第一，解决因空气、土地或水污染带来的环境问题，有利于改善项目地区的环境卫生状况，同时提高项目地区人口的生活质量，项目所在地区的城市人口和农村人口都有可能从中受益。解决环境问题使农村家庭获得土地和水力资源成为可能，这对那些依靠土地和水力资源谋生的农村家庭来说至关重要。第二，城市环境项目的建设施工可能为居住在施工现场附近的居民创造非农业就业机会，特别是为那些土地被征用和搬迁的农村家庭提供就业机会。第三，项目可能为受项目影响的人提供就业机会，使他们从项目的开发建设中受益。这还包括可能将受项目影响的农村户口转成城市居民户口。

城市环境项目的征地移民是在城市和农村进行基础设施建设引起的，例如供水、污水和垃圾处理、城区规划、旧城区改造、工业企业搬迁或改造以及开发区建设。人口稠密和多样性使城区的移民拆迁成为一项特别复杂的工程。不同类型的土地价值和租金不同，城市和农村的补偿标准也有差别，导致征地拆迁的成本可能差别巨大。城市环境项目的征地移民影响见表7-2。

表7-2　　　　　　　　　　　城市环境项目的征地移民影响

产生征地移民影响的项目内容	征地移民影响的类型
自来水、废水和污水的网络系统	需要临时性而不是永久性征地。项目建设可能造成房屋和其他设施的拆迁
自来水和污水处理厂、泵站	需要永久性征地以及住房和其他设施的拆迁，可能给当地造成较为严重的影响
传输站	造成住房和其他设施的拆迁
垃圾填埋和处理场	需要永久性征地和住房拆迁，可能给当地造成较为严重的影响
新建工业企业、城市规划、旧城区改造和开发区建设	城市周边的土地需要大规模永久性征地，很多房屋和设施需要拆除，给当地造成严重影响。商业活动和交通也会受影响。旧城区改造可能造成房屋和企业的搬迁，或影响商业和交通

（二）评价目的

对于城市环境改善项目而言，社会评价的主要目的在于识别因项目的建设和实施所带来的主要社会影响、可能产生的社会变化和主要的社会风险，分析这些影响、变化和风险产生的原因及它们对不同利益群体的影响程度，并分析能否通过改变项目的方案设计和采取相应的措施来减少项目的负面影响，降低项目的社会风险，使项目区域内不同的利益群体都能最大限度地从项目所带来的社会变化中广泛受益。

城市环境项目涵盖一系列改善环境质量和卫生水平的活动。项目影响区域包含城市和农村。项目的制度环境也比较复杂，需要很多机构的共同协作。环境项目的成功可能依赖于利益相关者采取有利于环境的行为模式的意愿和能力。因此，进行广泛的社会评价有助于使投资项目朝着满足当地需求的方向发展，促使项目制定合理的社会目标，并确保项目的实施能够有效地实现这些目标。

城市环境项目一般通过更有效地进行环境保护、建设和运营环境基础设施以及提供环境服务，改善环境质量和卫生水平。由于涵盖内容广泛，这类项目可能引起复杂的社会问题。

1. 在提高项目成功和可持续性方面

社会评价是理解当地不同群体的需要、倾向以及局限性的基础，为项目设计提供依据。体现在：①确定预期的项目影响区域；②采取有效措施，增强公众意识，有助于识别环境问题，找到解决方案，并在实施要求使用者改变行为模式的环境措施时取得当地支持；③调查当地为环境服务支付费用的意愿和能力，有助于确定合理的服务和费用水平，给低收入用户提供可负担的基础性服务；④建立环境机构、利益相关者和当地群众共同参与的框架，使当地人有机会参与项目的规划和维护，提高经济收入，并有利于当地增强环境管理和监测的意识和能力。

2. 在扩大项目效益方面

社会评价为识别受益者和提高项目针对性提供依据。包括：①识别人群和社区面临的特定环境风险，以加强针对性或提高优先性；②制定有效针对城市贫民等弱势群体的方案策略，或考虑环境行为中的社会性别差异的方案策略；③环境项目可以为当地创造非技术性就业机会，例如项目的建造、原材料供应以及项目维护。

3. 在规避和削减社会风险方面

社会评价有助于识别各种社会风险和不利影响。包括：①新的环境政策的实施带来的社会成本，例如，人们不能再利用受到环境限制或保护的地区；现有贸易、运输和服务区受搬迁影响失去收入来源；污染行业或企业的关闭造成工人失去就业等；②一部分人群由于缺乏支付能力而丧失重要服务；③基础设施建设造成永久和临时性征地使人们离开原有的土地、资源、生意、住房和其他设施。

社会评价可以为制定措施、避免或减缓以上的不利影响以及制订移民行动计划提供依据。

（三）主要利益相关者

城市环境项目的利益相关者的范围非常广泛，同时会因项目内容和影响的不同有所差异。一般来说，项目的主要利益相关者是从环境改善项目中预期受益的人口，以及参与项目的规划、设计和实施、环境教育和管理的各类机构，但这些利益群体并不是此类项目社会评价关注的重点。对于城市环境改善项目来说，应当给予特别关注的是受到项目负面影响的群体，主要包括那些受房屋拆迁和征地影响的人口、受环境政策调整影响的人口、城市中较为贫困的人口和脆弱群体。另外，城市环境项目的次级利益群体通常也在征地和拆迁活动中发挥重要的作用，这些群体包括地方政府、土地管理部门、拆迁机构以及项目的计划、决策、设计和实施机构等。在社会评价中也应当对它们的作用、不同机构对项目的影响程度等进行分析。

二、不同阶段社会评价的任务和主要内容

在项目识别阶段应完成初步社会筛选，在项目设计和准备阶段应完成项目的详细社会分析。社会监测和评价为项目实施之中和之后的纠正措施提供依据。

（一）初步社会筛选

初步社会筛选是通过快速的社会调查方法去了解项目实施所带来的社会、文化、性别、政策或组织机构等方面的社会问题；分析是否有可能调整项目的影响区域，通过项目的设计方案为项目地区的人口，特别是贫困人口或脆弱群体提供更多的受益机会；调查了解是否存在因项目的建设和实施而引发的社会风险，项目产生的社会影响对不同利益群体有无差异，项目的成功实施是否需要依赖项目利益相关群体的参与或要求他们改变行为模式。

（二）详细社会评价

在项目的准备和设计阶段，需要根据初步社会筛选的结果进行更深入、详细的调查和分析。详细的社会分析通常需要采用各种调查方法和工具，如访谈法、问卷法等进行普查或抽样调查，去调查、收集和分析项目地区的社会经济信息、人口统计信息、社会组织机构的安排、文化和政治等方面的社会信息资料。在调查分析的基础上提出降低社会风险、减缓负面影响、促进利益相关群体参与以及改变其行为模式的措施、方案和对策。

（三）社会评价工具和方法

1. 客户和用户群体

利用二手资料、社会经济调查和参与式评价，识别客户和用户群体及其内部的详细划分。内容包括：①确定项目预期的影响区域。②根据家庭数量、家庭规模和构成、住房类型、收入水平、教育程度、社会组成、健康状况（特别是与环境相关的情况）和其他相关数据，对用户群体按不同社会性别进行社会经济情况分析。③分析各类群体对环境改善的需求和倾向以及他们对环境问题的态度。④分析用户对不同环境改善活动的需求，利用正式和非正式行业机构，调查目前类似服务的支出和分布情况。必要时，对用户为新服务付费的意愿进行调查，这些费用包括接入费、使用费和其他各项税费。⑤识别用户和受益者为确保项目在环境管理上的成功，必须进行哪些使用或维护行为的改变。⑥分析是否需要采用参与式方法增强公众意识，并进行必要的能力和当地机构建设。⑦分析在环境改善服务方面，男性、女性和孩子在社区中的不同角色，以及通过什么措施来提高妇女在家庭、社区和地方政府中管理环境设施的能力。

2. 受到不利影响的群体

识别环境基础设施和网络建设所造成的永久性和临时性征地影响，例如，失去收入、资产、资源、文化遗产，以及对特定民族或社区的影响。开展社会评价，制订移民行动计划。

市政服务提供商进行市场定价或财务管理调整时会影响贫困人口从项目中获益，这样的影响需要加以识别，并采取避免或减缓的措施。

其他的负面影响包括污染行业或环境服务机构中就业情况的变化，造成员工失业、劳动

力转移和工人下岗的风险。如果社会保障网络不健全，一些人生活水平会有所下降，给弱势群体带来损失，所有这些都是环境服务和环境保护措施所带来的变化，当地市场竞争也会加剧，应该给失业人口提供生活补贴和社会福利。

3. 制度问题

社会评价对各个机构、项目受益者以及其他利益相关者之间的相互作用模式进行分析，从而提出合理的制度方案，包括建立起一套制度框架，明确各政府机构对项目管理职权的划分。包括：①确立不同区域的不同机构之间的协作程序。②明确环境改善各方面工作的职责划分。③制定所有利益相关者对项目规划、实施和监督的参与框架。这些利益相关者包括政府机构、私营服务提供商、客户和用户以及受项目影响的人。④必要时制定增强公众意识的措施。⑤设计方案，在项目建设、原材料供应、维护和环保方面为当地创造就业机会。⑥政府机构、私营服务提供商和服务使用者在设施维护方面的资源共享。⑦制定政策来消除平等获得服务的障碍，包括向低收入群体提供可支付的基础性服务。⑧识别非政府组织作为受益者和社区人群中介的角色以及选择标准，例如，这些组织可以参与增强公众意识的工作。

（四）项目实施的社会监测和评价

在项目实施阶段，环境项目的社会监测和评价指标包括各利益相关群体对环境规划和管理的参与度；各利益相关群体使用环境服务的情况；各利益相关群体环境方面的知识、态度和做法的转变；在项目影响区域内造成的社会、健康、环境和经济影响等。以上所有数据资料都要按不同社会性别进行分析，包括移民行动计划在内的所有减缓措施都要进行监测。在项目执行阶段，监测和评价计划为项目规划者提供信息，以控制项目的负面影响，确保达到预期收益。

（五）社会评价得出的结论

城市环境项目的社会评价应得出以下结论：

（1）项目影响区域内各利益相关群体的社会信息（社会经济和人口统计特征、社会组织和社会服务、文化接受程度和融合能力、受益人群参与的社会战略）。这些信息包括项目影响区域内的环境机构、行业和用户以及农村和城市社区情况；现有的环境服务以及用户群体使用或付费的情况；各利益相关群体对环境问题和解决方案的立场和观点等。

（2）解释在所有选定范畴和条件下进行社会评价工作的过程和作用，包括为它们选用的战略和方法。

（3）确认主要利益相关者的需求、支持项目的意愿、目标人群对项目内容的认可和接受程度等。例如，汇集利益相关者对环境改善的期望；为贫困和弱势群体提供低成本服务；为特定风险群体进行建设和管理简单环境设施的能力建设；根据不同利益相关者的需要，制定增强环境意识的措施等。

（4）阐明需要由拟建中的项目活动解决的社会问题及解决方法；在需要时制定缓解负面影响的方案，包括对项目选址或路线的选择提出建议，使当地群众最大限度地获益，同时减小不利影响；在征地移民不可避免的情况下，制订移民行动计划；对搬迁职工进行重新部署等。

（5）为增强不同利益相关者参与项目的能力提出具体方案；为提高项目透明度、促进性别平等、减轻贫困和降低社会风险提供具体方案；必要时，制定利益相关者在环境设施管理、公共环境卫生和项目维护等方面的参与方案。在少数民族群体受到负面影响时，按国际惯例制定符合少数民族特殊需求的方案。

（6）提出获得最佳项目收益和实现项目目标的建议，并提出使项目机构继续自我发展且符合当地可持续发展目标的战略。例如，通过新技能培训以及在建设、原材料供应和设施维护方面的非技术或半技术性就业机会，使当地人从项目的建设和运营中受益。

（7）重点关注符合项目社会发展目标的投入、过程、产出和结果，对监测和评估机制提出建议。例如，分析各社会群体的参与程度和不同环境设施的使用情况，各利益相关群体环境方面的知识、态度和做法的改变，环境相关的公共卫生状况的变化，并对所有减缓措施进行监测。

第三节　能源项目的社会评价

一、能源项目社会评价特点

（一）行业特点和主要社会影响

作为国家基础设施建设的重要组成部分，能源工业在中国的发展战略中处于重要位置，属于优先发展的产业之一。能源项目内容广泛，包括水力发电、火力发电、太阳能、风力发电以及输变电线路建设等。这种项目建设的目的通常是直接促进区域性或者国家的经济增长，从促进生产、节约时间和提高生活质量等方面给项目用户带来巨大收益。能源项目所发电量直接上网，因而难以确定最终用户和项目影响区域，但在很多情况下，新建或改造的电力或天然气项目设施延伸到贫困或边远社区，可以使能源项目直接瞄准其受益群体。

然而，在很多情况下能源项目同时又给当地社会带来种种不利因素，如可能发生的土地征用、人口迁移或者引起当地市场上能源的价格变化等。能源项目的社会评价应重点关注项目造成的不利影响，评价潜在风险，增加当地受影响人群从项目中受益的机会。能源项目的征地移民影响见表7-3。

表 7-3　　　　　　　　　　　　　　能源项目的征地移民影响

引起征地移民影响的项目内容	征地移民影响的类型
高压线铁塔和输电线路	铁塔的建设需要少量征地拆迁。 500kV以上的输电线路可能造成相当规模的移民拆迁。不需要永久性征地，但项目沿线的路权限制会影响土地使用。项目建设可能需要临时占地和砍伐林木
发电厂、输变电站和相关公路	建设过程可能需要临时征地，在当地造成严重影响。电厂项目可能由于土地、空气或水源污染而造成二次搬迁
水力发电的水库	根据项目类型的不同，水库和大坝建设经常在淹没地区引起大规模征地和城镇、企业、居民区及住房和各类设施的搬迁，对当地交通、通信、经济和社会网络、资源和生态系统开发和利用造成影响。可能造成大规模的人口迁移和广泛、长期的影响

在上述影响中，水库移民所造成的影响最广泛、最严重。水库移民是指水库建设所造成的地域性有组织的人口迁移以及社区重建活动。这类水库一般位于边远农村，淹没地区的范围很大，致使大量人口受到征地拆迁的影响。水库移民经常造成整个村镇的迁移以及社会经济系统的重建，包括城镇、住宅区、工矿企业以及其他设施的搬迁和重建，如此大规模的移民拆迁和再就业是很有难度的。因此，水库移民通常是一项很复杂很困难的工程。

（二）社会评价的目的

能源项目社会评价的目的是帮助项目朝着满足当地需求的健康方向发展，为项目建设制定恰当的社会发展目标，并采用正确的方法来实现这些目标。能源项目通过提供更可靠的能源供应，提高经济效率，促进经济的全面增长。在教育、卫生和满足社区需要等方面合理利用能源，从而提高生活质量，例如，照明和电器、安全保障以及时间的节省，这也是能源项目明确提出或隐含的目标。

能源项目的社会评价将着重研究因能源开发所造成的社会影响，评估项目的潜在社会风险，制定避免、消除或减缓负面影响的措施，同时要为当地受项目影响的居民提供更多的分享项目收益的机会。为此目的，社会评价要帮助项目制定使这些受影响人群参与项目方案设计和建设管理活动的措施，使他们的愿望和要求能够真正反映到项目的社会目标中去。

1. 在提高项目成功和可持续性方面

社会评价是理解当地不同群体的需要、倾向以及局限性的基础，为项目设计提供依据，其目的主要体现在：①确定和调整项目影响区域；②制定有效措施，增强公众意识，在住户、办公室和企业中安全有效地利用能源方面取得当地支持；③调查当地支付能源费用的能力和意愿，有助于确定合理的服务水平、接入费用和电费，给低收入用户提供可以支付的基础性服务；④建立能源机构和当地群众的参与框架，使当地人有机会参与项目的规划和维护，获得经济收入，并有利于当地加强能源管理和监督的意识和能力。

2. 在扩大项目效益方面

其目的主要体现在：①能源开发项目可以通过向贫困或弱势群体提供可支付的基础性能源的方式使这部分人口受益。②能源项目可以为当地创造非技术性就业机会，例如，项目的建造、原材料供应以及项目维护方面的工作。③能源机构可以向当地人提供培训机会，提高电力设施和输配电网络的建造和维护方面的技能。④可以通过相关投资提高当地服务水平和产品的附加值，从而提高生活质量，增加经济收入，例如：（a）在服务不发达地区开发和推广能源服务；（b）用电的生产加工设备或服务，如水泵、磨面机等农用加工设备；（c）家庭、学校、医院、政府机构和社区电力供应的改善有助于社会安全保障和提高生活质量；（d）使用更清洁的燃料和能源改善了生活环境，例如，关闭污染企业、家庭和办公室可以使用更清洁的能源来取暖和做饭等。⑤社会评价为识别受益者和提高项目针对性提供依据。

3. 在避免和减缓社会风险方面

其目的主要表现在：①现有的贸易、运输或服务提供者由于能源输送网络的建设而需要搬迁，造成收入损失；②项目沿线的永久和临时性征地或土地限制使人们离开原有的土地、资源、生意、住房和其他设施，或由于路权而使他们的土地使用权受到限制；③社会评价可以识别项目造成的各种影响和受影响人群，为制订负面影响的减缓措施以及移民行动计划提供依据。

（三）主要的利益相关者

能源项目的主要利益相关者依项目性质不同而有所差别，根据电力设施所在的地点和网络的分布情况，可能既包括城市居民，也包括农村居民。项目的主要受益者包括国家、区域性（省或地区）和当地机构以及能源的消费者。

电力消费者可能因法律地位、社会阶层、收入以及职业不同而对项目持有不同的观点、需求和期望。例如，居民消费者、工业消费者、政府和商业消费者在用电需求方面就存在较大差异。能源项目的建设可能导致土地征用和人口迁移。这些迁移的人口可能有机会消费该项目所生产的电力，也可能没有这种机会从而成为受项目影响的人。

利益相关者还包括电力企业（现有的国家和当地电力企业）、当地政府（省级和县级）和行业机构以及可能受到项目负面影响的当地人。另外，除了土地征用和土地使用的变化，能源项目还可能通过对当地市场电力价格的影响而影响普通消费者，这类人群也是能源项目社会评价关注的重点。

对主要利益相关者的状况进行调查，包括他们的社会经济状况、个人观点以及对项目的态度等，对分析他们和项目的互动影响，帮助他们参与项目以及对项目的成功实施具有重要意义。参与方案的制定应涵盖项目将要为其服务的各种社会团体，以及各类正式和非正式行业机构，并且需要分析阻碍各类利益相关者平等获得项目资源和能源消费服务的障碍，建立克服这些障碍的机制和途径。

二、社会评价在不同阶段中的任务

（一）初步社会筛选

在项目鉴别阶段，就要着手进行初步社会筛选。初步社会筛选主要确定能源开发和输送的相关社会问题，作为详细社会评价的基础。所需要的基础信息资料包括：政府有关能源开发的法律、政策和制度等方面的信息；当地现有的能源产业和能源市场情况，有关的政策改革趋向；与项目背景相关的社会经济统计资料；项目影响地区的人口和少数民族分布情况；现有的社会发展情况，包括发展的制约因素、面临的挑战和优先发展的领域；识别项目的主要利益相关者，预测项目造成的影响。

如果通过初步社会评价发现拟建项目的社会成本过高，有可能对当地人产生负面的、不利的影响，那么就需要开展进一步的深入细致的社会评价工作。

（二）详细社会评价的工具和方法

在项目的准备和方案设计阶段，应根据初步社会筛选所得出的结论，对项目展开更深入更详细的社会调查和分析。详细社会分析通常需要采用各种调查方法和工具，如访谈法、问卷法等进行普查或抽样调查，去调查、收集和分析项目地区的社会经济信息、人口统计信息、社会组织机构的安排、文化和政治等方面的社会信息资料。

1. 客户和用户群体

利用二手资料、社会经济调查和参与式评价，识别客户和用户群体及其内部的详细划分。包括：①确定和调整项目预期的影响区域。②根据家庭数量、家庭规模和构成、住房类型、目前获得和使用能源和其他服务情况、收入水平、教育程度、社会组织、健康状况和其他相关数据，对用户群体按不同性别进行社会经济情况分析。③分析不同群体对各类能源和电力服务的需求和倾向。④分析用户对不同层次能源服务的需求，通过正式和非正式行业机构，调查目前类似服务的支出和分布情况。必要时，对用户为新能源服务付费的意愿进行调查，这些费用包括接入费、使用费和其他各项税费。⑤识别使用者为确保项目的成功和可持续性，必须进行哪些使用或维护行为的改变。⑥分析是否需要采用参与式方法，促进公众加强安全使用能源的意识，进行必要的能力和当地机构建设。⑦分析在能源服务方面，男性、女性和孩子在社区中的不同角色，以及通过什么措施来提高妇女在家庭、社区和地方政府中管理能源设施的能力。

2. 潜在负面影响

潜在的负面影响包括：①电力行业就业水平的变化会造成劳动力迁移、工人下岗等失业风险，导致一些人的收入和生活水平下降。如果这些变化是由电力行业市场竞争引起的，应对失业人员进行重新安置，必要时，给他们提供社会保障。②能源价格和定价政策的变化限制了贫困人口从项目中受益的机会。例如，由于项目的实施可以为消费者提供高质量的清洁能源，但可能使能源的消费价格提高，从而对贫困人口产生不利影响。社会评价应对当地社会保障政策的建立和完善提出对策建议，例如，为低收入人群提供基本的能源供应。③零售竞争的影响给小用户的生计和社会环境带来风险。④小用户可能被忽略或受歧视，迫切需要对他们参与竞争性电力市场进行能力建设。⑤项目可能造成临时或永久性征地移民影响，水库大坝、热电厂、泵站、变电站和其他设施的建设会引起征地和移民，或者即便没有正式征地，输电线路沿线的路权限制也会造成收入损失或其他影响。水库建设可能淹没大量土地，引起大规模移民拆迁。

能源项目的社会评价应根据不同项目的具体情况，关注可能出现的各种负面影响，并通过与受影响的利益相关者的双向交流和信息沟通，通过社区对话、公众听证、个人访谈、专题小组讨论、公民投票以及多方谈判等多种形式，进行沟通协商，以便尽可能地减少项目的不利影响，使尽可能多的人群受益。

（三）项目实施的社会监测和评价

在项目实施阶段，能源项目的社会监测和评价指标包括各利益相关群体的能源接入和使用情况；为不同社会群体提供的直接或间接就业机会；项目影响区域内增加收入、节省时间、方便生活、安全和保障等方面的社会经济影响，以及对生产和生活质量的影响，以上所有信息数据都按不同社会性别进行分析，包括移民行动计划在内的所有减缓措施都要进行监测。在项目执行阶段，监测和评价计划为项目规划者提供信息，以控制项目的负面影响，确保达到预期收益。

（四）社会评价的结论

能源项目的社会评价应得出以下结论：

（1）项目影响区域内各利益相关群体的社会信息（社会经济和人口统计特征、社会组织和社会服务、文化接受程度和融合能力、受益人群参与的社会战略）。这些信息包括项目影响区域内的能源机构、用户和社区情况；现有的能源和服务，用户群体或受影响社区使用或付费情况；不同用户群体的能源需求和现有服务的局限性；使能源项目发挥最大效益需要额外增加的基础设施和服务。

（2）解释在所有选定范畴和条件下进行社会评价工作的过程和作用，包括为它们选用的战略和方法。

（3）确认主要利益相关者的需求、支持项目的意愿、目标人群对项目内容的认可和接受程度等。例如，不同用户为各种服务付费的能力和意愿；为避免移民拆迁而选定的最佳项目地点；边远地区的社区支持低成本农村用电计划的意愿和能力；能源安全使用措施的设计和管理。

（4）阐明需要由拟建中的项目活动解决的社会问题及解决方法；在需要时制定缓解负面影响的方案，包括对项目选址或路线的选择提出建议，使当地群众最大限度地获益，同时减小不利影响；在征地移民不可避免的情况下，制订移民行动计划；为增加项目效益提出相关投资建议。

（5）为增强不同利益相关者参与项目的能力提出具体方案；为提高项目透明度、促进能源决策和使用中的性别平等、减轻贫困和降低社会风险提供具体方案；必要时，制定利益相关者在能源供应和管理、公共卫生、安全和维护等方面的参与方案。在少数民族群体受到负面影响时，按国际惯例制定符合少数民族特殊需求的方案。

（6）提出获得最佳项目收益和实现项目目标的建议，并提出使项目机构继续自我发展且符合当地可持续发展目标的战略。例如，在能源机构内部建立客户关系和争议解决部门，或给当地人提供培训和就业机会，使他们从项目的建设和运营中受益。

（7）重点关注符合项目社会发展目标的投入、过程、产出和结果，对监测和评估机制提出建议。例如，分析各社会群体的能源接入和使用状况、项目对社会经济发展的影响，特别是对边远地区的影响，并对所有减缓措施进行监测。

第四节　农村发展项目的社会评价

一、农村发展项目社会评价的特点

（一）行业特点和主要社会影响

农村发展项目涉及面广、内容丰富，包括农业生产发展、灌溉设施改造、家畜饲养、林业和种植业、畜牧和水产开发、小额信贷项目以及培训项目等。一个农村发展项目可能有多个目标。在中国，扶贫一直都是所有农村发展项目始终坚持的重要目标，而且通过农村发展项目的实施，也为扶贫目标的实现做出了重要贡献。

扶贫目标可以设定为一定比例的参与小额信贷项目、培训或农村企业的家庭必须从当地贫困线以下的家庭当中选定，也可以设定为将项目地区一定比例家庭的生活标准提高到当地贫困线以上。

除经济和社会目标外，农村发展项目还有生态方面的目标。如果不能对经济、社会和生态影响及其相互依存关系进行全面考虑，各种目标之间就有可能出现互相矛盾。例如，在一个农村发展项目内，家畜养殖可能是把经济增长目标与扶贫的社会目标进行结合的一个适当方案；但是，如果对项目不进行慎重选择，就可能对环境造成类似下面案例中的破坏。

专栏7.1　扶贫和环境保护：是否存在目标相互冲突？

中国西部某农村发展项目的内容之一就是发展畜牧业，并把在山区养殖山羊放在重要的位置。山羊可能对植被造成很大的破坏，如果管理不善，就会造成严重的环境问题。当地的畜牧业主管部门和政府计划种植更多的草，以解决山羊的饲料问题。但是，如果草地的增加赶不上山羊数量的增加，依旧会造成对植被的毁坏，对林木和草地的不利影响仍是不可避免。如果山羊饲养项目带来的是对脆弱的环境的进一步破坏，将对当地的贫困人口产生长期的消极影响。山羊圈养可以解决这个问题。

此外，农村发展项目也可能会给当地人口带来不利影响，例如，新技术和计划的采用可能会与传统的、习惯的生产生活方式发生冲突。这些项目对当地人的影响和当地人反过来对项目发展的影响都要在社会评价的过程中充分调查了解和分析研究。

（二）社会评价的目的

农村发展项目社会评价的主要目的是要确保项目能够最大限度地发挥效益，同时降低项目的社会风险和社会成本，最大限度地减少项目的负面影响。针对农村发展项目，首先要保证目标人群即广大农民、特别是低收入和贫困农民受益，他们对项目的要求要反映到项目的方案设计和实施过程中。为此目的，社会评价首先要了解农民对具体项目内容的想法（如土地改良、调整作物种植结构、完善水利设施、畜牧产品开发、小额信贷方案、市场基础设施和环境保护等），并特别强调瞄准贫困农民，设计有助于他们参与项目规划和实施的途径和机制，帮助他们提高有效获取和利用项目所带来的发展机会的能力。同时，社会评价要关注项目可能出现的不利因素和负面影响，并制定减缓负面影响的对策及方案。

农村发展项目通常以扶贫和促进经济增长为目的，通过一系列项目活动来促进农业生产，改善生活条件。开展社会评价是扩大项目效益，降低社会成本的基础。

1. 在提高项目成功和可持续性方面

社会评价是理解当地不同群体的需要、倾向以及局限性的基础，为项目设计提供依据，其目的体现在：①农村发展项目旨在扩大就业，提高产量、多样化和附加值，加强交通、仓储和加工能力，以及提高健康和教育水平。参与式社会评价有助于确定或调整项目的影响区域，分析当地需求和需要优先考虑的问题，根据当地情况和意愿选择最佳项目内容。②农村发展项目可以加强食品安全，提高农业收入。③参与式社会评价提供了利益相关者对项目规划和实施的参与框架，这些利益相关者包括：相关机构、预期从项目中获益和受到项目不利影响的人。④项目可能造成对现有生产生活方式的重大改变。参与式社会评价有助于确保这些变化符合当地意愿，项目设计方案中包含在当地进行充分协商、实验和能力建设的有关内容。⑤参与式社会评价有助于确保以现有的生产生活方式为基础，针对不同社会性别制定合理的对策方案，承认女性在生产、家庭和社区活动中的地位。

2. 在扩大项目效益方面

开展社会评价工作可以寻找机会，扩大项目效益的目的主要体现在：①经过精心设计的项目方案，例如，使用当地语言和针对不同社会性别分别进行设计，可以将新知识新技能推广到被边缘化或与世隔绝的社区；②了解当地特定的社会组织、生产和居住模式可以使项目效益瞄准低收入人群等特定群体；③农村发展项目可以包含一系列使当地从项目中获益的基础设施建设。根据当地明确提出的需要和需求，项目可以增加延伸当地服务的内容，提高当地的生活质量和收入水平：（a）发电和输电，给排水系统和当地道路；（b）市场发育，信贷和农业服务的延伸；（c）新建或改善教育卫生设施。

3. 社会评价为识别项目受益者并提高项目针对性奠定基础

在避免和减缓社会风险方面的目的：①农业发展项目可能造成社区一些成员的劳动负担增加，某些作物或作物生长和加工的某些阶段，例如锄草、杀虫或收获时期，要求劳动时间延长、强度增加，因而对男性和女性造成不同影响；②现有贸易、运输或服务提供者由于搬迁而丧失收入；③随着当地的发展，项目沿线或灌溉水源附近的土地升值，造成当地人的搬迁；④面临新的健康威胁，例如新的农业生产方式下与化肥或农药使用有关的风险；⑤新建道路和设施造成永久和临时性征地，使人们离开原有的土地、资源、生意、住房和其他设施；⑥失去水源、钓鱼区、森林和草场等社区公共资源。

社会评价可以识别项目造成的各种影响和受影响人群，为制定负面影响的减缓措施和移

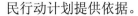

民行动计划提供依据。

（三）主要利益相关者

农村发展项目的主要利益相关者是农村人口。他们生活在项目所在地，因而应该是发展项目的受影响人或受益者。项目的主要利益相关者根据项目具体情况会有所不同，一般应包括下列群体：农民、牧民或渔民，乡镇企业的所有者和员工，以及乡镇居民。主要利益相关者的次群体可以根据他们的社会阶层、职业、教育水平、资产和收入、少数民族或者性别等特征进行分类。不同利益相关者可能对拟建农村发展项目持有不同的观点、需求和期望。社会评价应当给予特别关注的次群体是那些贫困和弱势的家庭和人群，以及少数民族（如果存在）。项目的利益相关者还包括县/乡政府机构、技术部门和行业机构、农村社会组织和农民的专业协会（例如在农村日常生活中发挥重要作用的村委会、水用户协会或者其他生产合作组织）以及村妇联。

二、社会评价在不同阶段中的任务

（一）初步社会筛选

初步社会筛选要随着项目的识别及早进行，主要工作是要确定信息需求并制订信息收集计划。信息收集主要关注与农业和畜牧业开发、加工和销售相关的社会问题，为详细社会评价制定工作大纲。在初始阶段，社会评价所需要的基础信息一般可以从二手资料中获得，主要来源包括：政府有关农业和畜牧业的法律法规、政策、管理体制等信息；项目有关的社会经济数据；项目所在地的人口和少数民族分布情况；目前的社会发展情况和其他在建项目信息；项目的主要利益相关者的识别以及对项目影响的预测。

（二）详细社会评价

农村发展项目的社会评价工作在完成初步社会筛选之后，应转入进一步深入细致的社会调查和分析阶段，在此阶段尤其应重视目标受益人和项目受影响人的参与问题。例如，对于扶贫问题，在制定贫困人口脱贫方案，提出农户和社区发展计划时，必须由当事人亲自参与共同协商优化方案，以达到扶贫的预期目的，同时还应重视对参与农村发展项目的家庭进行培训，特别是对妇女的培训，因为当前农村妇女承担了相当大部分的农业生产责任。要真正了解妇女的地位和需求，需要评估男性和女性之间在农业生产、家庭食品安全、家庭收入、非农业就业以及社区工作方面的有关角色和劳动分工；评估女性与男性相比获取资源的渠道，包括信贷资金、设备、土地、水利和林木、资产所有权、接受教育和培训项目等方面的区别，并制定针对各自特点的参与方案，这是提高农户参与的一种有效途径。总体而言，社会评价最终要帮助项目建立一套系统的确保项目主要利益相关者参与的机制，从而实现为项目制定的社会目标。

另外，社会评价还应该通过周密的调查分析，制定减缓和避免可能出现各种社会风险和负面影响的对策措施。例如，针对少数民族问题，要和当地民族一起协商，提出适合该民族特性的项目方案；涉及征地或移民问题，要提出"移民行动计划"，确保有关法律政策的贯彻落实，并把风险和不利影响降低至最低程度。

总之，在不同的阶段针对不同的农村发展项目的内容，社会评价应提出相应的任务以确保达到该项目的社会目标。针对这些社会目标，进行社会分析时应该时刻牢记一切项目活动都要从项目目标受益者的角度进行评估。与此相联系的受益人评价的重点是获取包括主观意见在内的来自受益人的真实意见，以便使得农村开发项目的实施方案能够反映受益人和当地利益相关者的观点和建议。

（三）项目实施的社会监测和评价

在项目实施阶段，农村发展项目的社会监测和评价指标包括不同利益相关群体对项目活动的参与度；项目对不同社会群体造成的直接和间接的农业生产和经济收入方面的影响；不同地区的贫困状况；在项目影响区域对男性和女性造成的不同社会经济影响，包括移民行动计划在内的所有减缓措施都受到监测。在项目执行阶段，监测和评价计划为项目规划者提供信息，以控制项目的负面影响，确保达到预期收益。

三、社会评价详查清单

由于农村发展项目涉及面广，项目本身往往直接包含许多农村社会发展的内容，其社会评价因而成为制定项目方案中不可或缺的基本依据，而深入细致的社会调查和分析则是提供依据的必要手段。为此目的，社会评价往往需要对所要调查了解的社会因素设计一份详查清单，并根据项目内容突出有关的重点，以便进行深入分析。详查清单一般包括如下内容：

（一）对项目实施有重要影响的社会因素调查

1. 项目利益相关者

（1）主要利益相关者，需要调查：①农民，重点调查他们的社会经济特征、区域分布和资源拥有状况，生计和农耕系统，工副业、林业、牧业，市场网络，技术和培训能力，剩余劳力和劳务输出状况，生活环境，基础设施，社会服务，文化程度，社会等级，家庭结构等；②乡镇企业所有者和雇工，调查其分布密度，运营规模，原材料来源，市场营销情况，工作条件，工资福利等；③农民及其他当地人，调查其对农业生产，技术传授，市场服务等方面的看法和要求，他们在这些方面的能力和经验，他们对项目投资的认识和借款偿还能力等。

（2）主要利益相关者中的弱势群体，主要调查：①贫困农户，调查他们的处境、愿望以及摆脱贫困的策略，他们占有和使用各类资源和服务的能力，社会网络，参与项目和培训的机会，家庭获得医疗服务和学校教育等的情况；②少数民族群体，重点收集他们的法律地位和权利以及获得这种权利的能力，他们赖以维持其物质和文化生活的自然资源状况，土地使用及获得贷款、教育和卫生服务的情况，在当地的代表及领袖人物，他们的社会结构和民间组织、文化传统和宗教信仰、语言文字和双语教学等方面的情况，土地山林等在他们文化习俗和宗教信仰中的特殊含义，他们和周边其他民族社区的往来关系，以及他们对农村发展项目的看法和参与的能力等资料；③社会性别，调查不同的性别角色和劳动的性别分工，粮食安全和不同性别成员在农业生产中的作用，妇女非农业就业和参与乡村社会工作的情况，她们的财产权利以及获得土地、资源、贷款、培训、教育和健康服务的机会，在文化习俗和宗教方面对妇女可能存在的制约和压抑情况，她们参与农业发展决策过程的机会和能力等情况。

为了介绍农业生产或牲畜养殖的科学方法，有必要对参与项目的家庭进行培训。应考虑劳动力的性别区分以及妇女参与项目培训的各种条件，否则，尽管妇女负责某些项目内容，她们的其他工作和不便使她们不能参与培训，就可能从经济和生态角度造成不利影响。

（3）县乡政府及相关行业部门。调查他们对于项目带来变化的理解、认识和态度，以及项目与当地农业发展战略和日常工作的协调配合情况，分析地方政府及相关部门对项目的态

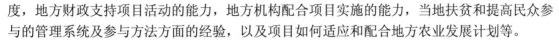

度，地方财政支持项目活动的能力，地方机构配合项目实施的能力，当地扶贫和提高民众参与的管理系统及参与方法方面的经验，以及项目如何适应和配合地方农业发展计划等。

2. 社会组织和制度

社会制度对整个社会起组织作用。家庭、血缘、婚姻、亲属网络、客户群体、民族属性和其他特性构成了支配着农村人口日常生活的社会制度。对这些组织和制度进行分析有助于制定具有文化敏感性的项目设计方案，调动当地社会资本，加强农民对项目的参与，增加项目收益。

（1）村社组织和农民专业组织，重点了解这些社会组织的结构，它们在组织农民参与地方农业发展中的作用和局限性。重点需要调查：①村委会，调查它在农村生产和日常生活中的总体作用和功能，它的凝聚力和获得村民信赖的程度，村务管理的水平和大事决策的公正民主程度等；②农民专业协会，调查已有的民间合作组织，如用水者协会及有关农民产销协作的组织，它们的组织原则和运行机制，以及它们在培训和引导农民接触更为广阔的社会经济领域的能力等；③农村妇联，了解乡村级妇联的实际工作力度，它们领导乡村妇女参与农业发展、社会进步和公共事务的能力和方法等。

（2）有关习俗制度。社会习俗制度有助于维系当地的社会运行。家庭、家族、婚姻、亲属组织、姻亲网络、邻里交往及族属关系等，虽然各自历史渊源不同，但对于农村人口日常生活的安排非常重要。调查了解这些习俗制度及其影响力，有助于投资项目建立适于当地文化习俗的实施方案，并且有助于动员当地社会资本以促进农民参与项目实施并从中受益。主要调查内容包括：①家庭结构和亲属网络（形态，规模，结构，劳动分工，财产控制，亲属与外人关系，血缘与地缘纽带，协作与竞争关系等）；②庇护关系及习惯做法，调查那些规范当地社会团体行为和态度的所谓"非正式"的制度、法则、信仰和价值观。这些都有可能对投资项目的实施计划造成影响。

（3）影响公民参与项目的各种障碍。作为项目目标受益人的农民、特别是贫困农民可能在获得项目资源和参与项目等方面遇到困难。社会评价应解决下列问题：①识别在社会组织和制度方面影响农民公平参与的法律、地理、经济、文化、性别或其他障碍；②通过制度分析，提出建立项目目标瞄准机制、克服可能阻碍目标群体公平参与项目的制约因素、提出对策建议。

3. 参与式调查

（1）利益相关者的参与能力，包括作为主要利益相关者的农民和其他利益相关者，重点调查与参与能力相关的地方知识、经验和历史背景。主要包括：①农民的参与，特别是贫困农民和弱势群体的参与，通过对发展战略的沟通协商和对项目方案的讨论，对项目实施方案进行优化，并建立项目实施及运营管理的参与机制；②其他利益相关者的参与，包括地方政府，农业技术推广部门，非政府组织，资金提供者及其他合作者，这些机构和个体的参与，不能妨碍农民的有效参与，要为农民的参与创造有利的环境条件。

（2）项目方案的参与策略，重点是确保地方政府部门对农民参与权的承诺，重点调查下列三方面主要因素：①与所有利益相关者分享社会调查和机构分析的信息资料，从而使所有利益相关者了解有关社会问题等的情况；②在适当的管理等级上确保农民的参与，包括为提高他们参与能力而设立的培训项目，及项目管理活动中吸纳农民参与的政策等；③配合成立一种参与式的项目监测和评价系统，加快农民对项目信息和项目行为的反馈过程。

4. 潜在的负面影响

（1）风险识别：识别可能引起严重社会后果和不利影响的项目行为，诸如项目建设带来的征地拆迁，收入和权利/资格的损失，文化遗产的损坏，以及任何与民族或社区有关的特殊的影响；还有可能由于采纳新技术和设施建设而引起的一些人群的生活水平下跌或失业等情况。

（2）协商咨询和数据采集：识别并告知那些会受到项目负面影响而处于不利地位的人群，向他们提供有关的背景资料，并对他们遭受影响的程度进行量化分析。

（3）影响评价：识别、评估并与受影响的人群讨论避免负面影响的对策措施。

（4）制定减缓措施：当负面影响不可避免时，提出减缓负面影响的对策措施。

（二）社会分析应关注的主要内容

1. 受益人评价（BA）

通常情况下，对前面提到的诸多社会因素的识别和分析都是通过访谈和协商的方式来完成的，通常采用受益人评价的方法，即从项目目标受益人的角度，对有关项目进行信息收集和定性分析，以便获取包括农民主观意愿在内的定性评价信息，来补充那些比较容易得到的有关项目的量化资料的不足，以便在规划和管理项目的过程中听到项目目标受益人和当地利益相关者的声音。因此，对所有项目活动的评价都要从受益人的角度出发，这是社会评价的一个基本出发点。

2. 农民赋权

针对农村发展项目所要求的农民参与，不只是意味着他们仅仅参加项目活动的问题，其本来含义还应包括各种参与的意识和行为等深层次的问题。就具体项目而言，这些参与行为可由浅入深分为四个阶段：①信息分享：有关项目信息从项目单位及业主传递到项目区民众；②协商咨询：项目单位和项目区民众之间的信息双向交流；③合作关系：分享决策权；④农民和其他受益者赋权：将有关决策和控制权移交给项目受益人或受项目影响的人。从社会评价的角度看，农民赋权是农村发展项目的社会评价所要取得的最高社会目标和成果。

3. 扶贫减贫

我国大多数贫困人口居住在农村，因此扶贫减贫一直是农村发展项目所关注的焦点，这类项目社会评价的主要目标也是要确保项目能对当地扶贫做出贡献。毫无疑问，农业发展会带动当地经济增长，但社会评价更要关注当地贫困人口和弱势群体也同样能够分享这种增长所带来的成果，包括关注他们有效地得到和利用这种机会的能力。所以，受益人评价和农民赋权等这些社会评价原则，应当紧密地与动员贫困农民的参与意识和行为相结合，与提高他们的知识和技能水平从而加强参与能力相结合，并且与专为他们参与而建立的项目和社区支持机制相结合。

第五节　水利项目的社会评价

一、水利项目社会评价的特点

（一）行业特点和社会评价的目的

水利项目包括水利灌溉和水资源开发。水利灌溉和农业发展紧密相关，水资源开发与供水和卫生、水电开发、防洪和排水有关。水利项目社会评价的重点包括两方面内容：一是促进参与式灌溉管理，二是针对移民征地问题的"移民行动计划"的制订和实施。这两方面内容是根据项目的特点而特意强调的，既要保证尽力减缓项目可能产生的不利影响和社会风险，同时水利灌溉项目的社会评价要配合国内农村和水利改革，把农民用水者参与管理作为项目发展的社会目标。水利项目的征地移民影响见表 7-4。

表 7-4　　　　　　　　　　　　　　水利项目的征地移民影响

产生征地移民影响的项目内容	征地移民影响的类型
水库	水库和大坝建设经常造成淹没地区大规模征地和乡镇、企业、居民区以及特殊设施、房屋建筑物的拆迁。可能影响当地交通、通信、经济和社会网络、资源和生态系统的开发和利用。可能造成大规模移民，影响的范围大、时间长
水道、航道和堤岸；运河、防护堤和相关工程	可能需要临时占地建设，在项目沿线的狭长地段产生移民影响
泵站和水闸	可能需要相当规模的征地，在当地造成比较严重的影响

（二）水利灌溉项目社会评价的目的

水利灌溉项目通常通过提高农业生产来促进国民经济增长，提高农村的生活质量，达到扶贫目的。

1. 在提高项目成功和可持续性方面

社会评价有助于确保项目设计对预期的使用者而言是可接受的，从而提高项目成功的机会和未来的可持续性。包括：①社会评价根据地区和相关工程，确定或调整项目的影响区域。②项目的规划和运营要建立在充分理解当地人群对新建改建水利工程的需求、优先性和能力的基础上，例如，分析他们的地理位置处于上游还是下游，他们土地的大小和质量，以及目前的生产模式和社会组织结构。通过分析可以解答一些重要问题，例如，当地农民是否有修建更多水利工程的意愿，是否具备相应的技术技能？③通过对不同社会经济群体进行支付能力和意愿的调查，了解当地人对水利和其他相关服务的需求，这样有助于优化项目的技术设计，特别是沟渠和水利控制设施，并有助于明确服务层次，确定合理的投资和维护费用。④理解当地的接受能力对当地社区和农户等用水者和管理组织的有效运营和维护非常重要，必要时还可以制定措施，提高当地的接受能力。这包括通过成立自我管理的水用户协会（WUA）和自我管理的灌溉和排放区（SIDD），建立起主要机构和当地群众对项目规划和运营的参与框架。⑤社会性别分析是性别敏感性规划方法的基础，可以确保不给女性增加额外的劳动负担，保障她们参与和项目相关的能力加强和决策过程。

2. 在扩大项目效益方面

社会评价为识别低收入和弱势人群等目标群体，制定规划和瞄准措施提供依据。通过向低收入地区提供参与性、低成本的水利灌溉服务，鼓励他们参与项目，获得收益。

3. 在避免和减缓社会风险方面

水利灌溉项目的社会评价有助于识别项目的社会风险和负面影响的目的在于：①现有水利设施的收入损失；②灌溉土地升值引起低收入人群的迁移；③面临新的健康威胁，例如通过水传染及与水有关的疾病；④水利灌溉工程沿线的永久和临时性征地使当地人离开原有的土地、资源、生意、住房和其他设施。

社会评价可以识别项目造成的各种影响和受影响人群，为制订负面影响的减缓措施以及移民行动计划提供依据。

（三）水资源开发项目中社会评价的目的

水资源开发项目通过灌溉系统、排水工程、供水、发电、防洪或环境改善等一系列活动，达到经济增长、扶贫、人力资源开发和环境保护等目标。社会评价为提高项目成功和可持续性、扩大项目收益和降低社会成本奠定基础。

1. 在提高项目成功和可持续性方面

社会评价有助于确保项目设计对预期的使用者而言是可接受的，从而提高项目成功的机会和未来的可持续性。体现在：①社会评价有助于确定或调整项目的影响区域；②项目的规划和运营要建立在充分理解当地人群对水资源开发的需求、优先性和能力的基础上，例如，当地的防洪措施、供水供电情况、资源利用模式、生产模式和社会组织结构；③通过对不同社会经济群体进行支付能力和意愿的调查，了解当地人对供电供水服务的需求，这样可以优化技术设计，明确服务层次，确定合理的投资和维护费用；④理解当地的接受能力对达到项目目标需要成立的各种自治机构的有效运营和管理非常重要，这些组织包括当地防洪、排水团体、水用户和水资源管理协会等，必要时还可以制定措施，提高当地的接受能力，这包括建立主要机构和当地群众对项目规划和运营的参与框架；⑤社会性别分析是性别敏感性规划方法的基础，可以确保不给女性增加额外的劳动负担，保障她们参与和项目相关的能力加强和决策过程。

2. 在扩大项目收益方面

社会评价为识别项目受益者和提高项目针对性提供依据。体现在：①确定人群和社区面临的特定风险，例如，洪水，以加强针对性或提高优先性；②制定有效针对贫困人口等弱势群体的方案策略，或考虑水资源相关行为中语言、社会组织、信仰和实践以及性别差异的方案策略；③项目可以为当地创造非技术性就业机会，例如，项目的建造、原材料供应以及项目维护；④社会评价为确定低收入和弱势人群等目标群体、制定规划和瞄准措施提供依据。通过向低收入地区提供低成本服务或防洪措施，鼓励他们参与项目，获得收益。

3. 在避免和减缓社会风险方面

水资源项目的社会评价有助于识别项目的社会风险和负面影响目的在于：①现有服务提供者收入的丧失；②面临新的健康威胁，例如，通过水传染及与水有关的疾病；③水利工程、水库、沟渠和维护设施造成的永久和临时性征地使人们离开原有的土地、资源、生意、住房和其他设施。

社会评价可以识别项目造成的各种影响和受影响人群，为制订负面影响的减缓措施以及移民行动计划提供依据。

（四）主要利益相关者

水利灌溉项目和水资源开发项目的主要利益相关者是生活在项目区的农村人口，他们是项目的目标受益者，不过他们中的一些人也可能由于各种原因成为受到项目不利影响的人，比如受项目影响的征地移民。主要利益相关者还可以进一步细分，即根据他们与水资源相关的或在灌溉系统中的地理位置（例如渠系的上游或下游）、社会阶层、职业、所掌握的资产和收入水平（包括土地的多少）、少数民族社区或者性别等特征进行细分。受项目影响的人群在农业生产、灌溉技术、营销服务以及能力培训等方面会有不同的经验，并对项目产生不同的需求。比如位于灌溉系统下游地区的农民和那些位于中游和上游地区的农民，由于

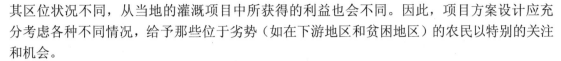

其区位状况不同，从当地的灌溉项目中所获得的利益也会不同。因此，项目方案设计应充分考虑各种不同情况，给予那些位于劣势（如在下游地区和贫困地区）的农民以特别的关注和机会。

二、社会评价在不同阶段中的任务

（一）初步社会筛选

与农村发展项目相同，水利灌溉和水资源管理项目的初步社会筛选目的在于确定信息需求并制订信息收集计划，识别主要社会问题，为详细社会评价确定任务大纲。部分基础信息一般可以从二手资料中获得，主要来源包括：政府有关农业和水资源的法律法规、政策（尤其是水资源产业政策）、管理体制等信息；项目有关的社会经济数据；项目所在地的人口和少数民族分布情况。同时，可以通过目前的社会发展状况和其他在建项目信息，包括当地水利灌溉和水资源发展状况，项目的主要利益相关者的识别，对项目影响的预测以及主要机构和社区管理能力评估等对二手资料进行补充。

（二）详细社会分析

水资源和灌溉项目的详细社会评价应特别关注当地水资源规划、灌溉、能源、供水及排水管理，各级政府和行业管理机构对该项目所带来变化的理解和支持程度，灌溉系统的改善以及参与式灌溉和水资源管理等方面的改革建议。此外，社会评价还要评估当地对项目规划方案的态度（通常包括自我管理的灌溉/排水系统的建立，即实行自我管理灌排区），当地支持该项目的经济能力以及当地公共机构协调项目实施的能力。更重要的是，社会评价要调查项目区农民用水户的情况，了解他们参与灌溉管理的需求和能力以及他们为改善灌溉系统而承担建设成本的愿望等，并且要帮助建立和发展农民用水者协会等自治机构。

社会评价还要评估贫困和弱势群体参与各类农民用水户协会和项目活动的机会，特别是那些居住在下游地区的群体，包括他们目前的财务支付能力以及其他相关费用的支付能力。例如，确定并批准灌溉项目水渠走向和灌溉系统的布局，讨论水的计量和收费方式，建立水用户协会参与灌溉系统管理等。另外，还需要评估男性和女性在农业生产、家庭食品安全、家庭收入和决策、非农业就业和社区工作方面的角色和劳动分工，以及女性相对男性而言，在信贷、设备、土地、水资源、森林、财产、教育和培训方面的获得资源的情况。需要仔细考察女性参加农民水用户协会和当地灌溉系统管理的平等机会，并确定不同群体中女性面临的文化、宗教和社会制约因素，为她们平等参与农田水利发展或水资源规划及防洪的决策过程制定相应的对策方案。

进行社会分析时需要记住，所有项目活动都应从受益者的角度进行评价。受益者评价的重点是获取主观意见等定性信息，以补充说明较容易取得的定量数据。这样可以在设计和管理项目时听取受益者和其他当地利益相关者的意见，例如，对于灌溉项目，这包括确定并批准水渠和其他灌溉工程的走向和布局，讨论水流管理和水费收取方式，以及通过灌排区/水用户协会建立参与式灌溉管理等。

（三）项目实施的社会监测和评价

在项目实施阶段，水利灌溉和水资源项目的社会监测和评价指标包括不同利益相关群体对信息发布、水资源规划和控制活动的参与度；项目对不同社会群体造成的直接和间接的农业生产和经济收入方面的影响；不同地区的贫困状况；在项目影响区域对男性和女性造成的不同社会经济影响，包括移民行动计划在内的所有减缓措施都要进行监测。在项目执行阶段，监测和评价计划为项目规划者提供信息，以控制项目的负面影响，确保达到预期收益。

第六节　自然资源管理项目的社会评价

一、自然资源管理项目社会评价的特点

（一）行业特点和主要社会影响

自然资源管理项目的宗旨是恢复斜坡上的林木，修复草场，保护生物多样性，阻止沙化以及建立自然保护区，这些自然资源和生态环境过去所遭受的损坏是和人类活动密切相关的。恢复和保护自然资源就必然要对某些人类活动加以制约。在某些情况下，生态环境的保护会对当地人口特别是贫困人口造成不利影响。他们的传统食物或经济来源可能受到限制，例如在森林里采集、狩猎和伐木等，因而影响他们的生产生活方式。另外，建立自然保护区还可能导致一些个人和家庭的搬迁，这些影响都是社会评价需要特别关注的问题。自然资源管理项目的征地移民影响见表 7-5。

表 7-5　　　　　　　　　　　　　自然资源管理项目的征地移民影响

产生征地移民影响的项目内容	征地移民影响的类型
重新造林、林地关闭	失去赖以谋生的林产品，失去放牧权，搬迁导致丧失维持收入、生计和文化的各种资源
国家公园或生物多样性保护区	失去放牧权、资源使用权和经济收入来源，放牧路线被切断。部分人口和社区需要从保护区和国家公园搬迁出来

（二）社会评价的目的

根据行业特点及其主要社会影响，社会评价的目的在于调查分析可能产生的项目活动与当地人口生产方式之间的矛盾冲突及其根源，制定包括特别扶持贫困人口在内的有针对性的措施，鼓励将自然保护和当地经济发展以及扶贫相结合，从而实现持续地利用自然资源并创造人和自然和谐发展的局面。自然资源管理项目通常旨在加强环境保护，包括恢复斜坡上的林木，修复草场，保护生物多样性，阻止沙化以及建立自然保护区等一系列内容。

1. 在提高项目成功和可持续性方面

社会评价根据资源使用模式和主要社会指标，为理解资源使用者的需求、倾向和能力方面的限制因素提供依据。包括：①社会评价有助于确定或调整项目的影响区域；②资源使用者可能是当地人或外部利益群体，或两者都有，了解他们的立场和对资源的认识、他们对资源管理的理解、资源的用益权即使用资源的法定权利、利用资源的目的以及利用模式和利用率，这些对于有效地优化项目设计，制定可持续利用和保护资源的项目方案非常重要；③了解资源使用模式有助于通过与当地使用者的密切协商，提出其他可行方案，例如，提供食物、燃料、牧场或其他收入来源；④制定有效措施，增强公众意识，有助于发现自然资源可持续利用中的问题，制定可行的解决方案，并在实施要求使用者改变行为模式的环境措施时取得当地支持；⑤建立自然资源管理机构和包括当地人在内的所有资源使用者的参与框架，可以使资源使用者有机会参与项目的规划和维护，获得收入来源，并在他们各自的影响范围内加强环境管理和监测的意识和能力。

2. 在扩大项目效益方面

参与式社会评价为识别受益者和提高项目针对性提供依据。体现在：①确定人群和社区在自然资源管理方面所面临的特定风险，以加强针对性或提高优先性。②制定有效策略，帮助弱势群体寻找切实可行的方案，这些弱势群体主要是当地贫困或少数民族人口，他们特别依赖自然资源作为食物和燃料来源，作为商品出售或用于其他重要用途，这些人还包括那些将自然资源赋予特别意义的人。制定方案策略，分析环境相关行为中的性别差异。③环境改善项目可以给当地人创造新的收入来源，这些机会主要依赖于他们对当地资源的了解，特别是在旅游业、资源可持续利用、资源分类、中草药或稀有物种采集以及资源管理方面。

3. 在避免和减缓社会风险方面

社会评价有助于识别社会风险和负面影响，例如：①资源管理政策的调整带来的社会成本，例如，人们不能继续使用限制或保护的资源；现有贸易、运输和服务区受搬迁影响，收入受到损失；资源掠夺型行业或企业的关闭造成工人失业等；②基础设施建设造成永久和临时性征地，人们对土地和其他资源的利用受到限制，搬迁使人们离开原有的土地、公共财产、文化遗产、资源、收入来源、住房和其他设施。

社会评价为制订以上不利影响的减缓措施和移民行动计划提供依据。

（三）主要利益相关者

项目的主要利益相关者包括当地土地和林业资源的使用者（农民、在森林里伐木和采集的人、猎户等），特别是那些生活在保护区的核心地带周围和在缓冲区及实验区中的村户，以及森工企业和自然保护区的管理单位及有关部门。另外，在造林项目中所有参加植树和退耕还林还草的村户及县乡林业主管部门也都是项目的利益相关者。

二、社会评价在不同阶段中的任务

（一）初步社会筛选

初步社会评价所需要的基本信息包括环境与自然资源保护等方面的法律、法规、政策制度等方面的信息、项目区的社会经济数据、项目的主要利益相关者以及潜在的项目影响。第一步是识别该项目所在地区占有林业资源并以此获得收入/生计的人口状况。这些人的参与合作对实现项目的目标具有非常重要的意义。以这些信息为基础，项目设计者可以制订一个了解与项目有关的主要社会问题的工作计划方案，作为开展社会评价工作的依据。初步社会筛选还应该识别有关人口中的不同群体，特别是贫困村庄或家庭、少数民族群体以及他们的特殊需求。除了基本的人口统计资料之外，初步社会筛选还要了解当地社会经济多方面的情况，诸如农业和畜牧业生产状况、土壤保护状况、林业资源的获取渠道和使用情况、社区畜牧业资源的获取渠道和使用情况、对这些资源的合法权利、社会组织，领导人和代表人物等。

自然资源保护和管理项目往往与当地社区发生直接联系，所以进一步的详细社会评价工作是必要的。

（二）详细社会评价

首先要查明目前土地和森林的使用情况以及林业资源退化的情况，同时应该评估规划中的自然资源管理项目可能带来的变化，这些变化对当地的影响以及可能支持这种变化的社会经济环境。还要审核项目设计方案是否能使所有不同群体获得有保障的或者有所提高的生活水平，包括主要的利益相关者对于改进林业使用系统的要求和反应，他们对项目投入（资金、幼苗等）的能力和意愿，商定所能接受的投入数量和方式（包括劳动、时间、能源、土地的可持续使用、机械、化肥、种子、产品的加工和营销以及最终收益），以及是否有任何阻碍项目实施的因素等。

自然资源管理项目能否使所有人群都获得更多保障或者提高生活水平，主要的利益相关者对改善资源使用管理系统具有不同的需求、倾向和接受能力。社会评价应提出下列问题：①各用户群体目前的自然资源利用模式是怎样的，是以什么样的模式来满足食物、燃料、放牧、饲料、捕鱼、水资源、特殊动植物、经济收入等各种需求？②在社会经济群体、文化、民族和语言方面存在差异吗？③男性和女性在自然资源使用和农业、家庭食品安全、加工和营销等方面存在角色和劳动分工上的差别吗？男性和女性在获得资源、信贷、培训、设备的渠道方面存在差别吗？是否受时间、经济、教育和文化等因素的限制？同样，在决策方面存在差异吗？④各使用者群体能够接受什么样的资源管理方案？⑤自然资源的获取和使用方面的变化会给各使用者群体带来什么样的影响？⑥影响项目接受程度的限制因素有哪些，如何克服？⑦促使资源使用者改变的动力是否依赖于林业和自然资源管理方面的知识、技能和经验，怎样培养这些知识？⑧有什么可接受和可行的方案来满足食物、燃料、放牧、饲料、收入或文化需要？⑨自然资源管理对资源使用系统的投入和产出有什么意义，这些投入产出包括劳动、时间、能源、土地的可持续使用、机械、化肥、种子、产品的加工和营销以及最终收益？⑩当地使用者群体在有效管理和监督森林和其他自然资源的可持续利用方面的最佳角色是什么？⑪项目引起的变化是否意味着对目前状况的彻底改变，例如从农业转变为林业或牲畜业？⑫这些变化有没有充分说服力的环境或经济依据，足以抵消给使用者带来的不利影响？

当地政府对扶贫目标、社会性别和少数民族问题以及参与式方法态度如何？他们有多少可以利用的资源，包括有多少员工可以参与使用者群体的工作？扶贫和参与方面有哪些管理制度和程序，参与式方法有什么相关经验？是否需要进行能力建设，制订反映员工需求和优先性的培训计划，或提出对员工进行社会影响，尤其是以客户为中心的方法的培训建议？

在社会评价过程中，应重视与受项目影响人群的沟通协商，向他们传达诸如成本、收益、风险和义务等方面的信息，了解他们对这些预期变化的理解和态度。由于某些物种、林区或林业产品在当地宗教或文化方面的特殊含义，社会文化信仰和生活实践可能制约接受项目提出的对资源利用模式的改进。社会评价工作要充分了解分析这些特殊性，使项目的设计方案适应当地社会、文化和经济需求。

林业和土地使用规划是自然资源管理的重要工具，当地人应该参与该规划的制定。参与式的土地使用规划可以运用简单的地理信息系统（GIS），主题地图可以用于分析目前的土地使用情况、可使用的水力资源、土地占有权、分散地块和土壤分类等方面的情况。当地农民可以参与地理信息系统支持的地图的设计，为共同合作管理自然资源做出贡献。另外，项目带来的变化可能改变不同性别之间在自然资源运用、生产系统、家庭食品安全、加工和销售方面的角色和劳动分工，应对男性和女性在获取土地、资金、培训、设备等的有关渠道进行评估，并找出那些对女性获取资金、教育或文化资源方面的制约因素，以便在项目的实施方案中尽力避免各种不利影响。

（三）项目实施的社会监测和评价

在项目执行阶段，自然资源管理项目的社会监测和评价指标包括不同利益相关群体对自然资源规划和管理活动的参与度；不同利益相关者对自然资源保护和管理的有关知识、态度和做法的转变；项目对不同社会群体造成的直接和间接的农业生产和经济收入方面的影响；不同地区的贫困状况；不同社会群体对自然资源的使用率；在项目影响区域对男性和女性造成的不同社会经济影响，包括移民行动计划在内的所有减缓措施都受到监测。在项目执行阶段，监测和评价计划为项目规划者提供信息，以控制项目的负面影响，确保达到预期收益。

第八章

社会评价信息收集方法

社会评价过程，同时也是相关信息资料的调查、整理和分析的过程。为了进行社会评价，通常需要从特定目标人群中收集有关社会信息资料，诸如人口统计资料、收入分配、社会服务、宗教信仰、人们对项目的意见和态度等信息。项目周期不同阶段社会评价重点关注的问题不同，所需要的信息和资料也有所不同。例如在立项阶段，社会评价应重点关注当地主要存在什么样的社会问题，以及什么类型的项目才能解决这些问题。在项目准备阶段，社会评价则应重点关注为了保证项目目标的实现，应该采取什么样的项目建设和实施方案。在项目后评价阶段，需要重点检验项目的预期社会目标是否实现等。信息收集质量是保证工程项目社会评价质量的重要基础。

第一节　社会信息内容及收集渠道

一、社会评价所需信息及其调查步骤

（一）投资项目社会评价所需信息

1. 信息分类

为了叙述方便，我们将信息分为如下四类：

A 类：项目方案设计所需的一般统计信息；

B 类：为制定项目目标及实施方案所需要的有关因果关系及动态趋势的信息；

C 类：项目社会影响评价所需的基线（baseline）信息；

D 类：项目监督与评价所需的受项目影响人群信息。

2. 项目周期不同阶段所需要的信息

在进行投资项目社会评价时，应根据不同阶段的需要来收集不同类别的信息。按照世界银行的项目管理，其项目周期中不同阶段的社会评价投入及所需信息有如下关系，如表 8-1 所示。

表 8-1　　　　　　　　　项目周期不同阶段的社会评价投入及所需信息

项目周期不同阶段	社会评价投入	所需主要信息
项目立项	识别项目目标群体、确定项目影响范围	A 类、B 类
项目方案制定与评估阶段	设计参与机制、进行社会可行性分析	A 类、B 类
项目实施及监测评价阶段	受益者分析、社区参与	D 类
项目后评价	社会影响评价	C 类

（二）社会信息收集的基本程序和步骤

调查与收集社会信息必须遵循一定的基本程序。一般都要经历确定调查对象、调查方法设计、调查实施和分析总结等阶段。

1. 确定调查对象

调查对象的选定是否恰当，对社会评价工作的成效具有至关重要的影响。

2. 调查方案设计

调查方案的设计一般包括拟定调查提纲、设计调查表、选择调查研究的方式和方法、制订调查计划等步骤。

3. 收集整理资料

收集资料是一项十分艰苦复杂的工作，同时必须通过搜集资料发现新的问题，为进一步深入调查做准备。整理资料则是一种细致的工作，首先要对所取得的资料进行查验，对遗漏的资料进行必要的补充，错误的要进行修正，其次是按照事先规定的途径将资料汇总分类并加以条理化。

4. 分析总结

对收集整理的资料进行分析研究，一方面是应用统计手段进行数量分析，研究这些调查资料所表现出的各种总体数量特征；另一方面应运用比较、归纳、推理或统计等方法发现各变量之间的内在联系，揭示数量特征及含义，得出社会调查结论。

二、社会信息的调查收集方法

（一）问卷调查

问卷调查是获取有关社会文化基础资料的常用工具，包括半封闭和全封闭两种形式。半封闭式问卷要求被调查人员用自己的语言和方式来回答所提出的问题，而全封闭式问卷则给出一系列预先规定的答案，被调查者只需勾画出自己认为适当的选项。半封闭式问卷的主要优点是对问题的回答是自发和自由的，被调查者可以畅所欲言，主要缺点是增加量化分析的难度。问卷处理效率低，难以获得某些问题的总体认识。相反，全封闭式问卷的回答则是限定的，被调查者只能从中选择，这在一定程度上对被调查人充分地表达自己的见解构成一定限制，但问卷的处理效率高，能获得某些问题的总体判断。采用问卷式调查的原因往往是：①为了搜集便于进行统计分析的数据资料；②为了增加观点的说服力；③需要一些有代表性的数据。

（二）访谈法

访谈法又称访问调查法，就是调查人员主要通过与被调查者以口头交谈的方式了解社会信息的方法。按被访问者的人数，访谈法分为个别访谈法和集体访谈法等，有多种访谈类工具可以运用。

（三）讨论会法

在项目准备的早期阶段，参与式社会评价小组应该组织利益相关者通过参加研讨会的方式，向有关政府部门的相关人员介绍社会评价的目的、方法以及参与的方法，从而使他们充分了解社会评价的重要性并获得他们的支持。实践证明，组织利益相关者参加研讨会是听取不同群体意见的一种行之有效的方法。研讨会有助于消除各个机构之间、不同利益相关群体之间的隔阂，同时还能增强利益相关者对项目的拥有感。另外，这类研讨会还有助于了解利益相关者所关心的问题，对利益相关者的共同想法和需求进行识别和界定，促进他们的共同参与。

社会信息可以借助于调查者与被调查者之间的讨论和交流来获取。与个人访谈相比，小组进行集体讨论具有以下优点：第一，能使调查者通过采取既迅速又经济的方式来收集信息；第二，人们汇集在一起，通常互相受对方的感情、情绪和所关心事件的影响，可以减低个人访谈的一些窘境，使他们能够畅谈他们在个别场合所不愿过多涉及的问题；第三，有些情况下小组讨论收集到的信息往往比个人访谈更精确，因为人们顾虑如果他们提供不准确的信息，就会与其他人所提供的信息相互矛盾。

按照讨论会参与的人数大小，集体讨论可以划分为两种类型：社区会议和专题讨论会。社区会议是邀请所有社区和村落人员参加的讨论会，专题讨论会则只是邀请一些细心选择的人员参加（通常由 6～10 人构成）。

研讨会为利益相关者聚集在一起发表意见提供了机会，从而有利于确保项目规划方案的针对性。参加研讨会的成员应该包括来自对该项目的成败具有决定性影响的各个部门的代表、政府相关部门和项目目标群体（比如妇联）的代表，以及其他相关机构的代表，如扶贫办和少数民族事务办公室代表等。项目执行机构、当地官员和项目实施所涉及的其他机构的代表应当加强沟通，交流经验，这种交流和沟通应该成为利益相关者研讨会的重要组成部分。

（四）观察法

1. 参与观察

参与观察（participant observation）是收集社会信息的一种有效方法，它要求通过参与到具体的社会实践活动中，对项目的社会环境状况进行直接观察。这种方法通常与直接观察、小组讨论和问卷调查等结合使用。例如，在关于当地人群对项目反应的调查中，调查者变成项目拟建地社区中的一员，以便真正理解当地人群对拟建项目的认识和理解，对项目能够带来的利益和遭受损失的判断，对项目实施机构的态度和感觉。

与其他方法相比，参与观察有一些显著的优点。第一，参与观察者可以观察到某个现象或过程各个层面的真实情况；第二，参与观察有助于揭示行为模式、社会和经济进程，以及那些信息提供者本身也未意识到或不能加以适当描述的环境因素；第三，参与观察有助于了解社区中贫困人口和其他容易被忽略的人群的需要、行为模式和环境条件，而往往这些人不能明确反映他们所处的困境和面临的问题。为更好地完成参与观察工作，观察者应遵循以下规则：

第一，明确观察的主要问题。观察者在进入某个领域之前不应当有先入之见，应当以一种开放心态进入实际观察地区。如果观察者分布于不同的社区，则他们必须使用一个统一问题框架，同时应注意限制问题的数量，将最重要的问题列入观察清单中。

第二，合理安排观察的地点和日程。参与观察应尽量控制观察场所的数量，通常至少应选择两个场所进行观察，以使观察所得的信息具有可比性，并且可相互验证分析。场所的选择应考虑以下因素：①被观察的现象在所选择的场所中应能出现并且有一定的规模；②社区或组织愿意接受参与观察的人员；③观察者能够进入社区或组织的正常活动中。要重视观察时间段的选择，因为被观察事件的发生往往具有一定的时间要求，时间段选择不当将直接影响所获得信息的价值。

第三，在观察活动中，观察者在项目拟建社区应担当适当的职能。通常有三种选择：①观察者作为项目拟建社区的一个成员。②观察者作为一个纯粹意义上的调查者，对当地人群的日常生活以及他们对项目的反应进行观察。③介于以上二者之间，观察者不单纯扮演项目所在社区的普遍成员角色，而是去参与社区的一些正式或非正式的活动，这是观察者收集社会评价资料时通常所扮演的角色。

第四，观察者应避免两种偏见：一是调查人员对被观察环境的影响，二是被观察环境对调查人员的影响，这两种影响都应尽可能地压低到最大限度。

2. 实验观察（field observation）

实验观察法也叫试验观察法，即通过做社会实验的方式获取社会信息的方法，它起源于自然科学，是一种最有效、最直接的调查方法，也是一种最复杂、最高级的调查。实验观察的过程，不仅仅是资料和信息的收集过程，更是一个深入、详细的分析过程。实验的方法往往是现场观察、参与式观察、访谈和问卷调查等方法的综合运用。

在实验中还必须不断地查阅和研究有关文献和记录。实验最能发挥社会评价者的主观能动性。实验观察的成果几乎全取决于调查者的能力、经验和智慧。实验观察法对有些项目，如农业项目、林业项目、移民项目、扶贫项目、卫生保健项目等的社会评价非常适用，因这类项目具有可实验性，而对一些不具实验性的项目，如水利建设项目、能源开发项目和交通运输项目等而言，则不大适用，或者只是用在影响与反应的因果关系的分析中。

（1）实地观察所需材料。

笔记本、笔、录音机、照相机、摄像机、地图等。

（2）观察的步骤。

1）选择愿意合作并对投资项目区域或目标社区情况比较熟悉的陪同人员；

2）与陪同人员一起制定所要观察的目标类型并选择适合的路线；

3）进行准备，包括工具、所要观察目标清单等；

4）进入投资项目区域或目标社区，边走，边仔细观察，边记录；

5）在遇到疑问时随时随地向当地陪同人员或其他任何人询问。

（3）注意事项。

1）观测：通过观测的方式收集资料，并通过对这些资料的定性分析来了解和解释投资项目区的社会问题，必要时可以使用尺子等便携工具直接进行实地测量，如建筑物、土地面积、作物重量、薪材量等。

2）指标：根据投资项目的目标，可选择各类可能的事物作为指标，包括实物、个体的活动、群体之间的关系等所有可以直接观察到的情况，用以对其他不能观察到的情况进行分析（如：根据房屋式样判断家庭富裕程度）。所选的指标应该是有效的、有代表性的、可靠的、敏感的并且综合考虑成本、所需时间等因素。

3）记录：尽可能使所记录内容详细，可根据预定目标搜集各种资料（照片、作物标本等）。

4）实地：包括市场、交通工具、工作场所、家庭、医院/卫生所、学校/教室、集会（聚会）前后时间、主要公共场所等。

5）应该确保直接观察是系统地进行的，并且在不同场所、环境内进行的观察是可比较的。

6）在观察时注意运用各种手段：嗅觉、听觉、味觉、触摸，并且注意参加社区内的各种活动及与当地人分享观察到的结果。

7）在对一些较复杂的事物（如宗教仪式、当地节庆活动、体育比赛等）进行观察时，建议能有若干名观察人员按照事先分工从不同角度进行观察。不同的观察人员可以分工注意观察不同的目标群体，如妇女、男人、儿童、老人以至在场的外来者。

8）注意观察人们在言行、着装等方面的区别及变化：体现地位、阶层、种族、宗教信仰、从属关系等内容。

3. 现场观察

现场观察法也叫实地观察法，即调查者深入现场获取所需社会信息的方法，是社会调查的一种基本方法，同访谈法、参与式观察法和实验观察法一样，也是直接调查方法。现场观察法的最大优点是它的直观性和可靠性。但它也有一些缺点：一是获得的社会信息都带有一定的偶然性和表面性；二是受时空等条件的限制，许多社会信息不能或不宜进行现场参观和考察，所以在实际社会调查中，现场观察法常和文献调查法、问卷调查法等结合使用。

在项目社会评价中，很多描述社会环境现状和进行影响评价所需的资料都可通过现场参观、考察获得。在现场调查者可以访谈当地居民和官员、观察社区成员的生活方式。通过观察，能很快获得许多重要的信息，如邻里关系如何处理，如何维持；当地居民如何相互交流；社区基础设施和服务设施条件如何；当地居民生活质量如何（比如住房、衣着等）；社区公众会议如何进行，这些信息无疑对社会评价大有帮助。

（五）文献调查

文献调查法也叫二手资料查阅法，就是通过收集有关的各种文献资料，摘取其中对社会评价有用的信息。社会调查一般是从文献调查开始的，无论访谈，还是现场观察或问卷调查等，都应先收集必要的资料和信息，以便有的放矢。

就社会评价而言，常用的文献资料包括：①社会学、经济学、人文学理论研究资料；②项目所在地和影响区域的年度国民经济与社会发展报告、财政收支报告以及统计年鉴；③经济普查、人口调查等资料；④地方志；⑤当地报刊、地图、电话号码簿等；⑥其他相关资料。

无论是进行短期调查还是进行长期的研究，社会评价人员都希望尽可能全面收集已有的信息和资料，但应注意资料的有效性，不追求面面俱到，避免过时的资料。

1. 二手资料的收集和用途

二手资料是以发表或未发表形式存在的，与所涉及投资项目的地区或主题相关的信息来源，包括：报告、文件、统计资料、档案资料、书籍、地图、照片、航片、卫片和影像资料等。在做投资项目的区域或社区基本状况调查时可以应用二手资料，因为二手资料能提供背景情况，并能节约大量时间，同时有助于进一步的实地调查。开展社区社会评价时，可以利用部分二手资料。

2. 二手资料的使用

二手资料整理。二手资料整理时，应对国内外现有资料进行充分完整地整理。例如，基础状况调查时收集二手资料，包括：

（1）自然、生态环境资料，如降雨量、土壤、植被、农作物，以及整个农业生产系统，包括种植到收获、劳力、技术、储藏、加工、市场等。

（2）人口状况资料，如劳力数量、文化、信仰、习惯、民族、家族结构、收入来源、收入构成、经济、信贷等方面的情况以及教育、文化机构、医疗卫生、基层组织、政府机构等情况。

（3）二手资料展示。在整理过程中，可以将二手资料以下列形式表现：结构图、表格或清单、照片或图片。

3. 二手资料使用原则

（1）根据投资项目的领域和性质收集直接相关的资料和数据。

（2）利用二手资料具有省时、省事、方便易得、节省财力和人力的特点，但是，二手资料也有其时效性和资料来源的可靠性等问题。

（3）不要一味贪多求全。

（4）在实地调查中能获取的资料不需要收集。

4. 案例

案例1～案例3中的基本情况见表8-2、图8-1和图8-2。

案例1：中国农村居民家庭劳动力文化状况

表8-2　　　　　　　　　　　　中国农村居民家庭劳动力文化状况表　　　　　　　　　　　　%

年份	不识字或识字很少	小学程度	初中程度	高中程度	中专程度	大专及大专以上
1985	27.87	37.13	27.69	6.96	0.29	0.06
1990	20.73	38.86	32.84	6.96	0.51	0.1
1995	13.47	36.62	40.1	8.61	0.96	0.24
1996	11.23	35.52	42.83	8.91	1.2	0.31
1997	10.1	35.11	44.31	8.91	1.24	0.33
1998	9.56	34.48	44.98	9.15	1.46	0.37
1999	8.96	33.66	46.05	9.37	1.57	0.39
2000	8.09	32.22	48.07	9.31	1.83	0.48
2001	7.87	31.14	48.89	9.65	1.94	0.51
2002	7.59	30.63	49.33	9.81	2.09	0.56
2003	7.39	29.94	50.24	9.68	2.11	0.64

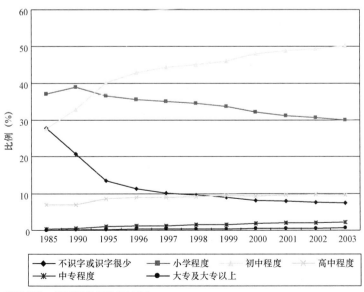

资料来源：《国家统计年鉴2006年》。

图8-1　农村居民家庭劳动力文化状况折线图

案例 2：我国县级医疗机构占有床位情况

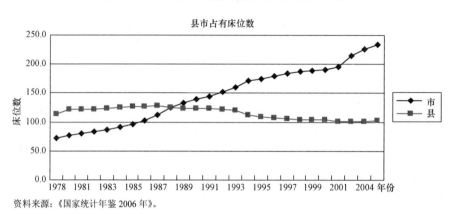

县市占有床位数

资料来源：《国家统计年鉴 2006 年》。

图 8-2　通过查阅统计年鉴调查了解我国县级医疗机构占有的床位情况

数据分析：从数据和图表可以看出县级医疗机构占有床位 1978 年为 114 万张，到 2004 年只有 102.8 万张，不但没有增长，还出现了倒退；而市级医疗机构的床位从 1978 年的 71.6 万张，2004 年增长到 234 万张，增长 3 倍左右。从中可以得出结论：市和县医疗机构的床位差异巨大，这种地区间的差异是公共医疗设施的不平衡体现。

案例 3：西鄂尔多斯国家级自然保护区基线调研

从二手资料获取的信息是所涉及的嘎查的总体情况，其中人口与牧场情况如表 8-3 所示。

表 8-3　　　　　　　　　　　　人口与牧场基本情况

苏木	嘎查	人口（人）			其中：蒙古族（%）	户数	劳动力	牧场面积（万亩）	人均亩	头均亩
		总数	男性	女性						
阿尔巴斯	伊克达莱	943	498	445	17	218	530	76	806	24
	伊克布拉格	667	387	280	62	244	195	124	1859	70
	额尔格图	367	173	194	84	118	222	24.8	676	25
	红井	722	371	351	25	204	607	87	1205	31
	乌仁都西	623	303	320	82	177	471	44	706	20
	巴音温都	561	275	286	59	179	388	38	677	19
新召	脑高岱	992	521	471	88	250	441	80	806	29
合计		4875	2528	2347		1390	2854	473.8	972	30
%			52	48						
平均					60		2	3409		

资料来源：苏木报旗统计局的资料。

数据分析：从表 8-3 可以看出，核心区和缓冲区所涉及的 7 个嘎查共有牧民 1390 户，4875 人，每户平均 3.5 人（户均 3～4 人）。其中男性占 52%，女性占 48%。每户平均有 3409 亩（约 227 公顷，1 亩＝666.6m²）草场，人均草场面积 972 亩，户均劳动力 2 人。蒙古族平均占 57%，

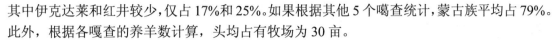

其中伊克达莱和红井较少，仅占17%和25%。如果根据其他5个嘎查统计，蒙古族平均占79%。此外，根据各嘎查的养羊数计算，头均占有牧场为30亩。

（六）专家讨论会法

项目的投入多种多样，项目影响经济与社会的许多方面，这就要求项目社会评价者必须收集和分析各种各样的信息，虽然社会评价者有自己的特长，但不可能是全能的，因此在实际收集资料和进行社会分析时，常常求助于专家。专家讨论会即邀请有关专家讨论所需调查的内容，从而获取所需信息的方法，它是一种求助专家的重要形式。由于专家看问题往往有自己独到的见解，有时还能提出别的类似项目成功的经验或失败的教训，这些无疑对项目社会评价大有帮助，所以无论是社会调查者还是社会评价者都应及时听取专家的意见。

专家讨论会法有别于集体访谈法，后者参与者全部来自项目的利益群体（包括直接的与间接的），而前者则是有关讨论内容的专家。此外，专家讨论会法不仅能获得社会信息，往往也能直接获得解决某些因项目引发的社会问题的办法或措施。

在投资项目社会评价中通常有必要邀请社会学家、人类学家、经济学家、环境保护学家、生态学家、市政规划学家、项目管理学家、心理学家、统计学家等参加专家讨论会。

第二节　问卷调查的操作方法

一、问卷调查法的特点和类型

（一）特点

问卷式调查（questionnaires）以受访者回答问卷的形式进行的调查，它是参与式研究中的一个有效工具。问卷式调查在参与式研究中运用的特点是要求从问卷设计、调查过程到核查结果的整个过程都注重信息的真实程度，为此必须与其他的参与式工具配合使用。

（二）类型

按照调查对象和完成的过程，调查可以分为单对象调查、多对象型调查和固定型调查。固定型调查是指以固定的周期（如一个收获周期）对同一对象进行同样问卷的调查，其优点是可以得到大量的可比资料，缺点是完成的周期太长。重复地访问一个对象有可能会增进友好关系，从而能够就一些敏感的问题得到更加可信的结论。有时，调查对象某些时候所"忘记"的信息在某个情景下可能会被回忆起来，这也是进行固定型调查的一个原因。这种方法在某些情况下，如对比农业生产情况、技术推广的进度等情况时，有广泛的应用。相比之下，最省事的是单对象调查，即对一个对象进行一次性的调查，但是其缺陷也是显而易见的，即访问对象可能因为不能回答某些问题或者内容太多而由一个调查对象难以完成。在这种情况下，多对象的调查可以补允这一缺陷。但是这时又要注意太倾向于选择善于言谈的对象而使抽样产生偏差。

二、抽样样本的选择

在投资项目的社会评价中，社会调查是一项非常重要的工作，其中经常采用的方法就是抽样调查。在社会评价中，确定应该对何人进行访谈的过程被称为"抽样"。在制定抽样方案之前，应该首先确定数据收集的目的，以及所收集的信息属于何种类型。

（一）抽样调查的类型

抽样调查方案的制定应考虑下列因素：①需要什么样的信息？②何人拥有这些信息？

③如何才能最有效地获取这些信息？④应该如何对所获取的信息进行分析，从而以最有效的形式来提供信息？

在制定数据收集方案之前，一定要认真地回答前两个问题。因为对信息的要求和信息来源的详细说明决定了抽样、访谈和调查的目的，同时还对许多技术性措施产生决定性影响。如果对信息的要求以及何人能够提供这些信息没有进行清晰地描述，没能透彻地理解这些问题，就不可能设计出一个合适的抽样或调查程序，也就不可能制定出一个有价值的访谈大纲或调查问卷。

抽样程序主要分为两种类型：随机抽样和非随机抽样。抽样程序类型的选择取决于调查的目的、所需信息的类型以及何人是所需信息的最好来源。非随机抽样在抽样目的和所采用技巧两方面均不同于随机抽样。非随机抽样适用于下列情况：①不需要对项目总体的特征进行详细描述或评估；②所获取数据仅为调查研究人员提供信息，而非根据样本推论总体；③仅进行初步性调查。非随机抽样特别适用于以下情况：即调查的目的是获取只有某些社区成员知道的特定信息。总之，与非随机抽样所获取的数据相比，通过随机抽样获取的数据更加可靠。

（二）随机抽样

1. 随机抽样的目的

如果希望根据样本的情况来推论总体的情况，就应该使用随机抽样方法。采用随机抽样程序的目的就是使样本对总体具有最大程度的代表性。

在社会评价中使用随机抽样的主要目的如下：①对不同群体的特征及其对项目的不同观点进行比较；②通过不同调查对象对调查问题的回答结果，识别样本的统计特征；③根据样本特征对总体特征进行评价；④为不同时期的社会群体特征进行比较提供基础。

2. 随机抽样的程序

如果需要获取对项目总体具有代表性的样本信息，或需要获取项目地区内某些特殊群体（例如少数民族或贫困人口群体）的代表性样本信息，则需要抽选样本，一般包括以下步骤：

（1）界定抽样总体。在随机抽样中，必须首先界定抽样调查的总体，并对界定总体的标准和范围进行详细说明。在这个过程中，一定要确保对总体的正确界定和详细了解，使选定的总体与社会评价的目的相适应，而且一定要确保对总体描述的准确性。

（2）确定调查的分析单位。一定要根据调查的目的，认真研究确定分析的单位。单位层次的划分对调查结论有重要的影响。分析单位的选择还应综合考虑成本和时间消耗。在社会评价工作中最经常使用的分析单位是个人、家庭、社区和机构。

（3）确定抽样范围。确定一个合理的抽样范围通常是抽样过程中最困难的任务之一。只有抽样范围选择得合理，抽选出的样本才具有代表性和可靠性。

（4）选择抽样方法。通常使用三种抽样方法来抽取样本：①简单随机抽样，亦即从总体中任意抽取一个受访者。②整群抽样，包括两个步骤：首先从总体中任意选定若干子群体（例如人口普查区），然后从选定的子群体中随机选择受访者。这种方法常用于面对面的访谈调查。根据地理位置的不同将受访者分群进行调查可以大幅降低成本。③分层抽样，把具有不同特征的总体人口依据其具体特征划分为不同的子群体，即层，然后在每层内分别抽选样本。这种方法的重要性在于，确保相当数量的同层内受访者具有共同的特征，如少数民族、性别或职业；确保同一样本中有足够的同质受访者以支持抽样调查所要进行的分析。

（5）确定样本大小。不同的抽样方法对样本的大小通常有不同的要求。样本的大小通常根据抽样方法（简单随机抽样、分层抽样）而决定，但同时还应考虑调查的目的、总体特征、可供支配的时间和资源等。没有任何绝对"正确"的样本规模大小判断标准，应综合考虑各种重要因素，以便选择确定样本规模。抽样样本大小建议值如表 8-4 所示。

表 8-4 抽样样本规模建议值

总体总量	样本建议量	百分比（%）
100	15	15
200	20	10
500	50	10
1000	50	5

资料来源：联合国粮农组织项目管理手册（亚行 PSA 手册 2001，App.8.4,3）。

（6）抽取样本。在抽取样本前，应对抽取样本的整个过程进行统筹考虑，周密设计抽取样本的各个环节。在完成这些准备工作之后，抽取样本的工作就容易进行了，但抽样过程可能会占用很多时间。抽样只是获取适当信息的工具，而不是最终目的。

三、问卷设计

设计出质量较高的调查问卷，并善于运用访谈技巧进行访谈，是获取正确、有用数据的重要手段。问卷和访谈方案的设计应达到以下目的：①阐明和提出问题；②获取和记录回答。

（一）阐明和提出问题

评价人员必须始终如一地、尽可能地界定和阐明各种需要了解的问题，获取所需的信息，以便对将要采取的投资行动可能造成的影响进行预测和评估。因此，问题的提出依赖于对社会评价的目的进行透彻分析。每个问题都应该有其特定目的，评价人员应该知道自己将如何使用该问题反馈回来的信息。设计调查问卷时，一定要认真关注将如何分析、利用各个问题得到的答案。

问卷调查必须确保能够设计出样本内全体成员都能理解、并能回答的问题。为获得有效的答案，各种问题的含义必须十分准确地传达到受访者，也就是说，提出的问题必须明确，提问的措词必须恰到好处，所使用的术语和概念必须为受访者所熟悉，必须投入足够的时间和精力进行问卷的设计以及问卷的试回答。如果问题非常难答，应考虑变换成其他方式来提出问题，提出问题时应尽量避免使用行话和技术词汇。每个问题都应该越短越好，而且一次只提一个问题，所提出的问题应该直截了当，而不应该含糊不清。

阐述和提出问题的方式在很大程度上影响着受访者是否愿意或有能力提供准确而完整的信息，有偏差的问题必然会带来有偏差的回答信息。站在受访者的角度审核每一个问题，甄别所提出的问题是否令人迷惑、语意含糊不清、是否有"要求"或引导得到某种回答等的情况，即使是很好的问题，如果访谈者和受访者之间的交流出现问题，也有可能影响受访者准确、完整地回答所提问题的意愿或能力。为达到高效率调查的目的，访谈者应该自始至终敏锐地观察受访者，观察他或她的个人态度和意愿，然后通过不同的措辞，或强调某个话题，以最终获得自己想要得到的信息。

（二）获取和记录答案

为从问卷调查中获取准确而完整的信息，要求提出的问题清晰明确，同时还要求准确地记录受访者的答案。问题的提出可以是开放问答形式，也可以是选择题的形式。选择何种问答形式主要基于以下几种考虑：

（1）对于选择题，受访者必须从问卷所给出的答案中选择其中一个答案。选择题比较难以提问，但由于问卷已经给出答案，因此受访者较容易回答，而且能够较快地回答。然而，选择题却可能导致提问过分简单，或答案过分简单，因而促使受访者被迫选择一个并不能真实反映或表达其想法的答案，这是选择题的主要缺点。

（2）对于开放式问答，是在问卷没有提供任何引导或提示的情况下，由受访者阐述自己的答案。由于要求受访者自己回答问题，而且问题往往有一定的难度，需要耗费一定的时间，而不同受访者的答案经常有很大的差异，因此往往很难清楚地归纳出答案中所反映的趋势、态度或结论，这是开放式问答题的主要缺点，但对于探索性问题，需要确定受访者在没有任何提示下如何回答的问题，则需要使用开放式提问方式。

（三）问卷设计注意事项

（1）尽量避免使用不确定的、歧义性的、互相重叠和技术性过强的术语，答案应尽可能简短。问题的用词对于获取准确的、有价值的信息很重要。

（2）尽可能地避免导向性问题。

（3）注意问题的排序具有逻辑性和流畅性。问题的设计通常应由简单到复杂，从一般到具体，从容易到困难，从令人舒适的到令人敏感的。开始提出的问题应是概括性的、令人悦目和容易回答的。

（4）对于敏感性问题，应注意其提问时机和提出方式。通常应在调查人和被调查人之间的融洽关系基本形成之后，当谈到相关问题时相机提出。如果不宜于直接提出，则可以变换方式，间接和含蓄地提出。

（5）对于一个新设计的问卷，应当先在小范围内进行试验，以便在发出正式问卷调查之前，能够发现问卷存在的不足。

（6）提问应该从最简单的问题开始。

（7）问题的设计要尽量简洁，提问方式要尽量有助于得到可操作且便于统计的标准答案，这就需要把一些复杂的问题拆成几个较简单的问题。

（8）提问当中，尽量让受访者能够用自己的语言回答，而调查者的工作是在其中搜寻与问题有关系的答案。

四、数据分析

在社会评价的过程中，有时需要对所获取的信息进行分析。在评价过程的早期阶段，就应该预见到这种需求。数据分析包括五个基本步骤。

（一）明确数据的目的和意义

社会评价人员提出的问题最终带回了调查所得到的信息，同时这些问题事实上也决定了应该研究的内容及数据分析的目的。如果社会评价人员所提出的主要是描述性问题（如，目前的状况及最近的趋势是什么？），数据分析也应以定性描述为主，并重点关注频率（具有每种特征或表达每种观点的受访者的数量及其所占百分比）等定量指标。如果所提问题是分析性的（如，两个不同的受访群体之间有区别吗，为什么？），数据分析也将主要关注各种关系的对比分析方面。

（二）核查数据收集的程序和质量

数据质量会受到各种因素的影响，如选择受访者所采用的抽样程序、收集数据的方法、样本的大小以及对数据进行分类的方法等。

（三）数据准备

在进行数据分析之前，一般需要对所获取的信息资料进行预处理。例如，通过对各类数据进行科学的分类，往往可以大大减少分析的工作量。

（四）分析数据

在社会评价中，数据分析的主要目的是对项目所在地区的社会经济现状及利益相关者的态度进行分析，得出各种描述性的信息，并对未来发展趋势进行描述。在大多数情况下，数据分析集中在不同群体之间，不同社区之间，不同年份之间的对比分析上，并经常采用百分比分析的表现形式。

（五）解释和提交结果

分析过程的最后一个步骤是解释信息，识别样本的类型和特征，描述目前状况及未来影响，所得出的结论必须包括对未来社会影响的预测。如果结果是以数据的形式表现出来，还必须同时阐明数据的含义及其局限性，并指明根据这些数据所得出的推论。在提交的调查结果中，还应该说明所采用的调查方法及其局限性以及所采用的数据。对调查结果的任何误解都会危害社会评价作用的发挥，因此在提交调查结果时一定要十分慎重。

五、调查问卷案例

甘肃省 WG 高速公路项目住户调查问卷（2006 年）

尊敬的住户：

我们正与甘肃省交通厅一起为 WG 高速公路项目工作，该项目既包括高速公路建设又包括与之相配套的乡村公路改造与建设。很高兴您能为我们提供相关信息，我们将为您保密。感谢您的参与。

被调查者姓名： 联系电话：

调查日期： 调查人： 审核人：

1. 住户所属类型：

贫困户（ ） 少数民族（ ） 女户主（ ）

2. 地址 市（县） 区（镇、乡） 社区（村） 组（队）

3. 你的年龄：_____（周岁）

4. 你的性别： （1）男 （2）女

5. 你的民族： （1）汉族 （2）回族 （3）藏族 （6）其他

6. 你的文化程度： （1）不识字或识字很少 （2）小学 （3）初中 （4）高中 （5）中专 （6）大专 （7）大学及以上

7. 你的婚姻状况： （1）未婚 （2）已婚

8. 你家人口 人

9. 家庭成员情况（填报所有家庭成员，包括被调查人本人）：

姓名	与户主关系	性别	年龄	婚姻状况	文化程度	职业

续表

姓名	与户主关系	性别	年龄	婚姻状况	文化程度	职业
人员信息所对应的编号（在每个人的相应内容内填入其本人信息编号）	户主	男	15岁及以下	未婚	文盲半文盲	种植养殖业
	配偶	女	16～40岁	已婚	小学	工业
	儿子/女儿		41～60岁		初中	商业
	兄弟/姐妹		61岁以上		高中	服务业
	侄子/侄女				中专	交通、通信业
	婿/媳				大专	干部
	孙子/孙女				大学以上	教师
	父母					医生
	祖父母					学生
	其他					退休人员
						其他

10. 你家现有土地（亩）：（请在横线上填上数字，下同）

1）耕地 _____：①水田 _____ ②旱地_____

2）鱼塘_____ ：3）果园_____ 4）林地_____

5）其他_____

11. 2005年家庭主要作物产量及禽畜出栏数量

1）稻谷（公斤）_____ ; 2）玉米（公斤）_____ ;

3）水果（公斤）_____ ; 4）大豆（公斤）_____ ;

5）牛（头）_____ ; 6）猪（头）_____ ;

7）羊（只）_____ ; 8）鸡（只）_____ ;

9）鸭（只）_____ 10）其他畜禽（只）_____

12. 2005年家庭收入情况

总收入_____（元），其中：

1）种植业（包括林、果、菜等）_____ ; 2）养殖业（畜牧水产养殖）_____ ;

3）工业（含小型加工）_____ ; 4）劳务收入（如外出打工）_____ ;

5）经商、运输_____ ; 6）房屋或铺面出租_____ ;

7）工资收入（公务员、老师等）_____ ; 8）其他_____

13. 2005年家庭开支情况

总开支 _____（元），其中：

1）农业生产开支_____ ; 2）经营开支_____ ;

3）生活开支_____ ; 4）衣着开支_____ ;

5）教育开支_____ ; 6）医疗开支_____ ;

7）交通开支_____ ; 8）通信开支_____ ;

9）水电开支_____ ; 10）人情费_____ ;

11）其他_____

14. 家庭拥有耐用品情况

1）电风扇_____ ; 2）电话机_____ ; 3）手机_____ ; 4）电脑_____ ;

5）电冰箱_____ ; 6）洗衣机_____ ; 7）摩托车_____ ; 8）拖拉机或小货车_____ ;

9）汽车_____ ; 10）其他（请注明）_____

15. 你家住房

1）房屋数量 _____间；2）住房面积 _____（m²）

3）房屋类型：

①砖混结构_____②砖木结构_____③土木结构_____

16．村里（社区）医疗条件（单选）

1）是否有卫生所？① 有 ② 无；2）如有，是否达到你的要求？① 是 ② 否

3）家人生病到哪里？（①村卫生室 ②乡镇卫生院 ③县医院 ④买药吃 ⑤其他）

17．村里（社区）教学条件（单选）

1）是否有小学？ ① 有 ② 无

2）如无，小孩到哪里读书？

①其他村小学 ②社区（村部）小学 ③其他_____

18．你家的用水来源（单选）

（1）水井 （2）河水 （3）泉水 （4）自建简易自来水 （5）管道自来水 （6）其他（说明）

19．你家通有线电视吗？（单选）（1）通；（2）不通

20．你对当地的道路交通状况是否满意？（单选）

（1）很满意；（2）比较满意；（3）一般；（4）不太满意；（5）很不满意

21．你听说过要修建 WG 高速公路吗？（单选） （1）知道；（2）不知道

22．你认为公路项目将对你及你所在的社区或村庄带来的好处是（按重要程度重新排序）：

1）改善交通条件，方便出行；2）增加就业机会；3）增加收入；

4）便捷、舒适，促进旅游业发展；5）降低运输成本，带动各业发展；

6）改善投资环境，有利招商引资；7）缩小发达地区与落后地区的差别；

8）获得补偿费，改善生产生活条件；9）改善通信条件；

23．你认为公路项目将给你们带来的不利影响主要是（按重要程度重新排序）：

1）地少人多，就业困难，收入下降；2）噪声；3）道口设计不合理，出行不便；4）水利设施遭受破坏；

5）空气、水质污染；6）施工中损坏社区道路；7）多占用边角地不补偿；8）施工中毁坏农作物或公物不赔偿；

23.1 你认为工程建设对你的生活影响是：1）有利影响；2）不利影响；3）没有影响

23.2 你对本工程的态度是：1）支持；2）不支持

23.3 如果有房屋拆迁，你是否愿意接受？：1）愿意；2）不愿意

23.4 出行频度——2005 年度

出行地点	距离	出行人（谁）	出行间隔（多久一次）	单程成本	交通工具	最远到过哪里
乡镇		1.				
		2.				
		3.				
县城		1.				
		2.				
		3.				
陇南市		1.				
		2.				
		3.				
外地		1.				
		2.				
		3.				

注：请在'出行间隔'、'单程成本'所填内容后用'＋'或'－'号表示近年的趋势；在'出行地点'下面空格处写明去往的具体地点、内容

24. 如果公路征用你家土地，你希望的安置方式是（单选）：

1）货币补偿 2）调整土地 3）安排就业 4）预留产业用地 5）其他（注明　　　　　　　）

25. 如果公路建设需要拆迁你家的房子，你希望的安置方式是（单选，请在横线上打√）：

（1）货币补偿，就地回建；（2）货币补偿，异地回建；

（3）产权置换，就地供房；（4）产权置换，进城要房；

26. 你对恢复家庭生产生活有何打算？（多选，按重要程度排序，并填在横线上）

1）提高农作物单产；2）外出打工；3）做生意；4）搞加工；5）跑运输；6）开店办厂；7）开荒种树种果；

8）扩大养殖；9）提高素质广就业；10）其他＿＿＿＿＿＿；

27. 你对 WG 公路建设有什么要求和建议？

如果你是少数民族，请回答 28～35 题

28. 你认为，本民族还有特点吗？1）有；2）有一点；3）完全没有；4）说不清

29. 你认为，本民族的特点主要是：1）语言；2）服饰；3）节庆；4）风俗习惯

30. 你认为应该保持本民族传统生活习惯吗？1）应该；2）顺其自然；3）说不清

31. 你在日常生活中还穿着本民族服饰吗？1）穿；2）重要场合穿；3）不穿；4）不知道

32. 你认为，本民族与其他民族关系？1）很好；2）好；3）一般；4）不太好；5）不好

33. 你在就业、社交中，觉得本民族受到尊重吗？

1）很受尊重；2）比较受尊重；3）一般；4）不太受尊重；5）很不受尊重

34. 你认为，公路项目的实施，将改变本民族：

1）生产方式；2）生活方式；3）民族意识更加淡化；4）传统文化消失；5）其他

35. 你认为，少数民族最大的需求是什么？（多选，按重要程度排序，并填在横线上）

1）改善交通状况　2）改善卫生医疗条件；3）开展种养技术培训；4）增加就业机会；5）提供信息服务；

6）加大扶贫力度；7）贷款；8）扫除文盲；（9）其他（请注明）；

36. 卫生与医疗

1）本村是否有明显的地方病？如有，什么种类？针对男性、女性、儿童？

2）本村是否进行过艾滋病宣传教育？次数？时间？什么单位进行？村民参加人数？

3）是否了解艾滋病的传播途径（血液、母婴传播、吸毒、性关系）？

4）是否知道基本的防治知识（是否及具体内容）？

第三节　访谈类工具的使用

本节主要介绍半结构访谈。具体包括：半结构访谈中的个体访谈（individual interview）、主要知情人访谈（key informant interview）、小组访谈（group interview）、焦点小组访谈（focus group interview），并对非正式的对话式访谈（informal conversational interview）、提纲式访谈（interview guide approach）、标准化的自由回答式的访谈（standardized open-ended interview）和封闭式的定量化访谈（closed quantitative interview）进行简单的比较。本节还对案例研究（case study）、问卷调查法（questionnaire）和大事访谈法（historical profile）进行相应介绍。

一、半结构访谈

（一）特点

访谈是发展实践与发展研究中的主要技术。当访谈的框架是受控制的时候，在访谈的过程中融入参与式的方法则会使访谈具有更多的对话式的、非正规的、访谈者和被访谈者就某一主题进行轻松交流的特点，这就是半结构访谈，即将参与式的方法应用于受控制的访谈中。半结构访谈（semi-struetured interview）是一个十分开放性的框架，谈话式或聊天式和

双向交流的过程应始终围绕一个主题，因而它是有重点的，这一工具可被用来传播和收集有关的信息。

只有部分的问题或题目是预先决定的，事实上许多问题是在访谈过程中形成的，相互间并无关联的问题会被扔掉。提问是根据一个灵活的访问大纲或访问指南而不是来自一个非常正式的问卷。半结构访谈时常与其他参与式的技术联用，比如说观察、排序和绘图等。它们不是传统的结构性访谈的必要替代，而是用进一步的信息予以补充，其产出通常是以假设和命题的形式，也可以用量化的形式。

与问卷方式不同，半结构访谈从一般问题开始，而问卷框架则提前设定了详细的问题。先确定相关的题目，如做饭用的灶，然后确定与灶的使用可能有关的内容，如灶的价格、使用效率或成本、是否节省能源、能否得到等，这些内容便成为进一步提出详细问题的基础，而这些进一步详细的问题是不需要预告准备的。

并不是所有问题都提前设计好和用简单的语句予以表述好。大多数问题是在访谈中提出来的，并且允许访谈者和访谈对象探讨细节，因而可以提前准备一些用于访谈的表格或访谈框架或访谈大纲，以用来指导访谈的进行。三类访谈及其特点、优点和缺点的比较见表 8-5。

表 8-5　　　　　　　　　　三类访谈及其特点、优点和缺点的比较

访谈类型	特　点	优　点	缺　点
非正式的对话式访谈（informal conversational interview）	情景提问中，问题被自然提出；没有预先设置问题、题目或表述	增加了问题显著性和关联性。访谈是建立在观察的基础上并从观察过程中产生的；访谈是可以随着访谈主体和背景环境的变化而调整的	从不同的人所得到的对各个问题的信息往往是不同的。如果有些问题没有能在访谈过程中"自然而然"地出现，访谈的结构就可能缺乏系统性和整体性。资料组织和分析可能非常困难。要求访谈者的注意力集中，经验不够丰富的人可能很难胜任
提纲式访谈（interview guide approach）	访谈的题目和内容预告以提纲的形式予以说明，在访谈过程中，访谈者决定提问的秩序	提纲增加了资料的全面性，使资料的收集更具有系统性（对每一个被访谈者来说也是这样）。可以预料资料的逻辑误差并予以消除。访谈仍然是相当谈话式和情景式的	重要的和突出的题目可能被疏忽。访谈者在组织问题顺序和表述问题方式上的弹性可能导致从不同方面得到完全不同的回答，这减少了信息的可比较性
标准化的自由回答式的访谈（standardized open-ended interview）	提前决定了问题的精确表述和提问的顺序，所有的被访者被用同样的顺序、同样的基本问题。问题是用一种"完全"自由问答式的表述	答问者回答相同的问题因而增加了答案间的可比性，对每一个人来讲，与话题相关的资料是完善的。如果同时使用几个访谈者，访谈者的影响和偏见就会减小。这使决策者有机会观察和回顾使用过的访谈工具。有利于资料的整理和分析	针对特定的个体（被访者）和情景，访谈的灵活性有限；问题的标准化表述会限制问题与回答的自然关联
封闭式的定量化访谈（closed quantitative interview）	提前决定了问题和回答的分类。回答是固定的；回答者只是在确定的答案中选择	资料分析更容易，回答之间可直接比较，容易整合；短时间内可以问很多问题	答问者必须使他们的经验和感觉适应研究者的分类需求，因而可能被认为缺乏个性化，没有关联性和过于机械（被动）。被访问者的意思可能受到歪曲，或者完全限制了答案的范围

资料来源：Patton, 1990, 288～289（In Qualitative Evaluation Methods）. Copyright, 1990。

（二）类型

访谈中有很多问题是关于经验与行为、观点与价值、感觉、需求、知识和背景资料，还有一些预想的问题和中立的问题、模拟问题等（参见 Patton 1990：290～293）。参与式访谈倾向于上述前两种形式的访谈，这两种都是半结构式访谈。

在操作实践中，还有一种分类方式，将半结构访谈主要分为与个人进行的和与小组进行的访谈。例如，个体访谈（individual interview）、主要知情者访谈（key informant interview）、小组访谈（group interview）、焦点小组访谈或讨论（focus group interview or discussion）。因为严格地讲，主要知情者访谈可以是个体访谈，也可以是小组访谈，但大多数时候是个体访谈。这4种访谈事实上只有两类：前两者属个体访谈，后两者属小组访谈。后文将对这4种访谈做进一步的详细描述。

（三）目的

（1）从特定人群的样本中获取特定的质量和数量信息。

（2）获取与特定题目相关的一般信息。

（3）获取关于特定题目的一定范围和程度的深入理解。

（四）主要好处

（1）由于半结构访谈是鼓励访谈者和被访谈者间的双方交流，被访谈者也可以向访谈者提问，因而就减少了被访谈者被指令回答问题的感觉。

（2）这使得半结构访谈可以被用来作为一个推广工具。

（3）不仅能再次确认已经知道的东西，而且提供了一个学习机会。从半结构访谈中获得的信息不仅提供了问题的答案，而且也明晰这样回答的原因。

（4）当进行个体访谈时，更容易讨论敏感问题。

（5）有助于实地工作者和社区成员的相互熟悉。外来者作访谈可能更好，人们通常认为他们更客观公正。

（6）使用个体访谈和小组访谈可以相互取长补短。

（五）主要步骤

（1）访谈者/访谈组设计一个访谈框架，如一个矩阵表格形式的样本，包括讨论的题目或问题。

（2）确定样本规模和选样方法。

（3）访谈者可以在相互之间或/和与几个社区成员进行大量的访谈实习，以更好地熟悉问题，获得关于双向交流技能的反馈。

（4）在访谈中只记录要点，访谈结束后立即根据记录进行详细描述。

（5）在每天工作结束时，对访谈所获信息进行分析，这项工作可以在访谈工作队内进行。

（6）与社区成员一起对总体分析和工作的结果进行讨论，以使社区成员有机会检查工作队的理解和分析是否与他们一致（这并不一定是结果是对或错的问题），这使整个过程更具有参与性。

（六）注意事项

访谈中会出现许多额外的信息。工作队会议可以根据内容帮助确认相似和有用的信息。在个体访谈中，应确信被访者理解并相信他们的回答是保密的。

对访谈者来讲，可能要做些练习如何在自由回答式访谈（open-ended）和焦点访谈之间找到平衡。

在半结构小组访谈中，人们可能会相互打断发言，或者不按次序来，他们甚至可能会完全跑题。

访谈者需要一些技能。访谈者的最共同的问题是提出引导性的问题，其他问题是：没有注意和认真的倾听；重复已经问过了的问题；忘了问一些必要问题；不能对回答做出判断；问一些含糊不清的或不敏感不相干的问题。

访谈的类型和目的变化很大，他们的优点和犯错误的危险性也与之相应。半结构访谈更多的是就其访谈过程的参与式特点而言的，它本身包含各种各样的形式，如个体访谈、主要知情人访谈、小组访谈和焦点小组访谈等。后文中将对这4种不同类型访谈的特点、目的、优点、主要步骤和对访谈者素质的要求进行进一步的说明。

二、个体访谈

个体访谈（individual interview）是访谈目标群体中的一个样本以获取代表性的信息。如果多次个体访谈的对象差异太大，应该尽可能将样本加以区分。就同样的题目，访谈大量不同的人，可以很快地揭示一定范围的观点、态度和"策略"。一般来讲，男人和女人有不同的经历，因而就有不同观点。资源丰富和资源贫乏的人、不同种族和不同信仰的人和不同年龄的人代表着不同的个人经历，应该避免只访谈一种类型的人。例如，只访问男人就是一个传统的错误。

（一）个体访谈的特点

作为半结构访谈的一种主要形式，个体访谈具有开放性的、对话式的和双向交流式的等特点。不提前准备详细问卷，但有一个指南式的提纲。

个体访谈的目的是要从选定的访谈对象中获取特定的质量和数量信息，通过对所获信息的分析，对某一事件或发展活动或发展项目进行理解并提出假设。

个体访谈的主要优点是作为半结构访谈的个体访谈具有参与式方法所具有的共同特点，如它是一个相互学习的过程，同时还具有自身的一些特点和优点：

（1）熟练的沟通和交流技巧会改善访谈者和被访谈者的关系，并建立起相互信任，这有助于访谈者获得关于一些敏感的、隐私的和个人问题的答案和信息，这是个体访谈的主要优点。

（2）双方开放式的、自由的围绕某一特定问题的谈话过程是使双方均能受益的知识和信息量增长的过程，是一个相互交流和学习的过程，这有利于双方对事（件）发展活动进行更客观合理的理解和提出假设。

（3）对来自弱势群体中的样本进行平等式的、充分尊重对方的个体访谈有助于树立被访谈者的自信心，排除社区"领导者"或"精英"的影响，增加回答的客观性和代表性。

（4）对许多在小组访谈中不宜讨论的敏感问题来说，它是对小组访谈的一个必要补充。

（二）个体访谈的主要步骤

（1）准备调查大纲和必要工具如录音机、纸、笔等，有时候准备一些小礼物会有助于改善气氛。

（2）对大纲进行检查和练习，不仅包括内容，也应包括表述方式。

（3）选定调查对象。

（4）与访谈对象取得联系，共同约定调查时间和地点。

（5）进行实地访谈。

（6）与访谈对象对访谈结果立即进行回顾和检查，这一工作也可以在访谈过程中随时进行。

（7）立即撰写详细的访谈记录。

（8）对所获资料进行分析并提出相应的假设。

（三）个体访谈的注意事项

（1）被访谈者的选择与要调查的内容相一致。

（2）要注意了解被访谈者的个人经历和知识背景，这些对回答时常有着决定性的影响。

（3）访谈者应具有相关主题的背景知识和实践经验。

（4）访谈者能理解被访谈者的语言并具有较熟练的交流技巧。

三、主要知情人访谈

（一）目的

主要知情人访谈（key informant interview）的目的是获取特定的知识和信息。一般来讲，主要知情人拥有就特定的题目具有特定的知识背景。一般来讲主要知情人是社区的领导和"精英"，因为他们更多地参与社区事务，可能更熟悉情况，但他们不一定必须是领导。一个做过不同作物试验的农民，可以向一个农技推广员一样作为这方面的主要知情人，他/她关于这方面的信息也是相当丰富的。了解一个社区内部情况的外来者常常是有价值的主要知情人，因为他们不但能回答关于社区内人们的知识、态度、技能和实践方面的问题，而且由于他们是外来者，人们认为他们更客观公正，同时，访谈过程及结果也存在被主要知情人主观偏见所误导的危险。

作为半结构访谈之一的主要知情人访谈具有半结构访谈的基本特点，即是一个有基本指南的开放式的相互对话过程。就客观目的而言，是为了将来的全面测试或进一步全面的研究准备问题、假设和建议；为发展项目的规划、准备和决策产生描述性的信息；为获取更全面的信息提供一个捷径；解读量化资料；了解指导人们的行动的背景、动机和态度；就一些特定的观点和问题提出操作性的建议。

（二）优点和不足

主要知情人访谈的优点有：省时；能灵活适应个体之间的差异、环境的变化和新观点和信息；如果能与主要知情人建立良好的信任关系则能获得深入的内部信息；较便宜的资料收集方法。

其缺点是：主要知情人的样本量小导致访谈易受主要知情人的筛选的影响；若主要知情人对访谈者不熟悉或不够信任，则有可能提供不准确甚至有意歪曲的信息；易受访谈者观点的影响，从而可能导致从访谈者观点出发的不精确、歪曲或错误理解和解读；一般不易得到量化资料（个别情况除外）。

根据不同的访谈需求，一个访谈者一天能进行三四个主要知情人访谈。主要知情人访谈要求访谈者具备相关主题或领域的基本知识和一定的实践经验，同时还要具备进行主要知情人访谈的基本经验（社会人类学家和社会学家一般经过这样的培训）。

主要知情人访谈作为个体访谈的一种，其主要步骤与个体访谈一致。

四、小组访谈

（一）小组访谈的特点

小组访谈（group interview）提供了一个机会与一群人访谈来了解社区的基本情况。受访人是被邀请来的，因而存在一个选样过程，当然有时候有些被访谈者只是碰巧在场。如果一次小组访谈的人数超过 20 人，甚至 25 人可能很难驾驭。小组座谈形式本身会导致没有预计到的问题被提出并提供一些额外信息即"总和大于单个回答之和"。库马尔（Kumar）将焦点小组访谈从社区会议中区分出来，而后者是发展项目中最广泛应用的小组访谈的一种形式（参见 Kumar，1987）。

作为半结构访谈的一种主要具体形式的小组访谈同样具备开放性的、轻松交谈式的和相互学习过程等半结构访谈的共同特点。它需要准备一个指南式的提纲，但不需要详细的问卷，其目的是通过对特定人群的访谈来了解一事件或发展项目或发展活动的一般情况并做出基本假定。小组访谈除了参与式工作方法的共同特点之外，还有着自身的一些优点：

（1）对过程控制良好的小组访谈是高效经济的，访谈者同一时间与多人访谈可以获得多方面的信息。

（2）组织良好的小组访谈是一个很好的学习和教育过程，这种学习和教育过程不仅存在于访谈者和被访谈者之间，也存在于被访谈者与被访谈者之间。

（3）在被访谈者与被访谈者之间的这种平等、开放式的交流和讨论过程会渐渐增加社区的社会资本。

（4）小组访谈能补充个体访谈信息源单一，并由此导致的假设的可靠性不高等不足。

（二）小组访谈的主要步骤

（1）准备调查大纲和必要工具如录音机、纸、笔等，有时候准备一些小礼物会有助于改善访谈气氛。

（2）对大纲进行检查和练习，不仅包括内容，也应包括表述和组织方式。

（3）选定调查对象，使其尽可能具有广泛代表性。

（4）与访谈对象取得联系，共同约定调查时间和地点，由于访谈对象多，应注意找到一个共同的空闲时间。

（5）进行实地访谈。

（6）与访谈对象对访谈结果立即进行回顾和检查，这一工作也可以在访谈过程中随时进行。

（7）如果可能应立即记录下被访谈者的性别、姓名、年龄、受教育程度和职业职务等，以了解被访谈者的背景情况并判断其代表性。

（8）立即撰写详细的访谈记录或报告。

（9）对所获资料进行分析并提出相应的假设。

（三）小组访谈注意事项

（1）要小心地选择被访谈者，使其尽可能具有代表性。

（2）要控制好被访谈者的数目，一般以 7～12 人为宜。人太多会不易控制，导致跑题和效率低下。人太少则会缺乏代表性和信息源。

（3）访谈者应善于观察和协调访谈过程，用参与式的方法给参与访谈的人尽可能平等的机会来发言和讨论。

（4）访谈者应具有讨论主题和相关内容的背景知识和实践经验。

（5）访谈者应有熟练的驾驭小组访谈的能力和经验。

五、焦点小组访谈

（一）主要特点

焦点小组访谈（focus group interview）或讨论应着重一个特定的题目，焦点小组通常由6~8人组成，他们受访谈者最小限度的引导，详细讨论一个特定的题目。Patton（1990：335）将讨论和访谈做了一个清楚的区分：焦点小组访谈确实是一个访谈而不是一个解决问题的会议。

半结构访谈中的焦点小组访谈的客观目的是：当发展机构对项目设计的观点或假设需要在基层进行质证和反馈时，或当受益者的反应需要解读时，或当对项目因子的反映需要解读时，对项目活动的规划、实施或评价中项目有关各方如受益者、实地工作者和项目官员等的观点、态度、行为和存在的问题等信息进行解读和理解。

焦点小组访谈的优点是：省时和针对特定的主题获取广泛的反馈；在短时实地工作期间由很少的人实施，在经济上是合算的；均一的小组成员构成有利于自由的表述和活跃的讨论；刺激在参与者中产生新主意、新观点和完善的主意和观点。

焦点小组访谈的局限性有：访谈主持人有可能屈从于访谈者的偏见；正式和非正式的领导人垄断讨论，影响和策略性地指引其他参加者如何回答问题；当讨论进入敏感的、隐私的和个人的并且是有争议的和社会上不赞成的话题时，小组这种形式妨碍而不是鼓励个人回答；焦点小组不愿意达成共识、做决定或同意特定的行动。

焦点小组访谈需要1~2周时间准备：分析情况和题目；形成副题和访谈指南；筛选访谈对象。一天的会议需要用一天的时间来写总结。五个焦点小组会议至少需要1周时间用来写报告。焦点小组访谈要求访谈者/主持人必须具有良好的相关领域的理论和实践知识，熟练的协调能力和语言能力以及举行焦点小组会议的经验。

作为小组访谈的一种，焦点小组访谈的主要步骤与小组访谈的主要步骤是一致的，只是在内容上，前者更强调一个给定的特定主题如环境和妇女、贫困和妇女等。

（二）案例

为了解农村社区中农民自助组织发育的机理和过程，导致其产生的历史背景和持续运转的现实原因，以找出一些规律性的东西用来指导项目区的农民自助组织的建立与发展，德国援助江西省山江湖山区可持续发展项目的专家组成员特地与崇义县龙沟乡龙沟村的茅店桥管理理事会的委员（共7人）进行了座谈，该座谈是在一种轻松随意的气氛中进行的。座谈地点就在农户家中，并选择了一个农民不能下地干活的雨天进行。访谈者准备访谈提纲包括以下一些内容：该组织是在什么时间、什么地点、为了什么样的目的、什么地人参加和在什么样的背景下产生的，是怎样的产生过程？产生后是怎样运转的（机制问题）？运转到现在曾经遇到过哪些困难？这些困难是怎样被克服的？是怎样的管理机制？

依据调查结果所写成的研究报告《对茅店桥管理理事会的案例研究》成为项目的指导性文件。

六、大事访谈

（一）特点

大事访谈（historical profile）是围绕对受访者影响较大的事件所进行的访谈，在访谈中把所发生过和正在发生的能够对研究对象的状况产生重大影响的事件作为访谈的主题。这种方法的逻辑框架是发生学的理论，即认为能够从历史事件中找到现在状态的存在原因。大事

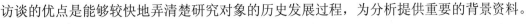

访谈的优点是能够较快地弄清楚研究对象的历史发展过程，为分析提供重要的背景资料。

（二）步骤

大事访谈的步骤分为选择访谈对象、访谈和整理访谈结果。在大事访谈当中，受访的对象是预先选定的知情人，访谈的目的是能够对于研究对象目前的存在状态产生深刻的认识。受访者是访谈的主体，而相对于特定受访者来说，"大事"，即那些能够发生或已发生了深远影响的事件。如面对农业推广机构来说，政策发展尤其是机构体制改革就是具有决定性影响巨大的事情，可见对于普通农户来讲，甚至不知道机构改革的发生，但是生了一个小孩或死了一头牛成了影响巨大的事情，可见对于不同的访谈主体所谓"大事"的含义是不同的。因此，在特定的研究中，大事访谈进行的形式不同，对于一个机构来说，可能要对一个小组进行访谈，而对于一个农户家庭来讲，只要对家庭主要成员进行访谈就能达到目的。

大事访谈的产生往往是一张时间序列的大事记录表。在进行信息归纳过程中，要注意信息所提供的主要线索，尽量使不同时期的影响机制具有可比性。

（三）案例

在中德合作造林湖南省项目（1996—2000年）报告中，对重大事件的调查见表8-6。

表8-6　　　　　　　　　　　　　　湖南省林业发展历史大事

时间	林 业 大 事
1956 年之前	地主私有土地和森林，林木的采伐以及林产品均由土地所有者经营；人工次生林较少，大多数是天然林，有关林业的工作只是看护森林
1956 年至土地改革	开始了农业集体化，土地收归公社集体所有；开始大面积地造林；但同时进行的集体小采矿和小炼钢等项目造成大面积的森林破坏，全省的森林载量从 2.8 亿 m³ 下降到了 0.18 亿 m³
1962 年	调整分配所有权，森林和土地的所有权从公社下放到生产队，因而极大地调动了农民造林的积极性；同时政府对林业发展的投入也增加了。木材在农村土地所有制变革的促进下，森林土地也被分配给农户管理，全省森林变革再次推动了农民的造林，但同时也产生了负效应，如一些农民过分采伐森林和过分开发林业资源
1980—2000 年	现在农户个体管理的林地过分细碎，有时总共 0.67hm²（10 亩）地分成不同地方的几个小条带，管理不便。在这种情况下，一些农民自发联合投资林业发展，如许多农户合伙雇一个护林员对他们分得的林地进行管理，同时，国家进一步强调社会、经济、生态效益的整体性和集中开发

第九章

工程项目社会评价主要方法

项目涉及的社会因素、社会影响和社会风险不可能用统一的指标、量纲和判据进行评价，因此社会评价应根据项目的具体情况采用灵活的评价方法。

第一节　利益相关者及其参与评估

一、社会评价方法类型

本章系统介绍工程项目社会评价所采用的各种分析评价方法和工具。

（一）定性分析和定量分析

项目影响的社会因素通常多而繁杂。有的社会因素可以采用一定的计算公式定量计算，如就业效益、收入分配效果等，而更多的社会因素则难以计量，更难以采用统一的计算公式进行计算。因此，社会评价通常采用定量分析与定性分析相结合、指标评价与经验判断相结合的方法，能定量的尽量定量，不能定量则进行定性分析。在评价过程中，也可先定量分析，再通过定性分析进行补充说明。

（1）定性分析方法。所谓定性分析就是在进行项目的社会评价时，主要采用文字描述为主的形式，详细说明相关的情况、性质、程度、优劣，并据此做出判断或得出结论。定性分析应尽量引用直接或间接的数据，以便更准确地说明问题的性质和影响程度。若分析项目对所在地区的文化教育的影响，就可以采用一些统计数据，例如项目建设前后所在地区的小学生入学率、人均拥有的大学毕业生人数、大专院校科研人员人数、人均科技图书拥有量等进行定性分析，应尽可能地对分析对象选定对比的基准，在可比的基础上按照有无对比的原则进行指标对比分析。

（2）定量分析方法。所谓定量分析就是通过一定的数学公式或模型，在调查分析得到的原始数据基础上，计算得出结果并结合一定的标准所进行的分析评价。定量分析一般要有统一的量纲、一定的计算公式和判别标准。一般认为，用数据和公式说话比较客观科学，但是对于项目评价来说，对大量复杂的社会因素进行定量计算显然难度很大。定量分析在社会评价中仅仅是一种辅助方法。

（二）初步社会评价和详细社会评价

在项目前期工作阶段，应根据项目研究的深度分别采用初步社会评价和详细社会评价的方法。

（1）初步社会评价。初步社会评价是在可行性研究阶段进行社会评价常采用的一种简便方法，通过这一方法可大致了解拟建项目所在地区社会环境的基本状况，识别主要影响因素，粗略的预测可能出现的情况及其对项目的影响程度。初步社会评价主要是分析现有资料和现有状况，着眼于负面社会因素的分析判断，一般以定性描述和分析为主。主要步骤如下：①识别主要社会因素。对影响项目的社会因素进行分类，可按其与项目之间的关系和预期影响程度划分为影响一般、影响较大和影响严重三级，应侧重分析评价那些影响严重的社会因素。②确定利益相关者。对项目所在地区的受益、受损利益群体进行划分，着重对受损利益群体的情况进行分析。按受损程度，划分为受损一般、受损较大、受损严重三级，重点分析受损严重群体的人数、机构以及他们对项目的态度和可能产生的矛盾。③估计接受程度。大体分析当地现有经济社会条件对拟建项目的接受程度，一般分为高、中、低三级。应侧重对接受程度低的因素进行分析，并提出项目与当地社会环境相互适应的措施和建议。

（2）详细社会评价。详细社会评价是在可行性研究阶段广泛应用的一种评价方法，其功能是在初步社会评价的基础上，采用定量与定性分析相结合的方法，结合项目的工程技术方案，进一步研究与项目相关的社会因素和社会影响程度，进行详细论证并预测风险程度，系统地评价社会影响。主要步骤包括：①识别社会因素并排序。对社会因素按其正面影响与负面影响、持续时间长短、风险度大小、风险变化趋势（减弱或强化）进行分组排序。应着重对那些持续时间长、风险度大、可能激化的负面社会影响进行论证。②识别利益相关者并排序。对利益相关者按其直接受益或者受损、间接受益或者受损、减轻或者补偿受损措施的代价分组。在此基础上详细论证各受益群体与受损群体之间、利益相关者与项目之间的利害关系以及可能出现的社会矛盾。③论证当地社会环境对项目的适应程度。详细分析项目建设与运营过程中可以从地方获得支持与配合的程度，按好、中、差分组。应着重研究地方利益相关者、当地政府和非政府机构的参与方式及参与意愿，并提出协调矛盾的措施。④比选优化方案，将上述各项分析的结果进行归纳，比选、推荐合理方案。

二、利益相关者分析

（一）利益相关者分析的内容及必要性

对利益相关者的分析评价在社会评价占有重要地位。投资项目的利益相关者可能包括作为投资者或借款人的政府、项目实施机构、其他政府相关部门、项目影响的目标人群、其他受项目影响的个人或组织，以及其他利益相关者，如社区组织、当地政府和捐赠者等。

利益相关者分析的首要目标是要区分出重要的利益相关者。一旦利益相关者已经确定，他们在项目中的利益和他们对项目的影响也必须被界定。为了评价他们对项目的影响，需要弄清楚下面四个问题：①利益相关者对于项目的期望是什么？②利益相关者实际能够得到什么好处？③利益相关者拥有何种资源，他们是否愿意利用这些资源来支持项目建设？④利益相关者与项目的目标是否有利益冲突？

对于这些问题，不同的利益相关者可能会有不同的答案。在很多情况下，关于正式机构组织的影响能够通过有关数据的分析进行评估，而对于非正式组织和当地居民，为了获得答案，可能需要进行面谈。只有获得充分的信息，才有可能对各利益相关者的影响程度和重要性进行判断。对每个利益相关者的评价包括：①权力和地位；②组织化程度；③决策控制能力；④影响力；（5）与其他利益相关者的权力关系；⑥对项目成功的重要性。

利益相关者对项目的影响程度与其拥有的对项目的控制力有关，这种权力能够直接影响项目建设的各项活动，或者间接影响项目的实施过程。

重要性程度与利益相关者对项目的参与深度有关，利益相关者的参与对实现项目目标是必不可少的，尤其是对于那些本身试图满足其需要的利益相关者，或者那些利益与项目目标相一致的机构或个人更是如此。

有些利益相关者对于项目取得成功很重要，但是他们的影响却很有限，脆弱群体（如贫困人口、老人、残疾人、妇女等）就是典型的例子。这时，就必须采取特别措施以鼓励他们积极参与到项目决策及管理的有关活动。

对各利益相关者影响程度的评价通常需要在一定范围内对他们进行排序，并比较他们相互之间的重要程度。根据比较结果，将各利益相关者对项目的影响程度划分为四种类型：①利益相关者具有很强的影响力和重要性。为了得到他们的支持，应该让他们在项目的全过程积极参与。②利益相关者具有较高的影响力和较低的重要性。对于这类利益相关者，应该经常和他们保持联系，理解他们的观点，避免冲突和不满。如果他们得不到充分重视，他们就可能反对项目建设。③利益相关者具有较低的影响力和较高的重要性。应该采取特别措施满足他们的要求，他们的参与对项目成功很有意义。④对于影响力和重要性都较低的利益相关者，一般不会关注项目的建设，他们需要的不是直接征询他们的意见，而仅仅是能够获得大众化的公开信息。

利益相关者分析涉及对项目影响群体的识别，包括积极影响和消极影响，以及评价每个利益相关者对项目成功的影响程度。在已经获得利益相关主体的有关信息，不同利益相关者间相互联系也已经知道，参与的方式和途径也已经很清楚的情况下，没有必要再进行详细的利益相关者分析。如果项目的建设地点被选定在一个对影响当地居民发展的潜在因素一无所知的地方，那么开展全面的利益相关者分析是不可避免的。应对相关利益者进行识别，为了分析当地存在的问题和利益相关者，往往还需要采用参与式方法。

对利益相关者的评价一般采用下列两种方法，一是利用矩阵方法评价在项目建设中不同利益相关者的重要性和影响程度；二是采用利益相关者参与的方法，通过召开一系列讨论会，使不同利益相关者逐步形成共同的立场。

（二）利益相关者分析矩阵

采用这种方法，对利益相关者的分析可以分为四个步骤：①识别利益相关者；②分析利益相关者的利益所在，以及项目建设对其利益产生的影响；③分析各利益相关者的重要性和影响程度；④为各个利益相关群体制定参与项目建设的方式。

上述每一步的分析结果都应记录在分析矩阵上。利益相关者分析矩阵重点应反映下列三种变量：①利益：与各利益相关者相关的好处；②影响力：利益相关者拥有的权力和对项目的控制能力，以及对项目实施的促进和阻碍作用；③重要性：项目实现预期目标对各利益相关者积极参与的依赖程度。

（三）利益相关者讨论会

在一些利益相关者很难通过正式渠道表达他们观点的情况下，通过召开利益相关者讨论会这种非正式的方法往往是非常有效的。另外，相关利益群体之间的相互交流和沟通是利益相关者分析不可缺少的一部分，讨论会是实现这种交流的主要场合。

在打破机构和不同利益相关者之间障碍方面，讨论会被证明是行之有效的方法。这种方法对于培养不同利益相关者的主人翁意识也很有帮助，并有利于提高利益相关者参与项目的积极性。

讨论会的举办应有利于确保弱势声音能够被听到，并将其意见纳入项目的规划方案之中。讨论会一般在项目所在地进行，从而使得参与者不会因为不熟悉环境而感到不安。讨论会的调查结果应该及时得到反馈，或者通过利益相关者代表直接向上一层次反映，也可以向调查组成员反映他们的调查结果。

讨论会的规模、地点和组成可以根据具体情况而定，但是所有的讨论会的组织者必须保持联系，以便保证信息传递的连续性，保证所有的意见都能够被听到，确保利益相关者对项目的参与。应该有一个专门小组负责对讨论会进行组织和指导，并注意加强整个过程的连续性。每个小组必须由一个经验丰富的组织者负责讨论会的举办。经验表明，从外界聘用的组织者会使整个讨论过程更加公平。

确保所有的重要利益相关者参加讨论会是十分必要的，同时，确保弱势群体能够表达他们的观点也是必须的。这就要求特别注意讨论会的人员构成，以防不重要的利益相关者和勉强参加的人感到不安。

（四）案例

东太湖综合治理项目的主要利益相关者分析见表9-1，联合国粮食计划署某乡镇发展项目的受益者分析见表9-2，湖北省农村法律服务系统、农民维权相关利益群体分析见表9-3。

表 9-1　　　　　　　　　　东太湖综合治理项目的主要利益相关者分析表

主要利益相关者	与项目的利益关系	项目对其利益的影响效果	利益群体对项目成功的重要性[1]	利益群体对项目产生的影响力[2]
第 一 利 益 关 系 人				
需要搬迁的农民	获得拆迁补偿款，得到改善住房条件的机会。搬迁	+/−	4	2
需要退垦的农民	获得补偿款，为转产提供了资金。失去部分收入	+/−	5	2
渔民	获得围网拆除的补偿。在项目实施过程中需要转产获得生计来源	+/−	5	2
项目区居民	分享项目实施带来的益处，属于纯粹的项目受益者，同时为项目的实施和环境的改善进行监督	+	2	3
吴江市东太湖综合开发公司	项目的实施机构，全面负责项目的实施组织与协调工作	+	5	5
吴江市人民政府	负责项目的领导与协调，促进当地环境保护	+/-	5	5
第 二 利 益 关 系 人				
发改委/局	规划和工程建设，发展服务业，大力发展"两高两低"产业，淘汰落后产能	+/−	5	5
环保部门	负责太湖区域治污控污；定期向社会发布水质状况，接受社会监督，让老百姓评价	+/−	5	5
水利部门	负责太湖水域防洪、疏浚、护水、控藻	+/−	5	5
经贸、农渔部门	负责工农产业结构调整，减少农药化肥施用量；实现一级保护区内耕地的退耕	+/−	5	4
农办	负责新农村建设工作，失地（水面）农户的确认	+	5	3
劳动与社会保障部门	负责为失地、失水农民提供培训、就业指导和养老保险	+	5	3

173

续表

主要利益相关者	与项目的利益关系	项目对其利益的影响效果	利益群体对项目成功的重要性[1]	利益群体对项目产生的影响力[2]
第 三 利 益 关 系 人				
村委会/社居委	对项目的实施和环境状况进行监督	+	4	2
企业与民间团体	提供资金或开展示范性的治污示范	+	3	3

[1] 重要性排序指标：1＝（几乎）不重要；2＝有些重要；3＝一般重要；4＝很重要；5＝关键角色。
[2] 影响力排序指标：1＝很小/没影响；2＝有些影响；3＝一般影响；4＝具体影响；5＝影响很大。
资料来源：各种会议讨论结果，2008 年 4～5 月

表 9-2　　　　联合国粮食计划署某乡镇发展项目的受益者分析

相关方	关注点	相应对策建议	在项目中的作用和/或对项目的影响
主 要 利 益 相 关 者			
农民	是否从项目中直接受益？（贷款、培训、生产生活条件改善）；项目是否对本村发展有长期影响？影响如何？	1．农民主动参与项目规划、实施、监测评估全过程； 2．建立和完善村执行小组及其运作和管理机制； 3．建立完善的项目监测和评估机制	项目实施主体终端受益者
村项目执行小组	是否解决全村农民关注的主要问题；是否真正让多数农民受益；是否可提高妇女社会经济地位	4．农民全面参加项目活动； 5．各级项目实施和管理机构中应有一定比例的妇女代表； 6．保证农村妇女参与（项目周期中的社会性别敏感）	组织本村项目规划、实施、监测
项目办	具体项目活动是否可行？农户是否有积极性？资源（资金、粮食、设备）按时按计划到位？有发展潜力的贫困户受益问题？项目计划能否顺利实施？农村妇女是否受益（妇女提出来的）？项目资金的运作方式；相关部门的协作；信贷资金的安全与效益，配套资金到位问题	1．农民主动参与项目规划、实施、监测评估全过程； 2．建立和完善村执行小组及其运作和管理机制； 3．建立完善的项目监测和评估机制； 7．农民和相关行业部门共同确定项目； 8．做好准备，向上要求，争取项目资源按时到位；受益人群中的妇女占一定比例	项目管理协调；项目的规划、实施、监测和评估；项目资料和信息的收集；项目计划的调整
财政部门	资金运作是否安全？项目的可持续发展问题	建立完善的项目监测和评估机制；建立完善资金运行和管理制度	农发资金的监督与管理
农发基金	扶贫、公平；投资回收、可持续发展；投资方向；优先考虑妇女受益（贷款、培训、卫生健康等）；资金管理运作的透明、安全	1．农民主动参与项目规划、实施、监测评估全过程； 2．建立和完善村执行小组及其运作和管理机制； 3．建立完善的项目监测和评估机制； 6．保证农村妇女参与（项目周期中的社会性别敏感）；审计、监督； 7．农民和相关行业部门共同确定项目； 9．IFAD 专门设计和支持妇女项目	提供资源（资金、设备、培训）

续表

相关方	关注点	相应对策建议	在项目中的作用和/或对项目的影响
联合国粮食计划署	援粮是否安全、顺利到达目标农户？计划的项目能否得到圆满实施？扶贫、妇女发展、项目的可持续发展问题	1. 农民主动参与项目规划、实施、监测评估全过程； 2. 建立和完善村执行小组及其运作和管理机制； 3. 建立完善的项目监测和评估机制； 5. 各级项目实施和管理机制中应有一定比例的妇女代表； 6. 保证农村妇女参与（项目周期中的社会性别敏感）	提供援粮；项目管理的技术支持

次 要 利 益 相 关 者

相关方	关注点	相应对策建议	在项目中的作用和/或对项目的影响
村委会	是否解决全村农民关注的主要问题；是否真正让农民受益；村集体经济的发展	农民全面参加项目活动	支持和协助村执行小组
当地政府（项目领导小组）	资源按时到位，项目建设与地方发展计划相结合；村级发展计划的制订和实施过程与结果，群众满意度；关心扶贫；项目产出与市场	当地政府政策与行政支持参与项目规划	组织、政策和行政支持、协调
信用社	风险、条件（利率、抵押、期限）	信用社参与贷款农户的选择过程	部分信贷资金的运作（放、收贷款）
相关业务部门（水保、林业、畜牧、计委等）	能否得到项目支持（设备、资金、培训）；提供技术服务，能否让农民满意	参加项目领导小组；农民需求评估，提高自身服务能力（知识更新、相应资源）	提供技术和咨询服务

表 9-3 **湖北省农村法律服务系统、农民维权相关利益群体分析**

群体	认识	职能	存在问题	需求
县法律援助所	农村的法律公正和农民权益的保护十分重要，是构建和谐社会所必需的，但在实际中往往做不到免费服务	审查受援对象资格：行政和民事；指派：符合援助条件指派给有法律援助义务的法律工作者；档案的存档；中心工作人员直接提供援助	（1）市财政无专项经费； （2）法援中心无力提供援助资金； （3）律师和法律工作者不愿意接受法律中心的指派； （4）办公设备短缺，只有一部只能接听的电话； （5）农村贫困人口不是援助的法定范围； （6）法援中心待遇太低； （7）法律援助的质量、数量难以保证，缺少监督	建议： 提高市法援中心的行政级别； 解决援助中心的人员和办案经费（财政）； 重新界定法援中心的机构性质，不应是事业单位，更不应该有创收任务，应定位在行政部门
县司法局	没经费，心有余而力不足	调解、宣传、公正、法律服务	经费； 人员：20名律师，5个律师事务所，服务全县120万人	增加经费
乡司法所		调节、宣传、法律服务	经费、编制、创收	（1）经费、编制； （2）知识更新：1）新法律法规的培训，2）上网等现代技术； （3）法律援助的费用； （4）办案，代理案件的知识：1）取证，2）出庭辩论的技巧

群体	认识	职能	存在问题	需求
村委会		调节、宣传自我教育、自我管理、自我服务	（1）调节怕得罪人； （2）村民法律、权益意识弱； （3）一些政府部门对村或农民反映的问题不予理睬、托着不办	（1）法律服务免费或少收费； （2）宣传法律知识（没有具体建议，不好组织）； （3）法律司法多深入基层，解决各类纠纷（如宅基地）； （4）培训法律骨干，使之多掌握法律知识； （5）解决农民赢了官司也拿不到钱的问题
村民	农民不知道法律援助，农民讲遇到村里不能解决的大事即使只在县里有法律援助也会去找	（1）了解自身的权益和相关法律知识； （2）当自身权益受侵害时申诉并采取措施维护自身的权益	（1）不知道法律援助； （2）不清楚自己的合法权益； （3）遇到司法问题不知找谁/程序； （4）普法宣传时间、方式、方法不适合农民； （5）农民经济条件差使代理的结果不理想	（1）农民希望在乡里能有法律援助； （2）法律培训在乡村培训； （3）培训适合的月份3～4月，10～12月； （4）培训方式方法：电视台、夜校讲座； （5）培训的人可以是乡司法所懂法律知识的人

三、社区及农村参与式评估

（一）社区基层参与评价

1. 内涵

社区基层参与评价是调查当地人的期望、态度和偏好的一种方法，是在项目设计和实施阶段对当地社会情况和利益相关者的态度进行调查，识别存在的社会问题，是促进当地社会成员参与项目实施的一种重要手段，也是沟通项目规划者、实施者和利益相关者的一种重要方式。

进行社区基层参与评价的基本方法就是开展各类访谈，可以在一般个人、主要知情者和特定群体之间展开。访谈的提纲或形式应根据所调查问题的不同而有所区别。通过这种方式可以发现他们对一般的或敏感性问题的独特见解，还有可能收集一些一般公众访谈得不到的信息。

2. 主要活动

（1）通过与当地个人或家庭会面、召开小组讨论会或召开社区会议等方式，就与项目相关的问题展开讨论。

（2）使用各种辅助工具，以便让文化层次较低的社区群众参与到项目中去。

（3）对问题、偏好、财富等进行排序。对问题进行排序经常采用问题卡片的形式；偏好排序一般需要绘制一个矩阵图，纵向表示受访者，横向列示各种偏好选项，要求参与者根据自己的评价来确定相应的选项，从而得到一个比较图表，从中判断参与者对不同选项的偏好，以便更好地理解不同群体的偏好倾向；财富排序用于分析社区内不同群体的财富状况并进行排序，用以调查当地人对财富的观点，分析不同人群在社会经济发展中所处的层次，这种排序可以为抽样调查的分层抽样提供依据，也可用于识别贫困家庭。

（4）采用趋势图表、日常活动表等分析有关社会经济活动的特征及其变动趋势。

（二）农村参与式评估

1. 农村参与式评估的目的及意义

农村参与式评估（PRA）是调查当地人的期望、态度和偏好的一种重要方法，是在项目设计和实施阶段对当地社会情况和利益相关者的态度进行调查，识别存在的社会问题，促进当地社会成员参与的一种重要手段，而且也是沟通项目规划者、实施者和利益相关者的重要桥梁和纽带。这种方法虽然被称为农村参与式评估，但该方法所强调的理念和过程在城市项目中也得到广泛应用，并且可以在项目周期各个阶段得到应用，而不仅限于项目评价。

农村参与式评估方法重点强调以下活动：

（1）通过个人和家庭会面、召开小组讨论会或召开社区会议等方式，就与项目相关的问题展开讨论；

（2）使用各种绘图工具，包括绘制个人、社区和机构图等方式，辅助各种讨论，以便让文化层次较低的农村群众参与到项目中去；

（3）对问题、喜好和财富进行排序；

（4）趋势分析，一般采用历史图表、季节历法、日常活动表等工具分析有关社会经济特征及其变动趋势。

PRA 的核心是面谈和小组讨论，而不是使用正式的调查表，访谈者利用一系列需要讨论的主题来指导农村参与式评估。

访谈类型应根据调查主题的不同而有所变化。个人访谈可用来讨论敏感话题和个人问题，而集体讨论则应该关注共同关心的话题。PRA 的最大优点是敏感的话题可以通过直接访谈的方式加以讨论，而这些话题对于公开的讨论而言，太过敏感，不能被列入到普通的问卷调查中去。

即使是对于非敏感的公共话题的讨论，在选择访谈对象的时候，也要充分考虑到他们的身份和社会地位，这在讨论中往往起到很大的作用。一般应避免社会地位低的人和社会地位高的人一起参加讨论，因为社会地位低的人往往会自动听从社会地位高的人的意见，从而影响其独立发表意见。因此应对参与讨论的组员进行认真挑选，讨论应该以共同的主题为基础，以便不同的观点能够被收集到。在实际工作中，利益相关者可以按照财富等级来选择，妇女可以按照婚姻状况来选择（如未婚、已婚、离异）。每个讨论小组里的组员应该属于同一类型的（如贫困的农民、或者是未婚女性），以便这类人群的观点被充分调查，并得到重视。

当然，这并不意味着小组访谈可以代替正式的访谈。相反，在社会评价中应该将这两者结合在一起。半正式的访谈使被访谈者有机会充分表达他们自己的观点，并且有利于访谈人发现到在项目规划方案中所没有考虑到的问题。在大规模的调查之前进行 PRA 工作可以为调查表设计提供依据。在正式调查完成之后，PRA 工作的进行可以对调查结果进行完善、解释或者提出质疑。

在 PRA 的应用中还经常采用一些有形的辅助工具，这些工具可以是绘到纸上的图表或者画到黑板上的图表，或者利用当地的材料在地上标出的图形。这种工作不仅可以使调查者深入了解项目相关者的意见，而且可以使调查者和被调查者之间形成友好的关系，这对 PRA 工作的有效开展非常重要。

2. 半正式访谈

进行 PRA 的基本方法就是开展半正式访谈。这种访谈可以在一般个人、主要知情者和群体之间展开。访谈的提纲或形式应根据所调查问题的不同而有所不同。通过这种方式可以发现他们对一般的或敏感性问题的独特的见解,还有可能收集一些一般公众访谈得不到的信息。这种访谈要想取得成功,必须要让被访者坚信他所提供的信息将会被认真对待,这取决于他对访谈者的熟悉程度和信任情况。

主要知情者是指在某一话题方面有特殊观点或有专业知识的人群。半正式访谈一般不采用正式调查表的形式,但应准备对访谈者进行提问的问题清单。访谈采用交谈的方式进行,在谈话过程中,访谈人可能会提到他们想讨论的任何话题,但这些提问一般没有事先设定的次序。采用自由式的讨论,主要是想激发被访谈者讲出他们认为和项目相关的任何信息和见解。

3. 参与者图表

参与者图表是指用图表的形式表示有关社区的物理特征、社会经济状况以及被访谈者对一些问题的看法。在 PRA 方法中,经常使用的图表如下:①个人图表,用于表示社区中不同群体的不同观点(例如已婚女性对未婚女性,富人对穷人);②社会图表,用于表示社区中不同的社会经济特征,以及用于表示不同利益相关者的相对财富、资源水平、在社区组织中的身份等;③历史图表,用于表示时代的变迁、环境变化或人口迁移等情况。

(三)快速农村评价

1. 概述

快速农村评价是发展学者用来在农村地区进行有目的的资料收集与分析的一种调查方法。这种方法起源于 20 世纪 70 年代末期发展学者对于他们在发展研究与实践中所遇到的偏差与失败的反思。英国学者罗伯特将这种思考归于 3 个方面:

(1)农村发展旅游主义(rural development tourism)。在过去的发展实践中,特别是扶贫干预中存在着一种被称之"农村发展旅游主义"现象。这种现象在空间上体现为专家们到农村去走马观花,所去之处或者靠近城市,或者交通方便,或者只到村委会了解一些情况,而忽略了边远地区以及边缘群体;在目标群体的选择上是重男轻女,重精英轻贫民,重主流轻边缘;在时间安排上倾向于选择风和日丽的日子去走访农户,而忽视了恶劣天气对于贫困人口的威胁;在社交手段上,趋于所谓的"善解人意",即避免提出令地方接待人员不快或尴尬的要求,比如访问最贫困农户或是条件最恶劣的地方。许多发展学家认为正是上述现象的发生很大程度上掩饰了贫困的真实状况。

干预手段存在偏颇和不适。出于对这种现象的不满与批判,学者们开始寻求更加有效的方法。

(2)问卷调查(questionnaire survey)。快速农村评价出现的第二个原因在于发展学者对于规范的问卷调查方法和结果的无奈与失望。Moris 曾就这个问题进行过专门的阐述(1970)。问卷调查本身及其结果一次再一次地表明并强化着它的弱点:冗长枯燥、难以驾驭而不可靠,几乎成为研究者的梦魇,使他们最终不得不将其放弃。寻求快速简洁的手段去获取更加贴近现实的信息终于成为学者们最为迫切的追求。

(3)学习方法。经过多年的实践,发展学者们终于或者说不得不承认一直被他们认为"无知落后"的农民在许多与其生产生活息息相关的领域中有着理性的判断。了解农民的认识和了解乡土知识对于社区的外来者来说变得尤为重要。角色转换,倾听与讨论便成为发展研究者与实践者重要的学习手段。

基于上述认识，20 世纪 70 年代末期有些发展学者如 Michael Collinson 开始尝试使用一些更加快捷的调查方法，但是出于学者们对于自身学术威信的考虑，并未将他们的探索落于笔端。到了 20 世纪 80 年代，情况有所好转，越来越多的人开始接受并使用甚至补充这种快捷的方法，使其逐渐系统化起来，拥有了自己的使用原则和要求，人们就把这种方法称为快速农村评价。但那时，这种方法仍被作为问卷调查以后的第二选择。到了 20 世纪 80 年代中期，由于方法不断被完善，并且一旦恰当地使用了其工具，快速农村评价能够获得比问卷调查更为准确和深入的信息，在成本效益、有效性及可靠性等方面均优于问卷调查。

在快速农村评价的原则和方法的形成过程中，许多机构分别在不同的国家都有所探索及应用，很难将其一一列举。罗伯特·詹伯斯曾总结过，那时应用过此方法的国家包括：非洲的十二个国家，南亚及东南亚八个国家，拉美三个国家，澳大利亚和太平洋三个国家及欧洲一个国家。在 20 世纪 80 年代中期，泰国可肯大学在发展理论与方法领域处于领先地位，特别是在多学科队伍建设及将快速农村评价以专业培训的形式制度化方面尤为突出。1985 年的可肯大学快速农村评价国际会议的召开以及论文的发表成为了快速农村评价演化历史上的里程碑。到了 20 世纪 80 年代末期，快速农村评价通过坐落于伦敦的环境与发展国际学院的大规模培训被迅速普及并进一步得到发展。

综上所述，快速农村评价起源于发展学者或被称为社区的外来者了解社区情况获取乡土知识的初衷，并服务于发展学者这种收集信息并进行分析的需要，其主要的变革在于研究实践方法的变革，其产出主要包括项目设计管理和发展学者的研究成果。在这个阶段缺少对于农民的反馈和以后的参与式快速农村评价所倡导的赋权于农民等原则。

2. 特点

（1）逆向学习。快速农村评价方法的使用是对多少年来形成的专家权威的挑战，其重要原则就是学习方向的逆转。它提倡直接向农民学习，就地面对面地学习农民的乡土知识、乡土技术和对社会的认识。

（2）快速与灵活。顾名思义，快速农村评价强调获取信息的快速性，而灵活是指在获取信息的过程中方法运用的灵活性。与传统调查方法不同，调查人员并没有一套严格的调查程序与问卷，而是要根据获取信息的情况不断调整和完善调查程序与内容。

（3）摒弃偏见。摒弃偏见主要是指在运用快速农村评价方法时，要去掉专家固有的对农村的认识与观念，特别是避免发生上述"农村发展旅游主义"现象，在调查中要注意倾听而不是灌输；气氛要轻松而不是紧张；要启发农民思考而不是将自己的意志强加于人或是误导农民；在选择对象时要关注妇女、穷困农户而不只是有知识的技术员或者乡村教师。

（4）择优选用。RRA 强调要在数量与质量、准确性与及时性方面对数据及信息进行取舍，就是学会筛选有价值的信息。"粗略的正确胜于精确的错误"（Keynes）。

（5）交叉印证。快速农村评价的另一原则是对调查结果要进行交叉印证，即针对同一目的运用不同的工具，访问不同的对象，进行多方位的调查。

（6）寻求多样化答案。与规范研究中获取平均值的追求不同，快速农村评价强调调查结果的多样化。鼓励结果"多样最大化"、"信息丰富化"。这种做法超越了交叉印证的要求，它需要进行非统计学意义上的取样，即有意识地关注调查中存在的矛盾的答案、个别的问题和结果的差异性。

（四）参与式农村评价

1. 概述

与快速农村评价的本质不同，参与式农村评价不仅仅是由外来者在农村地区获取信息，并将分析的情况带走，而是强调由外来者协调和帮助当地人，强调他们的参与，由他们进行调查和分析，双方共同交流、分享结果。

参与式农村评价（PRA）这名词是在 1985 年的可肯国际会议上以快速评价的 7 种形式之一而出现的，其宗旨是要通过外来者的协调作用，鼓励唤醒当地社会的参与意识。PRA 的应用可以以非政府机构的发展学者，1988 年分别在肯尼亚和印度的农村实践工作作为开端。其后，印度的许多政府和非政府人员都开始接受 PRA 的有关培训。同时，国际间的相互学习和传播对于 PRA 的普及与发展也起了决定性的作用。坐落在伦敦的环境与发展国际学院在福特基金会与瑞典国际发展署（SIDA）的帮助下，通过在非洲和亚洲的工作，产生了决定性的影响。在 15 个国家举办了 30 个培训班，并且出版了大量材料。1992 年初，来自 11 个国家的 14 名代表参加了参与式快速农村评价研讨班，PRA 蓬勃发展起来。现在，类似工作正在 100 多个国家独立进行，有 30 多个国家 PRA 网络在开展活动。

PRA 的关注焦点也在向其他范畴发生转移：从关注方法到关注行为与态度的转变；从关注方法的转变到关注职能的转变；从实际应用到组织程序及文化的变迁；从评价到分析、计划、行动、监测与评价的综合；从农村到农村及城市；从实践到理论探讨，到寻求最适合的工作方法。

2. 特点

除去上述农村评价所提到的原则同样适用于参与式快速农村评价以外，PRA 还有其自身特殊的要求：

（1）需要当地人协助。PRA 强调当地人的参与。外来者要"移交指挥棒"，协助农民自己调查、分析、做出报告，使他们既提供信息又拥有调查结果。

（2）不断自省。调查人员要不断自省，并从分析错误中进行学习，不断改进和提高。

（3）交流信息，分享结果。PRA 强调一种学习的态度。不论是农民与农民之间，还是外来者与外来者之间，还是农民与外来者之间，都要有一种学习的精神，互相交流信息、交换看法，相辅相成。罗伯特·詹伯斯对快速农村评价与参与式农村评价进行的比较见表 9-4。

表 9-4　　　罗伯特·詹伯斯对快速农村评价与参与式农村评价进行的比较

比较指标	快速农村评价	参与式农村评价
形成时期	70 年代末期，80 年代	80 年代末期，90 年代
主要开拓者	大学	非政府机构
主要使用者	援助机构、大学	非政府机构、政府野外工作机构
关注点	当地人的知识	当地人的能力
主要的创新	方法	行为
外来者作用	调查者	辅导者
外来者工作形式	汲取知识	协调、辅导
目的	收集信息	赋权

续表

比较指标	快速农村评价	参与式农村评价
主要角色	外来者	当地人
信息的拥有者、分析者及使用者	外来者	当地人
长期产出	计划、项目、研究成果	可持续的地方行动与制度
使用工具	RRA 工具	PRA 工具

注　表中年代均指 20 世纪。

3. PRA 应用领域

PRA 方法目前正在许多而且是越来越多的领域有所应用。下面主要介绍 7 大领域：

（1）自然资源管理领域。

1）流域及水土保持：参与式流域规划与管理。文献性资料开始于 1990 年，如国外的 Pretty，Hinchcliffe，Mascarenhas，国内的 CIAD 于 1994—1999 年在江西中德合作可持续发展项目的工作及西南 PRA 网络在西南几个省份的工作。

2）土地使用及政策：主要开始于 Johansson 和 Hoben 1992 年的工作，如国外 Denniston 和 Leake 等及国内 CIAD 在中德合作林业项目中的工作。

3）林业：包括社会和社区林业；森林退化评价；保护、育苗及种植、树木用途；林木产品的利用和营销。开始于 1990 年的 Case 的实践，如国外的 SPWD 等及国内的 CIAD 于 1996—1999 年在中德合作林业项目中和中国林业科学院的工作。

4）沿海资源与渔业：开始于 1990 年 McCracken 的工作。

5）人、公园及生物多样性：主要开始于 1993 年 Car 的工作，如 Wild，IDS 及国内云南社会科学院在云南的工作。

6）社区规划：乡村资源管理规划；参与式农村评价与规划。开始于 1989 年 PIDNES 的工作，以后如 Shah 及国内 CIAD 在北京延庆县、山东、宁夏、四川、江西等全国许多省份的工作。

（2）农业。

1）农民参与式研究：由农民完成的农户农耕系统研究、问题确认和分析；开始于 1989 年 Amp[lison 的工作，以后如 ODA，IDS 等机构的工作。

2）畜牧与养殖：开始于 1993 年 Leyland 的工作，以后如 Bayer 及国内的 CIAD 在北京延庆德国资助的扶贫项目中的工作。

3）灌溉：包括小规模自流灌溉系统的修复和灌溉管理研究；开始于 1985 年 Potten 的工作，以后如 Gossehnlink Strosser 等的实践和研究。

4）综合虫害治理：如 1996 年 Kingsley 和 Musante Omolo 在印尼的工作。

（3）人民、贫困与生活。

1）妇女与两性问题：参与式问题与机会评价；妇女生活状况研究；开始于 1991 年 Welbourn 的工作，以后如国外的 Meera Bilgi 和 Guiti Shah 以及国内的 CIAD 在广西等地的工作。

2）选择：选择贫困农户参加项目，剔出非贫困农户；开始应用于 1991 年 Chandramouli 的工作，以后如 Pretty 及国内的 CIAD 在新疆中加妇女创收项目及北京延庆扶贫项目中的工作。

3）生境分析：生活手段与经济学。如 1994 年 Bishop 和 Scoones 的工作；非农收入机会、季节性与信贷的确定等；如 1993 年 Colaco 的工作。参与式贫困评价，如世行支持的许多项目。

（4）健康与营养。

1）健康：开始于 1992 年 Francis 的工作，以后如 Vigoda 的工作。

2）食物安全与营养评价与监测：开始于 1990 年 Maxwell 的工作，以后如 Buchanan-smith 的工作。

3）水及卫生评价、规划及地点选择：开始于 1993 年 Narayan 的工作，以后如 RDWSSP 的工作。

4）性与生殖健康：开始于 1992 年 Tolley and Bentley 的工作，以后如 Welbourn 的工作。

（5）城市。

1）需求评价：如 1994 年 Drinkwater 的工作。

2）社区参与：如 1994 年 Reusen 和 Johnson 的工作。

3）城市贫困与暴力：如 1995 年 M．K．Shah 的工作。

（6）政策分析。

如 1997 年 Buchanan Smith 等的工作。

（7）替代问卷调查。

罗伯特·詹伯斯曾经在其论著《关注谁的现实？》（1996）中，详细论述过 PRA 方法较问卷调查的优越性。他通过许多发展学者的实践说明问卷调查在深入分析、鉴别社会经济差异、监测与评价甚至统计等方面都具有问卷调查所无法比拟的优越性。

以上所列举的领域只是目前发展学者正在实践和应用的范围，我们相信一定还有许多工作未被包括进来。PRA 的方法也一定会在更多的领域被不断地探索和应用。

四、受益人分析评价与监测评估

（一）受益人分析评价

受益人分析评价（BA）强调从受益人的角度观察对有关问题的看法。受益人的信息可以通过抽样调查进行系统地收集。受益人评估主要采用三种方法：面谈、集中讨论、参与者观察。当面交流在前面已有阐述，这里介绍集中讨论和参与者观察。

1．集中讨论

集中讨论是在拥有相同利益的参与者之间举行的讨论，会议由一个经验丰富的组织者主持，由一个当地调查组人员陪同，对一个共同的主题进行调查，7～10 人被认为是最佳规模，组织者引导小组成员围绕主题进行讨论，并确保每个成员都有发言机会。

举行小组讨论时应注意以下问题：①有供讨论的明确论点，这些论点是依据一些重要问题提出的；②尽可能从以前的参与活动中确定参与者。为了消除偏见，参与者应该来自不同利益相关者；③应尽可能在方便的时候举行小组讨论，并预先通知；④选择一个舒适的会场，安排好饮料和点心；⑤简要解释会议目的；⑥保持讨论集中于议题，鼓励所有人发言；⑦区分哪些问题是所有人都关心的，哪些问题是敏感的，对于敏感性问题最好采用单独交流的方式进行；⑧让所有潜在的发言人尽量发言，以便对各组所关心的不同问题展开进一步的讨论。

2．参与者观察

这一方法要求调查组成员亲自在某一社区中生活一段时间，大约几周至几个月。调查者应像当地人一样参加日常活动，通过对部分案例的研究（通常 5～10 个）获得相关信息，以便能够详细记录日常生活中发生的社会和经济事件。

参与者观察方法在社会人类学研究领域被普遍使用，它要求调查者通过在项目所在地停留一段时间，以便建立与社区的友好关系，并进而能够洞察人们的动机和态度，寻找机会调查一些敏感话题，对比人们对生活的描述，从而提高研究结果的准确性。

参与者观察法应注意以下几点：①确保每个人都知道调查者留在村子的理由；②认真选择住所，以便不和某一群体靠得太近；③除了和主要群体的密切关系，还要培养和不同群体的密切关系；④不要被认为和某一群体太密切，但要平易近人；⑤选择5～10户人家定期拜访，以便获得详细的研究案例资料；⑥向被调查者询问有关项目的问题，这些人可能在实地调查时被选为向导；⑦参与所有重要的活动和组织会议，以便被当作社区的参与者而不是外来者；⑧在参与中应保持独立；⑨通过文字、图表、照片和目标样本等系统记录所观察到的所有细节。

（二）受益者监测评估

受益者监测与评估（BM&E）要求从项目的方案设计阶段就开始介入，并贯穿于项目周期全过程，对项目建设和实施中涉及的利益相关者的情况进行监测和评估。

受益者监测与评估强调交互式的过程，要求利益相关者自身参与到项目的监测和评估过程，提出哪些问题应该检查。在监测和评估过程中往往需要很多阶层的利益相关者进行合作，包括社区目标群体个人和各类机构（如私人企业、NGO 等）、实施机构中的政府工作人员，以及相关政府部门的沟通合作，以便对项目的实施效果进行评价。

受益者监测与评估和一般的监测与评估的一个重要区别就是利益相关者不仅为监测评估提供信息，而且也负责收集和分析信息，因此有助于提高目标群体的维权意识。

五、咨询/研讨会法

咨询/研讨会法在项目各个阶段社会评价中广泛使用，它既可以在收集基本数据时召开多部门的咨询会，又可以在关键问题的解决方面召开专题研讨会、评价研讨会等，以期收到集思广益的效果。

（一）主要用途

（1）通过研讨会上向项目涉及社区中的群众发布有关信息（如咨询专家提出的项目方案），或向他（她）们征询意见，如项目可能对社区发展造成社会问题等；

（2）通过研讨会由专家与群众共同平等地分析社区中的问题，寻找可能的解决方案；

（3）通过多次研讨会和社区群众大会来制订投资项目计划，探讨可能出现的社会问题或冲突，或解决项目活动过程中的冲突；

（4）专家通过召开与群众代表的小型研讨会来确认、修改或否定专家会前对社区发展的认识、建议或项目方案等。

（二）注意事项

对项目投资者和咨询专家来说，无论是召开项目区居民大会或小组会议，会前都要制订明确的目标，如分析社区的问题，或收集居民对拟订的项目方案的反馈意见等。

在会议进行过程中，要紧紧围绕会议目标，一旦完成目标后就应考虑结束会议，除非居民还有兴趣讨论其他问题。

在会议进行中，项目投资方和咨询专家是会议的组织者，应该善于收集大家意见，注意多鼓励与会代表发言，特别是鼓励那些沉默寡言者，如妇女、贫困者、少数民族表达自己的想法。

一些参与式热身游戏和破冰游戏可以应用到研讨会过程中。

（三）操作步骤

（1）会议的组织者在会前必须有明确的目标，即通过研讨会的讨论要达到何种结果，会议组织者要做到心中有数。

（2）会议组织者要与项目区当地社区中的领导，如农村社区的村长事先选择一个合适的日期和地点。选择日期的基本原则是不妨碍社区农民的正常的生产和生活（当地的村领导往往知道村民的农忙和农闲时间），会议地点通常是放在社区中有较大空间的地方，如学校或村礼堂。

（3）由社区的村长、小组长等采取各种形式通知全体村民或涉及小组座谈的会议代表。在通知中要明确告知农民会议的目的、时间和地点。绝大多数情况下，农民都会接受或认可会议的事前安排。如果出现相当一部分农民对会议的目的兴趣不大，或存在着会议的时间与他们的生产活动相冲突等，此时则需要外部发展实践工作者、村领导与村民一起重新商讨会议的目标和选择一个更合适的时间。

（4）由外部实践工作者做好会议前的一切准备工作，如将提交大会讨论的议题事先写在大号的牛皮纸或白纸上或准备好要分发的材料。事先在外部发展实践工作者内部应有职责分工，一人担当整个大会的主持人，负责会议进程的控制和收集农民的意见；一至两人专门记录农民的发言；另外一至两人协助主持人与农民一起讨论，如提出问题或直接参与和农民的讨论，此外还需要考虑交通安排，会议是否提供午餐等后勤安排。通常在会前还需要准备好照相机或摄像机，用于记录会议的场景与过程。如果会议超过一天时（通常不会出现这种情况），还需要与当地有关人员一起考虑并安排好外部人员的食宿问题。

（5）在会前还要对下述情况做出计划，即社区全体农民大会之后往往需要分成几个小组继续开会，这是因为在小组会议上能更深入地讨论问题，或者是为了提高效率分专题在小组中先进行分析讨论，然后再提交全体大会确认和修改，形成全体与会人员一致的意见或结果。另外一种情况是，社区农民中一类或几类有共同点的群体如妇女、最贫困的几户或十多户农民不愿或不便在全体人员大会上发言，这时也必须将这些人单独组建成小组，要保证在每个小组中至少有一个外部发展实践工作者，在这些小组中，外部工作者应更加注意启发鼓励这些平时在社区中往往易受到忽视的群体。另外，如果外部工作者不懂当地的语言或方言，还需要在会前与当地乡、村领导协商解决会议过程中的语言翻译问题。

（6）在召集研讨会时，如果有当地乡、村领导在场，往往由他们先向全体与会人员说明会议的基本情况，包括介绍来宾、会议的性质与目的、对与会人员提出希望与要求，此后由外部实践工作者阐明会议的背景、目标、主要内容等。大会的讨论往往都是就专家根据以前的访谈提出的问题或方案征询全体村民的看法和修改意见。大会的时间往往并不长，一般只有半小时至一小时左右，这时往往需要将全体人员分成几个小组进行讨论。小组讨论的结果由小组成员提交大会补充、修改、调整等。

（7）会议结束前，往往由外部实践工作者对当天会议的进展、结果进行简单的总结并说明结果在下一步如何使用，同时对领导、农民广泛的参与讨论表示感谢。

（8）有时在不需要召开全体村民大会而只是邀请熟悉当地社区情况的几位村民代表（一般不超过7~8人）来召开专门的研讨会。这种小型的研讨会往往是要分析社区中的主要问题、原因以及解决问题的主要方案，因此会议的主题较明确，结构也更加明晰。小型研讨会通常需要在一个小型的会议室中进行。为便于研讨，通常需要使用帮助促进交流的可视化辅助工具，如黑板、白板、展示软件、贴在墙上的白纸等用于将会议中的讨论要点随时记录在其上，从而有助于整个讨论过程。

（四）案例

2002 年国际农发基金（IFAD）川东北项目社会评价某村研讨会妇女组讨论结果如表 9-5 所示。

表 9-5　　　　　　　　　　川东北项目社会评价研讨会妇女组讨论结果

排序	项目活动	带来的好处、影响
1	妇女培训（生产、卫生、扫盲）	（1）检查妇科疾病； （2）去卫生院生小孩； （3）养殖效率提高（出栏由 1 年降到 6~7 个月）
2	建自来水厂	（1）不用去远处背水（以前 4~6 个月/年，2~4h/天）； （2）用水方便，卫生水平提高
3	改土、改田、修提灌站、公路、便民路等	（1）运输方便、节省劳力； （2）脚、鞋干净
4	发放贷款： （1）养殖业； （2）种植业—水果等； （3）种粮贷款	（1）解决资金、扩大规模（猪、鸡、羊、兔）； （2）贷款 800~1000 多元； （3）信用社贷款量少； （4）银行贷款手续不方便
5	蓄水池、塘堰等	（1）干旱时灌溉； （2）牲畜饮水； （3）洗衣服； （4）养鱼等

第二节　对比及综合分析方法

一、对比分析法

（一）有无对比

"有项目"和"无项目"的对比分析（comparative research），首先要调查在没有拟建项目的情况下，项目地区的社会状况，并预测项目建成后对该地区社会状况的影响，通过对比分析，确定拟建项目引起的社会变化，即各种效益与影响的性质和程度。该项目需要对真正无项目的对比社区进行精心设计，并处理好数据采集的组织与安排。

（二）对照组比较和现状预期对照比较

对照组比较是将投资项目区与非项目区的社会发展指标进行对比分析的方法，是社会评价常用的方法。以基础设施项目的社会评价为例，运用这种方法进行社会评价时，评价者将已经建成该基础设施的地区或社区的社会发展指标与尚未建设地区或社区进行对照比较。

现状预期对照比较是通过实地调查收集投资项目地区社会现状的相关指标，同时调查了解当地居民对投资项目的预期，通过现状指标和发展预期的分析比较，可以了解当地居民的需求，分析出拟建项目可能造成的社会影响。

北京市延庆县生态移民项目区现状与居民预期对照比较见表 9-6。

表 9-6　　　　　　　北京市延庆县生态移民项目区现状与居民预期对照比较

项目	项 目 区 现 状	居 民 期 望
用水	使用自来水，但是有时候停电就没有水来了，这时候只能去很远的地方挑水	24h 都有自来水使用
用电	0.488 元/kWh 的电费，有时候会停电	能够有比较稳定的供电
供暖	基本还是通过燃烧薪柴取暖	能够有配套设施，能够集体供暖，通暖气
厕所	现在都为旱厕	厕所能入户，水冲且配备一定公厕
污染	基本没有	规划时能考虑环境因素
医疗	大队有个医疗所，私人的，而且很多药没有，不属合作医疗，看病难	国家资助，建立合作医疗体系，能减轻看病负担，能有老人补贴
教育	现在基本要接送孩子上学，太远了	能够帮助解决儿童的受教育问题，能让孩子们住校
培训	很少，而且接受培训的人不多	能教授一些致富的东西，有更多的培训机会
收入	看山（但是两年才轮一轮），基本没有其他收入，玉米棒子不挣钱，药材三年一回，收益慢	希望能引进些企业，解决剩余劳动力就业，增加收入
消费	日常生活用品	以后条件好了，能有一些娱乐设施、场所
其他	现在村里没有兽医，家禽得病没人看	村里能有个兽医

二、案例分析法

案例是针对较少受访对象的一种访谈形式，受访对象可以是个人、几个人，也可以是不同规模的单位，它是一个详细研究过程，包括选择合适的研究对象、访谈、分析处理信息和得出结论，目的是考察特定事件或事物的发生和变化，回答"为什么"和"怎么样"等问题。这种访谈形式的显著特点是侧重于信息的分析价值而不是样本的代表性。

当访谈者想得到的信息是关于一个事件或社区的全面信息时，往往不能通过样本调查等方式所提供的单一的、大规模信息来得到，所需要的是对整个对象的全面了解，这种情况下，就要抛弃对信息数量的追求而着重于得到相互一致的可以反映人们的态度、信仰、行为等信息。案例方式需要投入大量的时间，要求受访者能够详细、完整地讲述一些情节或解释情况，同时大量的信息依靠访谈者通过观察周围的环境、与会者不同的反映等情况来了解。这种方式在很大程度上依赖于访谈者的个人能力与经验，如在人类学研究中广泛应用的案例方法就是一个很好的说明，因为他们只有很少的案例却能得到可靠的具有普遍意义的结论，这完全依靠专业工作者的经验和广泛的背景知识。

（一）步骤

案例研究包括三个步骤，首先是选择合适的研究对象；其次是进行访谈；最后是分析信息得出结论。选择合适的对象是十分重要的，并且要对所研究对象群体中的同质性进行判断。因为案例研究耗时较长，并且由于事实上不同对象之间的多样性是普遍存在的，不同的案例往往能够反映的问题有很大的不同，必须选择能够全面反映信息的个人或组成一个能够反映信息的小组，或者代表不同生产能力的小农场。应当注意，充分利用预先选择一个可以提供全面信息的受访对象。进行访谈的过程中，访谈者要能够注意到受访者提供的所有信息，即使是一些琐碎的信息也可能反映出信息的可信度等。由于一些访谈对象具有独特性，或者也许只有唯一的一个可提供这方面信息的人，因此要充分重视受访者提供的信息。一个成功的案例应该包括有关的各种数据、观察以及二手资料等，所有反映研究主题的资料。对访谈结果的分析是访谈的重要部分，为了核查信息有时要回访多次，确定信息以后，还要注意不能把所得的结论过分推广，因为案例的情况并不能代表所有同类对象，甚至应该直接把每个案例所得的结果当作独特的而不宜过分推广，同时在不同案例中的所得到的数据不能进行统计上的加总、平均等。

（二）优点

案例研究的优点是能提供连续、一致的信息，有助于进行深入的分析，得出一个对整个事件变化的全面结论；一些深刻的案例分析能够具有极强的说服力，如在说明农户行为时，传统说法认为，农户不能合理地安排自己的生产，但是通过案例研究则可说明，事实上，农户在他所处的条件和环境限定的范围内，表现出极强的经济理性思维。

（三）适用性

在实际工作中，一些人为了避免抽样和数据统计所带来的繁琐工作，出于节省劳动量的考虑有可能会选择案例方式，这种情况并非一定有利于研究。除了这种图省事的目的以外，案例最适用于对客观的、涉及一些不能量化的敏感问题的研究，如对于农村信贷、农村组织、农户行为分析等一些包括许多细节的问题。案例方式的运用存在一个前提，即可以用一个具体而微观的存在于客观环境中的实例来说明所研究对象的复杂影响因素，把所选定的案例作为一个具体环境的缩影，因此在要求深刻揭示对象的复杂机制或变化过程时，选择正确的对象案例访谈是一个有效的方法。

（四）案例

案例1　拆迁部分房屋及其所遇到的问题

拆迁户1：女，58岁，公交公司退休的售票员。家庭成员为两口子，一个老母亲，两个孩子，女孩在某市做买卖，男孩在北方技校读书。男主人尚不到退休年龄，到年龄后享受社保。

房子是1994年盖的，拆迁了70m²，正好是原住房140m²的一半，拿到补偿款4万多元。补偿标准根据不同的结构评估为280～660元/m²，但实际补偿时是在评估价的基础上上浮10%左右，达到重置价标准。在拆迁前项目实施机构与拆迁户协商，拆迁户同意后才签拆迁协议。

该户在拆迁后没有重新盖房子，而是把剩余的房子进行修缮后居住，足够三口人居住。补偿资金可以为后期儿子的发展做准备。

据拆迁户介绍，项目办的同志在拆迁过程中态度很好，在操作程序上也非常到位，拆迁户没有不满意的，虽然有些拆迁户当着项目办人员的面说他们是如何不满意，但是私下里都认为随着项目的进行，为家庭环境的改变提供了前所未有的机会。

拆迁户2：某夫妇。房子有30多年了，是一个两层的小楼房，拆迁了51.6m²，补偿了4万多元，还剩72m²，足够该户三口人居住。该户有一个儿子24岁，在汽车修理行业学徒。男户主原先在国家单位工作，工资400元/月，现在外打工。女主人在一家公司上班。

根据该户女主人反映，所有的补偿标准、协议的签订均满意，只是在拆迁的过程中，拆迁公司走后发现自来水漏水（半拆迁没有把管道处理好的后果），在冬天漏水两天，水所流到之处都结了冰，在这种情况下，她自己掏钱200多元找人修理了自来水管道。管道修好了，但她觉得这件事情应该有人负责，不应该由被拆迁户承担修缮费用。

评价：一般的拆迁方式是凡是涉及拆迁的情况（建筑物在规划红线或蓝线范围内）一般都是全部拆迁，但该市洪水控制项目是一个例外，而且是拆迁户要求保留不用拆迁的部分。即减少了项目的建设费用，同时也满足了拆迁户的需求。但拆迁部分住房与拆迁全部住房的技术要求不一样，比如需要把还在使用的水电系统修缮完好，否则会对拆迁户的生活带来不必要的麻烦。从中可以看出，在拆迁以后保持处理善后事宜的畅通渠道是必要的，至少受影响人知道在事发以后应该向那个机构反映情况。

——资料来源：2008年亚洲开发银行委托调研项目实地调查

案例2 家庭破裂该由谁负责

在2008年4月份调查人员在某地探讨高速公路项目对当地村民带来的影响时，村民们谈到项目的负面影响时，纷纷抱怨由于项目的建设给家庭带来了不稳定因素。如下是村民们表达的想法："村民×××，因高速公路建设，人员流动频繁，使家庭破裂。原先美满幸福的家庭四分五裂，精神受到打击，经济带来较大损失，此类情况今后可能仍然会出现！"

针对这一问题，调查人员就该问题向该农民本人了解情况，之后又向该村妇女主任进行了了解。据妇女主任讲，该农民的妻子在村里是最漂亮的，是外地嫁过来的，出走时留下一个3岁的女儿。而该农民本人讲，他夫妻两人是在外打工时认识的，把媳妇娶回家后，自己筹钱开了一个小卖部由妻子经营，自己继续在外打工，日子过得挺红火。也正是由于这个小卖部，导致自己的妻子频繁与建筑施工队的经理/工头频繁接触，早已看上了一个很有钱的工头。在妻子出走的那天，她告诉丈夫要去提一批货，所以还带走了不少钱。这样，该农民原先在外打工，现在必须在家里照顾孩子，连基本的生活都遇到了困难。

评价：这到底是项目带来的影响还是与出走的妇女的个人有关系？无论如何，村民们认为倘若没有高速公路项目，就不可能发生类似的事情。加强对村民的道德教育是不容忽视的，虽不是项目实施机构的直接责任，但在以后的项目中，村委会对该问题应该重视。

三、多因素综合评价方法

（一）矩阵分析总结法

矩阵分析总结法是将社会评价的各种定量和定性分析指标列入社会评价综合表，如表9-7所示，在此基础上进行综合分析和总结评价。

表9-7   项目社会评价综合表

顺序	社会评价指标（定量与定性指标）	分析评价结果	简要说明（包括措施、补偿及其费用）
1			
2			
3			
4			
…	……	……	……
	总结评价		

将各项定量与定性分析的单项评价结果列于矩阵表中，使各单项指标的评价情况一目了然。由评价人员对矩阵中所列的各指标进行分析，阐明每一个指标的评价结果和它对整个项目社会可行性的影响程度。然后将一般可行且影响较小的指标逐步排除，重点考察和分析那些对项目影响大而且存在风险的问题，权衡利弊得失，研究说明对其的补偿措施情况。最后，进行分析和归纳，指出对项目社会可行性具有关键影响的决定性因素，评价项目的社会可行性，并提出规避社会风险的对策措施。

（二）多目标综合评价法

多目标综合评价有多种方法，如德尔菲法、矩阵分析法、层次分析法、多层次模糊综合评价法等。评价人员可根据项目定量与定性分析指标的复杂程度，任选一种方法。各种多目标分析综合评价法一般都要组织若干专家，根据国家与地方有关社会发展的政策目标，结合项目的具体情况，对各分项指标进行分析、评分，确定其在评价中的重要程度并给出相应的权重，最后计算出项目的综合社会效益，得出评价结论。

在多目标综合分析评价中，项目的有利影响可视为效益，不利影响作为负效益。社会适应性分析中的部分定性指标，如对社区居民的收入分配是否公平，参与、组织机构分析结论如何等，也可以根据分析结论适当权重评分，但这种项目与社区相互适应的分析，分析的目的是研究如何采取措施使项目与社会相互适应，以取得较好的投资效果。所以，综合分析评价得出项目社会评价的总分后，在方案比较中，除了总分高低的比较有数据概念外，还要看各方案措施难易与费用高低，有无风险，风险大小，才能得出各方案社会可行性的优劣。有些项目也可能因某些方案社会风险大，或受损群众数量大，又难以减轻某项重大的不利影响而决定改变方案。因此，对于项目社会评价来说，多目标分析综合评价方法得出的结果，往往只能作为一种分析总结的参考数据，不能据以决策。各种分析方法的特点见表9-8。

表9-8　　　　　　　　　　　　各种分析方法的特点

分析方法	适用条件	信息内容	主要特点、难点
对比分析法	对项目成果的实现进行的阶段性或项目后评估，需要有对照组的资料或预期与现实之间的对比	项目活动或影响的有无对比，比较在"有项目"和"无项目"之间的影响差异	需要具备前期的基线数据或项目实施前的现状数据，并且数据要可靠，其特点是能够直观地比较有无项目的成果和影响。难点是选择对照组的社区与农户比较困难
利益相关者分析法	在资源一定的情况下（比如项目的总预算盘子确定了），探讨项目的成功实施必须包括哪些利益群体的参与	通过调研与咨询协商，确定各利益群体在项目中的期望、作用/重要性和影响力。为确定项目的参与群体提供决策依据	主要特点是对项目的利益划分及早做出安排。难点是在确定各利益相关者在重要性方面需要反复咨询、讨论，直到达成共识
咨询/研讨会法	这是最常用的一种方法，适合于项目各阶段的评价过程	就某一专题或项目的总体实施开展咨询与研讨	需要事先安排参加研讨的人员
案例分析法	在探讨问题是什么或为什么，在样本量很小的情况下，用案例分析以便对未来的趋势进行预测	个案内容，但可能具有一定代表性，可以填补抽样问卷的空白	侧重于信息的分析价值而不是样本的代表性
参与式评估法	该方法在评价的各个阶段都广泛适用	通过社区民众的广泛参与，获得当地文化背景下的各利益群体不同视角的全方位信息与意见或建议	灵活、获得信息的渠道宽，主要缺点是在讨论复杂问题时耗时较长

第三节　社会评价常用的可视类工具

一、可视类工具的类型

可视工具具有以下特点：①直观性与开放性；②便于不同文化水平的人群交流、讨论；③共同分享调查的过程与结果，促进当地人思考和共同解决自己的问题；④按照参与者的思维方式总结问题并制定今后的行动方案，而不是完全按照外来调查者的思维做出结论和行动方案。可视工具的类型见表 9-9。

表 9-9　　　　　　　　　　　　　可 视 工 具 的 类 型

可视工具	具 体 类 型
空间系列工具	社区分布图、资源分布图、历史剖面图
时间系列工具	农事历、历史大事记、每日活动安排、趋势变化图表
关系系列工具	因果关系图、部门关系图
排序系列工具	排序和打分、贫富分级

（一）空间系列工具

（1）社区分布图。这是社会评价中最常用的方法，是将房屋、服务机构和基本建设设施等的位置标在图上，一方面可以了解社区的空间分布现状，另一方面将服务机构等标在图上，可以了解村民对不同机构重要性的认识。社区分布图可以根据要求绘制不同的内容，比如可以将房屋的大小和人口的多少标在图上，也可以在社区图上用不同的符号和颜色表示每座房屋里的财产情况，从而全面反映其社会经济群体在空间上的分布状况。

（2）资源分布图。在资源分布图上可以反映主要的自然资源状况，包括森林、植被、地形、河流、农业、畜牧业等的分布状况，还可以将水土流失等状况绘制在图上，并通过资源分布图，分析了解图上各因素之间的联系。

（3）历史剖面图。这一工具用于表示资源随时间和空间变化的动态趋势，分析某种或某一系列的事物在时间和空间上的变化趋势并分析这种变化的内涵和原因。例如，可以对某一事物或者要素（比如森林面积）按照一定的时间间隔作出 3～4 张历史剖面图。时间间隔划分的依据可以是人为的时间间隔，也可以是某些重要的历史事件，现有的和过去的地图也可以作为对比的信息依据。

（二）时间系列工具

（1）农事历。通过农事历可以了解农村一切与时间有关的农事活动的时间分布情况，主要包括：降雨量及气温的时间分布；劳动力的季节分配及性别差异；作物种类及其产量；收入及支出分布等。这类工具可以用于讨论农事季节分布情况及其特点；讨论了解各类农事活动可能面临的困难及其可能的解决办法；讨论项目介入的最佳时间安排。

（2）历史大事记。大事记可以将重要的过去事件按时间顺序进行清楚地排列，可以帮助评价人员发现当地民众应对有关事件的策略，为未来事件及变化趋势的分析提供参照依据，分析有关事件的出现可能带来的冲击，理清有关事件之间的历史渊源关系。

（3）每日活动安排。以天为单位进行时间分析（包括对不同季节、性别、年龄、教育程度、富裕程度和地点的群体进行分析），需要收集的信息包括每人的活动情况、各种活动的时

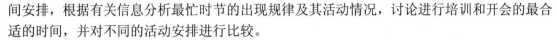

间安排，根据有关信息分析最忙时节的出现规律及其活动情况，讨论进行培训和开会的最合适的时间，并对不同的活动安排进行比较。

（三）关系系列工具

（1）因果关系图。可以用于对问题进行因果分析，找到解决问题的出发点，其主要作用在于：有助于发现和分析问题所产生的影响，并查明其起因、影响和联系。对于某一社会现象的现状、制约因素、存在的问题、面临的机遇、造成问题产生的原因等，都可以采用因果关系图进行分析，以便显示产生问题及其原因之间的内在联系，发现其中的关键性原因，为制定行动方案提供重要信息。

（2）部门关系图。这类工具可用于分析起关键作用的机构、组织和个人，以及他们与当地社区之间的相互关系，并表述出哪一个机构、组织和个人对哪一个地区和社区起关键作用。这类分析具有下列作用：识别不同机构对当地群众的影响和作用；识别不同机构对某一特定组织的影响和作用；分析组织之间的沟通渠道和方式，以改善现有组织之间的联系机制。

二、展示类工具

展示类工具，其特点是从视觉、听觉方面给社区内的成员及外部人员提供信息，主要用于参与式农村发展各个不同环节中的问题过程及成果的展示，尤其是结果的展示。这是由各参与方共同努力的创造性产出，是"脸面"，如果展示得恰当，可以收到意想不到的效果。在这个展示过程中，能够充分动员社区内成员的参与，充分发挥他们的积极性和创造性，因而也体现了对社区成员的赋权行为，体现出他们做好自己事情的自信心，并能有效地在社区内外传递信息，促进社区内部及社区之间的互动。

展示类的工具有若干种，他们之间有些相互关联，比如幻灯和录音可以结合使用，展示板、墙板工具可以根据实际情况灵活变通，做到举一反三。为了介绍各种工具的使用方法和适用范围，现将主要的 6 种工具介绍如下：①展示板（ZOPP board）；②壁画/墙报（mural/poster）；③法兰绒板（flannel board）；④断续张贴画（unserial poster）；⑤社区编导的静态影像资料（visufll image）；⑥社区编录的录音磁带（community directed record'rape）。

（一）展示板（ZOPP board）

1. 工具描述

展示板是指用于农村评价、培训、研讨会等使用的便于操作的一块长方形专用板，四周有金属框，中间是泡沫板材，可以将纸卡片用大头针扎到上面，并可任意调换位置，这种板也叫 ZOPP 板。

2. 应用目的

（1）集思广益法练习；

（2）项目规划；

（3）培训；

（4）研讨会展示信息。

3. 主要优点

（1）直观展示信息；

（2）便于挪动卡片，工作效率提高；

（3）在基础设施差的地方（没有黑板）能够及时将结果或问题展示出来（如画图工具的

使用），给人以新鲜感，有兴趣参与。

4. 使用方法

（1）备齐用品，如 ZOPP 板、ZOPP 箱、牛皮纸、记号笔、卡片、大头针、胶水等；

（2）将展示板固定好，在双面均铺上牛皮纸；

（3）动员大家将意见或建议简明扼要地写在卡片上，并由专家负责将卡片扎到板上；

（4）动员大家归纳，讨论；

（5）在展示图画时，请当地的社区成员来讲解。

5. 注意事项

（1）写卡片时要简洁明了；

（2）归纳卡片内容时要有逻辑性；

（3）当地人员讲解时，鼓励他们像老师讲课那样站在展示板的一侧，不要挡住大家视线；

（4）交通不便的地区，带展示板有一定困难；

（5）文盲或半文盲较多社区，尽量多用图示少用文字。

6. 说明

展示板可以根据实际情况就地取材，例如，某咨询组在四川省仪陇县做培训需求评价时，利用当地小学校的教室里的黑板，在农户家里将要收集的信息写在白纸上或牛皮纸上，贴在墙上展示，亦能达到展示的目的。

（二）壁画/墙报（mural/poster）

1. 工具描述

壁画和墙报是由社区设计并由艺术工作者绘制的一种大型的、中长期使用的一种图画，把它们张贴在社区成员能经常看到的地方。

2. 应用目的

（1）展示直观的说明，动员社区成员的参与；

（2）展示社区宣传信息；

（3）展示过去、现在的形象，激发对未来的憧憬。

3. 主要优点

（1）在指挥艺术工作者工作的同时，该社区具有一种使命感；

（2）壁画和墙报能长期地鼓励人们的行动或转变态度；

（3）张贴得体的壁画和墙报能提供连贯性的监测与评价；

（4）在村里有一位艺术家（画家）能激发社区的兴趣和使命感。

4. 使用方法

（1）该工具具有画图和讨论等工具的许多特征，尤其是社区为了指导艺术家而进入到集体讨论和分析阶段时；

（2）社区必须在墙报的内容、展示方式和展示位置等方面做出选择并达成一致意见，特别是该墙报在公众场合展示时；

（3）请来艺术家之后应该让他（她）理解该练习的目的以及社区为此策划的全过程，社区在制作该墙报时给予全过程指导；

（4）为了给予艺术家正确的指导，在社区内可以画一张草图（参见绘画和讨论工具）作为艺术家完成墙报绘制的第一步。

5. 注意事项

（1）对墙报/壁画敏感（反感）的文化区域不适合；

（2）社区成员必须在张贴位置和墙报的内容上达成一致意见；

（3）材料（颜料和绘制表面）必须具有较高的耐久性。

（三）法兰绒板（flannel board）

1. 工具描述

法兰绒板是一块能将粘贴卡片贴在上面的拼图板，这些粘贴的卡片可以随意放置。卡片上的内容是普通问题的画片（火灾、贫困、土地流失、干旱、人口增长等）和一些解决这些问题的答案。画片的位置和优先顺序可以用来就此展开讨论。

2. 应用目的

（1）提出问题，讨论问题，并根据优先顺序对重大问题进行排序；

（2）确认并讨论合适的社区解决问题的答案。

3. 主要优点

（1）在有些问题讨论起来过于敏感或不便于公开确认时，而这些问题得到初步确认之后，这种方法特别适合。

（2）这种工具特别适合以视觉导向的文化区域内使用，如有些文盲成员较多的社区。

（3）这些初步确认的问题可以引发小组讨论。

（4）这种工具可以用来监测社区的需求，检查是否同样的问题连续地被确认为同样的重要次序，即随着时间的推移没有变化。

4. 使用方法

（1）主持人应该准备好将要讨论及潜在敏感问题的画片。额外的材料需要准备好，以备小组内的人提出其他（尚无准备）的问题及答案。

一套预先设定的"问题—答案"，先准备好，如果这套不合适，另外的一系列"问题—答案"可以激发小组讨论。

（2）主持人应该注意到法兰绒板可以限制讨论的随意性和双向交流，除非给予小组几种选择。

（3）给一个小组（6～10 人）介绍本练习及其目的。

（4）小组成员应全身心参加到放置贴画及排序过程，激发他们的参与。

（5）讨论应当确认问题/难题，并排出优先顺序，然后确认可能的答案。

（6）法兰绒上的最后讨论结果应当及时记录下来作为日后的参考，可以用照相机照下来或在本上完全描写下来。

5. 注意事项

法兰绒板应该约束随意性以及主持人与小组成员的双向交流，除非问题的讨论可能出现几种不同的选择。

（四）断续张贴画（unserial poster）

1. 工具描述

这种工具包括一套预先设计好的张贴画，描述当地发生的事情，通常在一段较长的时间跨度内。这些张贴画按时间序列排成一组，因而告诉人们它所发生的故事，张贴画可以涵盖社区的历史、问题、信念、实践和价值。

2. 应用目的

（1）便于讨论。

（2）帮助形成一套村庄历史的时间序列图画记录。

3. 主要优点

（1）激发大家按张贴画的顺序展开讨论。

（2）同一社区中的不同组的成员分别进行讨论，可以比较他们讨论结果的差异。

（3）这种工具特别适合于视图导向的文化区域内的社区。

4. 使用方法

（1）向小组解释做该练习的目的。

（2）向小组成员展示每一张图画，公开讨论每张画，并确定与社区的相关性。

（3）如果只是在一个小组内，张贴画可以由小组成员排成序列，如果是一个大组，张贴的位置摆放应在成员内达成共识，并能让大家都看到。

（4）可以暂时移走一张画片，并重新介绍几张别的画片来讨论其重要性，并鼓励成员展开"开放式故事"练习。

5. 注意事项

预先设计的画片可以不描述重要事件，空白画片可以用来描绘丢失的事件。

（五）社区编排的可视性资料（community directed visual image）

1. 工具描述

该工具包括绘画、照片、幻灯片等，他们是社区自己编排的，而且是他们内部成员选择的可视性图像资料。

2. 应用目的

（1）集中并激励小组讨论。

（2）为文字性记载资料添加兴趣。

（3）从时间跨度上记录事件的发生并监测其变化。

3. 主要优点

（1）可以加强文字报告/记录的可信度和趣味。

（2）可以用于收集、分析并展示参与式基础调查、监测与评价的信息资料。

4. 使用方法

（1）可视性资料可以通过当地已有的条件廉价制作出来，如绘画，稍昂贵一些的就是照片和幻灯片，当然有条件的地方可以考虑聘请懂参与式发展方法的专业摄影师。

（2）在制作社区编排的可视性资料时有许多选择，如当地擅长绘画的人（画师）在社区内部人员的指导下与他们一起绘制一系列的图画。这个相互交流、互相作用的过程画出的，尽可能多的是社区内部成员对社区的认识和理解。

（3）在校学生，也可在绘画过程中受益，例如，可以组织一套这样的绘画内容让学生来画：

"我爷爷小的时候，我们的村庄是什么样的？"

"我妈妈小的时候，我们的村庄是什么样的？"

"当我老了的时候，我们的村庄可能是什么样？"

学生可以与不同年龄的人们进行交谈，得到一些需要绘画的素材，而且这些人为学生解释当年是一种什么情况，如果有一位当地的擅长绘画者与学生们一起绘画，也是可以的。

摄影人员可以在社区内部成员的指导下与他们一起照相，制作幻灯片，以捕捉到内部成员所选择的能突出他们故事情节和监测活动的所有影象资料，或通过幻灯片来展现"他们的故事"。内部成员应该讨论并编辑照片和幻灯片。

（4）确保当地有绘画人才或照相器材以及幻灯机等。

（5）讨论并确定制作视觉印象资料的目的。

（6）制订一个可视性资料的制作计划：做什么，在哪里做、由谁做、什么时间、如何制作。考虑可利用资源，准备好宣纸、绘画工具、画板、胶卷等。

（7）记录性的资料可以一次制作完成，如果是监测性的照片资料，可在每年制作一次，但选取的角度要固定。

（8）由小组成员来分析、整理绘画及照片/幻灯，并决定是用来展示或作为永久资料妥善保存。

（9）无论是用于展示或长期播放，所选材料要耐久，如绘画可以加塑膜，或画在布上，照片可以加塑封，幻灯片可以选择材料耐久的框架。

5．注意事项

（1）内部成员必须参加到整个图像资料的设计，制作和编排过程中来。

（2）确保照片/幻灯等作为社区的财产。

（3）单纯的视觉资料可能不会清楚地说明问题，有必要增加文字说明。说明的内容应由社区内的人员进行文字描述或通过录音对资料进行解释。

（六）社区编录的录音磁带（community directed recording tape）

1．工具描述

一条信息或一个故事由社区开发出来以后，可以录到录音磁带上来展示给社区进行分析并送给广播电台来广播，给邻近的社区农民用于对农民的推广或给其他一些有兴趣的机构如政府部门或捐助者。

社区编录的磁带可以用于对社区成员的访谈，讲故事或录制由社区编导的剧目，其他形式的录音可用于结合幻灯片来记录或展现社区之间的对话。

2．应用目的

（1）记录结果。

（2）记录利用其他工具开发出的故事或剧目。

（3）有助于收集会议、小组讨论和访谈的信息。

3．主要优点

（1）适合口述文化的社区记录和分析信息，并为将来所用（基线调查、评价）。

（2）适合广播推广的目的，如农业技术推广。

（3）可以结合幻灯，绘画或照片，丰富展示内容。

（4）当地语言/方言可以翻译成普通话，不一定非识字不可。

（5）磁带可以反复听，用来分析信息。

4．使用方法

（1）要有录音设备（录音机，磁带）和录制人员，可以请一个录制人员在社区成员指导下来工作。

（2）如果该工具是用来展示结果的，要确保该结果适合录音，要有趣，有情节。

（3）如果是用于记录讨论结果，要让每个人明确讨论结果要录下来。

5. 注意事项

对社区来讲录制磁带可能是一件新鲜事，重要的是要给社区成员讲清楚制作磁带的目的，告知他们的讲话将会被录下来。

（七）社区编导的录像（community directed video）

1. 工具描述

社区编导的录像涉及社区在策划、制作等方面真实反映他们情况的所有方面。在具备设备和技术人员的情况下，一部录像可以为不同的目的而编摄（评价、推广、信息收息、问题分析），录像可以用于社区内部，也可以分发给其他人。

2. 应用目的

（1）给当地人民赋权。

（2）分析、监测、评价具体的情况和活动。

（3）把社区内关心的问题及信息传递给政府、资助机构或其他感兴趣的单位或个人。

3. 主要优点

（1）不像绘画、幻灯片或照片，录像综合了动作和声音，因而能解说的话效果更好。

（2）社区编导的录像是在社区内完成的，因而便于内部成员交流他们的意见和看法，不至于像在陌生环境中那样胆小、拘谨。

（3）作为社区内激发自信心的体现，录像是一种帮助外部人员理解内部成员的方式，同时可以促进信息在社区之间的传播，并能为资助机构和决策者提供评价信息。

（4）社区制作的录像可以收集到一些难于理解的情况的信息，如小组内部的互动交流，这些录像可以反复观看以便于分析。

（5）录像可以发挥很多种功能：小组会议，内部人员与外部人员的相互作用以及社区的互动都可以被摄下来用于分析，像插秧、建苗床等活动均可以用来观看并能在人类相互作用的各个方面获得有益的见解。

（6）由于录像是图像和话语声音的合成体，而不是文字，在文盲和半文盲人群中具有许多明显的优点。

（7）参与式评价、基线调查、评价等结果的表述可以制成录像用于广泛传播。

4. 使用方法

（1）当录像是为别人制作，社区内部成员和外部人员应该一起清楚地讨论需要传递哪些信息，传给谁，如何传递，在选择录像之前，社区要对传递的信息有一定清楚的认识，这是很重要的，当录像被认为是一种最好的最有效的交流工具时才选用。

（2）若录像是用于帮助分析问题，导演人员应该明确要分析的是什么？

（3）在选定制作录像之前，如下的事项要考虑到：录像设备、录像效果和制作录像的费用。

（4）确定如何审查最后的录像产品，什么时间，在哪里。

5. 注意事项

（1）确保参与者有时间制作出录像的"成品"。

（2）制作录像花的时间可能比预期的时间要长，专家可能急于做完大部分工作，而忽视了参与的效果。

（3）对于大量的观众来审查录像可能有些困难，可选择有代表性的观众全面审查。

三、图示类工具

图示类工具是参与式调查方法中最为常见的工具之一，它可以直观的形式将社会、经济、地理、资源等状况以图表、模型的形式表现出来，能够很好地吸引被访群体的注意力，引导被访群体积极参加讨论，是地方群体与外来人员了解地方情况的重要工具。这里主要介绍社区图、剖面图、历史演变图、季节历、机构关系图和活动图的绘制方法与注意要点。

（一）参与式社区地图的绘制和模型制作

绘制社区地图和制作社区模型是用直观的形式将社区状况表达出来的一种工具，同时也是使社区内参与者的空间观得到合适表达的一种有效的途径，其内容包括：村落分布与规划、自然资源状况、地理地貌、土地利用状况、基础设施及有关民俗等。

绘制社区地图和制作社区模型是使社区内和社区外的参与者通过这一过程，对社区的全貌有一种更深刻的了解，建立起对社区状况的一种整体的图画，并使参与者能借此对社区内的问题及潜力等进行分析。社区地图还可用作社区人口快速统计以及监测评价的工具。

根据不同的目的和要求，所绘制和制作出的地图和模型在内容上也会有所差异，可以涉及下述方面：

（1）地形地貌：如山脉（山峰、山坡、山谷等）山势走向、海拔、坡度、河流、湖泊及沙漠等；

（2）基础设施和地理信息：如道路及走向、房屋及类型、水源和电力设施、社区组织机构的位置（地方政府、学校、卫生院所、商业网点、企业或加工厂等）；

（3）土地利用状况：包括种植业用地（标明农作物种类及分布位置和面积）、牧业用地（包括放牧场、打草场、饲料地、圈羊地等）、林业用地及林业资源分类（包括树种、林种，天然林、人造林，四旁林、片林等）、工业用地（企业种类、位置及占地面积），用地发展规划；

（4）水资源：饮用水源、灌溉水源，地下水和地上水，河流、湖泊及渠道等；

（5）矿产资源：种类、分布及开采情况；

（6）野生资源：野生动植物，尤其是药材。

除在图上或模型中标示上述内容外，还可根据需要用文字对社区人力资源、物资资源及资源权属等尽可能地加以说明。

1. 社区地图的绘制步骤

（1）将一张一开的牛皮纸或大白纸用图钉钉在 ZOPP 板上，也可贴在墙上或铺在桌子上。

（2）邀请参与者用记号笔按他们熟悉的方式绘制出其社区的地图，并让他们尽其所知，将所有地理信息标注到图上。在画之前，亦可用铅笔勾出草图，并予以修改。

（3）不断提示参与者在分布图上标出需要收集了解的信息及用什么符号表达这些信息。

（4）有些参与者习惯于用自己的方位画图，因此应对此予以熟悉。

（5）为了增加绘图的气氛，可让多人一起，由一人执笔，其他人予以补充，共同参与到这一过程中，使所反映出的社区状况更加真实准确，从而收集到更多的信息。

（6）有时可以将男女分为两组分别绘制，使不同性别对社区的观察和了解上的差异得到表达，并形成相互间的补充，由此可调动妇女参与的积极性。

（7）在地图绘制中，可由社区外的参与者做必要的加工。

2. 社区模型的制作步骤

（1）选择一块较平坦的地块，如场院或农户庭院。

（2）寻找一些大大小小的石块、树枝、树叶、农作物秸秆、作物种子及其他就近可以得到的物品，作为各种地物的标志。

（3）请参与者以树枝为笔，先在地面上勾画出社区的边界及整个轮廓，再勾画出道路、河流、山脉、农田、牧场、林地及村落的位置。

（4）摆放大小石块表示山地、各种农作物种子或秸秆表示相应农作物种植区；插上树枝表示林木，用树叶表示房屋。

（5）在摆放过程中，其他参与者应不断核实并确定模型正确与否。

（6）最后将模型绘制到纸上。

（7）严格来讲，制作社区模型较之绘图更能使社区内的参与者产生对社区内山川河流及一草一木的亲切感，而且用他们最熟悉的材料予以形象地表达。

使用此工具时，不应对比例尺、图例等做规定；不应仅强调最后的结果而忽视了过程，对参与者来说，从这一过程中所能获得的信息量要比图本身大得多。作为社区外的参与者，应尽力引导，提供帮助，而不应对社区内的参与者有太多的要求。

此工具一般应在社区外的参与者在进入社区之初时应用，对于融入进社区具有积极的意义，由此使之产生一种社区认同感。一旦社区外的参与者已经熟悉了社区的情况，便不适宜再用。

从参与式的角度来讲，绘图和做模型为参与者提供了一个进一步认识其所在社区的过程，并使他们获得充分交流的机会。显然，一幅社区地图的完成是他们能力的表达，而在这一过程中他们亦对社区的及自身的潜力有进一步的认识，并使其增强有关发展的信心。同其他工具相比，社区地图或模型对社区状况的表达更加直观、生动，用他们熟悉的材料表示他们熟悉的事物，能极大地调动他们参与的热情。关于人口情况或农民收入情况人们往往更加相信村里的统计数字，而实践表明通过绘图进行的快速人口统计及贫富情况分析往往更加真实和可信。其缺点是当用一幅图表达的信息数量太大时，往往会显得杂乱无章，而仅表达某几方面的信息时，又不能反映出全貌。

（二）剖面图（transect walk）

画剖面图是一种对社区内土地及相关自然资源利用状况予以直观和有效表达的工具。通过参与者实地对社区一定空间内立体剖面的踏查，从而有助于参与者进一步了解社区内生物资源的分布状况、土壤类型、土地的利用状况及存在的问题，为探讨和开发其潜力提供相应的依据。

1. 土地利用剖面图所标示的重要内容：

（1）剖面的走向和距离，如东西剖面或南北剖面，剖面全长和分段距离；

（2）剖面各地段的地势、海拔、坡度、土壤结构和类型；

（3）剖面各地段的利用状况，标示出剖面上下的各种地物和对应的土壤类型；

（4）各地段目前存在的问题，包括自然因素和管理因素；

（5）各地段的发展潜力；

（6）各地段的发展对策。

2. 剖面图制作的步骤

（1）由社区内和社区外的参与者组成小组（3～5人），沿某一方向步行，边走边观察，同时记录，并进行必要的讨论。

（2）土地利用剖面图的结构通常为：上方写明某某社区土地利用剖面图。横向通栏为全程距离，一般用千米表示，全程再分割成若干地段，其依据可为不同的土壤类型。纵向通栏分别为土壤类型、利用现状、存在的问题、潜力分析和解决问题的对策，然后根据踏查中的观察和讨论，将其结果分别填入横向和纵向栏目中的相应位置。

（3）横向通栏的上面应按照海拔高度，徒手绘制出地物景观。

（4）踏查结束后，要及时将剖面图展示给其他农民，以征求他们对剖面图的意见，由此而作必要的补充和完善。

（5）对于土壤类型，应将农民所使用的名称同科学的名称对应起来，必要时应请有关专家核实。

剖面图的制作原则在于有效选择踏查路线，即选择资源变化丰富的路线。如果只选择一条沟谷，则缺乏作图意义。另外，作为社区外的参与者必须具备有关生态学和农业生产方面的知识，否则，不能形成双向的交流过程。同时，要尽量克服单因素分析方法的弊端。

剖面图的制作体现出社区内和社区外的参与者合作的过程，使之能对有关的问题形成更全面而深入的认识，较之仅由单方面完成（尤其是社区外的参与者）更能反映实际的状况。因此，在这一过程中，会因为有一个良好的现场，而达到社区内和社区外的参与者相互交流、相互学习的目的，即社区内的参与者能从社区外的参与者那里学到有关生态学的科学知识，增强其对社区生态系统内有关问题的认识水平；而社区外的参与者则从社区参与者那里学到有益的乡土知识，进一步理解社区内的参与者对有关问题的见解。两方面的互补，显然会使最后的解决问题的对策更具有现实中的可操作性，见图9-6。

土地类型	树林	浅丘陵	丘陵	混合地	低地
利用程度	薪炭林及狩猎	正向耕作转移	作物轮种	作物间种	各不相同
土壤情况	非常浅	低储水性	肥力不好	剩余有限	水源复杂
主要作物或牲畜		高粱、黍子；牛	高粱、花生、黍子	玉米、蔬菜；家禽	水稻、木薯
作物制约因素		干旱、肥力	肥力、病害	蔬菜害虫、线虫	杂草、鸟类
农田创新前景		改进休耕地，种植饲料用豆类	控制病害，种植各种豆类、木薯	抗虫品种高效玉米	水稻品种木薯品种

土壤类别	黑土	黄砂土	沙土	河床	黄沙土	黑土
利用状况	森林	封山区、经济林、村庄	玉米水稻	季节河	村庄、玉米、谷子、牧场	森林薪炭林
存在问题	管理不善	缺乏水利配套设施	旱地水土流失严重		旱地水土流失严重	缺乏管理
潜力	有待开发	如配套跟上能够发挥经济效益	增产		增产	有待开发

图9-6　红旗甸乡土地利用剖面图

因此，这是一种针对问题的学习过程，即结合实际情况，将发现问题、分析问题及讨论解决问题的办法融为一体，从而能更有效地调动和激发参与者的生态意识。但其缺点是往往会陷入就事论事的误区中，即很难从生态—社会秩序—社区制度—技术—经济的整体角度发现其真正的原因及有效的解决途径。

（三）历史演变图（historical record）

运用制图的手段，将社区内发展中的演变过程予以直观、形象地表达，加深参与者对社区自然生态、社会文化、社区制度、技术及经济变迁过程的认识。这一工具将有助于参与者理解过去事件（重大事件）对发展的深刻影响，并为进一步探讨未来的发展方向、途径和措施提供可资借鉴的经验和教训。

1. 历史演变图包括如下内容

（1）时间段：时间段的选择应根据参与者的实际经历来确定，而其单位可以为 1 年、5 年或 10 年，同时以重大事件的发生顺序为准；

（2）内容：不同时期的基础设施建设、社区领导人的更换、新技术的引进和应用、外界对社区影响最大的时期、经济上的变化等重大事件；

（3）影响：上述重大事件对其个人、家庭和社区的效应（正反两方面）；

（4）表达方式：通常是定性地表达，当有足够的二手资料时，亦可定量。

2. 历史演变图制作的步骤

（1）寻找社区内记忆力强的老年人作为参与的主要对象，其他参与者则起辅助作用。

（2）让参与者将其所经历过的重大事件画在纸上，按年代、内容及影响分为几栏。

（3）对事件的表述可采用图标的形式，由参与者自行选择。

（4）由于老年参与者一般文化素质不高，回忆及语言表达的速度较慢，而且对回忆某些事件有所顾忌。因此，在绘图和讨论的过程中，要多采用鼓励性的语言，尊重他们，不要打断他们的回忆和表述。

（5）应使年轻的参与者积极帮助这一过程的顺利进行，使其做好对老年参与者的必要解释和说明工作，同时帮助绘画和笔录。

（6）引导参与者从历史事件中认识发展的过程，指导其对现实的分析，并形成足够的发展意识。

以史为鉴，这是帮助参与者建立发展意识的最有效的途径之一。在这一过程中，年轻的参与者应该从社区过去的发展历史中得到有益的启示，尤其是对那些尚处于贫困状态的社区。从对历史的回顾中，能使参与者对社区的问题产生更深刻的认识，明确不发展便没有出路的道理。

此工具的优点是从历史的眼光来看待发展中的问题，通过参与的过程而形成对发展的共识，使之成为社区制定发展规划和启动发展过程的动力，其不足是人们往往会陷入到对历史时间的罗列上，而很难对其效应进行有效的分析。西海斯改嘎查历史演变见图 9-7。

（四）季节历（seasonal calendar）

进行农村调查研究的过程中，经常需要掌握与时间相关的某些活动及自然过程的季节性的，或是逐旬，甚至是逐日的变化。那么在一张很普通的时间表里反映一般情况下乡村生活中所发生的一系列活动或自然变化规律的图示就被称作季节历。

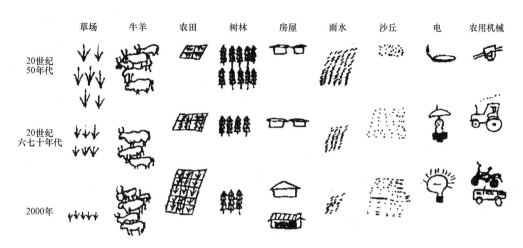

	草场	牛羊	农田	树林	房屋	雨水	沙丘	电	农用机械
20世纪50年代									
20世纪六七十年代									
2000年									

图 9-7　西海斯改嘎查历史演变

1. 制作目的

制作季节历可以获取一定时期内各个阶段社会、生物物理和经济条件等方面的资料，展示它们在时间上的分布及其之间的联系，并确定所面临的各种变化和有利时机。可以：

（1）帮助项目计划和管理人员选择到乡村工作的最适时机。

（2）有助于分析各种指导措施及其之间的关系。

（3）了解年度循环周期中劳力分配、食物短缺时间、资金流动等方面的情况。

2. 制作步骤

（1）首先需要找到感兴趣、有能力的当地人，可以以小组讨论的形式来完成。

（2）在一张大纸上先画 12 条竖线，在每条竖线的上面标上月份。

（3）将要讨论的内容的逐项在大纸的最左边从上至下顺序表示出来，如农事季节历中的小麦、玉米、棉花等。

（4）一边询问当地人，一边将每项内容的完成情况或变化情况在时间分布上表示出来，如小麦 10 月份播种，第 2 年 7 月份收割等。

以上内容只是制作季节历的基本步骤。在制作过程中的基本原则就是要体现本土化精神，使用当地人的历法，（如中国农民普遍使用的农历，甚至节气等），与对某种劳作安排的语言（如用"点籽儿"代替播种）。另外一定要深刻理解季节历使用的灵活性，根据目的灵活添减内容。如在了解劳动分工时，将每项活动都以比例形式注出男女，甚至老幼的劳动力分配情况，以使每个家庭成员的活动和责任都充分体现出来。经验表明，在农事季节历的制作中逐月讨论各项活动情况比逐项讨论在一个农事周期的效果要好。比如可以先询问农忙季节的月份，根据农民对此月份的描述将活动在纸上表示出来，再询问次忙之与再次忙之等月份的情况。这样结果虽然略显凌乱，需要整理，但符合农民的记忆习惯，过程会比较迅速。具体的操作者可以是调查人员，也可以是当地农民。

季节历是在参与式实践中一项重要而常用的工具，其优势在于信息量大，既可以直观显示丰富的信息，又可以直接展示分析结果，缺点在于比较耗费时间，内容繁简程度不易掌握，见表 9-10。

表 9-10　　　　　　　　　　　　　季 节 历 表

月份	1	2	3	4	5	6	7	8	9	10	11	12
牦牛						产牛犊			配种			
						剪牛毛			卖牛毛			
				寄生虫和其他疾病多发季节卖牛皮和死牦牛					卖牦牛和牛皮			
						挤奶及加工的繁忙时间						
奶			产羊羔						配种			
羊			寄生虫和其他疾病多发季节					剪羊毛				
									卖羊			
草				返草			盛草期					
					种草				割草			
技术服务						民间兽医防治寄生虫和其他疾病						
			县乡种草服务（拖拉机）									

（五）机构关系图（organizational chart）

展示社区与影响其乡村生活的村庄、个人与各种公共组织间的相互关系的图解被称为公共机构关系图。

1．制作目的

（1）帮助调查人员了解社区与各种机构和组织的关系，社区对外联系和开放程度等。

（2）帮助调查人员了解社区的行政管理体制，了解各机构的决策方面和能力进行项目参与机构分析。

（3）帮助项目管理体制分析人员认清各个组织在乡村发展中作用，了解发生冲突的根源，例如，在土地使用权方面。

2．制作步骤

（1）与当地人共同识别对制定决策有影响的组织机构和人物。

（2）以划圈或裁纸条的方式代表有关组织和个人，圈的大小显示了其相应的重要性和影响力。

（3）将社区表示在纸的中间，将代表组织或个人的圆圈或纸条依据功能分类画在外围，如与社区生产生活特别是与某类发展项目相关的决策或立法和执法机构等。

（4）判断在决策时各个圈的交叠现象。当在同一个领域里的一个组织与另一个组织或各人的职能相近时就会发生交叠。

（5）用线条将社区与各组织或个人相连，线条的粗细可以表示关系的疏密。

（6）与熟悉地方情况的人进行分组讨论并初步确认后做交叉检查。

制作机构关系图的重要原则是摒弃调查人员固有的概念和认识，避免误导当地人，获取当地人认为重要的与其相关的机构信息。在制作过程中要注意不同社会阶层对机构关系的看法会有所差异。

机构关系图的优点是一方面能够为不熟悉当地情况的外来人员快速提供有关机构关系

的信息及当地人所关注的问题的轻重取舍，一方面使当地人更深刻地了解自身的决策地位及在资源利用方面的制约因素和潜力，见图9-8和图9-9。

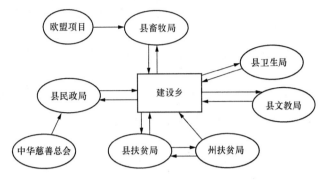

图 9-8　建设乡机构联系图

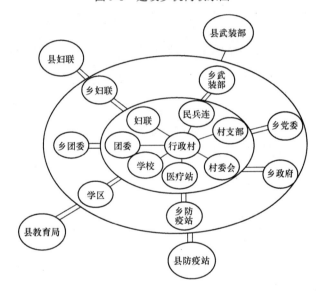

图 9-9　海源县高台乡高台行政村机构联系图

（六）活动图（social and economical mobility）

活动图主要是指能够反映社区内部某农户或个人的空间活动状况的图解，用来作为衡量其交往自由度、开放程度与见识的指标。

1. 制作目的

（1）在一个社区当中，与外部世界的接触情况往往与决策权力密切相关。在很多社区中，活动图很大程度上能够用于衡量农户或某个人与外界接触的多少及对外界的了解以及他在社区中的权威。

（2）用于衡量人的活动自由状态、被赋权情况、受教育状况及其思想意识情况。

（3）可用于记录比较和分析一个社区中不同的群体——妇女、儿童、老人、受教育的人群等的活动情况。

2. 制作步骤

（1）在纸上中间位置标出农户或个人。

（2）与其讨论其活动的地点、距离和方向，如种地、放牧、打工、购物、看病、上学、访友、旅游、娱乐等。

（3）以农户所在地为中心，将其外出活动内容用圆圈表示，按照方向和距离用线条与农户连接起来，并在线条旁边标注外出事由。

（4）可用不同颜色或不同线条形式，如实线或虚线表示一个家庭中不同年龄、性别的成员的活动情况，用圆圈的大小表示往来频率。

活动图的使用原则是要在收集信息时体现完整性，在分析信息时体现敏感性，而且要注意了解不同群体的状况，而不仅局限于某一个人的单方面的信息。

活动图既是一种信息收集工具，同时也是一种分析工具。它对了解一个社区不同阶层的空间活动形式很有意义，其缺点在于由于时间人力等限制，有时只能了解个别农户的情况，难免使信息失之偏颇，见图9-10。

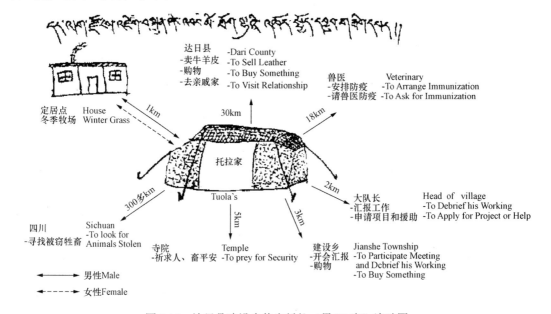

图9-10　达日县建设乡牧户托拉（男36岁）流动图

第四节　社会评价常用的分析研讨类工具

一、分析类工具

本节主要介绍参与式发展项目设计中最常用的两个分析类工具：发展的优势、劣势、机遇、风险分析法（SWOT）和问题分析法。SWOT分析方法以矩阵表为直观表达手段，可以配合文字或图画说明，步骤简洁，适合在社区及农户调查中，特别是对贫困人口的调查中使用，也便于不同文化水平的对象参与。

问题分析法是一种常用的系统分析方法，主要用于社区调查阶段、村民讨论会和项目规划阶段对发展现状的参与式分析。问题分析法的特点是有较强的系统性和逻辑性，便于目标群体的参与，为目标群体提供了参与决策、利益谈判、个体及团体间相互沟通的机会。

此外，本节还对两种分析方法的优点和局限性进行了讨论，指出应用中应注意的要点与原则。

（一）斯沃特矩阵分析

1. SWOT 矩阵分析法概述

优势劣势机遇风险（英文 Strength-Weakness-Opportunity-Threat 的缩写 SWOT，简称斯沃特）分析是矩阵分析类方法中的一种，主要应用在社区发展的动员阶段，即发展目标、发展途径、发展内容的界定阶段。其具体方法是以一个四列多行的矩阵表为框架，对发展面临的内部和外部条件，可控和不可控因素进行系统的分析，为制订社区发展（包括机构能力建设）计划，制定行动方案提供分析依据。

2. SWOT 的应用

SWOT 作为参与式分析的有效工具，实践中可以用于如下领域。

（1）社区参与式评价中的村级研讨会或小组讨论，在主持人的协调帮助下，农户对自身发展的优势、限制因素、发展的机遇和外部条件及可能出现的风险因素和制约因素进行系统的讨论，为形成社区发展的行动方案奠定基础。

（2）参与式项目战略规划。在项目的基线调查和可行性研究阶段用于筛选项目内容和确定项目的实施方案。

（3）参与式机构发展规划。机构支持和机构能力建设项目中用来分析机构的人力、设施和管理等方面的优势、弱点、发展机会和潜力及发展中面临的制约和风险因素，进而提出机构发展建议。此外，SWOT 也可用于部门，机构的管理现状分析。

（4）实施和评价过程中的现状分析。为项目方案的修订和调整提供信息。

SWOT 分析法通常用于小组讨论，也可以用于个体采访。方法的主要应用者为农民，社区干部和社区发展工作组及农业推广人员。所需的辅助材料比较简单，只需大开牛皮纸、白板笔，也可以使用村头黑板报或墙报。本方法便于村级调查时使用。

3. SWOT 的操作步骤

SWOT 可包括如下操作步骤：

（1）确定要分析的问题范畴。本方法可以广泛地应用于推广机构，管理机构，社区饮水设施，社区资源利用现状，产业现状，农村市场体系，人力资源发展状况，农村妇女的参与状况等与农村发展相关的领域。

（2）准备绘制包含优势，缺陷/劣势，机会/潜力和风险/制约四列内容的矩阵表。

（3）向与会人员介绍讨论会的背景和研讨目的，研讨方法和步骤。解释矩阵表四列内容的含义。

1）优势：机构、团体、农户或个人在发展中拥有的有利条件或资源，运转良好的职能、工作领域和自身引以自豪的事情。

2）劣势、缺陷：机构、团体、农户或个人自身面临不利条件和因素，运作不好、制约职能发挥的领域。缺陷对发展和高效运作起制约作用。

3）机会：在指特定优势、劣势相互作用下发生进步和变革的可能性。

4）风险、制约：指制约机会和潜力向现实转化的现实和潜在阻力因素；在发展实践中，有些风险和制约因素可以避免和消除，有些则不太可能消除，如自然灾害。风险因素分析对设计项目内容和措施有重要的参考价值。

（4）矩阵分析。采用集思广益方式收集与分析的题目（应在前期社区调查中已经确定，如改善社区的饮水设施、灌溉条件、发展家庭畜牧业、果园建设等）相关的优势条件。

（5）采用对比分析，寻找与优势条件相对应的劣势和缺陷。

（6）通过优势劣势的对比分析确定发展与变革的潜力和可能性。

（7）针对机会和潜力分析使潜力和可能性变成发展现实的现实和潜在的外部和客观制约因素和阻力形成矩阵表后，共同检查其完整性，如发现遗漏，可作相应的补充。

某项目 SWOT 的格式见表 9-11。

表 9-11　　　　　　××县××乡××村××果园发展项目 SWOT 分析案例

项目内容	优势	劣势	机会	风险
果园建设	村民有积极性；不和口粮地争地；部分村民已经有经营经验	缺乏建设资金，贫困户参与有困难	借助扶贫贷款；政府部门的支持	市场波动导致投资不能回收
苗木	本县已有一苗圃	数量不能满足需要；品种落后，不能占领市场	直接引进新品种苗木，县苗圃培育优质苗木	
灌溉设施	水源充足，已修主干渠	引水渠建设工程量大	受益农户投资	水渠因资金短缺不能维修
技术服务	县果品公司和推广站已有技术人员；具备了初步的服务网络；可利用示范户推广技术	技术人员数量不足	通过项目培训技术人员；建立有偿服务机制	利益机制不清，影响农户和技术人员的合作积极性
市场销售	有较好的外围市场；本县已有批发市场	社区内没有销售组织	支持果树专业户组织销售；与县果品公司签收购合同	市场波动，果农之间的销售竞争

4. SWOT 的优点和局限性

（1）SWOT 矩阵分析为小组讨论提供了一个框架，使分析具有较好的针对性和系统性，将有利、不利、可能潜力和风险制约因素置于同一框架，克服了项目规划方法中问题分析、目标分析、项目方案分析分离的缺点。

（2）本方法有很强的直观表述效果。在同一平面内同时分析与一个领域（如苗木）有关的，逻辑上互相关联的因子，使与会人员可以系统思考，对比权衡。

（3）SWOT 是进行机构职能和运作现状分析的有效手段，有很强的针对性和灵活性，可作为企业、事业和项目管理单位日常管理的分析和决策的辅助工具。

（4）本方法的缺点是比较费时，对讨论辅助人员的技能要求较高。此外，用于项目规划时发展目标和行动的针对性比问题分析、目标分析稍差，因此 SWOT 在项目规划中是一种辅助分析手段。

5. 应用注意要点

（1）可根据选择的项目内容（如苗木，灌溉，市场等）和与会人员负责以及从事的工作领域，将其分成若干个专业小组进行分组讨论。小组中选出讨论协调人，小组讨论结果在全体会上进行展示交流和补充。

（2）主持过程中注意调动农户，特别是妇女的积极性，避免技术人员和管理机构的干部过多主导研讨过程和干预。邀请农民提出他们对自身优势、劣势、机遇和风险因素的看法。

促成沟通农民和技术人员平等对话和"谈判"的环境。

（3）注意和其他方法（排序、权重分析、问题分析等）交叉使用，比较不同方法产出的结果以保证推荐和结论与农户和社区实际需求的吻合性。

（二）问题树分析

1. 问题分析法概念和定义

问题分析是社会评价中常用的对特定区域（社区、小流域）、某一系统、产业、部门或机构的现状（发展的初始状态）进行系统的参与式诊断方法，是系统内的相关群体和个体在外来的发展研究人员的辅助下，从发展主体（团体、个人）的视角对其面临的环境和发展初始条件进行系统分析和认知的过程。系统理论是问题分析法的基本理论依据。它的基本操作程序是从目标区域或机构的现状分析入手，进而分析导致这一现状的原因以及现状对今后长远发展所造成的制约和负面后果。问题分析的结果是制定行动方案的依据。

2. 参与式问题分析在社区发展中的应用

人的任何一项行动都受特定的动机支配，农村发展也不例外。农村发展是在发展的目标群体——农民和社区内及社区外的相关机构和利益团体共同参与下实现社区变迁的连续过程。发展的原始动因和变迁启动过程，是从社区内的发展主体"农户"对其生存环境、所处的经营系统、资源条件、社会经济条件等诸因素的系统认知和批评开始。从个体和群体行为学的角度看，对生存、生产、生态等条件的不满萌生了改变现状的发展动机。随发展进程的不断推进，目标群体会用新的指标和从新的视角评价其生存条件界定新的制约因素。问题分析作为一种认知方法，为发展工作者提供了系统认识社区发展初始状态的有效手段。问题分析过程是目标群体个体之间和目标群体与发展工作者就发展目标和发展手段选择进行沟通和交流的过程。它克服了自上而下的"传输式"的缺陷。外来者不能越俎代庖，用他们对问题的认知方式代替农民来认识发展中的问题和制约因素。

如果忽视了上述自我发展动因，主客体易位，外来者直接将干预推荐方案强加于农民，农民就不会在发展中产生拥有感。有发展起步阶段的参与才能产生承担责任的心理承诺。发展实践中如果目标群体没有拥有感，没有共同承担和分担责任的承诺，发展项目也就不可能产生可持续的影响。参与式问题分析正是为发展机构和目标群体提供了一种有效的手段。此外，"问题导向"是发展项目设计中"目标导向"的逻辑基础。采取具体行动，解决当前存在的问题，消除限制社区发展的制约因素，实现自我发展的成员目标是农村发展的基本指导思想。

总之，问题分析是目标群体参与的过程，也是对其世代生存的环境认知和研究的过程。

参与式问题分析可在下列项目阶段和管理环节上应用：

（1）项目的调查阶段：PRA 调查过程中召开的村级研讨会，用于确认、核对和归纳农户调查和小组调查中了解到的问题和情况。

（2）发展项目计划阶段：项目调查结束后，与项目的承担和执行机构、参与社区的代表、农户代表共同举办参与式项目规划研讨会。问题分析是项目计划中重要的分析手段。

（3）机构调查：对机构面临的问题和制约因素进行系统分析，从而为制定改善机构的发展，参与职能及机构运作状况奠定决策基础。

（4）项目实施中的评价、监测：对项目实施过程中出现的问题进行诊断和归纳，进而对制定改进方案提供决策依据。

3. 问题分析步骤及其操作

问题分析可以用于小组研讨也可以用于个体访谈，在此只介绍小组研讨中的操作步骤。问题分析的参与主体是当地农民，调查小组成员也可参与研讨会并协助研讨过程。帮助参与研讨的农民，从他们自身的视角对发展的现状进行界定是采用本方法的根本目的。

问题分析采用的一般辅助工具为：

（1）可用于展示活动卡片的折叠式泡沫展示软板，规格：120cm×160cm；

（2）不同颜色的硬纸卡片，用于书写展示意见和建议，规格：15cm×30cm；

（3）包装用大开牛皮纸，作为展示软板的衬纸，每步分析步骤完成后可将达成共识的卡片用糨糊粘在牛皮纸上，以便会后记录整理；

（4）活动卡片及办公工具箱，包括白板笔、大头钉、胶棒、胶条等办公用品，展示实际操作中可分为如下步骤。

社区实地调查中如因交通等问题不能携带展示板，可因陋就简，采用挂毯、胶条直接粘贴等方式展示研讨内容。

第一步：调查背景和研讨方法介绍。

开始问题分析之前，社区考察小组应该对前期考察的结果作系统的总结，特别要归纳农户和村级调查所发现的相关问题。此外从小组中选出一位比较有经验的讨论协调人辅助参会人员。可采用卡片展示方法，简要介绍社区调查的背景、目的和进行问题分析的目的、步骤、方法，分析结果的产出格式，使与会的农民在参与前掌握基本情况并了解参与的方式。

农民有其传统的价值观和道德规范，在社会中他们同样对其他社会阶层，如外来的发展、推广和行政人员产生"认同"和"尊重"的心理需求。因此，为消除问题分析中参与者对自身面临问题、弱点产生"防御"或"回避"心理（社区中的"家丑不可外扬"的封闭心理），介绍问题分析方法和目的时，会议协调人应解释，问题分析并不是对社区或农户的生活、生产方式、行为方式的批评、指责和否定，而是以现状分析入手，共同确定发展目标、内容、途径的具体分析手段。

乡村的问题分析是社区农民和发展工作小组就发展问题进行双向沟通和相互学习的过程。作为这一过程的启动步骤，背景方法介绍既是信息的交流过程又是伙伴式沟通环境的准备过程。因此，介绍和展示的语言，文字要力求通俗化、本地化，以消除研讨中的沟通障碍。

第二步：问题的提出——发展现状的描述。

问题分析在实际应用中有两种类型：①开放式问题分析。用于一般社区发展规划，确定资源的发展和产业发展目标。②封闭式问题分析。用于已经提出了大致的产业发展目标和框架，但对发展的具体内容、途径和涉及的领域尚未确定的项目准备阶段。无论是哪一种类型，问题分析都具有目标导向性，仅有分析范畴的差别。在进行第二类的问题分析中，为使问题分析更有针对性，应对分析所涉及的问题范畴（农业、林业、资源管理、扶贫、乡村产业发展等）加以大致的限定。

本阶段的具体操作方法如下：在项目前期考察研究发现的问题和初步判断的基础上，采用"集思广益"（brainstorming）方式，邀请每一位参与者以书写卡片的方式，从个人不同的视角对社区、农户或个体面临的"不能令人满意的"现状用负面描述方式表达出来。以社区林业发展项目为例，讨论的协调人可向与会人员提出如下问题：请您用负面描述方式对本村的林业生产状况和不能令您满意的相关领域和问题作一个定性的描述（描述格式可以举例加以说明，但举例描述的内容不要与即将分析的内容相关，以免对参与者的思维起"先入为主"的诱导作用）。如果小组人数超过15人，协调人可对每人描述问题的数量加以限定。请参与者将与主题相关的多个问题做简短的排序，选出最主要的3～5个问题写下来。这一过程大致需要5～10min。待所有的与会者完成问题描述后，协调人收集所有的卡片。至此，问题的提出、现状的描述即告结束。

第三步：问题的分类。

研讨协调人将第二步收集的卡片——宣读展示，按其涉及的问题领域进行逻辑归类、整理。将同一类问题集中在展示板的一个区域。同一类问题卡片的重复频率客观上反映了与会人员对此类问题的关注程度，可以作为后期项目内容权重选择的参考依据。归类整理过程中始终保持与会者的参与，如对展示内容的群体审查；内容的质疑和进一步解释、阐述；引发相关问题的讨论等。完成展示归类之后，主持人帮助研讨小组归纳每一个问题领域的题目并做整体总结。第三步的产出结果如图9-11所示。

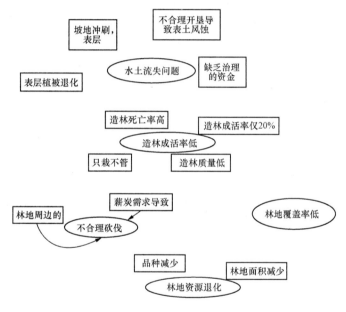

图 9-11　分类后的问题领域

第四步：原因—后果分析。

可分如下步骤操作：

（1）确定核心问题：从分类整理的描述中选出一个能概括林业资源管理现状的卡片，作为反映现状的核心问题。

（2）因果关系分析：将核心问题放在展示板中间，将第三步得到的其他问题按领域与核心问题的因果关系进行整合。属于原因的放在核心问题的下边，为后果的放在核心问题上边。

（3）因果分析中可以对已经找出的问题领域进行补充和完善，直到参与者认为满意为止。

（4）从上至下再做一次逻辑审查，最后用逻辑关联线将所有的问题组装成一个问题树。核心问题为树干，原因为树根，核心问题导致的后果为树冠，至此问题分析终告完成。社区林业发展案例问题树，见图 9-12。

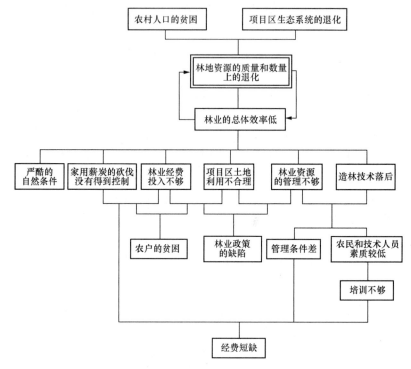

图 9-12 社区林业发展案例问题树

4. 优点和局限性

问题分析法有以下优点：

（1）系统性、开放性和灵活性：问题分析事实上是系统的逻辑分析方法，操作步骤上有很强的系统性。它基本遵循原因—后果的逻辑关系，通过集思广益的参与，将一个复杂的问题系统分解成不同的子系统：问题领域和直接原因、直接后果、间接后果等层次。此外，它还有很强的开放性和灵活性，为不同层次的参与者提供了宽松的沟通环境。

（2）参与性：如前所述，"集思广益"书写卡片，主持人协调下的口头发言，赋予每一位参与者同等的参与机会和权力。参与性是准确的项目决策的基础。

（3）内容的直观性：展示板、卡片表述研讨内容，可以帮助与会者对问题的理解和记忆，同时为形成研讨文件奠定了良好的资料基础。

局限性：

（1）耗时：如果小组人数过多，书写卡片内容比较分散，完成一次分类展示所需的时间很长，影响整体分析效率和规划进程。

（2）方法本身的局限：客观世界是复杂的、多元的，问题分析毕竟是一种封闭和半封闭式的分析方法，仅仅用简单的问题描述有时并不能完全准确的反映系统内的问题；而在实际操作中，因时间紧迫，往往难以做到描述的精确和准确。

（3）逻辑局限性：在资源管理项目中，有很多问题是互为因果关系或对于核心问题，既是原因又是后果。例如，贫困既是核心问题和林业资源不可持续性的原因，又是林业资源退化的后果；方法本身要求找出一个核心问题，而实际分析中有时问题是多元的，这为结构的

技术处理带来了困难。

5. 应用中的几个原则

（1）主持人的角色和"中立"原则。在村级调查阶段，一般村级研讨会不能专门请外来的主持人，通常是从调查小组中选出一位有研讨协调经验的队员担任主持人。在这种情况下，主持人在主持期间必须"冻结"其研究小组"专家"的角色，而只扮演主持人（moderator）的"中立"角色。主持人在研讨中的角色不是决策者，其主要职责是：①根据研讨会的目的，设计讨论内容的框架；②提出需要讨论的问题；③解释有关的概念和背景情况；④保证所有与会者的参与；⑤协助在有争议的问题上达成共识（moderation/moderator 就有仲裁，调和的含义）；⑥在有关问题上帮助进行语言的归纳；⑦把握研讨的时间和进程。主持人不能就问题发表自己的看法，也不能对与会者的意见发表赞同或否定性评论，否则，对研讨进程和内容会起到主观的诱导和干扰作用。

（2）研讨过程中平等参与原则。人类的自我表现欲和群体中的个体心理竞争（group dynamics）阻碍小组讨论中的平等参与。分析过程中，特别是口头发言中，行政层次高，"知识，能力"强的专家往往自觉不自觉的支配、主导讨论过程和影响决策方向。"层次低"的技术人员，基层干部和农户，特别是贫困农户，女性代表参与机会则很少。这样，使参与式问题分析往往达不到平等参与的目的。为了避免"个体主宰"现象，主持人应在开始工作之前制定并宣布研讨中的几个"游戏规则"，对强者加以"限制"，对弱者"赋权"，保证平等参与。对个别特别沉默，不能参与的"弱者"要专门征求他们的意见，邀请他们发言。

（3）群体决策的原则。与会者来自不同的层次，不同的部门或不同发展水平的社区和农户（男性，女性），他们看问题的视角不同，对同一问题的敏感性和关注程度不同。讨论中经常会出现争论和意见分歧，主持人应帮助达成共识。在参与中达成共识才能使目标群体对发展项目和行动有"拥有感"和责任的承诺。"团队工作"，达成共识，共同决策是参与式问题分析的重要特点。

二、排序类工具

排序类工具主要包括简单排序、矩阵排序、富裕程度排序等。它是参与式研究与实践，特别是 PRA 方法中最为常用的工具系统。排序主要是基于参与主体对被评价事物或对认知程度的评价结果。

排序主要表现在对评价对象的排序、打分。该序列工具被广泛应用于对问题的优先选择、方案的优先选择、技术选择的评价等快速评价活动中。排序比较直观、简易、快速，因而对针对贫困群体的发展活动具有相当适用性。

（一）排序种类

排序是将事物按一定次序进行优先次序的排列的工具，可以通过打分法、投票法、分类法获得最后的顺序排列。排序是对某一专门问题的较深入分析的工具，因此，它往往是在已经获得了一些信息之后才进行。当然，也可以作为半结构访谈或小组讨论的一部分。排序可以包括：①简单排序；②矩阵排序；③富裕程度排序等。

在参与式发展的实践与研究中，排序是应用最广的工具之一。农业研究工作者及农村发展的实践者常常使用排序的手段，以便尽快获得农民对他们生活的期望或对某项技术的偏好，并且常常应用排序的方法对发展的问题与发展的机会进行初步优先序列的选择，排序是由农民进行的。

在农民参与式的研究中，排序被用于评价农民对品种的认同和偏好，从而选择出农民喜欢的品种，同时也可对各种农业技术在生产中的问题进行诊断并对发展中的机会与方案进行确认。

排序不仅仅是了解、分析、识别问题与机会的有效工具，同时也是开放式的农民的自我评价与学习的过程。因为排序的过程往往是在集体参与的情况下完成的，农民对评价结果的反应往往是非常的兴奋和惊讶，他们觉得他们可以进行科学家认可的评价，他们觉得受到了鼓励与尊重，觉得他们的知识受到了科学家的接受，这就启动了社区的学习过程。同时，参与式的评价结果也使科学家更深入了解了农民的知识和价值，因此也就可以促进有效的伙伴关系的建立。

（二）简单排序（direct ranking）

1. 方法说明

简单排序是通过参与者（社区农民）的排序、投票或打分快速地综合所有参与者的看法，从而将被排序对象按优先性排列起来的过程。被排序的事物可以是农业生产中的限制因素，生计中面临的问题，发展的机会与潜力，发展项目的选择等。投票法与打分法的过程与计分方法是不同的。投票法是通过累计每个参与者的投票得出被选项的得票总数进而得出排序结果。投票还可以分为单项投票和多项投票，单项投票对每一系列选择只允许进行单项选择，而多项投票对每一系列选择可以进行多项选择。为了操作方便，往往只允许进行有限项选择。打分可以分为限制打分，有限打分（即在最大值之内的任意打分，如最高分为 10 分，可以给某一项 2 分或 6 分）和开放式打分（即为了表示出某一项远远超出其他项的重要性而给某一项很高的分数，而且没有最高限如矩阵排序的举例）。值得注意的是不同的排序人由于其家庭贫富状况、人口数、田地位置与质量等因素的不同，所关心的问题和对同一问题的关心程度很可能会不同，因此不能只关心综合的排序结果，也应对比和讨论不同排序人的看法与考虑，以了解不同社区人口面临不同问题的复杂性与多样性的现状。有时为了更充分了解不同群体的不同认识，可以分组进行排序与讨论，再对比各组的不同排序结果。比如：男性与女性的分别排序与讨论。

2. 主要做法

（1）根据发展研究或实践的目的确定排序的对象。可以进行问题排序，项目活动排序、树种选择的排序等。当确定了排序的主题后，具体排序的内容应用由当地人罗列，而不是由专家或外来人罗列。

（2）邀请排序人。排序人的选择可以随机进行，如随机地在田间地头停下来，与农民进行讨论和排序；可以选择关键人物进行，如村长、会计、妇女主任等；也可以有目的地选择一组或几组人来进行同一主题内容的排序，如男农民排序、女农民排序。参加排序的人越多，排序的结果应越具有社区的代表性，但受时间的限制往往不会同时邀请 10 个人以上进行排序。

（3）由排序人（农民）罗列排序的内容。排序工具往往不会在研究与实践活动的开始就采用，而是在已获得了对当地的初步了解以后才进行。所以，专家或外来者很可能已经掌握了一定的对排序内容的了解，这时也并不排斥专家和外来者的有限的提示与参与，但专家与外来者的参与只应局限在提示排序内容的罗列上，而绝不应影响排序人对优先性的判断。

（4）如果罗列的排序内容超过 10 项以上，应共同去掉最不重要的几项内容，使排序内

容保持在 6～10 项以内，以保证排序人更容易进行判断。

（5）在大纸上画表，将要进行排序的内容靠左侧一列写好。

（6）请排序人背对背逐一进行排序、打分或投票。

（7）统计结果。

（8）比较、讨论和分析。

简单排序见表 9-12。

表 9-12　　　　　　　　　　　　简 单 排 序 表

限制因素	农民1	农民2	农民3	农民4	农民5	农民6	总分	排序
水灾	5	5	3	5	4	5	27	1
虫害	4	3	5	4	5	4	25	2
技术短缺	3	4	4	1	3	3	18	3
投入资本短缺	2	1	2	2	2	2	11	4
劳力短缺	1	2	1	3	1	1	9	5

注　表中 5 表示最重要，依次类推，1 表示最不重要。

这是一个应用限制性打分，由不同农民分别打分从而进行排序的实例。之所以称为简单排序是指对问题的排序是单列的，不包含根据不同指标来进行判断的内容。

例：男女农民分组进行排序举例：社区主要问题的直接排序（打分法）。

该排序的做法基本按上面描述的步骤进行，如：男农民与女农民共同罗列社区的主要问题，但具体进行排序时要分组进行，如男农民一组，女农民一组分组进行排序。表 9-13 和表 9-14 的实例给出了两组分别排序的结果。实际操作时，根据需要可以到此为止，也可以将两组结果再进行一次平均来得出代表社区层次的排序结果。水源选择评价见表 9-15，评分方法见表 9-16 和表 9-17。

表 9-13　　　　　　　　　某村问题优先性排序（女农民组）

社区存在的问题	兰	蒙	杨	石1	石2	石3	石4	石5	石6	合计	排序
粮食不够吃	11	11	11	10	10	10	11	11	11	96	1
经济收入来源少	10	10	10	11	11	11	10	10	9	92	2
妇女劳动负担过重	9	6	6	9	4	5	2	7	10	58	4
妇女病多	7	7	3	7	3	4	4	4	3	42	8
妇女无分娩住院条件	5	3	7	8	5	8	7	5	5	53	6
妇女文盲半文盲多	4	5	5	5	8	9	6	6	7	55	5
饮水困难	6	9	9	6	9	7	9	8	8	71	3
缺少养殖技术培训	8	4	8	3	7	6	8	3	4	51	7
环境卫生差		2	1	1	1	3	1	2	6	17	11
自然环境恶劣		8	4	4	2		3	9	2	32	9
自然资源少		1	2	2	6		5	1	1	18	10

213

表 9-14 某村（与上表为同一村）问题优先性排序表（男农民组）

社区存在的问题	石	杨	曹2	杨2	杨3	总分	排序
粮食不够吃	11	10	10	10	9	50	2
经济收入来源少	9	11	11	11	11	53	1
妇女劳动负担过重	2	5	5	1	8	21	8
妇女病多	8	4	4	7	4	27	6
妇女无分娩住院条件	3	2	3	2	7	17	11
妇女文盲半文盲多	6	3	2	6	2	19	10
饮水困难	10	1	1	5	3	20	9
缺少养殖技术培训	1	7	8	4	10	30	5
环境卫生差	4	8	9	3	1	25	7
自然环境恶劣	5	6	6	9	6	32	4
自然资源少	7	9	7	8	5	36	2

注 1. "11"代表最重要的问题，依次类推，"1"代表最次要的问题。

2. 对比男女两组的排序结果，男性小组的第一位问题是"经济收入来源少"，而女性小组的第一位的问题是"粮食不够吃"。可见男性与女性对问题的看法是有差别的。

表 9-15 水源选择评价表（打分法）

	持续性	公平性	水量	水质	社区管理	成本	担水劳动力投入	得分
井	+ +	−	3	3	?	2	2	13
蓄水塘	0	− −	2	2	?	2	1	5
水窖	+	+ +	1	2	?	3	3	12
水沟	− −	+	2	1	?	1	2	5

表 9-16 评 分 方 法

	水量	水质	社区管理	成本	担水劳动力投入
得 分	3	3	3	3	3
	2	2	2	2	2
	1	1	1	1	1

表 9-17 评 分 方 法

非常好	+ +	（2分）
很好	+	（1分）
无所谓好与不好	0	（0分）
不好	−	（−1分）
非常不好	− −	（−2分）

3. 说明

（1）表中的一些指标是专家提出来的，因为农民虽然也关心这些问题，但他（她）们往往不用这种表述方式。但要注意的是，一定要与农民充分讨论每个指标的含义和意义，并得到他（她）们的认可。

（2）在进行项目选择时，往往不一定单纯根据得分的结果进行判断。比如，如果该项目最关心的是公平性，而且资金有限时，很可能就选择排在第二位的水窖。

（3）事实上，这种方式的排序更关注排序的过程，让所有参与者都了解有哪些选择，应怎么进行选择和为什么进行这样的选择。这种公开民主的选择评价和排序过程可以为项目的可持续性和社区管理打下良好的基础。

（4）社区管理中打的是"？"，因为农民认为这取决于大家的认识和如何组织农民，因此，现在很难打分。

（5）表中的分数是农民们经过讨论后一致给出的，而不是一个人一个人分别打分。农业生产限制因素简单排序见表 9-18。

表 9-18　　　　　农业生产限制因素简单排序（单项投票法）

问题	最重要	第二重要	第三重要	第四重要	有反馈农民的总数	排序
1. 气候	10	11	12	2	35	1
（霜）	（3）	（4）	（5）	（0）	（12）	
（冰雹）	（3）	（6）	（3）	（0）	（12）	
（旱灾）	（4）	（1）	（4）	（2）	（11）	
2. 虫害	9	6	5	0	20	2
3. 资金短缺	8	2	6	3	19	3
4. 植物病害	5	7	3	2	17	4
5. 投入成本	1	3	3	1	8	5
6. 土地补缺或贫瘠	2	1	3	0	6	6
7. 劳力成本或短缺	0	2	1	0	3	7
8. 灌溉设施短缺	0	2	0	0	2	8
9. 技术知识短缺	1	0	0	0	1	9
10. 无问题	1					9

注　Methods for Development work and Research。

上表看似复杂，实际操作起来并不很难。举例来说，要对气候这个限制因素投票时，投票人选择四个度量中的一个画"√"或投"玉米粒"，也可以对此项弃权，表示该排序人/投票人认为这项内容根本不重要。投票人对每一行分别投票结束后，下一个投票人再进行投票。先统计每一格的投票数，再统计每一行的投票总数，就得出了上表的投票结果与排序结果。

小额信贷用途的优先性排序（多项投票法）见表 9-19。

表 9-19   某村贷款使用方向排序

调查内容	玉米粒数	投　票　数					
	每人两粒						
你想贷款做什么	每粒选择	猪	牛	洋芋（土豆）	冬瓜树	荞麦	做生意
	一项活动						
		75	40	55	28	5	3

注 1. 参加投票的妇女人数为 103 名。

    2. 由于村里妇女绝大多数为文盲，在进行排序时，排序内容上画的是图画或图示而不是写的文字。

    3. 该排序结果是通过投票数累加得来的。

（三）矩阵排序（matrix ranking）

1. 方法内涵

矩阵排序与简单排序不同，它不仅加入进行判断的指标，而且要通过横向和纵向的综合比较判断与打分得出最后的排列。矩阵排序比简单排序操作起来要复杂得多，但它可以获得用简单排序无法获得的综合和复杂的信息。进行矩阵排序的假设前提是人们对某一事物的选择不是靠单一指标或单一目标导向进行的，而是一个综合和交叉比较的结果。如农民对树种的选择就不会仅仅考虑收入这一项指标，也要同时考虑烧柴、用材等多项指标。比如对冬瓜树、杉树和梨树进行优先性简单排序，也许得到杉树①冬瓜树②和梨树③这样一个结果，但这样一个结果无法回答农民这样选择的理性。因此希望寻找一个比较快速但又比较准确地反映农民的选择理性的工具，这就是矩阵排序。

2. 主要做法

这里不重复与简单排序相类同的步骤，下面只强调矩阵排序操作中的关键做法：

（1）在罗列了排序内容之后，要讨论评价指标并将指标罗列起来，并将贬义的指标转化成褒义的指标，如要将"易倒伏"转化成"抗倒伏"。另外，要用农民的语言来描述指标，并且所用指标都是农民接受和认同的。

（2）画表，将排序内容和指标分别罗列在第一行和第一列，形成一个矩阵表。

（3）在讨论过程中可以补充指标。

（4）在讨论结果出来后，可以分别就横向和纵向进行讨论。

（5）不同小组可以就同一类事物进行排序，但很有可能他（她）们感兴趣的指标不同。

（6）矩阵排序要用开放式打分的办法进行，而且每一个格的分数可能会不断有机地变化，这样用写数字的办法往往不好操作。在农村操作时，往往用玉米粒数代表打分数，这样做既贴近了群众，又操作方便。

3. 案例分析

从表 9-20 排序结果看似简单，而实际上却是费了一些功夫。下面就一步一步地描述这个结果是如何得出的。

表 9-20   树　种　选　择　矩　阵　排　序

类　　别	东瓜树	杉树	梨树
经济收入	*	* * * * *	* * *

续表

类 别	东瓜树	杉树	梨树
用柴	＊＊＊＊＊	＊	＊＊
水土保持	＊＊＊	＊＊	＊

首先横向进行开放式打分。请农民就经济收入这项指标对 3 种树木进行打分，假若农民认为它们的经济价值为：杉树价值最高，梨树次之，冬瓜树经济价值最低。以玉米粒的多少来表示经济价值的大小，在冬瓜树下放 1 粒，杉树下放 5 粒，梨树下放 2 粒。以同样的方法，对其他指标也分别按行进行打分。如在用柴上，冬瓜树用柴多，梨树次之，杉树最少；在水土保持用途上，冬瓜树最好，杉树与梨树作用相近。将玉米粒分别按作用大小放在表格中可得表 9-21。

表 9-21　　　　　　　　　　树种选择矩阵排序（玉米粒）

类 别	东瓜树	杉树	梨树
经济收入	＃	＃＃＃＃＃	＃＃
用柴	＃＃＃＃＃	＃	＃＃
水土保持	＃＃＃	＃	＃

横向一行行地将表格填完后，然后纵向再对每一种树进行不同指标的对比，最难操作但又非常重要的是，在进行纵向打分的同时，要保证横向打分权重的相对不变性。

首先从表 9-21 的第 1 列开始进行整理，表 9-21 第 1 列表示的是冬瓜树的 3 种用途。假若农民指出这种树主要用于烧柴，水土保持作用是第 2 位的，经济价值最不重要，且用柴的作用远远大于水土保持的作用。按照农民的意愿，在表 9-21 第 1 列第 2 行中增加 1 粒玉米。这时要同时关注横向打分结果要保持相对不变，这就体现了开放式打分的优越性，作为用柴来说，3 种树木中冬瓜树也是最主要的烧柴用树，与农民的评价相同，现在表 9-21 就转变成表 9-22。

表 9-22　　　　　　　　　　树 种 选 择 矩 阵 排 序

类 别	东瓜树	杉树	梨树
经济收入	＊	＊＊＊＊＊	＊＊
用柴	＊＊＊＊	＊	＊
水土保持	＊＊＊	＊	＊

再看表 9-22 第 2 列。杉树的 3 种用途，经济收入、用柴、水土保持中农民认为经济价值是杉树最重要的作用，农民认为杉树主要是用来增加经济收入。然后才是用于水土保持，再次才是用于烧柴。则表 9-22 第 2 列中第 3 行的玉米粒应多于第 2 行中的玉米粒，而表 9-22 中两格的玉米粒同样多，所以在第 2 列第 3 行中增加 1 粒玉米即得表 9-23。第 3 行第 2 格中增加 1 粒玉米后，并未影响第 3 行中原有的排序。

表 9-23　　　　　　　　　　树 种 选 择 矩 阵 排 序

类 别	东瓜树	杉树	梨树
经济收入	＊	＊＊＊＊＊	＊＊

类　别	东瓜树	杉树	梨树
用柴	＊＊＊＊	＊	＊
水土保持	＊＊＊	＊＊	＊

继续处理表 9-23 的第 3 列。让农民对梨树的 3 种用途进行评价，假若农民认为梨树对于增加经济收入的作用最大，其次是用于烧柴，再次是水土保持的作用，那么表 9-23 第 3 列第 1 行中的玉米粒应多于第 2 行中的玉米粒，第 2 行中的又应多于第 3 行中的，故需对表 9-23 做进一步调整。在表 9-23 第 3 列第 1 行中增加 1 粒玉米粒，以表现出梨树对增加收入的作用大于梨树用于烧柴的作用。现考虑表 9-23 第 1 行，在第 1 行第 3 行中增加了 1 粒玉米之后，虽然第 1 行的优先次序没变，玉米粒数代表的重要性发生了变化，因此，再给第 1 行第 2 行加 1 粒玉米，表示杉树经济效益远大于梨树。这样做完之后，可以再综合对比判断从而进行调整，最后得出排序结果。

最后的排序结果反映了不同树种和不同用途在农民心目中的位置。这里需要说明的是，这里为了方便解释如何进行矩阵排序的操作，只选择了 3 个树种和 3 个指标。实际上，往往会有更多树种和更多指标共同进行排序，这时要变化的次数就会更多。

（四）财富排序（wealth ranking）

1. 主要作用

贫富排序试图将某一社区的所有人口按贫富程度进行分类和排序。在任何一个社区都存在贫富的不均衡和差异，这些差异影响并决定人们的行为、看法和应对问题的办法，因此了解社区整体上的贫富分布情况是很有意义的。进行贫富排序可以帮助我们：①得出社区内贫困差距状况的概貌；②发现当地衡量贫富差距的指标；③得出每个农户在社区贫富状况中的位置；④提供项目目标群体选择的信息；⑤有助于进一步分析问题和机会；⑥可作为基线信息，用于将来对项目的评价。

2. 贫富排序的步骤

（1）选择排序人。

1）一般选择社区内的关键人物；

2）要邀请妇女排序人；

3）排序人要基本上认识全村每家人；

4）排序人最好识字；

5）一般选择 5 个人左右（最少 3 个人）。

（2）将全村每户户主的名字分别抄写在纸上或卡片上，并给每户一个序号，有几个排序人就写几份。比如，5 个人对 50 户进行排序，就会有 250 张写有序号和名字的卡片或纸片。

（3）每个排序人独立分别按照自己的标准，将全村各户按贫富分类。有的排序人也许把全社区人口分成 5 堆，有的也许分成 3 堆。

（4）待排序人分完堆之后，分别询问他（她）们所用的分类标准。罗列不同排序人所用的标准，并与排序人共同比较和讨论所用的标准的异同及原因。

（5）给每堆农户一个得分。若排序人将农户按由富到贫分成 5 堆，那么得分情况如下：

第 1 堆农户每户得分：5/5×100；

第 2 堆农户每户得分：4/5×100；

第 3 堆农户每户得分：3/5×100；

第 4 堆农户每户得分：2/5×100；

第 5 堆农户每户得分：1/5×100。

若排序人将农户按由富到贫分成了 3 堆，那么农户得分情况如下：

第 1 堆农户每户得分：3/3×100；

第 1 堆农户每户得分：2/3×100；

第 1 堆农户每户得分：1/3×100。

（6）将户名和序号抄在纸上，再将得分分别抄在合适位置上，若排序人对某一户不了解就留个空白。

（7）如果某一排序人的结果与其他（她）几人的差别甚大，这也许说明这个排序人没有明白如何做，这种情况下应将这组数字忽略。如果需要的话，可以再找另外一个排序人。

（8）将每一户的得分累加，再除于排序人数。如有 4 个人排序，就将总分除以 4。注意如果某排序人给某一户空白结果，则应将总分除以 3 而不是 4。

（9）将农户按得分高低排列，富户分高，穷户分低。如果排序人分成的堆数差别较大，可取中间数将农户分成贫富类别。例如，4 个排序人分别将农户分成 3 堆、4 堆、4 堆、5 堆，那么可取 4 作为贫富类别数。

（10）与排序人共同讨论所分成的每一个贫富类别的特性，如富裕的原因、贫困的原因、每一类别的特点等信息。

3. 注意事项

（1）所选择排序的社区人口不宜过多，若超过 100 户就很不容易操作。若某一社区人口过多，可选择其中的一个亚社区进行操作。

（2）要具有社区文化和社区结构的敏感性。

（3）一定要给每户一个序号，否则，会给统计工作带来很大麻烦。

湖北省鹤峰县走马镇官仓村某组贫富排序打分结果见表 9-24。

表 9-24　　　　　湖北省鹤峰县走马镇官仓村某组贫富排序打分结果

序号	姓名	排序人				总分	均分
		男 1	男 2	女 1	女 2		
1	彭××	100	100	67	67	334	83
2	周××	100	67	67	100	334	83
......							
136	符××	33	33	33	33	133	33
137	王××	33	33	33	100	200	50

湖北省鹤峰县走马镇官仓村某组贫富排序结果：

均分 83 分：3 户，彭××、周××、洪××。

均分 75 分：14 户，丁××等。

均分 67 分：13 户，××等。

均分 58 分：12 户，李××等。

均分 50 分：29 户，吴××等。

均分 42 分：47 户，杨××等。

均分 33 分：19 户，向××等。

共计 137 户，××××年×月××日。

排序之后排序人对他（她）们认为的贫富标准的讨论结果：

（1）较富：有积蓄，做生意，会算计，茶园面积较多，勤劳。

（2）中等：无积蓄，但不缺钱，已解决温饱问题，年人均收入 2000 元左右。

（3）较贫：无积蓄，缺钱用，已解决温饱问题，缺饭吃（缺粮），缺知识，其中有 10% 的人比较懒散，年收入 800 元/人以下。

可能的扶贫方法：

（1）传授知识技术，种经济林；

（2）适当的资金扶持——发展经济林和养殖业；

（3）减轻生活（挑水、砍柴）的劳力负担，以增加生产劳动时间。

三、研讨、会议类工具

本节主要介绍应用参与式发展方法所组织的会议研讨类工具，尽管会议的方式可能是多种多样的，但主要包括两种方式：召开农民大会（villagers'meeting）或小组会议（group meeting）以及集思广益法（brainstorming）这两种。这里就这两种方法的特点、如何应用以及应用过程中的注意事项进行简要介绍。

（一）召开农民大会或小组会议

1. 概念描述

会议是指一群人为了特定的目的而聚在一起进行有组织的交流与讨论。参加会议的人数既可以是几十人甚至上百人之多，也可以是 10 人以下。小组会议指参会人员一般在几个到十几个，而且他（她）们有着共同/相似的兴趣或关心类似的问题，他（她）们可能是妇女小组，也可能是老年小组或牧民等，他（她）们往往由于兴趣相似而能够交流得很投机，讨论得较顺利。

2. 主要用途

（1）讨论社区中重要问题；

（2）通过在较多人数会议上向社区中的群众发布有关信息（如专家提出的项目方案），或向他（她）们征询意见，如社区发展中面临的问题等；

（3）通过小组会议由专家与群众共同平等地分析社区中的问题，寻找可能的解决方案；

（4）通过多次小组会议和社区群众大会来制订社区发展行动计划，或解决社区发展活动过程中的冲突；

（5）专家通过召开与群众代表的小型研讨会来确认、修改或否定专家会前对社区发展的认识、建议或项目方案等。

3. 注意事项

对外部发展实践工作者来说，无论是召开社区村民大会或农民小组会议，在会前都要制定明确的目标，如分析社区的问题或收集村民对拟订的项目方案的反馈意见等。在会议的进行过程中就要紧紧围绕这个或这些目标，一旦完成目标后就应考虑结束会议，除非农民还有兴趣讨论其他问题。

在会议进行中，外部发展实践工作者虽然是会议的组织者，他应该是善于收集大家意见的人，应注意多鼓励与会代表发言，尤其是帮助那些沉默寡言者表达自己的想法。如果会议代表之间的意见不一致，外部发展实践工作者应从中协调，而不应让会议室成为大家相互争吵的场所。有必要时，可以休会 10min 再继续开会。

（二）集思广益法（brainstorming）

1. 概念的描述

指在一个很和谐平等的气氛中，在会议主持人的引导下，全体会议代表针对某一问题提出自己尽可能多的想法和意见，这些想法不分先后、不分重要性高低，由主持人向全体人员公布并进行分类。集思广益的含义是在很短的时间内如几分钟，收集与会代表对某一问题的即时的想法。集思广益的结果基本能代表当场所有与会人员的意见和思路，其最大的优点是快速地、较全面地反映大家的想法。

2. 主要用途

（1）用于讨论一个社区中存在哪些问题。

（2）用于探索解决一个问题的若干可能的办法。

（3）用于收集会议代表对研讨或培训班的感受、总体评价和建议等。

3. 操作步骤

集思广益在具体操作上又可分为两种，即卡片式和发言式，其做法分别如下。

（1）卡片式。

1）由会议主持人首先向全体与会人员解释说明集思广益的概念和操作方法。

2）主持人提出用于集思广益的具体题目，必要时对此进行适当的解释说明。

3）向与会人员发放书写卡片、书写笔和书写规则。

4）由所有与会人员对题目进行快速思考，并将思考的结果写在卡片上。

5）主持人向与会人员收集书写好的卡片。

6）由主持人将每一张卡片大声念出，并固定在事先准备好的展示板上。如有些卡片描述不清楚，主持人应请作者解释或对此修改，使之简明扼要。

7）主持人与全体与会人员一起对大家的卡片根据内容进行粗略的分类分析，如分成四五大类。

8）主持人引导大家对分类后的结果进行快速审核，看是否需要补充或调整，这就是集思广益的结果。

（2）发言式。

1）和 2）与卡片式步骤相同；

3）主持人鼓励大家动脑思考、人人参与和自由积极发言，主持人应鼓励大家从多层次、多角度看问题；

4）与会人员发言；

5）由主持人或指定一个会议代表将发言观点以关键词记在卡片、纸或黑板上；

6）对记录的内容进行分类；

7）分析与总结。

4. 注意事项

（1）主持人应将用于集思广益的题目解释清楚。

（2）主持人将卡片书写规则解释清楚：参会人员以关键词将对题目思考的结果书写在卡片上，做到字体大而清楚。口头表达的基本规则：先举手再发言，原则是自愿，而且是不对其他人表达的意见和想法进行评论。

（3）主持人在收集大家口头表达意见时应对所有与会代表一视同仁、平等看待，保证将每个人的意见反映出来。

（4）主持人要引导会议代表不要出现相互间指责、打断的情况。

四、角色扮演与直接观察工具

角色扮演是一种通过模拟真实生活条件下个体或群体的不同行为以达到了解信息、发现问题等目的的实用工具，可在调查、研究、培训、推广等各类工作过程中运用。直接观察则是一种由外来者直接对所进入社区、群体进行现场观察以发现问题，为下一步工作寻找重点或搜集补充资料的实用工具。作为一种实用工具，该方法可以在研究、调查、培训、推广等各种工作中配合其他工具使用，帮助外来者对事物获得直接的印象并发现具体问题。

（一）角色扮演（role play）

在有些情况下，由于个体（或群体）之间的差异，导致其对事物的观察角度不同，理解、处理、表达问题的能力也各不相同，在这种情况下，就需要采用例如角色扮演这样的方法帮助我们进一步地了解一些事件或问题的真相。

1. 可能的步骤

（1）由调查人员或主持人根据观察或所需了解的问题、情况的具体难易程度考虑是否应用角色扮演作为一种工具；

（2）与所要涉及的不同个体或群体讨论要模拟的不同情景或题目；

（3）根据情景或题目共同讨论角色扮演所需的时间并在有需要时进行准备；

（4）由所涉及的个体或群体自行决定所要扮演的角色并进行准备，也可根据不同题目的需要指定所要扮演的角色（可在需要时由有经验的人进行协助）；

（5）在角色扮演进行过程中做观察记录，也可在条件许可时将整个过程摄录下来；

（6）根据最初设定的目标或题目对角色扮演进行分析；

（7）如有需要，可在角色扮演后在实际条件下对扮演的内容和过程进行对比，以检验其真实性或可操作性。

作为一种实用工具，通过对真实生活的模拟，角色扮演可以帮助我们比较直观并真实地掌握某一特定社会范围内不同个体或群体之间在日常生活和工作中所承担的不同角色，以及由此而带来的在相互关系、行为方式、思考和处理问题的方法及能力等方面的相同点和不同点，了解这些个体或群体之间具有的冲突、矛盾、和谐等不同的状态并对其原因进行分析，寻找可行的解决办法。

在某些情况下，角色扮演是一种通过扮演者模仿他人或者通过自己的想象从而将敏感问题自由、公开地展示出来的最佳方式，由于是表演的形式，扮演者一般不会受到来自周围的压力。同时，角色扮演也是一种融洽外来者（项目专家、培训教师、推广人员）与当地人关

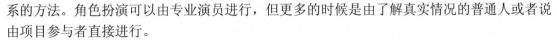

系的方法。角色扮演可以由专业演员进行，但更多的时候是由了解真实情况的普通人或者说由项目参与者直接进行。

根据不同的目标，角色扮演可以有不同的针对对象。

（1）扮演者：通过重复自身经历的某一特定情景，在让旁观者了解当时具体情况、问题的同时，使扮演者本人对自身或模拟对象的语言、行为方式、处理事物的态度等进行回顾以至反思，认识自身的不足，寻找改进的方法；

（2）模拟对象：通过模拟达到使模拟对象对自身进行回顾与反思，目的与上一类基本相同；

（3）当地观众：通过扮演者的努力，帮助观众回顾、了解当时的具体情况并可促使他们对自身（个体、群体）以及所面临的问题进行思考；

（4）外来者：通过模拟，帮助外来者学习、了解、掌握当地的具体情况，存在的困难与问题，为进一步深入的工作积累资料。

2. 注意事项

（1）作为一种工具，角色扮演只应在有实际需要时运用；

（2）应该在征得具体涉及人员的同意后再开始进行；

（3）在定出题目后，应该由扮演者自行决定采取何种方式进行扮演；

（4）不必在表面形式和细节方面花费过多的时间进行准备；

（5）不要打断扮演者进行表演的过程，保持其连贯性；

（6）应该在表演后，对照现实进行横向比较以发现表演中所能提供给人们进行分析的真实情况，而不是单纯地观看表演；

（7）作为观众，外来者或当地人在表演过程中都应有一种虚心学习的态度，同时应注意观察。

3. 案例

在参加德国 GITEC 公司社会经济评价小组对中德合作某省造林项目进行项目中期考察时，专家组曾经要求项目区某县的林业局长进行角色扮演。

（1）进行角色扮演的原因。按照项目建议书的设计思路和要求，应该在项目正式启动之前或启动初期由项目区各级林业部门领导在项目区群众中进行广泛、深入的项目宣传以达到让群众（项目目标群体）真正了解项目的内容、操作方法等情况并由此能完全自主地选择是否及在多大程度上参加项目。按照项目设计目标，群体通过参与项目操作（植树造林）将获得一定数量的劳务补贴，项目要求将劳务补贴的数量、计算方法、发放方法等内容详尽地讲解给目标群体，以帮助他们自行决定是否参加项目。

由于各种具体原因，评价小组感到当地各级林管部门对该部分内容极其敏感并由此引起了在项目进行过程中的一些矛盾，尤其是项目目标（受益）群体对该造林项目在一定程度上的不满。同时，由于县以下各级职能部门直至受益群体对劳务补贴的描述和由此带来的反映各不相同，给评价小组的工作带来了困难。

为了能够顺利、准确地对项目进行社会经济效益评价，也为了能对项目在准备及启动阶段的宣传等工作情况进行真实的了解，评价小组在与该县项目管理办公室（由林业局人员组成）进行了一次气氛轻松、友好的会谈之后，邀请了项目办主任（林业局局长）为评价小组模拟其本人在项目启动初期对目标群体进行项目的宣传和讲解时的真实情况。

（2）角色扮演的前后过程。在之前的调查工作中，评价小组发现目标群体对劳务补贴的分配方法了解非常片面及有不满情绪；而在与县项目办交流时，评价小组又掌握不到前后事实的具体情况。在当天的交流中，主要是由项目办主任向评价小组介绍项目正式启动前后一段时间内项目办是如何在村级行政单位以至农户中向目标群体进行项目宣传与讲解的，而其介绍过程又显得内容较为凌乱、缺乏逻辑。

项目办主任非常爽快地同意了评价小组提出的是否可进行角色扮演的建议，并且由于是对其自身的模拟，所以只用了很短的时间进行回忆、内容组织等准备工作。在整个过程中，扮演者表现得很自信，单就其形式而言，令评价小组非常满意，但非常明显的是，项目办主任本人从最初对项目的总体思路和要求的理解开始就产生了偏差并直接引起了项目操作过程中的一些问题和困难，同时也回答了评价小组的一些疑问。

（二）直接观察（direct observation）

在使用一些PRA工具过程中，我们很容易受到虚构的故事、传闻、流言等的误导。通常来讲，人们都会坚信自己的价值观并认为自己的作为是正确的，而这种价值观以及由此演化出来的个体或群体行为又往往与现实不符。

当我们进入一个陌生的环境后，经常会听到一些与该环境有关情况的介绍，例如风俗、习惯、问题及相关解释等，但在我们按照听到的情况实际操作或进行调查时，又往往会发现这些情况与现实相比较是有误差的，或者这些情况在现实当中根本没有发生。在这种情况下，由外来者对一些重要的指标（预先确定的所要研究、调查的具体对象）进行直接观察以与通过其他一些工作手段得到的信息进行横向比较就显得十分重要。

（1）所需材料，包括笔记本、笔、录音机、照相机、地图等。

（2）可能的步骤。

1）选择愿意合作并对目标社区实际情况比较熟悉的陪同人员；

2）与陪同人员一起制定所要观察的目标类型并选择适合的路线；

3）进行准备，包括工具、所要观察目标清单等；

4）进入目标社区，边走、边仔细观察、边记录；

5）在遇到疑问时随时随地向陪同人员或其他任何人询问。

（3）注意事项。

1）测量：尽量使用尺子等便携工具直接进行实地测量，如土地面积、作物重量、薪材量等。

2）指标：根据预先制定的目标，可选择各类可能的事物作为指标，包括实物、个体的活动、群体之间的关系等所有可以直接观察到的情况，用以对其他不能观察到的情况进行分析（如根据房屋式样判断家庭富裕程度）。所选的指标应该是有效的、有代表性的、可靠的、敏感的并且综合考虑成本、所需时间等因素。

3）记录：尽可能使所记录内容详细，可根据预定目标搜集各种资料（照片、作物标本等）。

4）实地：包括市场、交通工具、工作场所、家庭、医院/卫生所、学校/教室、集会（聚会）前后时间、主要公共场所等。

5）应该确保直接观察是系统地进行的，并且在不同场所、环境内进行的观察是可比较的。

6）在观察时注意运用各种手段：嗅觉、听觉、味觉、触摸，并且注意参加社区内的各种活动及与当地人分享观察到的结果。

7）在对一些较复杂的事物（如宗教仪式、当地节庆活动、体育比赛等）进行观察时，建议能有若干名观察人员按照事先分工从不同角度进行观察。不同的观察人员可以分工注意观察不同的目标群体，如妇女、男人、儿童、老人及在场的外来者。

8）注意观察人们在言行、着装等方面的区别及变化：体现地位、阶层、种族、宗教信仰、从属关系等内容。

第十章

企业社会责任与社会评价

　　社会评价是企业履行社会责任的重要手段，企业社会责任和工程项目社会评价之间具有密切的内在联系。本章简要介绍企业社会责任、投资项目社会评价在我国的产生和发展背景、应用现状、存在问题及未来前景展望。社会评价在我国的产生和发展实际上是发展战略转变的一种具体体现，随着从原有单纯经济优先的发展战略转变为综合考虑经济、环境和社会等优先事项的可持续发展战略，社会评价在我国应运而生，并逐步发展成为与经济、财务、技术及环境评价并列的项目管理综合评价体系的有机组成部分。加强社会评价工作，有利于企业更好地履行社会责任。

第一节　企业社会责任

一、企业社会责任的内涵

（一）思想渊源

　　早在 18 世纪中后期英国完成第一次工业革命后，现代意义上的企业就有了充分的发展，但企业社会责任的观念还未出现，实践中的企业社会责任局限于业主个人的道德行为之内。企业社会责任思想的起点是亚当·斯密（Adam Smith）的"看不见的手"。古典经济学理论认为，一个社会通过市场能够最好地确定其需要，如果企业尽可能高效率地使用资源以提供社会需要的产品和服务，并以消费者愿意支付的价格销售它们，企业就尽到了自己的社会责任。

　　到了 18 世纪末期，西方企业的社会责任观开始发生了微妙的变化，表现为小企业的业主们经常捐助学校、教堂和穷人。

　　进入 19 世纪以后，两次工业革命的成果带来了社会生产力的飞跃，企业在数量和规模上较大程度的发展。这个时期受"社会达尔文主义"思潮的影响，人们对企业的社会责任观是持消极态度的，许多企业不是主动承担社会责任，而是对与企业有密切关系的供应商和员工等极尽盘剥，以求尽快变成社会竞争的强者，这种理念随着工业的大力发展产生了许多负面的影响。与此同时，19 世纪中后期企业制度逐渐完善，劳动阶层维护自身权益的要求不断高涨。加之美国政府接连出台《反托拉斯法》和《消费者保护法》以抑制企业不良行为，客观上对企业履行社会责任提出了新的要求，企业社会责任观念的出现成为历史必然。

　　1924 年，美国学者谢尔顿（Oliver Sheldon）在其著作 "The Philosophy of Management" 中就提出了"公司社会责任"的概念，从可查阅的资料获知这是迄今为止对"公司社会责任"的最早描述。他把公司社会责任与公司经营者满足产业内外各种人类需要的责任联系起来，并认为公司社会责任含有道德因素在内。

　　20 世纪 30 年代，在美国公司法学界又产生了著名的多德——贝利论战，两位学者就"公司的经理人员是谁的受托人"展开了大讨论。多德（Dodd）教授率先指出：公司对雇员、消费者和公众负有社会责任，尽管这些社会责任未必见诸法律而为公司的法定义务，但应当成为公司管理人恪守的职业道德。随后，贝利（Berle）教授立即发表异议：商业公司存在的唯一目的就是为股东营利，公司管理人惟对股东有相当于受托人的责任，如果要求管理人对股东之外的其他人负责，那么，所有者控制公司、管理人应对所有者承担受托人义务的公司法规则就会被削弱乃至颠覆，在公司承担社会责任的名义下，各种各样的利益群落都会向公司提出财产要求，作为市场经济基础财产私有就会被动摇，结果将导致类似一场经济内战的社会财富再分配。

直到 1953 年，被称为"企业社会责任之父"的伯文（Howard R. Bowen）发表了《商人的社会责任》一书，关于企业社会责任的现代辩论才真正开启。伯文在文中对企业社会责任定义为：商人按照社会的目标和价值，向有关政策靠拢、作出相应的决策、采取理想的具体行动的义务。

1961 年，Eells 和 Walton 进一步发展了企业社会责任的观念，他们认为"当人们谈论有关企业社会责任时，他们正在考虑的是公司、企业给社会带来的负面影响，以及在处理公司与社会之间关系应当遵循的伦理准则"。

1975 年，Davis 和 Blomstrom 在《经济与社会：环境与责任》一书中，给社会责任下了一个更为明确的定义，他们声称"社会责任是指决策制定者在促进自身利益的同时，采取措施保护和增进社会整体利益的义务"。

将企业社会责任纳入到经济、法律义务环境中去理解的是 McGuire，他在 1963 年提出了一种新观点："社会责任的思想认为企业不仅具有经济和法律的义务，而且还具有超出这些义务之上的对社会的义务"，然而这个定义并没有明确说明超出经济和法律以外的义务是什么。Sethi（1975）关于社会责任的定义则对此是一个补充，他认为社会责任指的是与社会主流规范价值期望相一致时的企业行为层次。

其间也不乏众多反对"企业社会责任"学者的论调与声音。冈尼斯（Gunness）就曾指出，有人批评企业社会责任反映了公司对解决困扰社会的诸多问题负有直接的责任，也有能力单独担当此任的信念，其实这种信念至多不过是一个不切实际的奢望。施密斯（Smith）也认为"企业社会责任"一词含义模糊，单凭此点它已失去了存在的意义，在他看来，"企业社会责任"只不过是一种宣传工具而已。这一语词从未对企业的行为标准作出过描述，只不过是公司、政府和消费者团体之间相互斗争的工具。

"企业社会责任"是一个相当复杂的概念，引起了众专家学者广泛的争论与探讨。企业社会责任是在赞成者与反对者之间的论争中，其概念逐渐得到廓清、不断明晰的。1979 年，著名学者 Carroll 给出了一个综合性的定义，似乎对这一阶段企业社会责任概念的争论作了一个总结，他认为企业社会责任是指，在给定的时间内社会对组织所具有的经济、法律、伦理、慈善方面期望的总和，此概念在之后很长一段时间得到了广泛认可。

（二）发展历程

随着经济和社会的进步，企业不仅要对赢利负责，而且要对环境负责，并承担相应的社会责任。

1. 赢利至上（20 世纪 50 年代至 20 世纪 70 年代）

1970 年 9 月 13 日，诺贝尔奖得奖人、经济学家米尔顿·弗里德曼在《纽约时报》刊登题为《商业的社会责任是增加利润》的文章，指出"极少趋势，比公司主管人员除了为股东尽量赚钱之外应承担社会责任，更能彻底破坏自由社会本身的基础""企业的一项、也是唯一的社会责任是在比赛规则范围内增加利润。"社会经济观认为，利润最大化是企业的第二目标，企业的第一目标是保证自己的生存。"为了实现这一点，他们必须承担社会义务以及由此产生的社会成本。他们必须以不污染、不歧视、不从事欺骗性的广告宣传等方式来保护社会福利，他们必须融入自己所在的社区及资助慈善组织，从而在改善社会中扮演积极的角色"。

1976 年经济合作与发展组织（OECD）制定了《跨国公司行为准则》，这是迄今为止唯一由政府签署并承诺执行的多边、综合性跨国公司行为准则。这些准则虽然对任何国家或公司没有约束力，但要求更加保护利害相关人士和股东的权利，提高透明度，并加强问责制。2000年该准则重新修订，更加强调了签署国政府在促进和执行准则方面的责任。

2. 关注环境（20 世纪 80 年代至 20 世纪 90 年代）

20 世纪 80 年代，企业社会责任运动开始在欧美发达国家逐渐兴起，它包括环保、劳工和人权等方面的内容，由此导致消费者的关注点由单一关心产品质量，转向关心产品质量、环境、职业健康和劳动保障等多个方面。一些涉及绿色和平、环保、社会责任和人权等的非政府组织以及舆论也不断呼吁，要求社会责任与贸易挂钩。迫于日益增大的压力和自身的发展需要，很多欧美跨国公司纷纷制定对社会作出必要承诺的责任守则（包括社会责任），或通过环境、职业健康、社会责任认证应对不同利益团体的需要。

3. 社会责任运动（20 世纪 90 年代至今）

20 世纪 90 年代初期，美国劳工及人权组织针对成衣业和制鞋业发动"反血汗工厂运动"。因利用"血汗工厂"制度生产产品的美国服装制造商 Levi-Strauss 被新闻媒体曝光后，为挽救其公众形象，制定了第一份公司生产守则。在劳工和人权组织等 NGO 和消费者的压力下，许多知名品牌公司也都相继建立了自己的生产守则，后演变为"企业生产守则运动"，又称"企业行动规范运动"或"工厂守则运动"，企业生产守则运动的直接目的是促使企业履行自己的社会责任。但这种跨国公司自己制定的生产守则有着明显的商业目的，而且其实施状况也无法得到社会的监督。在劳工组织、人权组织等 NGO 组织的推动下，生产守则运动由跨国公司"自我约束"（self-regulation）的内部生产守则逐步转变为社会约束（social regulation）的外部生产守则。

到 2000 年，全球共有 246 个生产守则，其中除 118 个是由跨国公司自己制定的外，其余皆是由商贸协会或多边组织或国际机构制定的所谓"社会约束"的生产守则。这些生产守则主要分布于美国、英国、澳大利亚、加拿大、德国等国。

2000 年 7 月《全球契约》论坛第一次高级别会议召开，参加会议的 50 多家著名跨国公司的代表承诺，在建立全球化市场的同时，要以《全球契约》为框架，改善工人工作环境、提高环保水平。《全球契约》行动计划已经有包括中国在内的 30 多个国家的代表、200 多家著名大公司参与。

2001 年 2 月，全球工人社会联盟公布了一份长达 106 页的由耐克公司资助完成的报告。报告的内容是关于印尼 9 家耐克公司合约工厂的劳工调查。这份报告的新意在于它是由耐克公司出钱完成并公布的，而耐克又不能拒绝公布。耐克公司对这些问题的反应将会为服装公司设立新的基准。

2002 年 2 月在纽约召开世界经济峰会上，三十六位首席执行官呼吁公司履行其社会责任，其理论根据是公司社会责任"并非多此一举",而是核心业务运作至关重要的一部分。

2002 年,联合国正式推出《联合国全球协约》(UN Global Compact),协约共有九条原则,联合国恳请公司对待其员工和供货商时都要尊重其规定的九条原则。

2010 年,在由 17PR 主办的第六届中国公关经理人年会上,"2010 企业社会责任优秀案例"评选揭晓,这是国内首次举办企业社会责任案例评选,获奖案例均来自在社会公益、公益传播和环境保护方面作出突出贡献的企业。

（三）10 大原则

1．人权

（1）企业应在其所能影响的范围内支持并尊重对国际社会做出的维护人权的宣言。

（2）不袒护侵犯人权的行为。

2．劳动

（1）有效保证组建工会的自由与团体交涉的权利。

（2）消除任何形式的强制劳动。

（3）切实有效地废除童工。

（4）杜绝在用工与职业方面的差别歧视。

3．环保

（1）企业应对环保问题未雨绸缪。

（2）主动承担环境保护责任。

（3）推进环保技术的开发与普及。

4．反腐败

积极采取措施反对强取和贿赂等任何形式的腐败行为。

（四）SA8000

SA8000 即 Social Accountability 8000 社会责任标准,系依据国际劳工组织条例所建立之国际性社会责任标准。

企业履行社会责任有助于解决就业问题。除通过增加投资、新增项目、扩大就业外,最重要的是提倡各企业科学安排劳动力,扩大就业门路,创造不减员而能增效的经验,尽量减少把人员推向社会而加大就业压力。过去只有 ISO9000 和 ISO14000 国际认证,现在对企业社会责任也有了一个旨在解决劳动力问题,保证工人工作条件和工作环境的国际认证标准体系。这一标准明确规定了企业须保证工人工作的环境干净卫生,消除工作安全隐患,不得使用童工等,切实保障了工人的切身利益。现在众多企业积极履行社会责任,努力获得 SA8000 国际认证,不仅可以吸引劳动力资源,激励他们创造更多的价值,更重要的是通过这种管理可以树立良好的企业形象,获得美誉度和信任度、从而实现企业长远的经营目标。从这个意义上说,企业履行社会责任,有助于解决就业问题。

企业履行社会责任有助于保护资源和环境,实现可持续发展。企业作为社会公民对资源和环境的可持续发展负有不可推卸的责任,而企业履行社会责任,通过技术革新可首先减少生产活动各个环节对环境可能造成的污染,同时也可以降低能耗、节约资源、降低企业生产成本,从而使产品价格更具竞争力。企业还可通过公益事业与社区共同建设环保设施,以净化环境、保护社区及其他公民的利益。这将有助于缓解城市尤其是工业企业集中的城市经济发展与环境污染严重、人居环境恶化间的矛盾。

企业履行社会责任有助于缓解贫富差距，消除社会不安定的隐患。一方面，大中型企业可集中资本优势、管理优势和人力资源优势对贫困地区的资源进行开发，既可扩展自己的生产和经营，获得新的增长点，又可弥补贫困地区资金的不足，解决当地劳动力和资源闲置的问题，帮助当地脱贫致富。另一方面，企业也可通过慈善公益行为帮助落后地区的人民发展教育、社会保障和医疗卫生事业，既解决当地政府因资金困难而无力投资的问题，帮助落后地区逐步发展社会事业，又通过公益事业达到无与伦比的广告效应，提升企业的形象和消费者的认可程度，提高市场占有率。

（五）企业的多重责任

首先，企业应该承担并履行好经济责任，为极大丰富人民的物质生活，为国民经济的快速稳定发展发挥自己应有的作用。最直接地说就是盈利，尽可能扩大销售、降低成本、正确决策，保证利益相关者的合法权益。

其次，企业在遵纪守法方面作出表率，遵守所有的法律、法规，包括环境保护法、消费者权益法和劳动保护法。完成所有的合同义务，带头诚信经营，合法经营，承兑保修允诺。带动企业的雇员、企业所在的社区等共同遵纪守法，共建法治社会。

再次，伦理责任是社会对企业的期望，企业应努力使社会不遭受自己的运营活动、产品及服务的消极影响。加速产业技术升级和产业结构的优化，大力发展绿色企业，增大企业吸纳就业的能力，为环境保护和社会安定尽职尽责。

最后，是企业的慈善责任。现阶段构建和谐社会的一个重要任务是要大力发展社会事业，教育、医疗卫生、社会保障等事业的发展直接关系人民的最直接利益，也直接决定着社会安定、和谐与否。很多地方在发展社会事业上投资不足或无力投资，这就需要调动一切可以调动的资本，企业应充分发挥资本优势，为发展社会事业，为成为一个好的企业公民而对外捐助。支援社区教育、支持健康、人文关怀、文化与艺术、城市建设等项目的发展，帮助社区改善公共环境，自愿为社区工作。

（六）国外企业社会责任的经验借鉴

目前，世界上一些国际组织对推进企业社会责任非常重视，并成立了相关机构和组织，企业社会责任工作正在全球迅速扩展。如联合国 2000 年实施的"全球契约"计划，提倡包括人权、劳工、环境和反腐败等四个方面的十项原则，目前已有 2900 多家世界著名企业加入全球契约。经济合作与发展组织、国际劳工组织、国际标准化组织、国际雇主组织等，也都积极推行企业社会责任，就如何进一步推动企业社会责任形成共识。

自 20 世纪 90 年代中期以来，随着欧盟统一市场的建立和逐步完善，欧盟就把推动企业社会责任作为一项重要工作。2000 年提出了两个目标：一是加强企业社会责任宣传；二是提高政府的透明度。2001 年，欧盟委员会向欧洲议会提交了"欧洲企业社会责任框架绿皮书"，2005 年，欧盟所有国家都制定了企业社会责任战略，2006 年在布鲁塞尔发起"欧洲企业社会责任联盟"。德国、英国、意大利、瑞典、法国等国都制订了实施企业社会责任的行动计划。就法国而言，到 2005 年中期，加入全球契约的法国企业超过 200 家。法国要求上市公司必须提供"社会责任年度报告"，报告包括企业在其活动中考虑社会和环境的情况和后果。

（七）企业社会责任的主要内容

（1）对股东的责任。股东是企业的投资者，企业对股东的责任主要表现为资本保值与持续增值。

（2）对债权人的责任。债权人是企业的重要利益相关者，企业对雇员的债权人的责任主要表现为还本付息责任。

（3）对雇员的责任。雇员的利益和命运与企业休戚相关。企业对雇员的责任是多方面的，既包括法律意义上的责任，也包括对雇员应担负的道德责任，主要包括劳动报酬与利润分享、平等就业、休息休假、劳动安全卫生保健、职业技能培训、社会保险、社会福利、参与管理等。

（4）对消费者的责任。企业应尊重消费者的权益，满足消费者的需求，增加产品花色品种，提高产品质量，提高顾客消费质量，提高顾客满意度，稳定价格。

（5）对环境保护和资源合理利用的责任。企业应采取积极措施，保护环境，节约资源，不仅要维持代内（intra-generation）公平，而且要注重代间（inter-generation）公平，尤其要注重资源与环境的代间公平。

（6）对社区的责任。企业是社会的组成部分，更是所在社区的组成部分，与所在社区建立和谐融洽的相互关系是企业的一项重要社会责任。

（7）对社会福利和社会公益事业的责任。企业在追求自身发展过程中还应该积极帮助发展社会事业，如发展卫生保健事业、教育事业、养老事业，缩小贫富差距，为特殊人群提供就业机会，促进科技进步，积极参与预防犯罪，倡导良好的社会公德等。

（八）企业社会责任可能存在的主要问题

（1）无视自己在社会保障方面应起的作用，尽量逃避税收以及社保缴费；

（2）较少考虑社会就业问题，将包袱甩向社会；

（3）较少考虑环境保护，将利润建立在破坏和污染环境的基础之上；

（4）一些企业唯利是图，自私自利，提供不合格的服务产品或虚假信息，与消费者争利或欺骗消费者，为富不仁；

（5）依靠压榨企业职工的收入和福利来为所有者谋利润，企业主堕落成资本的奴隶，赚钱的机器；

（6）缺乏提供公共产品的意识，对公益事业不管不问；

（7）缺乏公平竞争意识，一些在计划经济时期延续下来的垄断企业，大量侵吞垄断利润，并极力排斥市场竞争；

（8）普遍缺少诚信，国有企业对国家缺少诚信，搞假破产逃避债务，民营企业通过假包装到市场上圈钱。

二、企业社会责任的分析评价

（一）企业社会责任评价原则

1. 系统性原则

企业的社会责任问题是一个与企业道德相关的范畴，与企业的经营理念和方式有紧密的联系。因此企业的社会责任审计评价应着眼于全局，既要考虑企业内部状态，也要考虑企业外部反映，既要考虑企业社会责任的政策及管理这些未能充分反映到财务结果中的过程管理，也要考虑形成企业财务记录的结果评价。

2. 重要性原则

企业的社会责任事项是十分广泛的，审计主体对纳入审计范围的事项，应在全盘把握的基础上针对重要事项进行重点核查，如对法律法规规定性事项，对公认的企业社会责任底线事项如员工劳动权益保护、社会诚信、环境保护责任应给予重点详细审计。

3. 可操作性原则

可操作性原则是指社会责任审计评价标准必须简明、具体、易懂，便于审计人员进行分析，易于判断被审计对象企业社会责任审计履行情况的优劣，有利于信息使用者的理解。此外，审计评价标准还应充分考虑客观因素，并从实际情况出发，对被审计单位的可控制因素进行评价。

4. 定性分析与定量分析相结合原则

社会责任审计的主要目的是对企业社会责任状况的总体评价。由于企业社会责任审计目标涵盖的范围和内容较为复杂、广泛，简单的标准难以全面评价被审计事项，因此需要将定性分析和定量分析结合起来进行审计评价。

（二）企业社会责任评价方法

1. 对比分析法

对比分析法是传统财务审计常用到的一种方法，在社会责任审计中也同样有效。它既可以是审计人员将收集到的数据同相关标准相比较，也可以同其他同类行业企业情况相比较，然后对比较结果进行分析，以发现问题。运用对比分析法时，一要注意选择适当的审计标准，如国家有关方针政策或法律法规、国际标准等；二要注意由于社会责任审计的评价标准难以确定及不完善，有时需要借鉴来自其他方面的标准。此时，审计人员应考虑被审计单位与该标准适用单位之间的差异，以便对审计标准作出适当调整，从而能够客观评价社会责任。

2. 比率分析法

在所收集的基础数据的基础上，通过计算有关比率来剖析问题的一种方法。它既可在审计期的数据与初始状态数据基础上计算得来，也可以是部分与整体相比较得来，还可以是在其他有内在联系的有关数据比较得来。比率分析和对比分析都可以在一定程度上反映问题，但由于比率是一个相对的概念，所以它可以弥补对比法的不足，把一些不可比的数据转化为可比的数据，从而揭示有关信息的内在联系。

3. 层次分析法

层次分析法是将定性与定量相结合的适用于多准则、多目标的决策分析方法。企业社会责任问题的复杂性和综合性，使得所取得的审计证据必然是多方面的，如果仅仅依据某方面单项的指标是难以对企业的社会责任进行客观的、科学的、总体性的评价。该方法则可以帮助审计人员将复杂的企业社会责任因素以及一些定性的因素模型化、数量化。

层次分析法的原理为按问题性质和总目标将问题分解成不同层次，构成一个多层次的分析结构模型，然后在各因素之间进行简单的比较和计算，就可以得出不同方案的权重或确定相对的优劣次序，从而为最佳方案的选择提供依据。

企业社会责任审计的对象是不同类型、不同行业的企业，它们对社会造成的影响会有所不同，其社会责任审计评价的重点区域应各有侧重。那么审计主体应根据企业自身的具体特点，针对企业不同方面的社会责任权衡轻重并进行评价。如对于化工型企业来说，审计主体会更加关注企业在环境方面的影响方面和评价，而对于服务型企业来说，这个方面就没有那么重要，审计主体可能更重视对消费者责任的审计等。

4. 模糊综合评价法

模糊综合评价法是模糊数学与层次分析法相结合的一种综合评价方法，从根本上讲属于一种多层次分析方法。它是一种非数学模型法，与纯粹的数学模型相比较，更强调人的思维判断在决策过程中的作用。据以构建企业社会责任审计的模糊评价模型，对于定量因素，运用数量化的统计、计量分析；对于定性因素，可采用专家德尔菲法确定企业社会责任审计评价指标的权重，即对不同的企业在确定社会责任领域各要素对总体评价的影响权重时可采取多位注册会计师进行专业判断，以提高审计评价的质量和审计工作的有效性。在对企业社会责任审计定性指标设定标准值时，应请具备相应方面知识的注册会计师和相关行业专家对相关的背景资料进行多轮的咨询调查并修正后，采用统计方法综合得出专家群体对评价指标标准值和权重的判断赋值结果后，再进行相关分析。

5. 软件辅助分析法

软件辅助审计方法已经成为现代财务审计的重要方法和手段，它的优势在于对常用的或复杂的计算和分析方法进行模型化的设计，由系统根据录入的基础数据进行计算和分析，减少审计工作中对数据的大量计算分析，大大地提高了审计效率和效果。社会责任审计内容广泛和复杂，特别是定量与定性因素的分析，对审计主体的要求比较高，上述层次分析法及模糊综合评价方法的各步工作如果由审计人员手工开展，则需要审计人员掌握模糊层次分析法的运用，并要求具有较强的数学推演能力。因此，如果将该方法固化为一定的审计评价软件，通过软件运行获取专家对每一社会责任审计评价指标体系所赋予的各项指标影响权重以及指标评分标准，而在具体运用的时候，只需要审计人员在已经计算好的各类社会责任审计评价指标影响权重的基础上输入指标得分，就能够得到综合业绩评价的得分，操作简单。这样，借助于计算机软件辅助审计，一方面促进了科学的审计评价方法的运用，另一方面也降低了审计人员进行综合审计评价的主观随意性，同时极大提高了社会责任审计评价的质量和效率。

（三）社会责任评价标准

1. 真实合规性评价标准

真实合规性评价标准是指被审计单位披露的社会责任信息资料必须真实地反映其社会责任活动，且这些活动必须遵守相关的法律法规的规定。主要内容包括企业社会责任支出是否真实，是否符合相关规定，其账务处理是不是根据国家有关会计制度对会计信息的要求而做出等。

2. 企业社会责任政策及管理系统评价标准

企业社会责任管理系统评价标准，即企业社会责任的价值导向评价标准，其主要内容包括对企业政策层面的评价和企业管理层面的评价。企业的社会责任从产生之日起便与道德的范畴相联系，企业的政策是企业经营战略和理念的书面化表达，是重要的价值观传递方式，企业有怎样的政策直接关系着企业在社会责任活动方面的态度和价值观。而管理活动是连接企业价值观、战略政策与企业行为活动的桥梁，其有效性间接影响企业社会责任活动的结果。因此企业社会责任政策和管理活动评价标准是社会责任审计综合评价不可或缺的部分。

3. 利益相关者期望和反馈评价标准

企业利益相关者即社会公众和政府是企业社会责任的影响主体，这决定了在评价企业社会责任方面，他们的参与是提高社会责任审计结果有效性，降低审计风险的一个重要途径，目前最具影响和得到广泛认可的世界著名的美体公司（The Body Shop）的社会责任审计设计中，将公众期望和评价的获取作为审计程序的重要部分。尽管公众和政府的期望和反馈评价标准难以确定，但是却能对企业社会责任状况作出相对客观的评价。因此在社会责任审计的前期准备阶段或预审阶段，可以针对企业社会责任的主要影响主体如政府相关管理结构、内部员工、供应商、债权人、主要消费群体、社区居民等就企业社会责任的重要方面的相关问题进行访问、问卷调查并进行统计，以他们对企业社会责任的期望和反馈的满意度作为评价标准的一个方面，参与企业社会责任审计的综合评价。企业社会责任主要评价项目见表 10-1。

表 10-1　　　　　　　　　　企业社会责任主要评价项目

	环　境	社　会	伦理
分析评价内容	（1）能源的节约与利用； （2）全球气候变化； （3）水资源与水污染； （4）空气、土壤污染； （5）有毒废料； （6）资源破坏及生态影响； （7）生物多样性； （8）产品与服务的生态效益； （9）环保创意； （10）推动职工参与	（1）利润分享：员工所能得到利润的百分比。 （2）工作福利：员工流失率、健康及安全记录、员工家庭福利政策。 （3）平等机会及包容性：妇女及少数代表与管理层及高级管理层的关系，包括他们的代表性。 （4）员工参与及权益：参与管理及沟通的工时百分比，员工满意比率调查。 （5）员工行动：员工进行抗争的次数、小组抗议次数。 （6）推动供应商：鼓励或建议供应商改善环境、服务社会。 （7）社群及公众政策：参与社群活动、提供赞助。 （8）企业监管：相关信息披露的透明度	（1）军事； （2）赌博； （3）色情； （4）烟草； （5）酒精； （6）基因工程； （7）核能； （8）动物试验

三、中央企业履行社会责任的相关要求

（一）重要意义

（1）履行社会责任是中央企业深入贯彻落实科学发展观的实际行动。履行社会责任要求中央企业必须坚持以人为本、科学发展，在追求经济效益的同时，对利益相关者和环境负责，实现企业发展与社会、环境的协调统一。这既是促进社会主义和谐社会建设的重要举措，也是中央企业深入贯彻落实科学发展观的实际行动。

（2）履行社会责任是全社会对中央企业的广泛要求。中央企业是国有经济的骨干力量，大多集中在关系国家安全和国民经济命脉的重要行业和关键领域，其生产经营活动涉及整个社会经济活动和人民生活的各个方面。积极履行社会责任，不仅是中央企业的使命和责任，也是全社会对中央企业的殷切期望和广泛要求。

（3）履行社会责任是实现中央企业可持续发展的必然选择。积极履行社会责任，把社会责任理念和要求全面融入企业发展战略、企业生产经营和企业文化，有利于创新发展理念、转变发展方式，有利于激发创造活力、提升品牌形象，有利于提高职工素质、增强企业凝聚力，是中央企业发展质量和水平的重大提升。

（4）履行社会责任是中央企业参与国际经济交流合作的客观需要。在经济全球化日益深入的新形势下，国际社会高度关注企业社会责任，履行社会责任已成为国际社会对企业评价的重要内容。中央企业履行社会责任，有利于树立负责任的企业形象，提升中国企业的国际影响，也对树立我国负责任的发展中大国形象具有重要作用。

（二）指导思想、总体要求和基本原则

（1）指导思想。以邓小平理论和"三个代表"重要思想为指导，深入贯彻落实科学发展观，坚持以人为本，坚持可持续发展，牢记责任，强化意识，统筹兼顾，积极实践，发挥中央企业履行社会责任的表率作用，促进社会主义和谐社会建设，为实现全面建设小康社会宏伟目标作出更大贡献。

（2）总体要求。中央企业要增强社会责任意识，积极履行社会责任，成为依法经营、诚实守信的表率，节约资源、保护环境的表率，以人为本、构建和谐企业的表率，努力成为国

家经济的栋梁和全社会企业的榜样。

（3）基本原则。坚持履行社会责任与促进企业改革发展相结合，把履行社会责任作为建立现代企业制度和提高综合竞争力的重要内容，深化企业改革，优化布局结构，转变发展方式，实现又好又快发展。坚持履行社会责任与企业实际相适应，立足基本国情，立足企业实际，突出重点，分步推进，切实取得企业履行社会责任的成效。坚持履行社会责任与创建和谐企业相统一，把保障企业安全生产，维护职工合法权益，帮助职工解决实际问题放在重要位置，营造和谐劳动关系，促进职工全面发展，实现企业与职工、企业与社会的和谐发展。

（三）主要内容

（1）坚持依法经营诚实守信。模范遵守法律法规和社会公德、商业道德以及行业规则，及时足额纳税，维护投资者和债权人权益，保护知识产权，忠实履行合同，恪守商业信用，反对不正当竞争，杜绝商业活动中的腐败行为。

（2）不断提高持续盈利能力。完善公司治理，科学民主决策。优化发展战略，突出做强主业，缩短管理链条，合理配置资源。强化企业管理，提高管控能力，降低经营成本，加强风险防范，提高投入产出水平，增强市场竞争能力。

（3）切实提高产品质量和服务水平。保证产品和服务的安全性，改善产品性能，完善服务体系，努力为社会提供优质安全健康的产品和服务，最大限度地满足消费者的需求。保护消费者权益，妥善处理消费者提出的投诉和建议，努力为消费者创造更大的价值，取得广大消费者的信赖与认同。

（4）加强资源节约和环境保护。认真落实节能减排责任，带头完成节能减排任务。发展节能产业，开发节能产品，发展循环经济，提高资源综合利用效率。增加环保投入，改进工艺流程，降低污染物排放，实施清洁生产，坚持走低投入、低消耗、低排放和高效率的发展道路。

（5）推进自主创新和技术进步。建立和完善技术创新机制，加大研究开发投入，提高自主创新能力。加快高新技术开发和传统产业改造，着力突破产业和行业关键技术，增加技术创新储备。强化知识产权意识，实施知识产权战略，实现技术创新与知识产权的良性互动，形成一批拥有自主知识产权的核心技术和知名品牌，发挥对产业升级、结构优化的带动作用。

（6）保障生产安全。严格落实安全生产责任制，加大安全生产投入，严防重、特大安全事故发生。建立健全应急管理体系，不断提高应急管理水平和应对突发事件能力。为职工提供安全、健康、卫生的工作条件和生活环境，保障职工职业健康，预防和减少职业病和其他疾病对职工的危害。

（7）维护职工合法权益。依法与职工签订并履行劳动合同，坚持按劳分配、同工同酬，建立工资正常增长机制，按时足额缴纳社会保险。尊重职工人格，公平对待职工，杜绝性别、民族、宗教、年龄等各种歧视。加强职业教育培训，创造平等发展机会。加强职代会制度建设，深化厂务公开，推进民主管理。关心职工生活，切实为职工排忧解难。

（8）参与社会公益事业。积极参与社区建设，鼓励职工志愿服务社会。热心参与慈善、捐助等社会公益事业，关心支持教育、文化、卫生等公共福利事业。在发生重大自然灾害和突发事件的情况下，积极提供财力、物力和人力等方面的支持和援助。

（四）主要措施

（1）树立和深化社会责任意识。深刻理解履行社会责任的重要意义，牢固树立社会责任意识，高度重视社会责任工作，把履行社会责任提上企业重要议事日程，经常研究和部署社会责任工作，加强社会责任全员培训和普及教育，不断创新管理理念和工作方式，努力形成履行社会责任的企业价值观和企业文化。

（2）建立和完善履行社会责任的体制机制。把履行社会责任纳入公司治理，融入企业发展战略，落实到生产经营各个环节。明确归口管理部门，建立健全工作体系，逐步建立和完善企业社会责任指标统计和考核体系，有条件的企业要建立履行社会责任的评价机制。

（3）建立社会责任报告制度。有条件的企业要定期发布社会责任报告或可持续发展报告，公布企业履行社会责任的现状、规划和措施，完善社会责任沟通方式和对话机制，及时了解和回应利益相关者的意见建议，主动接受利益相关者和社会的监督。

（4）加强企业间交流与国际合作。研究学习国内外企业履行社会责任的先进理念和成功经验，开展与履行社会责任先进企业的对标，总结经验，找出差距，改进工作。加强与有关国际组织的对话与交流，积极参与社会责任国际标准的制定。

（5）加强党组织对企业社会责任工作的领导。充分发挥企业党组织的政治核心作用，广泛动员和引导广大党员带头履行社会责任，支持工会、共青团、妇女组织在履行社会责任中发挥积极作用，努力营造有利于企业履行社会责任的良好氛围。

第二节　我国开展社会评价的背景及应用

一、我国开展工程项目社会评价的背景

开展投资项目社会评价有利于协调项目与其所在地区社会发展的关系，促进社会进步及经济、社会协调发展，是规避投资项目社会风险的重要手段。社会评价重视对人的因素的分析，通过深入系统的调查研究，分析项目可能产生的社会影响，评价项目与社会的相互适应性，分析项目可能存在的社会风险，并研究提出消除项目的不利影响，规避社会风险的对策，对确保项目的可持续性具有重要作用。随着人们对社会评价重要性认识的不断深化，社会评价的理论及方法体系逐步引入到我国。

（一）发展战略转变的需要

我国作为一个发展中国家，发展战略正在经历从单纯强调经济增长到经济与社会协调发展的转变。从"六五"计划（1981—1985）开始，我国政府将每隔五年制定的"国民经济发展五年计划"易名为"国民经济和社会发展五年计划"，将社会发展和经济发展作为同等重要的内容纳入全国的发展规划中，从而使社会发展得到了应有的重视。在其后国家制定的所有五年计划和远景规划中，都明确提出各项社会发展的目标与指标，并制定相应的社会发展政策。从"九五"计划（1996—2000）开始，我国的经济发展由传统的发展战略转变为可持续发展战略，要求经济与社会协调发展。

我国的改革开放政策不仅使国民经济保持持续、快速、稳健发展，而且给社会生活的各个层面带来了许多重大而深远的变革。在投资项目的选择及战略取向方面，从过去单纯追求财务及经济目标，转变为经济、社会、环境全面发展，走可持续发展道路，并越来越关注经济发展中的各种社会因素。与此对应，我国的投资项目管理体制、决策机制及项目评价、实施监测机制必须满足这种战略转变的要求。这就要求在项目的前期准备、方案设计、实施等项目周期全过程的各个环节，必须建立包括市场环境、工程技术方案、财务及经济状况、环境影响状况以

及可能涉及的各种社会因素在内的评价、监测及跟踪机制，并配备必要的机构和人员，采用适当的方法和工具，确保这种机制的有效运行，以实现项目投资的各种预期目标。

在这种背景下，我国社会经济的发展对投资项目社会评价的要求日益迫切。与此同时，在社会科学的研究领域，社会学的研究也逐步深入，我国的社会学家在社会经济发展中的作用、地位逐步受到尊重，社会学家对国家重大项目投资决策前期论证及咨询评价中的参与力度开始受到重视。所有这些，为在我国开展投资项目的社会评价工作提供了有利的宏观背景和重要基础。

（二）项目评价实践经验教训总结的结果

趋利避害，规避社会风险，寻求发展机遇，是社会评价所追求的目标。通过投资项目社会评价，可以消除项目可能导致的各种不利影响，降低社会风险和成本，改善弱势群体的社会地位，增加项目投资的社会效益，从而使得社会评价成为项目评价方法体系中不可缺少的重要组成部分。我国过去忽视投资项目的社会评价工作的教训是深刻的。例如，过去有些项目由于没有进行社会评价，在项目的可行性研究和方案设计中，许多隐含的社会、环境问题不能得到有效解决。项目建成后，由于有害物质污染环境，引起周围居民不满，结果造成项目不能顺利开工生产。一些在少数民族地区建成的扶贫项目，由于在项目方案的设计阶段没有安排当地居民的广泛参与，没有很好地吸纳利益相关者的意见，居民对移民搬迁的住宅建设不满意，项目工作机构撤离后，居民又搬回原来的住处，影响了项目目标的可持续性。还有一些水利项目由于移民安置解决不好，导致部分居民生活水平下降等❶。

相反，有些项目由于开展了社会评价，为项目的建设运营带来了明显效果。例如亚洲开发银行提供贷款支持的大连市城市供水项目❷，由于充分考虑了项目的实施可能带来的社会经济影响，积极要求广大市民参与项目规划方案的设计和实施，对于工程实施可能带来的不便，积极与广大市民沟通，取得市民的谅解和支持，包括水价的上调这类敏感问题，均取得全市人民的理解，保证了项目的成功实施。在 1992—1999 年麦克阿瑟基金会（marcarthur foundation）和国际山地中心（international centre for integrated mountain development）资助的云南省紫溪山生物多样性和社区发展项目❸中，充分重视了社会性别分析方法的应用，注意收集整理当地妇女对生物多样性保护的经验知识，促进妇女在自然资源管理中的参与和决策能力，增强了妇女参与项目实施和管理的自信心，促进了不同性别成员在社区参与中的公正性和平等性，取得了理想的社会效果。

正反两方面的经验表明，重视投资项目的社会评价工作，是总结我国项目评价经验教训而采取的一项重要行动，也是我国应对未来发展战略调整及社会经济变革的一项重要举措，不仅是必要的，而且十分迫切。

中国的社会评价经验表明，有效的社会评价有助于：①促进经济和社会的协调发展；②确保投资项目从业主和用户的角度都是可接受的，因而更易于取得成功和可持续性；③使项目的实施更为合理，从而提高投资收益；④发现使特殊群体受益的机会——贫困、脆弱、隔

---

❶ 项目的建设和实施阶段出现了很多社会问题，阻碍了项目目标的实现。

❷ 参见世界银行中国代表处与中国国际工程咨询公司主办的"参与式方法在发展项目中的应用"研讨会论文集收录论文：参与式方法在大连供水项目中的应用。作者：张三力，中国国际工程咨询公司。

❸ 参见世界银行中国代表处与中国国际工程咨询公司主办的"参与式方法在发展项目中的应用"研讨会论文集收录论文：社会性别分析在参与式生物多样性保护和社区发展项目中的应用，作者：王洁如，陈三阳，中国科学院昆明植物研究所。

绝的和边缘群体；⑤为发现和减缓投资项目的社会风险奠定基础；⑥使项目符合地区利益，从而减少社会对立和争议；⑦使项目的规划、管理和评价方法更接近国际标准。

二、我国开展社会评价的必要性

社会评价强调机构分析、能力建设、利益相关者分析、向受影响人咨询与协商，强调兼顾经济资本、自然资本、人力资本、社会资本的可持续发展。在投资项目中开展社会评价工作，其必要性体现在多个层面，主要体现在：

（一）有利于贯彻执行可持续发展战略

可持续发展被视为不同经济类型（发达、发展、转型）和不同层面的干预（全面、部门、项目）公共政策的一种基本目标。可持续发展包括发展过程中经济、环境、社会等方面的可持续性。经济发展、社会发展、环境保护是可持续发展相互依赖、相互促进的组成部分，其中社会评价强调以人为本的可持续发展，强调从全社会的宏观角度考察项目对社会带来的贡献与影响，评价项目对社会发展目标的影响，强调可持续发展，是在项目层次贯彻可持续发展战略的有效工具。

（二）有利于保证项目与所处社会环境的协调发展

任何项目都是在特定社会环境、社会背景条件下投资建设的，因此项目能否成功，与项目所处的社会环境密切相关。一个项目的财务目标、经济目标或环境目标能否实现，与项目所处的社会环境密切相关。通过社会评价，增强投资项目的社会文化等方面的适应性，强调项目与所在地区社会环境的相互适应性，对保证投资项目其他目标的实现至关重要。从发展的角度看，社会发展包括经济发展，但又不止于经济发展，它强调社会的全面发展。发展评价应该是多视角评价，而不只限于单一视角的评价。社会评价与经济分析、财务分析、技术评价、环境影响评价互为补充，为保证项目与社会环境的协调发展，保证项目各方面目标的实现提供保证。

（三）完善项目评价理论及方法体系的必然要求

项目评价的理论和方法体系是不断完善的。在产品经济时代，人们对项目的关注主要侧重于工程技术方面，关心的是项目能否建成，工程技术目标能否实现，这实际上是在关心工程技术方案的评价；随着市场经济体制的建立，人们开始关注项目的投资回报，关心借款能否偿还，即强调财务评价的重要性；随着经济的发展、社会的进步，经济学家开始大量参与到项目的投资决策分析活动中，强调资源的优化配置及社会福利的改善，强调利用费用效果分析和费用效益分析的方法进行经济分析；同时，随着发展战略的转变，社会学家开始涉足项目决策，开始考虑投资项目的各种社会目标能否实现，于是开始强调社会评价的重要性。开展社会评价，是完善项目评价理论及方法体系的客观需要。

（四）加强对投资项目进行宏观调控的需要

社会评价不仅重视项目本身的可持续性，强调应从社会发展的战略高度，分析项目对利益相关者的直接和间接、短期和长期、有形和无形、正面和负面影响，而且还强调整个社会的可持续发展，分析项目所占用或耗费的社会资源，要体现"代际公平"和"代内公平"。在市场经济体制下，政府对社会投资活动的管理，强调政府从社会公共事务管理者的角度进行宏观调控，社会评价成为一种有效的工具。

（五）项目评价与国际接轨的需要

英、美等发达国家的投资项目一般都要求进行社会评价，市场经济国家对公共投资项目

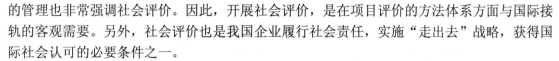

的管理也非常强调社会评价。因此，开展社会评价，是在项目评价的方法体系方面与国际接轨的客观需要。另外，社会评价也是我国企业履行社会责任，实施"走出去"战略，获得国际社会认可的必要条件之一。

（六）有利于促进自然资源合理利用与生态和环境保护

人类赖以生存的土地、水资源、能源等自然资源是有限的。社会评价正是随着后工业化社会的环境、人口膨胀、能源危机等问题日益突出而在发达国家首先兴起的。开展社会评价，有利于社会经济建设合理利用和节约有限自然资源，保护自然与生态和环境，造福人类，实现以人为本的可持续发展战略。

三、社会评价在我国投资项目中的应用状况

（一）在国内投资项目前期准备阶段的应用

1. 总体情况

我国的项目评价及监测能力建设，一直受到中央及地方各级政府的高度重视，并获得有关国际机构的大力支持，并在投资项目的市场研究、工程技术方案研究、财务及经济评价、环境影响评价等方面取得了明显进展。但在投资项目社会评价方面起步较晚，其间经历了引进、消化、研究、试用的过程，目前已经取得一定成效。

在 20 世纪 80 和 90 年代，随着市场经济的持续发展，我国编写出版了项目评价的一系列方法和手册。比较重要的成果包括：①《建设项目经济评价方法与参数》，是我国所有部门项目评价的官方指南，1987 年初版，1993 年再版；②1990 年出版的《建设项目经济评价实用手册》；③通过一系列的研讨会、培训班等交流培训活动，大大提高了我国各级组织的项目评价能力，建立了较为完善的项目评价制度、决策咨询及项目评估方法体系。尽管我国在项目评价能力建设方面取得了上述突出进展，但这些进展主要侧重于项目的财务和经济分析方面。近年来，我国有关机构开始致力于投资项目社会评价的方法研究和政策咨询工作，通过开展相关的国际交流与合作，加强该领域相关的培训、研讨等活动，以提高我国投资项目社会评价的能力。

1986—1996 年，联合国开发计划署（UNDP）和英国国际发展署（DFID）先后与原国家计委和建设部组织国内外专家，经过多年的努力，就投资项目社会评价的理论与方法进行合作研究，并提供了技术经济援助。中外专家共同组成了"投资项目社会评价课题组"，经过几年努力，完成了《投资项目社会评价理论与方法》和《投资项目社会评价指南》两项成果，提供给有关部门在投资前期研究及决策咨询中试用，这标志着我国投资项目社会评价工作进入了起步阶段。

为了进一步规范投资项目的前期研究工作，经原国家计委于 2002 年审定，中国国际工程咨询公司编写出版了《投资项目可行性研究指南》，其重要特色之一，就是强调了社会评价在可行性研究中的重要作用。为改变我国过去可行性研究只重视技术、工程、经济评价，基本不进行社会评价的状况，为了与国际接轨，完善我国项目评价的方法体系，《指南》提出重大项目应进行社会评价。借鉴国外社会评价的通常做法，结合我国项目投资的具体特点，提出了我国开展社会评价的内容及方法。要求从项目可能产生的社会影响、社会效益和社会可接受性等方面，判断项目的社会可行性，提出协调项目与当地的各种社会关系、规避社会风险、促进项目顺利实施的对策建议。这是经我国中央政府有关部门审定并推荐使用的投资项目前期咨询研究规范文件中，首次提出将社会评价作为可行性研究的组成部分。

　　《指南》要求社会评价要包括项目的社会影响分析，项目与所在地区的互适性分析和社会风险分析。项目的社会影响分析主要包括项目对所在地区居民收入、居民生活水平和质量、居民就业、不同利益群体、脆弱群体利益以及对项目所在地区文化、教育、卫生的影响分析，对当地基础设施和社会服务容量及少数民族风俗习惯和宗教信仰的影响分析。项目与所在地的互适性分析，主要分析预测与项目直接相关的不同利益群体对项目建设和生产运营的态度及参与程度，选择可以促使项目成功参与方式；分析预测项目所在地区的各级组织对项目建设和运营的态度，可能在哪些方面、多大程度上对项目予以支持和配合；分析预测项目所在地区现有技术、文化状况能否适应项目的建设，保证持续发展。通过这些分析，对社会对项目的适应性和可接受程度进行评价。社会风险分析，是在对可能影响项目的各种社会因素进行研究的基础上，对一些影响面大、持续时间较长，并容易导致较大矛盾的社会风险因素进行预测，分析可能出现这种风险的社会环境和条件，并提出防止和减缓这种风险的措施❶。

　　2. 各部门或行业的应用情况

　　（1）在水利项目中的应用。为在水利项目中开展社会评价，水利部规划计划司和中国水利经济研究会共同组织有关专家于 1999 年完成了《水利建设项目社会评价指南》❷，是我国水利行业开展水利建设项目社会评价的重要指导性文件。本书系统地阐述了水利建设项目开展社会评价的作用、目的、意义、特点、原则，指出水利建设项目的社会评价应以项目的社会效益与社会影响评价以及项目与社会相互适应性分析作为主要内容，提出了水利项目社会评价的指标体系、评价的步骤，水利建设项目社会调查的主要方法，以及各种社会评价方法在水利项目社会评价中的应用，并重点对移民安置项目（含水库非志愿移民和自愿移民）社会评价的目标、原则、内容、指标体系等有关的政策措施进行了规范❸。

　　（2）在油田开发项目中的应用。鉴于石油、天然气开发与建设涉及资源的合理配置和有效利用，涉及资源所在地区各利益相关者的配合和支持，为加大群众参与力度，减少纠纷，规避社会风险，原中国石油天然气总公司于 1993 年研究制定了《石油天然气项目社会评价规程》，并在全行业试行，取得了一定的效果。

　　（3）在民航项目中的应用。1999 年底，中国民航总局发布了《民用机场建设项目评价方法》，该文件明确提出了对民用航空项目开展投资项目社会评价的具体要求。例如，要求民用机场项目要从区域社会发展的角度，从社会环境、社会文化、社会群体的各种社会活动的角度，评价项目的建设实施可能对项目所在区域的社会造成的影响，研究项目所在地区的社会环境对项目的适应性和可接受性，评价项目的社会可行性，提出协调项目和各种社会团体的关系以及规避各种社会风险的建议，促进项目的顺利实施和可持续的运营，实现项目与社会互相适应的动态协调发展，取得最大的社会效益。

　　文件要求民用机场项目的区域社会影响分析应包括项目与社会利益群体的利害关系评价，项目与所在区域社会环境的适应性评价和社会风险评价等内容。项目与社会利益群体的利害关系评价应分析项目建设和运营对项目所在地区利益群体的影响，识别受益人和受损人、

---

❶ 这些措施可以提高社会对项目的适应性和当地居民对项目的接受程度。

❷ 中国水利经济研究会，1999（Ed）。

❸ 本书还提到实践中应特别注意的社会问题，并列举了六个项目进行案例研究，涵盖了项目周期不同阶段的各类水利项目。水利项目是国家经济基础设施的一部分，本书强调了水利项目对社会发展的影响及贡献，有助于综合评价水利项目在经济发展和社会进步方面的可行性，以选择最佳项目方案（Ed）。

受益或受损的原因和程度，提出补偿受损的措施建议；项目与所在地区的适应性评价主要是分析地区的基础设施、社会服务、社会组织制度和人文环境（包括法规、政策、宗教、习俗等）的适应性和可接受性；项目的社会风险评价应对项目成败的重要社会影响因素进行分析，提出规避或减少社会风险的措施建议。

该文件同时指出，对项目社会影响各方面的分析，应根据项目的特点、规模和区位的不同，进行有重点地评价，其中对有关利益群体（社会组织、集团和个人）的社会影响分析应作为社会影响评价的重点。对项目社会影响评价的结果，包括项目对社会的贡献（社会效益）和对社会的损害（社会代价），项目的社会可接受性和可行性，应做出评价结论，并提出消除或减轻社会风险因素的对策及措施。

（4）在铁路项目中的应用情况。2001年，在铁道部的主持下，由铁道部第四勘测设计院和原国家计委投资研究所共同参与制定了《铁路建设项目社会评价办法》❶，要求应从宏观和微观两个层次进行铁路建设项目的社会评价。宏观层次的社会评价在项目立项阶段进行，项目层次的社会评价贯穿于项目周期的各个阶段。评价内容包括铁路建设项目的社会效益和社会影响分析和铁路项目与沿线地区相互适应性分析等两个方面，重点评价公平性、参与式、可持续性、组织机构、性别、贫困、沟通等七个方面的关键问题。在分析方法的选择上，建议采用定性分析和定量分析相结合的方法，主要采用逻辑框架分析、利益相关者分析、有无对比分析、综合评价和专家评价等方法。在有无对比分析中，强调要重视基线调查。

（二）在国内投资项目后评价中的应用情况

社会评价在我国投资项目后评价中的应用，于1992就被提到议事日程，但目前仍处于初步实践阶段。1998年，中国国际工程咨询公司接受国家计委的委托，完成了22个国家重大建设项目的后评价工作。在工作实践中，一些专家认为，许多基础设施项目和社会发展项目需要进行社会评价，才能对项目各方面的情况做出全面的评价❷。

我国的投资项目后评价方法的研究工作，基本上都是在原国家计委的组织下，由中国国际工程咨询公司具体完成的。中国国际工程咨询公司在1994年完成的《投资项目后评价手册》、1995年完成的《国家大中型项目后评价研究报告》、1997年完成的《中国固定资产投资后评价研究报告》，以及2000年完成的《投资项目后评价》均对社会评价提出了明确的要求❸。这些研究成果虽然没有得到原国家计委的正式批准和公开发布，但对推动社会评价在我国后评价工作中的运用发挥了重要作用。

（三）在国际组织援助项目中的应用情况

二战后至今，全球社会发展观经历了从以经济增长为核心到以满足人类基本需求为核心，再到当前经济、政治、社会和生态全面可持续发展观的演变。社会评价强调将全社会协调发展的评价原则纳入干预行动的决策过程，成为落实社会可持续发展战略与指导实践干预活动的重要环节。

西方资本主义国家在20世纪中叶开始遭遇资源瓶颈、生态破坏、贫富阶层对立等一系列社会问题，为了缓解社会矛盾，各国开始陆续进行社会影响评价，把收入分配、就业、文化传承等社会发展指标引入了项目评价体系。例如美国早在1969年就开始推行社会影响评

---

❶ 详见铁道部第四勘测设计院和原国家计委投资研究所的报告（Ed）。
❷ 正是在这一背景之下，中国国际工程咨询公司于1992年正式提出社会评价应成为投资项目后评价工作的一部分。
❸ 国务院国有资产管理监督委员会于2005年7月发布了《国有企业固定资产投资项目后评价工作指南》。

价，起初主要用于水资源开发、城市建设、土地资源管理等项目，评价的内容主要涉及社会经济、生态环境、社会福利、政治、文化等诸多方面。在英国，此类评价被称为"社会分析"。尽管名称不同，但核心内容都是通过对政策、计划、规划、项目等带来的各种有意或无意、积极或消极的社会影响分析，如对所在社区的人民生活、人口迁移、收入分配、健康、安全、教育、文化娱乐和风俗习惯、社区凝聚力等方面有什么影响，促进利益相关者对项目的完善和参与，从而优化项目实施方案，规避可能出现的社会风险。

为了回应联合国环境规划署发表的《金融业环境暨可持续发展宣言》，国际金融公司于2003年7月颁布了赤道原则，为各类银行从事项目融资提供了一个环境和社会风险评估的框架。赤道原则目前已发展成为各类银行践行企业社会责任的国际惯例和项目融资的行业基准，也逐渐成为中国企业落实"走出去"战略的准入基准。

对于在我国投资建设的国际组织援助项目，一般均要求按照各国际组织的要求开展投资项目的社会评价工作。过去，这项工作一般由国际专家来完成。随着社会评价方法在我国的推广，在我国本土上正逐步成长出一批具有较强的专业素质和丰富实践经验的投资项目社会评价专家，他们以不同的方式参与到各国际组织援助我国项目的社会评价工作中，部分专家还成为这些国际组织的正式工作人员，在其援助项目的社会评价工作中发挥着重要作用。

四、国际贷款项目的社会评价

国际贷款项目社会评价倡导全过程的分析框架，在项目前期、实施中以及运营管理阶段的社会分析中着重关注的社会事项有四个方面，即贫困群体、女性、非自愿移民、少数民族人口，对我国国内投资项目社会评价和社会稳定风险评价具有较强的借鉴意义，主要的启示包括：

（1）减少或消除贫困，促进社会公平。减少或消除贫困是世行和亚行等国际组织的共同宗旨，也是世行和亚行安保政策的重要内容。如果项目对贫困群体产生负面影响或使其面临潜在风险，或项目活动可能阻碍他们继续发展时，必须通过社会评价识别其面临的社会风险，判断项目活动是否会引起新的贫困问题，并将减少或降低风险的措施融入社会行动计划。对贫困群体的关注有增加穷人收入，增强抵御风险和发展的能力，创造改善生活的条件和机会；缓解和避免项目对贫困群体可能产生的负面影响和风险；促进贫困群体在项目中全过程参与和公平受益。

（2）消除性别歧视和不平等，促进性别平等与发展。改善妇女地位、促进性别平等与发展是国际贷款项目中一个重点关注的社会事项。男性和女性角色、分工和地位等不同，项目对两性的影响以及他们对项目的认知、意愿和需求也不尽相同。妇女的弱势境遇使其在项目中面临更多的社会风险和问题。通过性别分析，倾听妇女的声音，避免引发性别不平等，并通过项目实施增加妇女发展机会，增强发展能力。性别分析的整体目标：区别对待男性和女性社会分工和需求的差异性，将妇女的需求融入项目设计，促进妇女在项目中受益；减少项目对妇女产生负面影响和风险，促进社会性别平等和发展；促进妇女在项目中的参与和决策。

（3）尽可能避免或减少非自愿移民，促进移民生计恢复和社会可持续发展。非自愿移民因项目建设面临丧失土地、失去家园、失业和社会组织结构解体等贫困风险，是项目社会评价需要特别关注的弱势人群。非自愿移民分析的整体目标：采取必要措施，尽可能避免或减少非自愿移民；尽可能减少项目对移民的负面影响和风险，努力提高移民生计和生活水平，至少使其真正恢复到搬迁前或项目开始前的较高水平；促进移民在项目中的参与，共享项目的效益。

（4）尊重少数民族的尊严、权利、经济和文化，确保少数民族以其文化适应性的方式参与项目发展并从中受益。少数民族拥有与主流社会相区别的文化、组织、宗教信仰、语言、社会交往方式等特征，经常是最边缘化和最脆弱的社会群体；少数民族群体在主流社会中的民族特征和社会经济地位往往限制了他们在项目中的参与以及公平共享项目收益的机会。项目社会评价中少数民族分析的整体目标：以符合项目区少数民族文化适应性的方式提供有关项目信息，进行充分的沟通和协商，促进少数民族的知情参与和利益表达；将少数民族对项目需求融入项目设计中，有助于项目目标实现；通过采取措施和行动，减少项目对少数民族产生的负面影响和潜在风险。

（5）加强利益相关者在项目选择、设计、实施、监测和评估中的参与，促进公平受益和包容性发展。参与是利益相关群体影响、共同控制涉及他们的发展介入、发展决策和相关资源的过程，是落实"参与式发展"理念的重要手段，也是给主要利益相关者尤其是弱势群体赋权的一种重要途径。充分的公众参与使项目更加人性化，使项目建设具有乡土知识的适应性，符合项目区群众的意愿，促进项目的顺利实施和可持续运营。公众参与分析的整体目标：充分尊重各利益主体的知情权和参与权，减少或避免项目过程中因信息不对称产生的不必要的误解和矛盾；完善被建议的项目设计和实施方案；尤其关注弱势群体的参与，促进利益相关者公平受益，实现社会包容性和可持续发展。随着城市化进程推进与新农村建设并驾齐驱之势的持续深化，城乡良性统筹发展推动现代化进程，人们已不再仅仅满足于物质生活的需求，而是更多追求精神层面的享受和慰藉。对更美好生活的向往、自我权利意识的觉醒和自我实现的渴望，终将揭开长期以来被经济效益所掩盖的社会面纱。

随着我国越来越多的投资项目的落地，投资项目的建设紧随社会发展的趋势将越来越多地顾及社会的发展和效益，更加注重人的需求的满足和全面发展，项目社会评价不应止于理论和学术研究的层面和流于形式充当花瓶，而应是经济社会建设，促进人的全面发展必不可少的制度和保障；投资项目的成果也不再是冰冷冷的设施设备，而是融入人类精神和灵魂的艺术品。

第三节　我国开展社会评价存在的问题及改进方向

一、我国开展工程项目社会评价存在的主要问题

尽管我国在社会评价的方法研究方面取得了重要进展，但仍存在许多不容忽视的问题，主要表现在以下几方面。

（一）对社会评价重要性的认识仍显不足

我国开展投资项目社会评价方法的系统研究已经经历了十多年的历史，但各方面对社会评价的重视还仅仅局限于可行性研究等项目前期准备阶段，目前还没有形成包括项目监测与评价及涵盖项目管理全过程的投资项目社会评价体系，其根本原因在于人们对社会评价重要性的认识还很不足。在市场经济取向的改革过程中，一般比较重视如何提高项目投资的财务效益、降低财务风险，建立适应市场经济要求的财务管理模式，对与项目投资有关的社会问

题，却很少予以考虑，既没有单独的法律法规进行约束，也没有单独的机构进行管理。❶在这种情况下，不可能使人们对社会评价的重要性予以足够重视。因此，在今后的投资项目中，推广和普及社会评价的任务还十分艰巨。

另外，目前人们对社会评价的理解，还仅限于项目的社会效益评价。这种片面的理解，其根源在于传统的投融资体制。在过去的投融资体制及国家资源的配置方式下，人们进行可行性研究，主要目的就是要获得项目的审查批准，为求"可批性"、戏说"可行性"，测算出一些理想的所谓财务盈利能力评价指标，以表明项目的可行性。在项目的市场前景实在太差、实在难以计算出理想的财务效益评价指标的情况下，唯一剩下的办法就是强调项目虽然财务效益不好，但可以产生巨大的社会效益、环境效益等，并以此来增加项目的可批性。在这种背景下产生的所谓"社会评价"，只能是扭曲的社会评价，与真正意义上的社会评价相去甚远。因此，要想从根本上提高人们对社会评价重要性的认识，纠正人们的片面理解，还需要开展大量的实际工作，如通过一系列的研讨会、舆论宣传等多种方式，传达社会评价的正确信息。同时，还要重视社会评价教材、指南、操作规范、手册等的编写和传播工作。

（二）从事社会评价工作的机构薄弱、人才短缺

目前，我国投资项目社会评价的组织机构体系还没有形成。中央政府投资管理部门（国家发改委等）及行业管理部门（交通、农业、水利、建设等部门）没有相应的机构进行投资项目社会评价的政策、标准、规范制定，资质审查和行业管理，地方各级政府也没有类似的管理机构。参与投资项目前期准备、规划设计、实施管理的机构，也没有专业人员负责投资项目社会评价工作，缺乏社会评价的专门人才。我国目前虽然已经聚集了少量素质较高、具有丰富理论和实践经验的社会评价专门人才，但与投资活动对社会评价人才的需求相比，仍然存在很大差距，人才培训的需求十分强烈。

我国的一些社会科学研究机构及高等院校虽然也开展社会学等与社会评价有关的专题研究，但普遍不具备项目投资规划、分析的专业知识及工作背景，缺乏投资项目社会评价的经验和能力，也缺乏有关投资项目社会影响调查、分析评价、监测与评价的实际工作技能。在我国投资项目的前期论证及项目管理中，社会学家的参与力度很弱。

我国从事投资项目前期准备、咨询评价的专业机构中，少数机构已经开始采取各种努力，推动我国的投资项目社会评价能力建设，如中国国际工程咨询公司，但类似这样的机构在我国还为数不多。❷

在项目的执行层面上，机构及人员能力不足的问题更加突出。项目执行机构一般都没有专门的人员处理社会评价事务。如在许多大型基础设施建设项目（公路、铁路、能源等）中，国内的项目规划设计及运营管理机构一般不具备对项目进行全面社会评价的能力，甚至不具备能力进行某一方面的社会评价工作（如减贫、社会性别、少数民族发展等）。项目的设计、实施及管理机构没有社会评价的专业人才。

---

❶ 投资项目的环境问题主要依据环保相关法律的规定，要求编写环境影响评价报告并进行审批。环境监控则由相应的环境管理部门负责（Ed）。

❷ 国家发改委投资研究所、中国社科院社会学研究所以及河海大学移民研究中心都在推动社会评价方面做出了积极贡献。值得一提的是，中国国际工程咨询公司在国家发改委的支持下，利用英国海外开发署（ODA）的资金支持，成立了"投资项目可行性研究和评价中心"（2014年起更名为"研究中心"）。这是对中国推广社会评价的一个重大贡献（Ed）。

机构的能力不足，很大程度上表现为人才的缺乏及培训能力的不足。我国目前还没有专门的社会评价培训机构和理想的培训教材，具有培训能力的师资非常缺乏。高等学校没有相应的社会评价专业，投资项目社会评价的人力资源缺乏长期的和稳定的人才来源渠道，加强人力资源能力建设及人才培训工作迫在眉睫。❶

（三）缺乏社会评价的管理规定和操作规范

目前，还没有全国统一的投资项目社会评价管理办法，缺乏投资项目的社会经济调查、社会评价报告编制、社会监测与评价及社会实施管理等方面的操作规范。

在原国家计委 2002 年初批准实施的《投资项目可行性研究指南》中，虽然已经将社会评价作为可行性研究的重要组成部分，但还处于起步阶段，还没有可操作性的实施细则，急需对《投资项目可行性研究指南》中社会评价的内容进行细化，形成具有操作性的社会评价工作手册。

我国目前还缺乏各行业的社会评价操作规范。铁路、水利、民航等行业虽然也制定了相应的社会评价办法，但缺乏部门之间的协调规范，也不能准确地反映各行业社会评价的具体要求。因此，我国今后要在全国投资项目统一规范要求的指导下，分别逐步制定反映本部门特点的各行业投资项目社会评价手册。

缺乏理想的社会评价培训教程。目前虽然已经出版了一些社会评价的手册、指南等，但缺乏系统性、全面性，而且适合用于社会评价专业培训的教材还是一片空白。根据培训人才的不同需求，应逐步开发出不同档次的、分别反映不同行业项目特点的、适应不同培训对象要求的系列化培训教程，这方面的工作还基本没有起步。

（四）缺乏对项目周期全过程的监测评价

目前我国所开展的社会评价，主要局限于项目的前期准备阶段。事实上，社会评价应贯穿于项目周期全过程的各个环节。在项目的可行性研究阶段，可能基于审批项目的需要，在可行性研究报告的编写中包括了社会评价的内容。但是，在项目的实施、监控、运营等阶段如何进行社会评价，也是我们面临的一个重要课题。解决问题的根本途径，在于如何将社会评价变成人们的一种自觉行动，而不是为了应付审批而被迫为之，这就涉及项目投资体制的深层次变革等问题。

目前除少数世界银行、亚洲开发银行贷款项目以外，没有要求对国内投资项目进行投资项目社会监测与评价的国家法规或者行业规定。监测和评估在绝大部分国内投资项目中或者很弱或者不存在。过去由非专业人员进行的世界银行与亚洲开发银行的少数投资项目社会监测与评价工作，在一部分项目中流于形式，很难向业主和实施机构提供有价值的建议。其原因在于，目前有能力从事投资项目社会监测与评价的机构数量仍然很少，大部分研究机构、规划设计机构缺乏社会评价专业人才。由于缺少投资项目社会监测与评价，使投资项目社会评价实施缺少外部监督机制，也使得投资项目社会评价变得困难。

二、我国开展社会评价的未来展望

在经济社会发展的进程中，所有发展项目均是对现有经济和社会体系所采取的干预行

---

❶　相关培训主要针对各级投资管理部门的官员、项目规划评估人员、咨询工程师、评价人员、管理人员以及项目执行机构的相关人员。培训可以采取多种形式，例如，国际交流与合作、组织国际和国内研讨会或提供社会评价教程，但关键是要将社会评价引入到投资、金融、管理、社会学和公共管理等高等教育相关专业，在年轻一代中培养社会评价专业人才（Ed）。

动，这种干预导致社会经济状况的变化。尽管项目投资都各有其预期目标，但项目的实施往往可能产生非预期的或者不可预见的后果。为了实现项目的预期目标，必须将投资项目放入社会经济体系的总体框架中进行通盘考虑，分析项目的投资活动可能存在的各种潜在的不确定性社会因素，通过社会评价来尽可能地规避可能妨害社会发展的诸多因素。随着社会不断进步，社会评价在我国的应用将会逐渐普及起来。

（一）我国对社会评价的需求将更加迫切

就我国当前社会经济发展的总体态势看，社会各领域基本上为各种健康因素和力量所主导，但不可否认，诸多社会领域还存在着一些难以忽视的问题和矛盾，有些问题还比较严重，如果处理不当，将会对我国社会的改革、稳定和发展产生不利影响。

我国将全面建设小康社会❶作为今后一个时期的奋斗目标，要实现这一目标，不仅要大力发展经济，还要使民主更加健全、科教更加进步、文化更加繁荣、社会更加和谐、人民生活更加殷实。要实现这一目标就要更加关注社会中的脆弱人群，了解他们的困难和需要，并着力解决现存的收入分配不公现象，逐步消除人们对社会的不满情绪。

中国出现的社会问题主要表现在：①不平等现象逐渐加剧。社会和经济分配中的不平等随着收入差距的不断拉大而加剧。国家统计局分布，中国2014年的基尼系数已高达0.469，说明中国已成为收入差别较大的国家之一。随着"新贵"的涌现，低收入群体也在扩大。不断增大的贫富差别导致整个社会出现了仇富情绪。②农村的贫困仍在持续。目前，全国约有2800万农村人口仍然生活在贫困线以下，还有很多人挣扎在贫困线附近。他们当中的大多数生活在自然条件恶劣的边远地区，很容易下降到贫困线以下。③失业人口增加。城市的失业和下岗工人数量急剧上升。下岗和失业已成为中国社会经济发展的一个重大问题。在很多地区，下岗工人缺少生活保障和就业机会已变成最主要的社会不稳定因素。由于目前的社会保障体系仍不完善，当地贫困线以下的人口经常得不到及时的基本生活保障。这些农村和城市贫民和低收入群体既享受不到经济发展取得的成就，又无缘于正常的社会生活。更糟糕的是，他们负担不起子女接受基础教育的费用。这些群体的存在严重影响了全社会的和谐与稳定。

为了应对这些挑战，我国明确提出以人为本❷，树立全面、协调、可持续发展的新的发展观，并提出统筹城乡发展、统筹区域发展、统筹经济社会发展、统筹人与自然和谐发展、统筹国内发展和对外开放并重的统筹兼顾发展理念，以此来完善我国的市场经济体制。在这种发展战略背景下，社会评价作为调节经济社会发展目标的手段将会更加受到应有的重视，我国开展社会评价的需求将会更为迫切。

（二）我国推广社会评价的条件日益成熟

经过多年的方法研究和推广工作，在我国全面推动社会评价的条件已经日益成熟，主要表现在以下方面。

（1）体制性障碍正逐步消失。为适应建立现代市场经济体制的需要，我国政府决定对投资管理体制进行重大改革，其基本思路是对政府投资项目和企业投资项目实行不同的管理体制。对于政府投资项目，重点界定了政府投资的主要领域，即今后政府将主要投资于关系国

---

❶ "全面建设小康社会"的目标提出国内生产总值到2020年力争比2000年翻两番。这是由2003年10月14日中国共产党第十六届中央委员会第三次全体会议通过的《中共中央关于完善社会主义市场经济体制若干问题的决定》提出的，新华社于10月21日公布。见中国季刊第177期，2004年3月，p. 287（Ed）。

❷ "坚持以人为本，树立全面、协调、可持续的发展观，促进经济社会和人的全面发展"，同上，p. 288（Ed）。

家安全、国土开发和市场不能有效配置资源的公益性和公共基础设施建设项目、保护和改善生态环境项目、重大战略性资源开发项目；对于企业投资项目，政府投资管理部门将放开企业投资决策的自主权，政府不再审批企业投资项目的市场前景、工程技术方案选择、资金筹措方式、项目盈利能力等涉及企业自主决策的事项，但对涉及国家经济安全、影响环境资源、公共利益、可能出现垄断、涉及整体布局等公共性问题的重大项目，需要政府进行核准。无论是对政府投资项目的审批还是对企业投资项目的核准，政府都将以社会公共事务管理者的角色，重点关注涉及公共性、外部性等方面的事项，而不再以经营者的身份关注属于企业自主决策的事项。投资项目可能引起的各种社会问题，多属于公共性、外部性的问题。因此，在新的投资体制下，政府必将更加重视社会评价工作，而不再是像过去那样过分关注市场前景及项目盈利能力等属于企业自主决策的问题。因此，阻碍社会评价在我国推广应用的体制性障碍正在消除。

（2）社会各界对社会评价重要性的认识逐步加深。随着社会的进步，人们对投资建设领域社会问题的关注将更加敏感，正反两方面的经验教训使人们越来越认识到通过社会评价来识别项目建设和实施可能存在的潜在风险，通过社会评价实现多赢目标的重要性。

（3）社会评价方法体系逐步建立和完善。为配合新的投资体制的建立，我国将逐步建立和完善投资项目社会评价的有关制度规范和方法体系。本书的出版，也是对完善我国投资项目社会评价方法体系所做出的重要贡献。

（4）社会评价专家人才队伍逐步形成。为配合社会评价方法的推广应用，有关机构和部门在全国各地将开展一系列的社会评价培训和研讨活动。今后我国投资项目的前期准备和监测与评价活动中，将更加重视发挥专业咨询专家的作用，并在此政策的影响下，逐步造就一批包括社会评价咨询专家在内的工程咨询专家队伍，为社会评价在我国的普及创造人才条件。

三、今后我国社会评价能力建设的重点

今后一段时期内，我国加强投资项目社会评价能力建设的任务仍很艰巨，需要重点开展的工作包括以下方面。

（一）政策法规制度的建立和完善

社会评价是一种政策性要求很强的项目评价工作，必须在政策层面上对社会评价提出明确要求和具体规定，并由政府直接推动，才能达到理想效果。因此，为配合投资体制改革的需要，政府应该明确什么类型的项目必须进行社会评价、什么机构才有资格开展以及开展什么类型项目的社会评价、社会评价的内容、方法、指标的规定、社会评价结论的使用等，并以政府法规的形式确定下来，经国家投资管理部门审定发布在全国范围内实施。这一政策法规应成为中央及地方各级政府投资管理部门审批政府投资项目和核准企业投资的重大项目有关社会评价事宜的重要依据。

（二）社会评价规范及标准的制定

如编写政府投资项目社会评价准则，需要政府核准的企业投资项目有关社会问题的核准规范等。虽然目前有关机构也编写了相应的社会评价手册、指南之类的书籍，但仍缺乏经政府正式审核认可的，用于指导政府审批、核准和备案项目的社会评价操作规范，为了配合新的投资体制对投资项目管理的需要，今后应推动这一工作，同时，还应编写重点行业社会评价细则。随着新的投资体制建立及政府审批体制的完善，政府投资项目将重点集中在几个基础设施、基础产业及公共投资部门，这些部门也是非常需要进行社会评价的产业部门。因此，对这些特定部门的社会评价进行重点研究，根据行业及项目的特点，制定相应的社会评价工作细则，就显得尤为必要。本书的出版发行，对推动我国开展有关社会评价规范及标准的研究制定工作具有重要的参考作用。

（三）社会评价专业培训活动

我国今后开展人才培训及机构能力建设的任务仍然十分艰巨，应加强社会评价专业人才培训能力，培训网络、培训手段及师资队伍建设的能力，通过举办各种层次的研讨会、培训班等活动，推广社会评价的研究成果，提高有关参与者的社会评价专业能力。需要重点开展的活动包括培训机构的能力建设、编写培训教材、社会评价高级专家的培训、师资力量的培训及全国范围内社会评价具体操作专业人才的培训。本书的出版发行，对在我国开展投资项目社会评价的专业培训将起到积极的推动作用。

第四节　社会稳定风险评估

一、我国社会稳定风险评估的产生及发展

（一）产生背景

随着我国城镇化进程的进一步加深，我国已经进入社会问题频发期，这也是社会发展规律使然，经过 30 多年的改革开放，我国现阶段中等收入阶层逐步壮大、公民意识明显增强，国民对社会民主政治和基本人权的要求越来越高。继而使人们对经济问题的关注逐步让位于各种社会问题，例如贫富差距、就业、福利和保障、环境污染、贪污腐败、公共健康、高犯罪率等一系列问题。与此同时，一系列以价值观变化为主导的新型社会运动也涌现出来，如环境正义运动、绿色革命、基层民主化、动物保护运动等，在上述因素的综合作用下，一些传统意识形态的原有模式被打破，传统的伦理道德、行为规范的意义被重新估价，公民的价值取向出现新变化。

鉴于此，我国项目决策分析与评价的理念也在发生相应变化，社会稳定风险评估应运而生，从社会结构和社会运行的角度出发，可以对"社会稳定风险"作如下分析：

（1）社会现代化进程的快速发展、社会的日益复杂化以及社会能量的空前积累，特别是信息化和全球化过程的不断发展，给人类社会带来了很多的不确定性，这种不确定性是前所未有和不断扩散的。现代化进程的加快为人们提供了很多的机会，但也带来各类社会稳定风险。

（2）社会稳定风险来自各个方面，包括社会结构的畸形化和各个阶层之间利益的冲突所带来的矛盾、各阶层之间贫富差距的不断扩大、政治体制的不合理和不完备、社会经济的畸形增长、技术的片面发展和人才的流失和断层现象及缺少高层次的技术人员、文化的滑坡和文化传统的不断流失、环境生态的损害和污染等。

（3）社会运转过程中存在的稳定风险一旦演化为突发性事件，在现代社会的基础上这些突发性事件就会以前所未有的速度和空前的规模扩散到整个社会，甚至有可能会扩散至国际社会这一更大的舞台之上。

（4）在政治上，因为需要有一套新的思路和方法对现代风险进行管理和控制，使得社会稳定风险对现有的社会制度和社会组织构成很大挑战，这就要求对体制机制进行重新整合和调整。

（二）发展历程

2004 年 10 月 27 日，因移民安置问题处理不当，四川汉源数万民众自发组织，前往位于

大渡河干流中游、正在兴建中的 330 万 kW 的瀑布沟水电站，阻止大坝截流。当地民众与水电站建设方发生械斗事件，致使多人受伤，从而引发全县范围的学校停课、企业停业、政府部门完全瘫痪。事件发生后，党中央、国务院高度重视，国家领导人做出重要批示，要求在绝大多数人的利益诉求没有解决之前，瀑布沟水电站不能复工。由此，重大项目的社会稳定风险问题开始进入公众的视野。

2006 年党的十六届六中全会发布《关于构建社会主义和谐社会若干重大问题的决定》，强调"积极预防和妥善处置人民内部矛盾引发的群体性事件，维护群众利益和社会稳定。"2009 年 9 月党的十七届四中全会首次在中央层面提出建立健全重大事项社会稳定风险评估机制。会议强调要加强源头治理，坚持科学民主依法决策，通过评估机制的建设，形成制度化的规避社会风险的对策措施。党的十七届五中全会强调要推动建立重大工程项目建设和重大政策制定的社会稳定风险评估机制，从源头上预防和减少社会矛盾的发生。国家"十二五"规划纲要提出要建立重大工程项目建设和重大政策制定的社会稳定风险评估机制，使其成为加强和创新社会管理的一项重要制度措施。由此，我国加快了建立重大项目社会稳定风险评估机制的进程。基于对 2004 年四川省大渡河畔瀑布沟水电站工程大规模群体性事件的反思，从 2004 年开始，四川省遂宁市探索推行社会稳定风险评估机制，出台《重大工程建设项目稳定风险预测评估制度》，2006 年 2 月出台《遂宁市重大事项社会稳定风险评估化解制度》。2007 年 4 月，中央维稳办赴四川遂宁调研，对遂宁经验进行系统总结。同年，中央维稳办发文在全国推广"遂宁经验"。遂宁市深入开展重大项目社会稳定风险评估工作，促进了项目决策的民主化、科学化，确保了重大项目建设的顺利推进，从源头上预防和减少了社会矛盾，夯实了社会和谐稳定的基础，推动了经济社会又好又快发展。

2012 年 8 月，国家发展和改革委员会印发《重大固定资产投资项目社会稳定风险评估暂行办法》（发改投资〔2012〕2492 号），要求投资项目社会稳定风险评估成为可行性研究报告和项目申请报告中必不可少的独立篇章，社会稳定风险评估报告是地方政府报送国家发展和改革委员会审批、核准项目必备的前置性审查文件，这一举措推动了我国社会稳定风险评估的发展。

二、我国社会稳定风险评估与社会评价的区别

随着我国经济转轨与社会转型，社会群体利益日益呈现多样化，利益的冲突导致社会矛盾不断增加、社会不稳定因素越来越多。因此，目前我国的投资项目社会评价需要专门针对社会稳定因素进行分析、评价。由此，国家发展和改革委员会印发的《重大固定资产投资项目社会稳定风险评估暂行办法》（发改投资〔2012〕2492 号）、《重大固定资产投资项目社会稳定风险分析篇章及说明（试行）》（发改办投资〔2013〕428 号）以及《重大固定资产投资项目社会稳定风险评估报告编制大纲及说明（试行）》，作为我国社会稳定风险评估的依据。

社会稳定风险评估是社会评价的一个重要组成部分，着重关注社会风险中的社会稳定风险，社会评价的有关方法、分析工具和框架可以在社会稳定风险评估中借鉴、应用。二者在关注重点、社会风险范围、评价的时间节点、评估方法、监督监测等方面存在一定的差异。

（一）关注重点

人是发展的着眼点，发展项目是为了人。世界银行、亚洲开发银行等发展机构的社会评价基于对人的关注，主要侧重四个维度：贫困分析、社会性别分析、民族因素分析、非自愿移民分析。社会评价通过参与式工具使项目涉及的各利益相关者，特别是利益相关者中经常会被忽略的群体，如贫困群体、妇女、少数民族等参与到项目设计以及决策的过程，以他们能够适应的方式开展项目活动；识别与分析项目的社会影响与社会风险；提出完善项目设计以及促进项目可持续运营的建议，以实现项目设计目标。

重大固定资产投资项目社会稳定风险评估的目标是在社会转型期，为规范和指导重大固定资产投资项目社会稳定风险分析和评估工作而特别研究制定的。社会稳定风险评估重点围绕拟建项目的合法性、合理性、可行性和可控性等方面开展，强调对社会稳定风险进行识别、估计，并进行防范、规避措施的研究，以便降低社会稳定风险，使得采取措施后的社会稳定风险在可控范围之内。

（二）社会风险范围

社会评价在项目整个周期内，识别各类影响公众受益、造成公众受损以及影响项目可持续实施与管理的社会风险，如征地拆迁的补偿与安置、社会性别问题、少数民族问题、公众参与问题等。然而，并不是所有的社会风险都有可能引发社会不稳定，致使社会失序，如移民妇女在领取征地补偿款中的权利作为社会评价中识别社会风险的关注点，并不一定会引起社会的动荡，可能不会成为社会稳定风险。所以，社会评价中的社会风险识别范围通常大于社会稳定风险。

（三）评价的时间节点

社会评价贯穿于项目周期的各个阶段，在不同阶段，社会评价的详细程度、侧重点和目的也不尽相同。

（1）鉴别阶段：一般在项目开始实施之前进行，对项目进行初步的社会分析。

（2）准备阶段：鉴别确定项目可行性之后，进行详细的社会分析。

（3）实施阶段：预评估通过后，项目进入实施阶段，需要进行社会发展行动计划的监测。

（4）完工阶段：一般在项目完工后，在项目业主或执行机构的配合下，提交项目完工报告（PCR），评价社会目标是否实现。

（5）后评价阶段：项目独立后评价在项目完工后，由独立评价机构组织社会发展专家对已经完成的项目，通过收集资料、现场调查和分析讨论，编写项目的后评价报告，总结经验教训。

而社会稳定风险评估工作的开展，一般是在项目前期准备、规划阶段进行，多与项目单位组织编制项目可行性研究报告、项目申请报告同时进行。在项目后期实施、完工阶段，尚未有对社会稳定风险评估进行跟踪评价的具体要求。

（四）评价主体

世界银行、亚洲开发银行等发展机构开展的社会评价主体为项目办或项目业主，一般而言项目办或项目业主聘请有资质单位根据社会评价工作大纲的要求进行投资项目的社会评价工作。

社会稳定风险评估的评估主体由项目所在地人民政府或其有关部门指定。评估主体一般为政府部门的相关研究机构、科研院所、社会组织、专业机构等。评估主体组织对拟建项目的社会稳定风险开展评估论证，对项目单位组织编制的社会稳定风险分析篇章进行评估，根据实际情况，采取多种方式听取各方面意见，分析判断并确定风险等级，提出社会稳定风险评估报告。评估主体需要按照规定程序和要求进行评估，遵守工作纪律和保密规定，对评估报告负责。

（五）评价方法

世界银行、亚洲开发银行等发展机构开展的社会评价，主要采用利益相关者分析和参与式评价方法，并不要求对社会风险进行定量的评估。

与社会评价方法相比，我国试行大纲中规定的社会稳定风险评估调查方法与世界银行、亚洲开发银行等发展机构开展的社会评价方法类似，但在风险估计、评估方法上具有较为明显的不同，要求主要采用定量分析的方法。

（六）监督监测

世界银行、亚洲开发银行等发展机构开展的社会评价监测监督分为内部监督与外部监测，主要是围绕移民安置计划、社会发展计划、少数民族计划等三个方面展开的，其中内部监测主要是由项目办进行；外部监测由独立的第三方进行。

目前，国内对社会稳定风险评估中的防范、规避措施还没有建立监督监测制度。

第十一章

案 例 分 析

本章讨论不同类型项目的社会评价案例，以演示各类项目从不同角度开展社会评价工作所采用的不同方法和观点。这些案例从资金来源的角度，分别涵盖了国内投资项目、亚洲开发银行贷款项目、世界银行贷款项目和非政府组织援助项目四种类型，因此在社会评价中所遵循的标准和准则有所不同。需要强调的是，这些案例既不是其所属领域的代表性项目，也不应该被看作是进行社会评价的范本。本章所讨论的案例主要用于演示如何界定、分析并构建投资项目社会评价的分析框架，如何在项目的规划和实施中体现社会评价目标，以确保对发展项目从社会评价角度进行监测并对其社会影响进行引导，努力减少项目的消极影响，调查项目对不同性别的特殊影响，制定各种行之有效的措施以确保贫困和弱势群体在项目中的参与。

第一节　ANH 农业开发项目社会评价案例

世界银行资助的 ANH 农业开发项目的目标是提高该地区的农业产量、农业生产力以及农产品的商业化率、园艺水平、家畜饲养等，其他目标还包括帮助边远地区农民脱贫以及促进该地区的性别平等。相应地，项目办公室制定了明确的参与项目农村家庭的选定标准和"项目参加者贷款申请程序"，体现"贫困家庭和以妇女为主要劳动力的家庭优先"的原则。这些标准的引入，以及系统性的社会监测，可以帮助项目规划者了解项目的预期受益者是否真正从项目中获益。

一、项目背景及主要社会问题

（一）项目背景

1. 地理位置

ANH 流域农业开发项目位于中国西南地区的 ANH 流域，横贯某省 LS 彝族自治州和 PZH 市。项目涉及 15 个县级行政单位。

2. 项目目标

ANH 农业开发项目所在地区具有极大的农业发展潜力，该地区有大量未开发土地，而这些土地在风调雨顺的情况下生产力可以显著提高。ANH 农业开发项目的目标是提高该地区的农业产量、农业生产力以及农产品的商品化率、园艺水平、家畜饲养等。其他目标还包括帮助边远地区农民脱贫以及促进该地区的性别平等。

3. 项目规模

ANH 农业开发项目的具体目标可以概括为：①为水利灌溉提供更多、更可靠的水源；②为粮食和蔬菜生产提供更多的土地和更好的技术；③开发边缘坡地种植果木；④改进桑蚕养殖技术；⑤引进家畜新品种、新技术以增加农民的收入；⑥发展加工业，提高农作物和家畜的价值。因此，该项目包括以下几个重要的组成部分：水力资源开发、农作物开发、果园开发、桑蚕养殖开发和家畜饲养开发。

水力资源开发包含三个组成部分：第一，MSW 部分，在 ANH 上建设一个堰，包括干流、主流和支流渠道。这些渠道可以为面积 14400 公顷的土地提供灌溉和生活用水，还可以用来发电，该部分还包括一个 18MW 的水力发电站的建设。第二，HQ 部分，建设一个高达 68m 的水坝以及渠道系统，为 2680 公顷土地提供灌溉，并为两个安装容量为 640kW 的水力发电站供水。第三，SL 部分，建成一个灌溉系统，用现有水库的水为 2952 公顷土地提供灌溉。

农作物开发的目的是提高粮食产量，该项目的重点是主要粮食作物（水稻，小麦和玉米）以及马铃薯和蔬菜。农作物开发的组成部分包括下列几个内容：新开垦 4700 公顷的可耕地，改进 12800 公顷现有耕地的质量，在 2560 公顷土地上种植改进后的优良品种，改进延伸服务，对农民和工作人员进行培训以及相关科研项目。

果园开发的目的是支持开发边缘土地和改进现有果园，项目的组成部分包括：①投资建设 19.5 公顷土地的接穗园和苗圃；②开发 1745 公顷的新石榴、芒果和龙眼果园；③恢复 300 公顷的石榴园；④建设简易的农产品加工设施；⑤培训、科研及延伸服务支持。

桑蚕养殖开发的目的是提高和改善丝绸的质量和生产力，这需要向桑树和蚕茧生产家庭引进新的桑蚕养殖和加工技术，并对蚕卵孵化、蚕蛹养殖中心、蚕茧干燥中心和抽丝厂进行投资。

家畜饲养开发的目的是提高家畜产量，提高贫困农民饲养场的收入和少数民族家庭的收入。通过采取提高种畜种禽的质量，鼓励草场和饲料的开发，强化畜牧和兽医服务等各项措施，提高绵羊、山羊和鸭子的产量和生产率。家畜饲养开发的目的还包括引进家兔饲养，为妇女提供收入来源。

4. 总投资和受益人

ANH 农业开发项目总投资约为 2.4 亿美元。根据项目规划，该项目通过提供就业将直接提高大约 264700 个家庭的收入，并间接为另外 50 多万个家庭带来效益。新开垦的土地将分配给 LS 和 PZH 地区的贫困农民，80%的小型家畜饲养、蔬菜种植和养蚕项目计划由妇女承担。

5. 项目实施状况

ANH 农业开发项目于 1999 年生效，2003 年年底完成。在工程建设、费用支出、采购和培训方面，项目的实施进展令人满意。项目所在地区的群众对项目的安排很满意，不断表示他们从项目中受益匪浅。

（二）项目地区存在的主要社会问题

1. 彝族人民相对贫困

贫困在项目所在地区普遍存在，多数贫困人口是彝族人。在进行项目规划时，项目所在的 15 个县（区）共有 350 万人口（LS 自治州 162 万人，PZH 市 88 万人）。少数民族占 LS 自治州总人口的 35%，在 PZH 市，少数民族占该市总人口的 12%。少数民族中的绝大多数是居住在偏远地区的彝族人，那里自然灾害频繁发生，生存条件十分困难。彝族人的生产方式比较原始，生活水平非常低。在很大程度上，他们保留了传统的生活方式，把自己与周围的汉族人隔离开来。该地区扶贫的返贫率很高，今年高出家庭人均收入 500 元或者 400 公斤粮食贫困线的家庭，明年其人均收入很可能又跌至贫困线以下。该地区在贫困线上下徘徊的彝族家庭大约有 10%～15%。因此，大部分彝族家庭基本上处于一种持久的贫困状态。

根据项目准备期间所做的社会评价研究，该地区的贫困现象主要表现在以下三个方面：①食物结构单一，每天的食物主要包括玉米、马铃薯和荞麦。在一些地方，马铃薯占每年食物量的 60%～70%。②缺少衣物和床上用品：居住在高山区的人口大约 50% 每年只有一身衣服，晚上睡在火堆旁，只盖一个床单。③房屋状况很差：大部分彝族人居住在低矮、潮湿、黑暗的土墙房屋里，人畜共用一间房子。他们没有床、没有炉灶、没有厕所，粪便堆放在门口路旁，一般卫生状况非常差。

这些贫困人口居住地区的另一个典型特征是缺乏各种基础设施。在山区和丘陵地区，水、电、公路和其他基础设施非常原始，缺少灌溉和其他农业基础设施。在 LS 项目区的 5 个县，共有 85850 公顷可耕地，其中大部分（71530 公顷）没有灌溉设施。

即使这样，彝族地区的经济还是已经开始从仅仅维持生计向市场经济转变，从非常简单的经济结构向更为复杂的经济结构转变。ANH 农业开发项目的目的是使彝族成为项目的受益群体之一。他们将成为农作物开发和饲养业开发的受益者，因为农作物开发和饲养业开发从社会角度和文化角度都符合他们现存的生活方式。

2. 当地社会性别角色失衡

项目所在地区几乎全部（约 98%）农村彝族妇女从事农业生产和畜牧业，很少有彝族妇女从事工商服务业。许多彝族男性开始从事诸如工业、建筑、交通运输和商业这样的第二和第三产业，这在彝汉混居地区和离城市比较近的地区更为明显。在这种情况下，彝族妇女变成了农业生产的主要劳动力。根据当地妇联提供的统计数字，LS 自治州 70% 的农业和畜牧业劳动力是妇女。在 PZH，估计妇女在农业和畜牧业劳动力中所占的比例还要高一些。

然而，在彝族村寨，绝对是以男性为中心。妇女缺少教育，文盲率很高。妇女无法筹借任何贷款，加之对自身的生产技能缺乏信心，种种因素严重妨碍了她们的进步以及整个彝族社会的发展。

从历史的角度看，彝族村寨的女性从出生开始就注定她们将承担许多的社会责任。她们负责养育孩子，管理家庭，缝衣织布，田间劳动和饲养家畜。她们是家庭生产的骨干，创造了家庭收入的大部分，而男性则通常忙于家族和集体事务，帮助邻里，探亲访友，参加葬礼以及出席会议。因此，妇女承担了绝大部分的家庭事务。尽管彝族妇女在村寨经济中发挥重要作用，但决策权仍然掌握在男性手中。在社会生活方面也是如此，不论什么事情总是男性说了算。在父系社会传统观念的影响下，彝族妇女的地位明显低于许多其他民族的妇女。

二、项目准备和设计中的社会评价

ANH 农业开发项目将经济增长目标和社会发展目标相结合，注重少数民族的发展、扶贫以及性别平等。在这个方面，ANH 项目为以后的农业开发项目树立了一个榜样。项目的总体目标是开发农业资源，提高项目所在地区人民的生活水平。该项目还有一个具体的目标，即帮助偏远地区的农民实现脱贫。这里将阐述在项目的准备和规划阶段采取了哪些措施以确保项目可以造福于贫困家庭，帮助少数民族，以及鼓励妇女的参与。

1998 年，ANH 农业开发项目社会评价报告制定了少数民族发展纲要，阐述了项目所在地区的社会状况，对少数民族彝族给予了特别的关注。少数民族发展的重点成为项目的重要组成部分，比如针对少数民族的农作物、果园、养蚕和家畜饲养开发等。除此之外，项目还包括了一个技术培训项目以及一个彝族语言的培训项目。

农作物生产开发项目由涉及 16342 个彝族和其他少数民族家庭的商品粮开发和蚕桑养殖子项目组成，活动包括种植桑树、繁殖蚕蛹、蚕房改造以及扩大蚕茧收购中心。参与者将主要是彝族家庭的女性成员，共有 5714 个养蚕少数民族家庭参与这个项目。项目的目的是帮助彝族和其他少数民族农村妇女增加收入，改善桑蚕养殖条件。

家畜生产开发项目有 7384 个彝族家庭参与，饲养小尾寒羊和山羊。此外，60 个彝族家庭参加家兔养殖。该项目还包括四个子项目：饲养绵羊，饲养山羊，养鸭和养兔，总共有 15818 个家庭参与家畜家禽养殖项目。

培训项目包括技术、管理、社会和营销培训，培训的目的是为了解决当地农户的一些特殊问题，诸如缺乏学校正规教育、缺乏科学技术知识以及听不懂汉语等。培训主要针对下列几个方面：农作物生产中化肥的正确使用，病虫害防治，水稻秧苗繁育，小规模桑树种植以及饲养幼蚕；家畜家禽生产中的家畜饲养管理，增肥和家畜家禽防病治病。培训项目是彝族农民能否成功参与的关键。因此，ANH 农业开发项目在提供技术、社会和营销方面的培训时均特别考虑到了彝族的社会、文化和语言条件。

彝族语言教学项目和少数民族教育发展项目的目的是为了在农业技术、市场营销、社会观念以及项目的实施等方面对农民产生进一步的积极影响。在 LS 自治州，有两种类型的培训：第一，在小学和中学进行双语教学；第二，为在农村彝族地区消除彝族语言盲点进行彝族语言教育，同时用彝族语言进行农业技术培训。当地政府把语言项目和教育项目结合起来取得了较好的效果。

项目的组成部分是根据项目所在地区男女传统分工而设计的，特别是在 LS 彝族居住地区，妇女多从事于家禽家畜饲养和桑蚕养殖，男性多负责销售和开垦农田，因此，项目设计了适合妇女参加的家畜和养蚕部分。最初的项目计划由独立规划和松散结构的分项目组成，这种项目规划方案最后被淘汰，最终采取了将基础设施投资、土地开发和改善农业支持服务相结合的项目设计方案。

（一）参与家庭的选择标准

ANH 农业开发项目建立了选择项目受益家庭的标准，建立这套标准的目的是提高项目所在地区贫困家庭的生活质量，特别是少数民族社区和妇女的生活质量。项目从总体上考虑了如何鼓励农村妇女参与项目。在项目规划中，还对以妇女为户主的家庭参与项目做出了专门安排。例如，鼓励女性户主从项目贷款，而且对妇女的贷款要求低于其他人口群体。在农作物生产项目中的商品粮子项目里，村委会和家庭要签订合同，设定贷款的金额，还款时间安排以及偿还方式。少数民族家庭享受优惠。家庭参与的标准取决于他们实施分项目（例如，开垦荒地，改善现有耕地质量）的能力，比如该家庭的勤劳程度，是否有剩余劳动力，偿还贷款的能力和打算以及脱贫的愿望是否强烈等。

实施桑蚕养殖项目家庭选定的标准如下：家庭的人均年收入低于 320 元（按 1990 年不变价格计算）；该家庭自愿参加桑蚕养殖项目；至少一个家庭成员的教育程度在小学以上；最

后一个但也是最重要的标准是，女性成员必须是养蚕的主要的、积极的劳动力。村委会和家庭签定合同之后，家庭可以得到贷款。家庭参与家畜生产项目的必要标准是，具有一定的偿还贷款的能力和信誉，有养绵羊或山羊的经验，有足够的草地和劳动力，家庭相对贫困，并且必须有 0.5～1 亩的人工草地或者其他饲料来源。农民得到实物贷款（绵羊/山羊），并能够用绵羊/山羊偿还贷款。还款从第三年开始，也可以用现金偿还贷款。

项目文件列出了下列有关社会发展的主要绩效评价指标：①提高普通家庭收入；②减少农村失业；③农村少数民族家庭所占比例；④妇女参加项目人数比例。

1. 提高普通家庭收入和减少农村失业

ANH 农业开发项目希望增加 264700 个家庭的收入和就业机会，并间接为另外 50 万个家庭带来效益。新开垦的土地应该分配给 LS 和 PZH 地区的农民。在项目实施之前，他们的年平均收入为 880 元（106 美元）。在 LS 自治州，这个数字应该提高到 1825 元（222 美元），在 PZH 应该提高到 1892 元（228 美元）。在参与项目的家庭中，26225 个家庭是生活在贫困线以下的彝族和其他少数民族家庭❶。在这些家庭中，有 47%的家庭年收入低于 500 元（60 美元），有 27%的家庭年收入低于 380 元（46 美元）。项目的农作物和家畜开发分项目期望给这些家庭创造新的、大量增加收入的机会。商品粮子项目应该涉及 16342 个彝族和其他少数民族家庭。项目希望通过增加粮食生产，使人均收入从 320 元提高到 525 元（按 1990 年不变价格计算）。根据 ANH 农业开发项目的规划，到 2005 年，PZH 市的彝族（和其他少数民族）人均粮食增加 80 公斤，收入增加 110 元。桑蚕养殖子项目使每人增加收入 662 元（或者每个家庭增加收入 2608 元），并为 3320 个少数民族群众提供就业机会。通过家畜生产项目，LS 自治州的人均收入从 497 元提高到 993 元。

2. 以彝族家庭为瞄准目标

ANH 农业开发项目，特别是其中的农作物和家畜饲养分项目，坚持以彝族家庭为目标，以确保他们成为从项目中受益最多的群体之一。在项目中制定了少数民族发展规划，确保大部分彝族和其他少数民族家庭参与这个项目，以达到提高生产和减少贫困的目的。项目将彝族家庭定为受益群体之一有下列三个原因：LS 是一个彝族自治地区，彝族占项目地区人口总数的三分之一。彝族保留了许多传统的文化和生活方式，与主流社会的文化和生活方式大不相同，该地区的贫困主要是彝族家庭的贫困。彝族传统的、主要农业活动是农作物生产（粮食和蔬菜）以及畜牧业。主要的农作物为玉米、荞麦和马铃薯，还有一些燕麦和水稻。畜牧业提供羊毛、肉、皮革和肥料。因为多数的彝族人居住在山区，彝族人从畜牧业方面得到的收入比汉族人要高，畜牧（绵羊、山羊、猪、牛和马）因此成为彝族人收入的重要来源。在过去，当地农副产品的商业化率在提高，彝族地区的经济开始从维持生计向市场经济的方向发展。

3. 妇女参与

性别问题在项目准备阶段得到了充分的考虑，并体现在世界银行的项目文件，如被批准的项目协议中。妇女参与被定为项目的目标之一，并在项目文件中得到了很明确的阐述，某些分项目的目标人口大多数为女性。在项目所在地区，有 448800 名女性，几乎全部（98%）农村彝族妇女都从事农业生产和畜牧养殖。彝族妇女是主要的劳动力，LS 自治州 70%的农牧

---

❶ 贫困线标准是农村人均纯收入 500 元和年产粮食 800 斤。

业劳动力为妇女；在 PZH 市，妇女在劳动力中所占的比例更高。因此，该农业开发项目中的家畜养殖和养蚕项目特别适合妇女为户主的家庭。其主要依据是，如果以女性为户主的家庭获得贷款，则意味着家庭收入的提高，家庭收入分配的改进。另外，妇女掌握的增加收入部分将用于儿童健康和教育，有利于增强其自信和妇女在彝族村寨社会中的地位。

4. 项目规划中专门的机构安排

负责设计、实施和监督项目的机构包括省、地（市）、县（市或区）级项目领导小组、项目管理办公室和项目技术部门。在村一级，村委会下设项目小组，负责项目的实施。为了确保少数民族的参与和受益，LS 自治州和 PZH 市成立了专门项目小组。PZH 市和 LS 自治州的妇联被邀请参加地市级项目领导小组。各级妇联代表参加项目规划组的工作，帮助进行项目规划。这种机构安排为妇联参与重大问题方面的政策制定建立了机制，在项目规划过程中真正反映了广大妇女的愿望。LS 和 PZH 市政府在项目期间对妇联的工作一直很支持。除了组织大量的妇女参与项目之外，妇联还为项目制订了一个特别计划。LS 州和 PZH 市政府同意为其妇联提供资金实施分项目，例如小尾寒羊、蛋鸡、花卉种植、养蚕种桑、绵羊、猪和石榴生产。在项目所在地的 15 个县，妇联发起了一个"双学双争"❶运动，LS 自治州 61% 的妇女参加了这个运动。通过科学种田，科学种桑养蚕，科学饲养鸡、鸭、鹅，她们中间出现了一批妇女农业生产专家和生产能手。妇联代表建议将该项目的组成部分与"双学双争"运动结合起来。

（二）受益人参与项目实施

ANH 农业开发项目的实施于 1999 年 6 月开始。根据项目规划，省市级项目办公室决定项目规划的实施，在项目调查数据的基础上，县项目办公室选择参与项目的乡、镇和村。项目办公室制定了明确的参与项目农村家庭的选定标准和"项目参加者贷款申请程序"，内容如下。

参与项目农村家庭选定标准：①自愿提交一份书面申请；②有良好的信誉；③至少有一人接受过中等学校教育；④有种植果树的经验；⑤有财产抵押或稳定的收入或单位担保；⑥贫困家庭或妇女为主要劳动力的家庭优先。

贷款申请程序如下：①农民根据自己的能力决定承包具有不同灌溉方式的果园面积，把果园面积与世界银行信贷资金表中的亩数相比较，填写信贷资金申请表；②向村项目实施小组提交申请表；③村项目实施小组（包括基层妇联的代表）根据项目家庭的标准对农民申请信贷资金的项目进行核实、审查，并报告给村（乡）项目办公室进行收集整理；④村（乡）级项目办公室调查、核实、平衡、收集由每个村项目实施小组提交的报告，上报给县项目办公室，经批准后报县（区）级部门项目办公室备案；⑤县（区）级项目办公室将已经批准农户的情况上报项目实施办公室和项目办公室备案；⑥获批准的农户与村（乡）政府签订信贷资金合同和财产抵押合同。

在筛选项目参与家庭的过程中，以男性为户主和以女性为户主的家庭享受平等权利，特别鼓励以女性为户主的家庭参与项目。PZH 项目办公室编写的"农户手册"特别规定，要按照农村家庭的生产特点，如商品粮基地、优质芒果、龙眼基地和养蚕基地等，根据标准选择农户，特别是以妇女为户主的贫困家庭参与项目。为了鼓励在水果管理，优质芒果和龙眼管

---

❶ 即"学文化、学科学；争贡献、争创新"。

理方面占主导地位的妇女参与项目，该手册还规定，在选定农户时，要体现"贫困家庭和以妇女为主要劳动力的家庭优先"的原则。另外，手册还特别规定在信贷资金申请过程中，"村项目实施小组应该包括基层妇联的代表"，妇联代表参加"审核和筛选申请信贷资金的项目户"的过程。

1. 少数民族家庭的参与

在选定项目家庭的过程中，项目特别注意为少数民族提供参加的机会。在"农户手册"中，特别规定商品粮基地和养蚕基地等家庭的选定标准，即选择"贫困家庭（那些在过去没有得到或得到过很少扶贫资金的家庭，少数民族家庭和妇女为户主的贫困家庭）"。这个政策执行得很好，并取得了良好的经济和社会效益。例如，在 PZH 市，2001 年 11 月底共有 13064 个家庭参与了世界银行的信贷项目，其中 2934 个家庭为少数民族家庭，2678 个家庭为妇女参与的家庭；6841 个家庭从事粮食项目，其中 1679 个家庭（占 24%）为少数民族家庭；1645 个家庭从事桑蚕养殖项目，其中 56 个家庭（3%）为少数民族家庭，536 个家庭（32.6%）为妇女参与的家庭；总共有 13064 个家庭参与了水果项目，其中 1199（占 48.1%）个家庭为少数民族家庭。

在妇女参与方面，在 YB 县（PZH 市），妇女和少数民族家庭在项目的起步阶段参加了培训课程。在项目实施阶段，县项目办公室要求各个乡（村）动员妇女和少数民族家庭参与项目。他们还规定，如果没有达到妇女和少数民族参与项目比例或没有完成项目和资金计划的乡没有资格参加县级先进评比。到 2001 年 10 月底，共有 7295 个家庭参与世界银行信贷项目，其中 4012 个家庭是以妇女为户主的家庭，占参与家庭总数的 55%；2934 个家庭为少数民族家庭，2678 个家庭有妇女参与。6841 个家庭从事粮食项目，其中 2334 个家庭（32%）为少数民族家庭。

商品粮基地项目选定了 4820 少数民族家庭，开垦土地 712.16 公顷，投资 1836 万元人民币；8550 个少数民族家庭被选定参加土壤改良项目，共投资 2229 万元，在开垦和改良的土地上种植油菜和玉米等。通过参加培训课程，使用由农业技术推广部门提供的优良种子、杀虫剂和化肥，项目参与家庭提高了种植技术，增加了农业收入。9725 个家庭参与了绵羊/山羊饲养项目，投资 5869 万元。有 66 个乡扩大了兽医诊所，其中 51 个兽医诊所（77.2%）位于少数民族地区；9 个植物育种场得到扩大，其中 4 个位于少数民族地区。桑蚕养殖项目选定 4725 个家庭，投资 2762 万元。项目目标得到了较好的实现。

2. 贫困家庭的参与

在项目家庭的选定过程中，特别鼓励贫困家庭参加项目。"农户手册"规定"贫困家庭是商品粮基地和养蚕基地的家庭选定标准"。优质芒果和龙眼基地的家庭选定标准明确规定"贫困家庭或者妇女为主要劳动力的家庭将得到优惠待遇"。

3. 当地政府和社会团体的参与

为了确保少数民族和妇女的有效参与，PZH 市和 LS 州在项目领导小组之下设专门的小组。该小组由政府代表、扶贫办公室、教育委员会、妇联和 LS 民族学院组成。县（区）、乡、村与扶贫相关的部门和妇联发挥积极作用，参加了项目参与农户的选定、培训和宣传工作。

4. 妇联的参与

妇联在项目过程中的主要作用是培训。他们组织对目标妇女的培训，并将这种培训与项目有机地结合起来。培训主要包括下列内容：①果树嫁接、剪枝、防治植物病虫害；②优质粮种的引进，种植技巧，科学施肥；③节水灌溉，正确使用杀虫剂；④疾病防治，家畜、家禽的饲养，剪羊毛；⑤普及婚育保健、医疗卫生、疾病防治以及法律知识等。

为了使当地妇女容易接受，妇联的干部尊重当地妇女的生产和生活习惯，利用妇女赶集或空闲时间与她们进行交流，对她们进行宣传教育，传输各种知识。

在项目的整个实施过程中，妇联根据项目的进展情况开展各种有助于项目建设的活动，如为发展家庭养畜提供支持。但是由于各种原因，妇联不能直接组织管理贷款项目，也不能直接实施家庭饲养项目，对家庭饲养项目的支持规模相对较小，培训时间也比预计要短一些。

5. 扶贫机构的参与

在项目实施过程中，扶贫部门的参与主要是帮助筛选贫困村，村工作组所在地作为项目办公室，落实扶贫资金，组织培训等。

6. 培训

在项目实施过程中，各级项目办公室根据计划组织各种技能培训。彝族和其他少数民族接受培训的目标家庭多达 53157 人次。培训形式分集中培训和分散培训两种，包括邀请农业、畜牧业以及桑蚕养殖专家对这些家庭进行集中授课，或在田头授课，以及农业技术人员到村子里帮助村民解决实际问题。各级妇联和扶贫组织都参加培训的组织活动。

7. 项目实施的影响

该项目实施取得了明显的社会、经济和生态效果。以 YB 县为例，2000 年，全县蚕茧产量为 613t，与 1999 年的 396t 相比增加了 55%。销售蚕茧收入为 763.8 万元，比 1999 年增加了 78.5%。一份调查表明，参加饲养绵羊项目的 950 个家庭销售绵羊 9230 只，获得 258 万元人民币的收入，平均每家增加收入 2720 元，人均增加收入 633 元。

三、项目实施的监督与评估

（一）跟踪监督评估报告

在项目实施过程中，建立了一套"省—市—县—乡—村—家庭"监督评估系统。项目开始实施前，以家庭为单位进行调查，并开始项目的准备活动。省级项目办公室每年向世界银行提交两份跟踪监督评估报告，其主要内容有：

（1）项目实施的情况，其中包括项目进展、财务报告、招标、外包、培训以及回顾总结；

（2）项目影响；

（3）世界银行援助备忘录的执行情况，或对世界银行援助备忘录的回复情况；

（4）目前存在的问题；

（5）未来的工作重点。

（二）移民安置的监督和评估

ANH 农业开发项目包括 MSW 和 HQ 水力资源开发子项目。该子项目征用了 3187 亩土地，受影响人数达 1638 人之多。研究机构对该项目的移民安置进行独立监督，他们对移民安置的过程进行了跟踪调查。调查包括以下内容：资金使用情况、样本家庭的搬迁、房屋重建、土地调整、基础设施建设、弱势群体、投诉情况、现存问题。项目办公室定期递交监督评估报告。

第二节　NJ 项目参与式社会评价案例

一、项目概要

（一）项目基本情况

1. 项目背景

生活在 NJ 峡谷的人民长期以来一直面临着缺乏人畜饮用水的严重问题，农民在日常生活用水方面花费了大量时间，因而没有足够的时间用于农业生产，这种情况导致的直接后果便是农民生活水平低下。当地资金的匮乏制约了政府解决饮用水问题的效果。

为了解决这一问题，香港嘉道理慈善基金会于 1999 年为 NJ 地区解决引饮用水问题捐赠了资金。用这笔资金，NJ 地区 LS 县的 7 个乡建设了 22 个人畜饮用水工程。在随后两年，LS、FG、GS 三个县也得到了建设饮水工程的资金赞助。

2. 项目宗旨

NJ 饮用水项目试图通过铺设引水管解决饮用水问题。项目的主要内容包括建设蓄水池、引水槽以及各种各样的储水槽，并将蓄水池与引水管连接起来。村民负责建筑辅料的运输，蓄水池的建设也由村民负责。水利电力局派出的技术人员向村民们提供建设中的技术指导，确保工程的质量。

3. 项目规模

NJ 项目在 LS、FG、GS 三县 19 个乡的 79 个自然村实施。项目受益者包括傈僳族、彝族、白族、怒族和汉族等各民族。项目村的选择是根据缺水的严重程度和解决缺水问题的困难程度选定的。那些能产生显著的投资效益，缺水问题也容易解决的村子是得到资助的第一批村。

（二）项目规划的理念与方法

NJ 地区的地理特点是山高坡陡，不同民族共同生活在这个流域。长期以来，该地区人民群众的饮用水问题一直没有很好地得到解决。NJ 地区是一个少数民族聚居的地区，当地发展水平较低，政府财政资源紧张。当地政府能用于人畜饮用水项目的投资有限，不能完全解决山区广大群众饮用水方面的困难。此外，NJ 流域的自然环境恶劣，工程设施容易遭受严重侵蚀。同时，在该地区建设公共设施十分困难，工程完成以后对设施进行管理也很困难。在这种情况下，项目规划方案的制定力求寻找可以使饮用水设施发挥长期效益的方法。

1. 重视参与的作用

过去，当地政府曾经忽视了村民参与人畜饮用水工程项目的作用。虽然政府投入了很多劳动力、材料和资金帮助村民解决饮用水问题，但村民们认为这些都是政府的人畜饮用水工程和设施，村民缺乏拥有感。根据长期在农村扶贫和开发项目积累的经验，规划方案的制定者提出强调"参与"在方案制定中的作用。村民的参与在项目的方案制定中得到了充分的体现。

本案例中参与式方法的运用主要基于以下几点：①饮用水项目由使用者自己运营和管理是项目成功的关键；②饮用水是每个村民普遍关注的问题，引入参与式方法可以给每个人提供参与项目管理的机会；③采用参与式方法可以加强项目管理，提高后续管理的效果。这个案例说明参与式方法需要技术人员、当地政府和村民的共同参与，有效的参与式方法可以加

强项目管理，提高后续管理的效果，从而使项目获得成功，提高可持续性。

2. 强调全程参与

NJ 饮用水工程项目强调在项目的规划、设计、建设、验收和跟踪管理方面由项目的受益人全程参与。技术人员和管理人员提供必要的技术服务和资金支持，帮助村民建好、管好和用好饮用水设施，使项目能够持续高效地发挥作用，从而改善贫困地区村民的基本生活状况。

在项目的规划阶段，村民们自己决定蓄水池的位置，讨论集资和出劳动力的方式、承担项目管理任务，并确保建筑辅料的运输。在施工建设阶段，村民们从事建筑材料的运输、挖沟并铺设管道以及诸如蓄水池、水泥灌注等建设工作等。完工后，村民们还负责蓄水池的管理工作，从村民中推荐具有管理才能的人当经理。总之，参与的理念贯穿项目的全过程。项目建设强化了村民们自我管理、自主决策和社区公共设施维护、管理方面的能力。

3. 机构设置

NJ 饮用水项目工程实施的机构设置如下：①嘉道理慈善基金会为项目建设提供资金；②项目专业设计机构为项目提供技术支持，为项目所在地的水利电力局、乡技术员提供帮助，并帮助当地村民参与项目的规划、设计和建设；③县水利电力局运营整个项目，集中技术人员进行规划、实地勘探、室内设计、建筑材料采购和分配，解决技术难题；④乡政府为水利电力局项目点的参与计划提供帮助；⑤乡水利站在参与规划、项目点实地勘探方面为水利电力局提供帮助，并在实施阶段为项目点提供技术咨询；⑥村民委员会组织村民讨论项目的规划、建设管理、辅料运输和后续管理等，并在建设阶段为村民管理委员会提供帮助；⑦在项目建设期间，村民管理委员会负责组织村民搬运建筑辅料和挖沟铺设管道，并监督技术人员的工作以及工程质量。项目完工之后，村民管理委员会代表村民对项目实行验收，并接收饮用水设施。在随后的管理工作中，村民管理委员会负责收费和聘用管理人员，在供水系统遭受重大损坏时，组织村民共同维修供水系统。

（三）项目影响

由于 NJ 饮用水工程项目的建设，村民的收入有了显著增加。此外，因为当地人饮用上了洁净的卫生水，过去影响村民健康的消化系统疾病已经明显减少。在项目建设之前，取水的负担通常由儿童承担，儿童因此没有上学读书的时间。现在，方便的饮用水管铺设到了他们的家门口，孩子们可以轻松地上学读书了。过去，由于饮用水方面存在的困难，教师们不能专心教学，总是想办法调到条件好一点的地方去工作。现在，饮用水问题得到了解决，老师们可以安下心来教书了。由于居民生活质量得到提高，农民开始建造了新房，并利用饮用水项目没有用完的尾水将自己家的农田变成水浇地，增加了粮食产量。

二、项目区的社会状况和社会问题

（一）民族

NJ 地区是个以傈僳族为主的自治地区。1999 年，全区总人口为 465000 人，少数民族占人口总数的 92.25%。该区共有 12 个少数民族，其中的怒族和独龙族为 NJ 地区所独有。

NJ 饮用水项目在傈僳族、彝族、白族、怒族和汉族等少数民族居住的地区发挥作用。少数民族占项目相关人口的绝大多数。

（二）宗教

项目所在地区的大多数人属于有宗教信仰的群体。当地的主要宗教为伊斯兰教、基督教和佛教。三大宗教在一些地区和睦共存。

（三）贫困

贫困是项目所在地区的主要社会问题之一，造成问题的原因是多方面的，然而，缺水是造成贫困的最主要原因。因为缺少清洁卫生的饮用水，村民们不得不花大量的时间集水、采水。长期没有洁净的饮用水，导致疾病的发生，对村民的健康也造成损坏，这导致了人民群众健康、劳动力和财产方面的损失。

（四）收入

1999年，LS县的人均收入为870元，FG县为704元，GS县为770元。农民家庭的收入仅仅能够满足购买日常生活必需品的需要，如食盐、食品、农具、衣被以及有限的日用品。一些农民家庭甚至买不起生活必需品，而另一些家庭甚至两三年都没有买过诸如服装、毯子以及鞋子这类的日常生活用品。农民家庭收入的主要来源包括卖牛、羊、猪、鸡以及林农土产，或者到其他地方打工。农民种的粮食仅能满足日常生活的需要，对那些居住在高山上的人来说，他们的粮食生产尚不能自给自足。

（五）教育

到1999年为止，项目区教育机构的数量由1980年的479个增长到724个，有教师2223人。然而，教学设施和教学工具相当落后，教师的总体水平比较低。居民居住分散，造成了学生上学的困难，小学生上学尤其如此。送孩子读初中/高中，或者接受高水平教育的费用相当高，项目所在地区大多数的农民家庭因为经济收入有限，负担不起孩子上学的费用。

适龄儿童（特别是女孩）的入学率非常低。造成儿童不能接受教育和儿童辍学现象发生的主要原因就是家庭贫困。金钱和食物的短缺使这些家庭根本没有能力支付孩子接受教育的费用。多子女家庭或单亲及失去父母的家庭孩子上学也会出现困难。这些家庭由于子女较多或父母去世，孩子缺乏经济来源，不得不辍学。此外，教育设施的缺乏是剥夺儿童受教育权利和出现高辍学率的另一个主要原因。许多学校目前的教学设施非常简陋，教室里缺桌少凳。孩子不得不把石头块垒起来当桌子。一些孩子不得不在自己的膝盖上写字，学习条件十分艰苦。

（六）医疗卫生

根据同一份研究报告，NJ饮用水项目在提高这三个县的医疗卫生条件方面取得了一定的成效。这三个县原有77个医疗机构（包括乡村诊所）和296名医护人员。到1999年，医疗机构（包括乡村诊所）的数量增加到了101个，有医护人员518名；然而，由于缺少投资，医疗卫生方面发展仍然缓慢。

医疗保健水平低下，在乡村更是普遍如此。没有足够的医生，医疗技术较低，经济、有效的中医药知识在该地区严重缺乏。缺少医疗服务管理方面的必要知识，各个乡卫生站的药品和资金管理混乱。因为山高坡陡，村民遭受小伤小病的折磨是一种非常普遍的现象。由于缺少必要的伤口清洁处理、消毒和缝合的工具，很多伤口不能得到及时的治疗。

此外，村民们对医疗卫生方面的知识了解甚少。由于缺水，他们形成了另外一种生活习惯：不洗脸，不刷牙等。村民们的健康保健意识非常淡漠，对一些普通疾病和防病措施一无所知。妇女们缺乏怀孕期间的医疗保健知识，缺少儿童医疗保健方面的知识（包括预防儿童意外事故）。因此，非常有必要对村民们进行饮用水方面的卫生知识教育，让他们知道生病可以到哪里寻求帮助。

（七）社会性别

妇女一般都承担着为家庭取水的任务。在家里，妇女从事耗水很多的家务劳动，比如做饭、洗衣等。在饮用水困难的项目所在地，妇女每天要花费 5～7 个小时的时间用来取水，每天平均取水时间为 4 个小时。雨季到来的时候，因为取水的道路变得泥泞不堪，取水的妇女往往因为路面太滑而摔倒受伤。

农村妇女的需求一般在与生计密切相关的粮食生产和家畜饲养方面，她们在耕作和家畜饲养方面对技术培训的需求非常强烈。由于传统因素，妇女接受教育的程度比较低。通过非正式的访谈，发现妇女对项目的参与更积极主动。LS 水利电力局的调查研究发现，妇女对许多事情的理解更为正确，但决策问题通常是男人的事情。

三、参与式规划

参与式项目规划包括下列步骤：拜访村/社区领导，村民小组访谈，个人访谈，召开村民会议，制定初步规划方案，实地调查和对初步规划的意见反馈，工程方案的设计。具体工作简述如下。

（一）参与式规划的培训

项目所在县水利电力局的技术人员过去没有接触过参与式工作方法。为了更好地完成规划，在项目每个阶段的规划出台之前，对来自各县乡的技术人员进行了参与方法方面的培训。

培训的目的非常明确，要使水利电力局的工程师和技术人员初步形成一个参与的概念，学习并掌握基本的参与方法，学习项目参与式规划的程序和步骤。

（二）制定参与式规划手册

参与式规划培训完成后，技术人员还进行了实地规划实践。在此基础上，通过总结规划的操作程序，共同制定出"参与式规划——农村人畜饮用水项目工作操作指南"。制定该操作指南的目的是使参与式规划的操作在不同县乡按照统一标准进行，为当地水利技术人员提供必要的书面指导，使他们在开展工作时有据可依。

建立一个保障体系从而使受益人（广大人民群众）完全参与到饮用水项目建设的全过程具有特别的重要性。因此，该项目的规划者们开始尝试建立一个"项目库"系统，将参与式规划的程序与村民委员会的融资需求结合起来，将各种具有可行性的项目放入"项目库"中，根据资金的来源情况从"项目库"中提取项目进行开发建设。"项目库"具有以下意义：①支持并加强村民自治；②使参与式工作程序制度化；③使政府的工作处于广大人民群众的监督之下，从而确保公开、公正、公平。

（三）参与式规划方案的制定

参与式规划培训完成后，技术人员到实地进行了规划实践。此后，县乡水利技术人员开始到项目所在地进行参与式规划实践，水利技术人员对来自农村家庭的需求非常了解，因此所作的规划也能更好地满足村民的愿望，在投资方面也更为合理、成本效率大大提高。由于项目设计采取了参与式方法，村民们可以在项目规划和设计过程中充分发表他们的意见，村民们对项目的认识显著提高了，项目建设的结果也因此更好，在很大程度上避免了设计者和村民之间的冲突，为未来的项目施工和管理打下了良好的基础。

四、参与式项目建设和管理

（一）参与式项目建设

1. 采购机制和建筑材料的准备

在 NJ 饮用水工程项目建设中，主要工作是建设水窖/蓄水池和铺设分水渠管道，主要建筑材料包括水泥、砂石、河沙、钢材、塑料管和钢管、龙头和阀门等。

施工之前，村民们须准备好砂石和沙子等建筑材料。有些项目所在地距离 NJ 很远，而且大多数的项目所在地没有道路，沙子的运输非常困难，只能靠人扛马驮。不过，由于村民们基本上都参与了规划，大家可以共同商量如何准备沙石。

2. 参与式建设的培训

建筑材料准备完成后，县级水利电力局对来自项目所在地的村民管理委员会成员的代表进行预先培训。培训的主要目的是强化项目管理，讨论如何由村民管理建成后的饮用水设施。此外，还利用培训的机会讲清楚项目建设过程中应该注意的各种事项（例如，开山炸石时如何安全使用炸药等）。

（二）参与式管理

在施工阶段的建筑材料搬运由村民完成。由于充分考虑了村民的参与，村民对整个方案的实施比较满意。

1. 施工质量的监督和控制

饮用水项目的施工质量关系到每个农民家庭的切身利益。特别是对那些亲自参与规划的村民来说，他们把饮用水设施建设看作是自己的事情。因此，对工程质量的监督特别严格，他们比过去更加关注对水利电力局派来的技术人员的监督。村民们诚心诚意地关心饮用水工程的建设，与技术人员一道完成各项工作。特别是当技术员发现缺少诸如砂石等建筑材料时，他们向村民解释情况，村民们会立即去搬运材料，为工程实施提供必要的准备工作，而在过去，这是不可能的。

2. 项目设施的验收和移交

饮用水设施完工时，村管理委员会首先组织村民自己检查验收；技术人员被叫来，进行修正和改进，直到符合要求为止。此外，水利电力局规定，技术人员在离开时将夹钳和螺纹机等工具留在项目所在地，负责教会当地管道工人如何使用工具。如果管道工人没能学会换龙头接管道的技术，离开的技术员必须返回到项目所在地重新指导。在管道工人掌握所需技术之前，技术员不能离开。否则，就扣减工资，这就增加了技术人员的责任感。

3. 参与式管理方法的开发

工程完工后最重要的事情是建立一个良好的后续管理制度，确定管理监督员和管理人员。当项目还处于规划阶段的时候，村民们就已经开始讨论后续管理的事情。每个人畜饮用水项目都建立了后续管理制度，这个制度由村民们在会上自己讨论并认可。通过一段时间的管理和运营，村民们为解决新出现的问题就会要求改进管理制度。只有通过不断地改进和提高管理水平，才可能使饮用水设施在贫困地区为广大群众发挥效益。为了避免出现需要用钱时没钱的情况，有必要在正常时期积累一部分资金。村管理委员会负责管理和维护资金的筹集和管理，定期向大家公布资金的筹集和使用情况。不同项目所在地的村民们自己讨论决定管理和维护基金的数量。基金的筹集和管理是村民们对社区事务实行自治管理的开端，在村委会由村民直接选举的今天更是如此。

五、经验和教训

（一）主要经验

1. 参与理念贯穿项目始终

NJ 饮用水项目引入参与理念主要是基于下列设想：①项目的运营和管理是项目成功的关

键；②饮用水项目是一个关系到每个村民的问题，引入参与理念可以为每个人都提供一个参与项目管理的机会；③地方项目的管理成本比较高，30%～40%的项目都是因为管理不善而不能产生效益。引入参与理念可以改善项目的管理并提高项目的效益。

2. 时间和资金的节省

与传统的做法相比，通过村民参与修建的人畜饮用水项目所投入的时间要少。在规划和设计阶段，水利电力局的技术员与村民一道讨论并制订饮用水设施的施工计划。这种做法对广大群众的需求理解得更深，因此所做出的设计更符合村民们的愿望，这一过程比过去传统的做法花费的时间要多。然而，在项目的施工阶段，当需要准备好建筑材料时，村民们愿意并竭尽全力去做，这与过去使用的传统方法相比节省了大量的时间。过去，采取传统方法建设饮用水项目通常发生诸如工程因为缺料而停工的事件，这种停工待料的现象在采用了参与式方法之后几乎没有发生过。

在参与式项目中，因为村民们自己参与了讨论和规划，蓄水池的数量和选址更为合理。根据 LS 县水利电力局技术人员提供的数据，采取参与方法建设的人畜饮用水项目的投资额与过去传统的做法相比有所降低。

3. 社区提高了自我管理的能力

通过参与规划，村民们对饮用水项目选择、管道路线走向、蓄水池选址、出劳动力的方式以及项目运营的管理方案等进行民主讨论决定，村民们自己决定是否应该建项目，自己决定项目应该如何建设，自己决定如何在施工结束之后对项目进行管理。参与方法的引入增强了村民社区事务自治管理的能力。

4. 参与式方法得到了当地政府的认可并推广到其他项目

参与式工作方法的运用使政府职能部门认识到，这种方法大有可取之处。当地政府官员认为，过去政府的人畜饮用水项目每年都是政府按计划提出，河道服务局负责实施。根据政府计划，项目分配给不同的乡。乡水利建设站在实地勘察设计方面给河道服务局提供帮助。项目所在地区的受益者（广大群众）在项目建成之前，对项目没有任何概念。采用这种自上而下的行政管理方法，广大群众参与的程度比较低。因此，广大群众在出劳动力和提供工具时并不积极，需要花大量时间做群众的思想工作，说服他们提供劳动力和工具。此外，项目建成后缺乏管理项目的相关规定，即使有规定，也存在责任不清等问题。一旦雨季来临，管道不是被冲走，就是被损坏，结果是群众仍然没有水喝。对于本次嘉道理慈善基金会资助项目，在引入参与式方法的初期，当地政府不理解，感觉太麻烦。项目完工之后，当地政府及群众认为这种方法是行之有效的，至少在让群众提供劳动力和工具时，没有必要再做他们的思想工作了。在整个参与的过程中，群众的参与热情很高。当地政府还将参与式方法所取得的经验推广到了其他项目上❶。

（二）教训

1. 参与权力使用应以科学决策为前提

NJ 饮用水项目采取参与式方法是当地水利部门的一种新探索和实验，在使用这种方法中

---

❶ "群众的积极性比我们预想的要高。参与式规划有很大优势，尤其在后期管理方面。从前，村民经常找我们说'你们的水管坏了，赶紧去修'。现在他们不再找我们了，即便找我们，也会说'我们的水管出了点小问题，能不能再拨点钱'。采用参与式工作方法以来，我们觉得政府项目将来都应该采取这种方法。"（对县河道服务局派出的工作组组长的访谈，2002 年 2 月 24 日）。

也出现一些问题。在规划和方案设计完成之后，一些村民对蓄水池的数量和蓄水池的选址感到不满意，要求水利管理人员增加蓄水池数量，并获得水利部门的同意。在问到为什么会发生这种事情时，水利人员说："我们不是说要按群众说的去做吗？我们没有权利改变群众制定的规划。"蓄水池数量的增加，最终导致投资额的增加。出现这种情况主要是因为对参与的性质理解得不够全面造成的。

2. 工作程序的设计应合理

适当的工作程序可以减少工作人员的投入数量并提高效率。例如，在勘探和规划结束之后，专业人员需要回到水利电力局进行方案设计，然后将设计方案反馈到村里和社区，因此还需要再爬一次山，但大多数人都不愿意这样做，结果导致设计方案得不到反馈，或者仅仅找一个村民代表将设计图拿到村里征求意见，这样事实上很难得到村民充分的反馈意见。

第三节 WG 高速公路项目社会评价案例

一、项目背景及项目区基本情况

（一）项目背景

1999 年，中央政府制定了开发西部省份的战略，其重点在于扶贫、经济增长以及环境保护，政府还通过优惠政策来促进对西部地区的投资。这些情况要求发展道路基础设施以确保外部投资和支持能够辐射到那些贫困地区以及远离城市的乡村地区，促进更广大地区的经济发展，同时促进社会的发展。这一战略已经成为"十五"计划（2001—2005）的主要内容。拟建的 WD-GZG（WG）高速公路是八条西部通道之一的甘肃省至云南省干线的重要部分，也是兰州—海口高速公路的一部分；由此，该路也将支持西部大开发战略。该项目高速公路对实现贸易以及项目影响区与四川、全国其他地区的货物运输至关重要，还可以改善与项目地区临近的地区的道路通行状况，并帮助扶贫。按照亚行投资公路项目的常规特点，项目建设内容还包括协助政府通过升级近 350km 的县道、镇道和乡道来加快扶贫和促进少数民族发展。

亚洲开发银行非常重视工程建设类项目对少数民族及当地原住民的影响。对本项目而言，高速公路和地方道路覆盖的项目直接影响区内没有少数民族社区。在整个项目的直接影响区和间接影响区，少数民族人口仅占全省少数民族总人口的 2%，占陇南总人口的 2%。作为道路使用者，少数民族将成为本项目的间接受益者。另外，少数民族社区的劳动力也可以作为项目工程建设的雇工从而间接由项目获益；总之，少数民族人口将和项目区内的其他人一样以同样的方式获得利益。目前来讲，还没有发现本项目可能存在的对少数民族的负面影响。

针对亚行关心的另一个重点内容，在本项目内，妇女可以得到和男性一样的待遇，社会专家建议的对社会性别问题有针对性的项目活动包括：能力建设、培训和小额信贷（如果经过批准）；妇女能由项目获得的其他一些利益包括：从事农业和非农活动而增加收入，改良了的通向学校和医疗卫生机构的道路，增加了通往乡镇和县城的机动性等。在这些可能的利益中，交通改善带来的更便捷的医疗服务对妇女的帮助可能更大；另外，通过道路改进，随之使得交通运输得以改进，那些生活在偏远地区很少出门的妇女（包括项目区内少量的藏族人口）将获益最多。

常规来讲，亚行认为贫困人口通过高速公路获取直接的利益会是一个比较缓慢的过程，而高速公路沿线有可能与其直接或间接相接的地方道路，尤其是通过贫困社区的地方道路则与贫困人口的日常生活有非常密切的关系。因此，每一个亚行投资的高速公路建设项目都会安排（或争取安排）部分资金用于建高速公路沿线一带相关地方道路的建设或改良。对 WG 高速而言，由省交通厅提出的待改良的七条地方道路总长为 357km，这七条路都是从各县目前已经获得批准的道路发展规划中挑选出来的，挑选中优先考虑的是其对贫困村的影响，而对项目在该区域内可能为贫困情况带来（正面或负面）影响的监测与实时评价将与高速公路的建设部分同步进行。

按照亚行的原则，高速公路及其附带的地方道路建设的重要目标之一是使项目区内的贫困人口能同样享受到项目带来的利益。相比起那些非贫困人口，项目影响区内的贫困人口甚至会获益更多，这是因为经过改善了的服务和生活条件能带给他们更多的附加值。根据地方道路改进部分覆盖的范围，陇南市 45%的贫民（占项目直接影响区总贫困人口的 71%）将能从此项目中获得直接利益。那些定义为农村贫困人口的项目受益群体中的大部分将能从地方道路部分中获益，他们获得的利益相比其他群体会更加显著，这是因为项目带来的直接影响将最早在他们身上体现出来。

充足而方便的道路条件是加强经济活动的必要条件，但不是发展经济所需的全部条件。为让以上提到的各种利益能够对所有贫困人口产生作用，有必要获得一些其他的干预行为的配合，如对农田开发、耕种及牲畜养殖进行更多的技术指导，为农户提供更便捷的信贷服务等，这些都是政府正在进行之中的扶贫活动，同样也是亚行项目在扶贫方面一贯支持的操作形式。另外，亚行一般也会在项目建设过程中尽量争取其他相关发展机构的投入。

（二）项目区基本情况

该项目所在地区的基本信息：①陇南市：位于甘肃省东南部，拥有丰富的资源，由 9 个县（区）包括成县、两当县、徽县、西和县、礼县、康县、WD 区、文县和宕昌县，有 242 个镇区和 3243 个行政村组成，总人口约 270 万人。②WD 区：是陇南政治、文化和经济中心。在 2004 年底，人口达到 53.38 万，总面积 4683km²。③文县：位于甘肃省南部，连接四川和陕西省。文县是多山的农业县，总面积 4994km²，共有 25 个镇，305 个村委会和 1305 个村，总人口 24.45 万。拥有丰富的矿产资源和超过 100 种的矿床。④康县：位于甘肃省东南部，总面积 2958km²，总人口 20.18 万。共 8 个镇，20 个镇区，350 个行政村和 1640 个村。陇南市的总人口为 270 万，其中的贫困人口约占 40%。直接影响区的人口为 170 万，其中有 132 万为项目受益人，这些人口中的 81%居住在农村，其中贫困人口占 34%。在 132 万受益者中，预计有 76.33 万（58%）人能从地方道路部分中获益，13.7 万人居住在项目高速公路的直接影响区，其他人将通过交通运输网的改善和交通运输服务的提高获益。

二、项目评价过程

（一）评价工作组的组建

省交通厅已经委托省内及省外的一些专业机构按照国内项目的常规内容帮助完成了工程可行性、经济可行性、财务分析、征地拆迁计划等报告。国内的项目建议书或分析报告，在扶贫、社会发展影响等方面相对比较笼统及宏观，缺乏细节的分析和方案设计，因此，按照亚行一贯的要求，通过招标的方式，由一家国际咨询公司组建了一个项目技术援助小组，其目的是审核、改写或重新起草项目的工程可行性报告、财务分析及预算报告、社会经济及贫困影响分析报告、征地拆迁方案（包括补偿机制）。

在社会评价方面，由该中标的国际咨询公司聘请了一位国内社会及贫困问题专家（根据不同项目，有时也会由一名国际专家与一名国内专家配合工作）。专家到位后，按照常规的交通项目调查以及社会发展类项目基线调研的形式准备了如下一些工作文件：①社会基线调研任务清单；②县级咨询研讨会提纲及访谈单位列表；③村级讨论会（社区领导、农户代表、妇女）提纲；④村级基本情况问卷；⑤农户调查问卷；⑥乘客问卷；⑦市场调查问卷；⑧车辆/路况观测记录表；⑨社区基线调研人员聘用合同。上述文件中，除车辆/路况观测记录表是为其他专题内容分析附带由基线调查人员完成外，都是为社会及贫困影响分析而服务的。调研中使用到的各类问卷及调查提纲附后。

社会及贫困问题专家经过与咨询公司、项目组长、业主等各方讨论后，放弃了原先考虑的请省统计局及农调队协助项目进行基线调研的想法，决定聘请宁夏某县曾经执行过若干国际援助、发展项目的一个非政府组织的5名工作人员配合咨询专家进行基线调查并负责所有数据的电脑录入及初步分析。

（二）项目影响区的界定

拟建的高速公路在甘肃省陇南市境内，通过的县区包括WD区、文县、康县。在最初讨论社会评价的内容及工作大纲时，高速公路本身的大致路线已基本确定但地方道路方案及清单尚未完全明确，仅有一个大致的划定范围，此时面临的问题是按照工作进度设计，实地的社会调研已经准备就绪并将启动。因此，工作组经过与业主单位商讨，决定按如下的方案确定调研范围，也就是初步认定的项目影响区，包括直接影响区和间接影响区。

（1）本项目直接影响区的定义主要是综合考虑了当地的地理环境与经济发展水平，陇南市地处地质条件极其复杂的山区，相对封闭，拟建的武灌高速线路的大部分为山地，涉及大量的桥梁与隧洞，直接经过人口聚居区的路段较少。结合散布四周的地方道路配套内容（位置、服务对象），以及拟建方案在WD和文县预留的立交出口，建议将路线经过的地方行政区域作为直接项目区。

（2）对于高速公路沿线，将包括WD区、文县、康县全境作为直接项目区（基线调研重点）。按照业主的大致建议，配套的地方道路将主要涉及WD区、文县、成县和礼县；而且，业主拟议中的地方道路都是在当地多山并较封闭的环境内处于相对重要的位置。因此，将上述四个区县作为由地方道路部分而来的项目直接影响区；这样，WD区、文县、康县、成县和礼县共五个区县被定义为本项目的直接影响区。

（3）项目间接影响区的界定同样考虑了当地的社会和地理条件。由于陇南市及其所辖各县均相对封闭，如果没有直接与高速公路相接的地方道路配套，实际上很难从高速公路直接获益。同样，因为相对封闭，陇南市所属其他各县的对外交通主要通过WD区，但其境内没有涉及纳入项目范围的地方道路，因此，陇南市的其余各县被定义为间接影响区。

（4）在省交通厅自行准备的社会经济可行性报告中，将整个陇南市作为直接影响区，而将间接影响区的范围扩大到了四川省、甘肃省全境、陕西省等地。这种定义方式首先在管理及综合协调上会给社会经济基线调研带来极大的不便，其次也没有具体考虑陇南市当地的特殊情况，再次，盲目扩大项目影响范围也会为将来的项目影响监测与评估带来相当的困难。

（5）在准备工作过程中，综合考虑到当时与拟建项目对接的邻省的高速路段尚未动工、陇南市当地比较特殊的社会、地理条件（相对封闭，多山区，贫困面较大等）因素，曾经建议将整个陇南市作为一个整体的项目影响区，而不按照亚行的常规要求划分直接和间接影响区，这种方案也应该是可行的。

（三）项目影响人口及目标群体的界定

尽管当时未完全确定，但业主方已经提出了项目配套建议的 7 条地方道路（最终确定为 6 条，其中 3 条与原建议路线一致，另 3 条仍处于划定的一区三县范围内）纵横交错分布于上述 4 个区县中，这些道路主要是不同乡镇之间的道路，与拟建的武灌高速公路一起，共跨越 27 个镇，275 个行政村，其中将近半数为绝对贫困村。

按照亚行项目的操作方式，项目直接影响区内居住的人口成为了项目直接影响人口，间接影响区内的人口则成为了项目间接影响人口，而两个群体中的贫困人口则是项目社会影响分析的重点。陇南市的总人口为 270 万，其中的贫困人口约占 40%。根据上述亚行操作原则，项目直接影响区（WD 区、文县、康县、成县和礼县）的人口为 170 万，被计为项目直接影响人口，这些人口中的 81% 居住在农村，其中贫困人口占 34%；而陇南市的其余人口（间接影响区的人口）则成为了项目间接影响人口。

实际上，交通项目所定义的直接和间接影响人口都是相对的，其中还有一些不确定因素，如由外省市来的公路及交通设施使用者以及项目区域内的流动人口等。因此可以说，所定义的直接和间接人口是狭义的，其目的是尽量为项目（或投资）的决策提供定性与定量的分析结果。总体而言，拟建的高速公路及配套的地方道路沿线的人口在理论上将通过参与建设过程、使用道路等方式受到项目建设的直接影响，而项目区内（包括外来者）的其他人将通过交通运输网的改善和交通运输服务的提高获得项目建设的间接影响。另外，受项目影响的人口中还会包括另一类需要明确区分出来的群体——受项目消极影响的人口。

下面列举的是按照常规确定的交通项目受影响群体的细节划分：

（1）直接受益者，包括：①农村人口（主要是农民，强调包括贫困户、妇女和少数民族人口）；②城市居民；③（公共交通系统的）乘客；④经常使用或依赖于公路运输的商贩；⑤交通运输的从业人员；⑥驾驶员；⑦参与项目（高速与地方道路部分及后续维持）建设和管理的人员，如建筑工人、地方劳力、高速公路收费站员工等。

（2）间接受益者，包括：①政府部门中需要经常下乡的工作人员及项目工作者（经常使用公共交通）；②其他社会及社区工作者；③外部移民（包括通过本地外出以及外来务工者）；④已有的服务供应者，包括司售人员，个体运输者等；⑤旅行者和外来游客。

（3）可能的受负面影响的群体：①受征地拆迁影响的农户及其家庭成员；②道路沿线会受到施工影响❶的社区及居民（出行、噪声、生产设施破坏等）；③可能会受到性传播疾病、HIV/AIDS 感染的群体。

（四）调研任务的确定

根据上述项目直接与间接影响区的确定，项目咨询专家及社会评价工作组对将要开展的

---

❶ 包括：受施工噪声影响，施工暂时影响交通出行及原有的生活便利条件，外来人口（施工人员）增加导致社会矛盾等。

基线调研任务进行了如下的安排：

（1）作为陇南市的中心，WD 区人口相对密集且贫困人口❶众多，另外，项目在其境内规划了包括客、货运中心在内的若干配套设施，因此将其作为基线调研的第一重点。

（2）文县与康县同样是国定贫困县，境内涉及的道路建设路线较多，农业人口比例大，贫困面大，农业生产活动丰富，预计的征拆内容较集中，因此将其作为基线调研的第二重点。

（3）成县境内只涉及地方道路内容，而且由于其矿业生产比较发达，平均经济水平在甘肃省位居前列，项目在其境内规划的地方道路路线主要是服务于工业生产，因此，不将成县作为调研重点。

（4）礼县为国定贫困县，但所涉及的地方道路路线主要是对原有道路的修复与升级，该路线的主要功能是连接 WD 区与礼县东侧的数个县区。该路线在礼县境内大部分为山区道路，沿线人口密度相对较低，规划的配套交通服务设施很少，因此，不将礼县作为调研重点。

（5）项目社会评价工作启动时已临近年底，按照咨询合同，留给实地调研以及最终完成社会评价报告只有 2.5 个月时间。根据上述取舍的原则，咨询专家与调研工作组确定了如表11-1 所体现的实地调研工作量，预计在 1.5 个月内完成在 3 个县的实地调研以及问卷、提纲等调研结果的数据录入，然后利用 1 个月的时间完成社会评价报告。在村级实地调研过程中强调：①选择调研村尽量按照不同条件分布，包括经济及交通便利条件；②村级访谈尽量邀请所有村干部及部分农民代表参加，要求有妇女参加；③妇女访谈以小组讨论形式进行，要求在每个村邀请 5～8 名妇女参加；④农户个体访谈尽量考虑不同富裕/贫困程度的农户平均分配；⑤乘客个体访谈要求包括 30%～40% 的妇女。

表 11-2 所体现的是包括村级调研在内的本次社会评价所有实际调研工作的主要内容、使用工具/手段、样本量及参与人数的汇总，其中需要说明的内容包括：①本次调研不强调大样本量，而更强调在有限的时间内利用较小的样本量覆盖尽可能多的农户及社区类型，以及在每个调研社区尽可能地进行完整深入的全套调研内容；②建议旅客调查在客运场所随机进行，根据实际情况及调研时间安排，也可在进行村级调研中，利用个体农户调查的机会重叠进行；③公路调查非社会评价内容，由基线调查组顺带完成。

表 11-1　　　　　　　　　　　实地调研工作量及工作内容

村类型	数量	村级访谈	妇女访谈	农户访谈	乘客访谈	结　果❷
WD 区　8 个村						
藏族村	2	2	2	20	10	××乡××村 1 社和××乡××村××社
交通便利（非贫困村）	2	2	1	20	10	××镇××村 2 社和××镇××社
偏远贫困村	2	2	1	20	10	××乡××村 4 社和××镇××村××社
公路沿线村	2	2	1	20	10	××镇××村和××村

❶ WD 区 1992 年由县升级为区，但未取消其国定贫困县的帽子。

❷ 具体调研目标社区为通过县级及乡镇级调研后确定。在实地调研开始前由咨询专家与调研小组共同确定大致条件，如：数量、大致位置、民族地区、贫困分布等内容。

续表

村类型	数量	村级访谈	妇女访谈	农户访谈	乘客访谈	结果●
文县　3个村						
公路沿线村	1	1	1	10	10	××乡××村××社
交通便利（非贫困村）	1	1	1	10		××乡××村××社
偏远贫困村	1	1	1	10	10	××乡××村××社
康县　2个村						
公路沿线村	1	1	1	10		××镇××村××社
偏远贫困村	1	1	1	10		××镇××村××社

表 11-2　　　　　　　　　　　　目标群体、评价分析类型及参与者

活动	目标群体	评价分析手段	地点	样本量	参与人数
审阅现有文件	业主单位	文件检索及小组访谈	兰州		
县级咨询	县级政府相关部门	半结构式小组讨论	WD、文县、康县	5	52
村级调查/农村妇女调查	村干部及农户代表	参与式农村评价 PRA 焦点小组讨论	WD、文县、康县	35	630
	少数民族村			2	30
	农村妇女			6	37
	少数民族妇女			2	8
个体调查	旅客	访谈（问卷辅助）	WD、文县、康县	69	69
	客货运从业者	结构式访谈		18	18
	农户	问卷调查		137	200
	沿线商贩	访谈（问卷辅助）		26	30
市场调查	市场	访谈提纲（问题清单）		6	46
公路调查	业主建议的地方道路及调查员自选	交通量调查清单 现场观察	WD、文县、康县	8	

（五）实地调研

通过省交通厅对口单位的协调，咨询专家与调研工作组分成两个小组同时在实地展开了调研工作。在作为第一站的 WD 区，两组开始时为共同工作，主要是为了熟悉调研流程，利用每天调研结束后的时间内部讨论调研方法的修改，调研过程的调整，调研目标的修订以及调研注意事项等内容。在所有成员明确了上述内容后，分组展开活动，主要按照如下的程序及工作内容展开：

1. 县级/乡镇级研讨（机构访谈）

在每个项目县，邀请包括交通局、农委、扶贫办、民族宗教局、教育局、妇联、卫生局、旅游局、农业局、林业局、畜牧局等职能部门的业务领导进行为期半天的研讨，

主要讨论内容包括：①宣传亚行贷款高速公路项目的特点、宗旨、目标、与当地的互动关系；②核实先期工作中收集到的一些社会经济及分类别的数据和资料；③收集相关的二手资料（包括：县级十五发展规划、扶贫开发计划及整村推进计划与名单、各职能部门制订的各部门相关发展规划、4 年以内的统计资料、各职能部门针对全县的统计报表等）；④共同对当地针对贫困群体（尤其是社区）的发展目标和规划进行讨论、评价；⑤了解当地贫困状况及交通建设类项目与当地贫困/扶贫工作之间的关系；⑥寻找可能的由高速公路建设项目配套而来的（通过亚行或省交通厅）除地方道路内容之外的其他发展项目活动（如卫生、信贷、技术培训等）的领域；⑦确定前往进行调研的乡镇，初步了解其背景情况。

县级研讨后，前往调研乡镇进行实地调查。通过县交通局与乡镇领导进行接触，随后进行包括乡镇长、民政科、农机站、农技站、妇联等科室人员❶的讨论，讨论的主要内容包括：①宣传亚行贷款高速公路项目的特点、宗旨、目标、与当地的互动关系；②乡镇基本情况及主要社会经济数据介绍；③贫困情况及主要分布；④收集二手资料；⑤探讨可能的发展项目活动领域及具体内容；⑥确定前往进行调研的社区及其他目的地，包括市场、车站等；⑦请乡镇干部帮助事先通知调研目标社区的村干部。

2. 村干部访谈

由乡镇干部陪同前往选定的社区进行实地调研。按照事先的联系，首先召集村长、村党支部书记、村会计、妇女主任等主要村干部进行小规模讨论，主要目的及相应的过程如下：①宣传亚行贷款高速公路项目的特点、宗旨、目标、与当地的互动关系；②介绍调研工作组的成员、调研目的、主要工作内容与方式等；③向村干部清楚地介绍高速公路项目可能为社区带来的影响（包括正面与负面）和变化；④清楚地介绍配套地方道路建设的目的、含义、可能的操作方式；⑤清楚地介绍项目本身可能在扶贫、社区发展等领域所做的工作，包括设计背景、目的、与高速公路建设项目的关系、与社区的关系等内容；⑥与村干部讨论稍后将要进行的村民代表讨论会及妇女小组讨论的要求、组织方式、时间安排、地点选择等内容；⑦讨论分析社区成员在将要操作的公路项目及配套社区发展项目中可能的参与及其形式；⑧请村干部定义当地的贫富分类标准并按照村花名册将村民分为好、较好、一般、贫困四类❷并据此初步确定个体农户访谈的对象；⑨请村长、书记、妇女主任分头通知农民代表（包括部分随机名额）、妇女到指定地点开会；⑩请村会计（一般称文书）按照村统计报表帮助完成"社区问卷"。社区贫富分类见表11-3。

表 11-3 ××县××乡镇××社区贫富分类表

类型	农户分布	特 征
好	12（10%）	交通、养殖等专业户；有固定的工作合同/收入，如矿山、工厂、建筑队（技术工）；常年在外打工；有正式工资（教师、电工等）

❶ 亚行贷款高速公路建设项目的社会发展配套项目一般来源于公路建设总贷款之外的渠道，如向其他国际发展机构募集，业主单位（省交通厅）的配套，通过业主单位协调的省内其他职能部门（如扶贫办、水利厅、妇联等）的经费或项目倾斜，主要目的是突出公路建设项目在扶贫、社会发展领域的作用。据此，可行的常规项目内容一般包括农业技术培训、妇女培训、小额信贷、卫生教育、贫困农户扶持等内容，这也是在县乡两级邀请相关部门及人员进行讨论的依据。

❷ 根据实际的社区贫困状况，在一些调研社区采用的是"好、中等、贫困、非常贫困"的等级划分。

类型	农户分布	特 征
一般	22（18%）	有富裕劳力频繁外出短期打工；从事小买卖（做豆腐、小卖部、磨房等）；收支平衡不欠债；有贷款（抵押）能力
较差	48（40%）	务农为主；户均 1 头猪或极少羊；只有零散的富裕劳力用于外出打工；支出大于收入
贫困	38（32%）	半边户；缺乏劳力；家庭成员有慢性疾病；无力组织生产经营活动；孩子多；有欠债；粮食不够吃

3. 农民代表座谈（小组讨论）

在村干部的协调、组织下，社区农民/农户代表❶座谈会一般都是在村委会完成的。按照研讨会的常规，一般会邀请包括几名妇女在内的 7～10 名农民/农户代表参加，主要目的及相应的过程如下：①宣传亚行贷款高速公路项目的特点、宗旨、目标、与当地的互动关系；②请农民代表们确认村干部归纳的贫富分类标准以及农户分布是否合理；③分析社区发展当中存在的主要问题，造成问题的原因，问题带来的困难，当地解决问题的潜力，社区发展需求分析等内容；④着重就当地与亚行项目相关（地方道路、交通服务设施、扶贫等）的问题进行讨论，讨论可行的项目措施；⑤分析并量化高速公路建设及配套项目可能带来的正面及负面影响，探讨可能的缓解负面影响的方案；⑥分析社会模式、村贫困问题、潜在的项目受益群体、分析项目可能带来的对贫困的影响；⑦分析少数民族群体的现状及项目可能对他们带来的影响；⑧对所分析出来的结果，包括困难与问题、发展需求、项目影响等内容进行打分排序并要求与会代表进行确认；⑨针对讨论的问题及发展需求等内容将亚行项目的原则及可能的支持方向重点向与会农民进行介绍。社区发展问题讨论、排序见表 11-4 和表 11-5。

表 11-4 ××县××乡镇××社区发展问题讨论、排序❷

序号	问题	村民一	村民二	村民三	村民四	村民五	村民六	村民七	村民八	总分	排序
1	人畜饮水困难	1	1	1	2	1	1	1	1	6	1
2	学校太远	5	9	8	9	8	9	9	6	46	8
3	缺少技术	2	3	4	3	5	3	2	3	18	2
4	师资力量差	4	2	2	7	9	4	3	7	27	4
5	交通不便	3	4	6	1	2	2	6	2	19	3
6	校舍差	8	5	3	4	7	7	4	4	31	5
7	就医不便	6	6	9	6	3	5	6	8	37	6
8	信息闭塞	9	8	8	5	6	6	5	9	52	9
9	缺少文化场所	7	7	7	8	4	8	7	5	42	7

❶ 在许多农村地区，村中有固定的村民代表，一般为县乡两级政府根据人代会或当地政府的要求指令村委会组织村民选举产生的。一般来讲，每个自然村或生产队的队长也是代表之一。

❷ 共 13 名来自该社区的村民代表参与了"村发展问题"讨论，其中推选出 8 名代表参与了问题的打分排序。由村民代表按 1～9 分对列举的 9 个问题进行排序打分，去掉最高与最低分，得出总分及排序结果。

表 11-5 ××县××乡镇××社区发展问题讨论、排序

类别❶	排序	问题/困难/现状
生产相关困难	1	交通条件差（导致生产成本高，销售困难）
	2	缺水及水利设施（制约养殖业发展和种植业调整）
	3	缺乏市场及生产类信息
	4	缺少养殖业技术
	5	粮食产量低，缺饲料
	6	种植业技术需要更新、提高
	7	收入来源单一，主要依靠打工，受市场影响大
	8	林木矛盾（潜在威胁，制约养殖业）
	9	村内无粮食加工条件
	10	水土流失（近几年因干旱有所减轻）
生活相关困难	1	村小学条件差，缺少必要教学设施
	2	教师水平不高/穷村，留不住人
	3	居住分散，交通不便（娃娃们雨天上学危险）
	4	常年以粗粮为主，吃新鲜蔬菜难
	5	看病难（村医技术好，缺乏基本设备）

根据时间分配，村干部以及农民/农户代表的讨论在大部分调研社区是分开进行的，以防止干部的言论妨碍普通群众的交流和表达。在时间紧张的情况下，也有部分社区的研讨是混合进行的。所进行的讨论会普遍占用 3 个小时左右，除问卷、调研工具等，调研小组在事先也为参与讨论的农民们准备了一些糖果、香烟及香皂等物品。

4. 妇女小组访谈

同样依靠村干部的组织和协调，在大部分调研社区进行了妇女小组访谈。访谈时间一般集中在下午，进行时间不超过两个小时❷。访谈的内容与以男性为主的村民代表座谈基本相近但更加集中，主要是为了评估妇女的需求和发展优先选择，分析项目可能对她们产生的影响。具体的目的及相应的过程如下：①宣传亚行贷款高速公路项目的特点、宗旨、目标、与当地的互动关系；②重点介绍亚行项目对妇女及社会性别问题的重视及相应的措施；③分析妇女们关心的社区发展当中存在的主要问题、造成问题的原因、问题带来的困难、当地解决问题的潜力、社区发展需求分析等内容；④从妇女的角度分析并量化高速公路建设及配套项目可能带来的正面及负面影响，探讨可能的缓解负面影响的方案；⑤从妇女的角度分析社会模式、村贫困问题、潜在的项目受益群体、分析项目可能带来的对贫困的影响；⑥对所分析出来的结果，包括困难与问题、发展需求、项目影响等内容进行打分排序并要求与会代表进行确认；⑦针对讨论的问题及发展需求等内容将亚行项目的原则及可能的支持方向重点向与会妇女们进行介绍；⑧总结出妇女感兴趣的发展推荐领域并加以分析讨论，见表 11-6 和表

❶ 非固定格式，在村民们提出问题/困难后，为便于集中讨论、判断时的注意力，由调查人员总结形成。

❷ 考虑与乡镇及村干部必须进行的先期交流占用的时间，午餐后的时间对妇女较为方便；考虑到妇女在日常家务方面的负担，讨论过长会使妇女们无法集中注意力。

11-7。

表 11-6 ××县××乡镇××社区妇女组问题分析及排序 ❶

问题领域	妇女组提出的问题	对主要问题的投票	
		首要问题	第二问题
生产中的问题	河水不能用于灌溉，粮食产量低； 无钱购买化肥，作物施肥少； 农产品没有特色； 道路条件差，商贩进不来	12	7
生活中的问题	粮食不够吃，细粮靠打工挣钱购买； 吃不起肉蛋，儿童营养不良； 吃不上青菜，每年只有两个月有青菜吃； 全村没有粮食加工设备，加工粮食要到外村	1	
教育问题	经济困难，不能供子女完成9年义务教育； 村小学校舍漏雨、鼠害严重； 村小学没有基本的教学设备和体育用具； 夏季河水上涨，没有桥，影响三年级以上的学生到中心小学和中学	4	5
医疗卫生问题	看不起病，小病久拖成大病； 村里只有1个个体村医，医术不高，缺少医疗设备； 乡卫生院医疗条件差； 许多妇女、儿童患有疾病，没有经济条件诊治，影响生产和生活； 夏天拉肚子的问题比较普遍	5	2
基础设施问题	供电设施年久失修，农户负担不起改造费用； 过河没有桥； 通村外的道路缺乏维护，极不方便，影响生活生产	5	12

表 11-7 ××县××乡镇××社区推荐发展领域分析

推荐领域	为什么（存在问题）	发展的潜力	风险
妇女手工编织 妇女组推荐 项目	（1）收入来源少； （2）妇女缺乏自我发展能力； （3）家庭经济负担重； （4）妇女经济、社会地位低； （5）浪费大量农闲时间； （6）妇女很少接触外界与素质低互为影响	（1）本地以耕种为主，麦秆等资源丰富； （2）妇女在家时间多（包括农闲）； （3）不少妇女有基本的编织技术； （4）所需场地小、资金少，技术易学； （5）能获得家庭支持	（1）市场波动，销售困难； （2）自然灾害导致缺乏资源
养殖项目 （牛、羊） 男子组推荐 项目	（1）收入来源单一（以种植业为主）； （2）资金来源少，无信贷渠道； （3）买不起优良品种； （4）缺乏好的技术； （5）缺乏有效的技术服务； （6）社会治安不好（小偷多）	（1）有一定的放牧场所和条件； （2）大量坡地可种植牧草； （3）近年市场价格稳定； （4）百姓对养殖业兴趣大； （5）百姓有一定的技术； （6）当地政府的政策支持	（1）自然灾害； （2）疫病流行

　　考虑到妇女的角色，调研小组在准备工作中为妇女准备了糖果以及小礼品（文具、香皂等物品）。在讨论结束前，重点向妇女们介绍了项目的一些相关原则，感谢大家的参与，并着重说明推荐的领域及项目还需要经过汇总、分析、报告、审核、立项、批准等程序，会有淘汰的环节以及最终根据资金到位情况加以取舍等内容。

---

❶ 在该村的讨论中，（因为难以取舍）妇女要求不对讨论出的问题进行排序，因此由调研人员将问题归纳为领域而对其严重性/影响程度进行投票。

5. 个体农户访谈

在村干部完成村农户贫富分类并经过村民代表们确认后，调研小组根据调研任务量随机在经过分类的农户名单中指定需要进行农户访谈（问卷调查）的目标户并由村组干部带领前往。根据时间情况，部分村是在小组访谈的当天完成农户问卷调查，部分是在第二天完成的。经过村组干部小组讨论会、村民代表讨论会及妇女小组访谈，大部分农户已经对调研小组的工作有了比较清楚的了解，基本未出现抵触或不配合调查的情况。

农户调查的重点是完成由咨询专家及调研小组预先设计好的"农户社会基线调研问卷"，为后续的案头分析包括社会基线总结、社会影响评价报告、贫困影响报告、征地拆迁报告等提供基础数据。基本过程如下：①向访谈对象（一般是户主）介绍来意及要完成的内容；②大致介绍亚行的高速公路建设项目的特点和主要内容，包括配套项目；③介绍将要使用的问卷的主要内容大类及其目的；④说明基线调研的目的和意义，重点保证农户提供的信息将不会以个体的形式出现在任何文字材料中，而只会以汇总分析的结果出现；⑤开始问卷调查，一名调查员询问并在必要时和访谈对象一同回忆、讨论、商量，另一名调查员负责记录、提醒遗漏的问题、追问被忽略的信息；⑥完成问卷，翻阅有否遗漏，并征询访谈对象是否有需要更改的信息；⑦询问访谈对象是否有针对本项目的问题；⑧向访谈对象表示感谢并离开。基线调研目标农户的收入分布见表 11-8。

表 11-8   基线调研目标农户的收入分布

收入分组（元/人均/年）	< 600 元	600～900 元	900～1000 元	1000～1500 元	1500～2000 元	> 2000 元	总数
农户	29	40	33	13	8	14	137
%	21	29	24	9.5	5.8	10.2	100
总数	69（50%）		46（34%）		22（16%）		137

个体农户访谈一般是两名调研人员配合进行，熟练后，也有部分是一名调查人员单独完成的。一般强调调查人员要在当天工作结束后对调研问卷进行整理，查看是否有遗漏及明显的失误；另外，也鼓励调查人员在每天的调研结束后对当天的调研过程进行定性的描述，具体内容和格式不限，可以包括许多主题，如：当地社区的配合程度、社区成员对高速公路建设项目的了解及关心程度、对目标社区及农户的社会经济状态的定性评价、其他小组访谈及问卷调查所没有覆盖的有价值的信息。

每个农户的调研时间基本控制在 1.5 个小时以内，调研小组事先准备一些便于分发的小礼物，如香烟、糖果、文具、香皂等物品。一些敏感问题，如收入、支出、对某些特定事物的定性评价等一般建议调查人员可以根据实际访谈情况掌握提问的时机而不一定完全按照问卷的顺序；另外，也建议调研人员对这些问题可以用不同的方式重复询问，加以求证。

按照咨询专家的要求，各调研小组成员在当天结束后应该有时间开一个短时间的碰头会，对调研情况进行简单的相互介绍、交叉验证，避免在同一个社区的调研结果中出现过多、过大的偏差。

6. 其他个体访谈

（1）公路运输从业者调查。主要指从事客货运的司机及票务人员，包括国有、集体及个体从业者。由于受调研时间及季节❶所限，调研人员在本项目中未对该群体进行直接的实地调研，而主要采取了根据现成的二手资料❷进行案头分析的方法。该项调查的目的主要是：①识别公路运输从业者在县级、乡镇、村级的不同角色和作用；②分析他们的经营模式，包括规模、频率、收入、成本等；③评估他们将如何由项目获益并将项目对他们的影响进行量化。

（2）公路使用者（乘客）调查。受到调研总体时间的限制，咨询专家及调研小组决定不采取到当地客运站用问卷方式调查乘客的方式，而是在农户调查问卷中加入有关交通、出行、频次、方式等与客运相关的问题。或者说，将农户调研的对象作为日常存在的客运服务对象进行调查。而实际的调研结果表明，将近100%的调研农户至少有1～2名成员其外出频率是可以满足乘客调查的。当然，相比较在客运站或长途客车休息站点进行调查的结果会有更强的时效性同时可以调查到途经本地的外乡、外地乘客，从而获得一些更加客观的数据资料。乘客调查的主要目的包括以下内容：①分析乘客目前的与交通有关的行为模式（如：农产品销售方式、与外界市场及信息接触机会方式等）；②识别乘客与公路及交通有关的问题（如票价、服务质量、安全性与舒适性等）；③评估作为乘客，他们将如何由高速公路建设及相关的配套项目获益并将项目对他们的影响进行量化；④根据调查、分析结果，完善高速公路项目部分配套内容（乡村乘车点、市级客货运中心等）的设计和建议。男性与女性乘客比较见表11-9。

表 11-9　　　　　　　　　　　男性与女性乘客比较

比较内容		男性	女性
公共交通乘客访谈总数		56	13
平均年龄		39.2	38.5
30 岁以下乘客比例（%）		27	8
出行目的地（%）	陇南市以外	82	37
	陇南市内	18	63
人均年长途出行次数		2.2	1
出行目的（%）	赶集	35	60
	医疗	14	35
	打工	24	0
	上学	10	0
	做生意	7	0
	其他	10	5
当地零工（无技术）平均日收入水平❸（元）		30	20
当地零工（有技术）平均日收入水平❹（元）		50	35

❶ 调研时已临近年底；另外，由于先期协调的关系，致使该项调查无法在实地开展。
❷ 包括市级及县级《统计年鉴》、当地交通局统计资料及《道路建设发展规划》、网络资源等。
❸ 指仅需要体力既可完成的工作，如：男性从事建筑与搬运；女性从事餐饮服务、行李搬运等。
❹ 比较难以简单阐明，主要取决于劳力自身具备的不同技术与技能，例如，在工厂装配线上打工。

7. 市场调查

市场调查的目标预先定义为三个层次：地区级的农产品交易中心、县级的农产品交易市场、乡镇（或规模较大的行政村）级的非常设类型的农产品贸易市场。市场调查的主要目的及操作的程序如下：①在县、乡镇、行政村三级进行小组访谈及调研的过程中询问当地农产品贸易及市场的情况并确定调研目标市场；②由项目业主单位（即交通厅及各级交通局）帮助联系（或出具介绍信）调研目标市场；③向市场管理人员介绍高速公路建设项目的特点、宗旨、预期及其他相关知识和信息；④按照预先设计好的调查提纲提问，包括商品（尤其是农业相关产品）交易量、商品流动方向及价格等在内的信息；⑤分析项目可能对市场及市场行为带来的影响；⑥从一个侧面分析、预测高速公路项目可能给当地的扶贫以及社会发展带来的变化与支持。当地农产品销售的运输成本见表11-10。

表 11-10　　　　　　　　　　　　　当地农产品销售的运输成本

产品	总量（kg）	毛收入（元）	运输成本	
			金额（元）	占毛收入比例（%）
小麦	18250	8850	553.3	6.3
鲜水果	6100	5030	620	12.3
蔬菜	800	290	0	0
土豆	25700	11530	1379	12.0
其他	11670	5330	46.7	0.9
总数	63800	36235	2599	7.2

在调研过程中，由于时间及市场开放的原因，还采取了直接访问市场管理机构（办公室）以及县级及乡镇工商管理局（所）和税务所的方式侧面了解信息。

8. 现场观察

为了弥补调研过程中可能出现的资料不足以及增加一些定性的调研结论，咨询专家要求调研小组在整个过程中保留一些现场观察的资料，这既可以帮助调研人员熟悉项目涉及社区并获取无法通过问卷获得的定性信息，又可以对已收集的数据和信息进行核实与检验。如"个体农户访谈"中提到的要求调研人员将访谈过程中观察到的一些信息进行记录等。高速公路项目调研中运用或部分运用现场观察的场合包括：①县级/乡镇级研讨、村干部访谈以及其他群体访谈，由访谈主持人以及记录人员在访谈过程中通过观察获取、发现问卷及语言交流无法获得的一些信息，如：判断与会人员的真实想法与需求、对待项目的态度等；②由调研小组在调研过程中顺带进行的交通流量调查也是现场观察的形式之一❶；③尽管调研小组可以操作所有的定性及定量调查，咨询专家也前往调查了项目区的部分社区，主要内容就是进行现场观察，获得对当地贫困状况、社会经济发展程度以及地方道路的状况和对当地的影响等方面的信息。

---

❶ 同样由于时间安排的关系，本项目调研中没有如常规的那样由交通咨询专家安排详细的交通流量专业驻场调查，而是由咨询专家设计简单的记录表，委托社会基线调研小组利用乘坐交通工具往来于项目区之间的机会进行观察、记录。

（六）数据录入与汇总

按照聘用合同及任务书中所提到的内容，社会基线调研小组同样负责调研基础数据的整理，最终向项目社会咨询专家提供的主要内容包括：①分类整理的二手资料及资料目录的电子版；②电子版的研讨会过程文字记录，包括现场观察的结果；③各类研讨会中分发、使用的调研问卷原件；④村级基本信息（来自于"村基本情况调查表"）汇总的电子版；⑤农户调研问卷的全部原件及问卷所有信息汇总的电子版；⑥其他个体访谈的原件、数据汇总的电子版；⑦完整的调研路线及时间安排表；⑧访谈机构名单及研讨会名单；⑨现场调研过程的部分影像资料。

针对数据录入量大及时间紧张的特点，咨询专家与调研小组雇佣了数名当地的数据录入员帮助进行汇总数据的整理与输入工作。

（七）社会评价报告的撰写

亚行高速公路建设项目的社会评价报告没有硬性的格式，但大致的内容条目基本是固定的，与其他所有组织的社会评价报告也是基本一致的。表 11-11 详细列举了本项目社会评价报告的目录及各条目的撰写目的与主要内容。

表 11-12 所举的是本项目中按照亚行常设要求准备的一份项目"社会行动计划"，是社会评价的一个重要组成部分。表 11-13 为监测指标的选择。

表 11-11　　　　　　　　　　社会评价报告的目录及主要内容介绍

目录	主要内容与目的
第一部分　介绍	
一、目标	（1）社会评价的主要目标；
二、任务、过程及方法	（2）评价的过程和采用的主要方法；
三、报告的结构	（3）报告的主题结构介绍；
四、项目区	（4）直接项目区和间接项目区的界定
第二部分　社会发展，贫困及交通服务现状	
一、社会发展现状	
1. 陇南市基本信息	
2. 项目区主要信息	
3. 项目区社会经济类型划分	
4. 行政划分、面积及人口	
5. 民族构成	（1）分类别介绍主要的社会发展情况以为后面针对项目区受益人口的详细的分析和影响评价提供基础平台；
6. 经济与农业	（2）使用的数据基本来源于收集的二手资料及政府网站；
7. 教育	（3）描述当地已完成或正在执行中的其他国际援助项目带来的经验、教训
8. 医疗卫生	
9. HIV/AIDS，其他性病及地方病	
10. 其他社会基础设施	
11. 项目区获得的发展援助情况	
12. 发展潜力	

续表

目录	主要内容与目的
二、贫困状况	（1）前两项完全来于省扶贫办资料； （2）后三项来于基线调研数据汇总； （3）"其他情况"包括供电、地理位置、道路条件、信息、饮水等公共服务内容
1．甘肃省总体贫困情况	
2．项目区的贫困状况	
3．收入与贫困线	
4．家庭规模与贫困	
5．其他情况与贫困	
三、交通服务状况	背景类，非重点，信息大部分来自于交通厅报告
第三部分　公众咨询、公众参与和说明	（1）介绍调研全过程中与社会公众进行交流宣传的情况； （2）突出介绍公众通过本调研获得的对项目的了解与支持
第四部分　社会影响评价	
一、项目受益群体的识别	
二、受益群体的社会经济状况	（1）明确描述所有可能通过项目直接受益的群体； （2）通过对比二手资料与调研汇总，尽可能将受益情况量化
1．农村人口	
2．交通服务业的顾客	
3．运输服务从业者	
4．城市人口	
5．地方政府	
6．商贩	
7．工程承包人及建筑工人	主要指通过建筑施工获得的效益
三、受益群体的需求及项目影响评价	（1）定义并描述涉及各群体在交通运输的质量、服务提供等方面的需求； （2）定义并量化描述项目在满足上述需求方面的作用
1．农村人口	
2．乘客、运输服务从业者	
3．城市人口	
4．发展工作者	
5．地方政府	
6．工程承包人及建筑工人	
四、妇女与性别问题	（1）详细描述项目区妇女的社会经济现状； （2）重点描述妇女的发展需求，争取为可能获得的社会发展配套资金的使用提供依据； （3）定义并量化项目可能的对当地妇女的影响
1．教育	
2．卫生保健	
3．就业与收入	
4．社会经济能动性	
5．需求与愿望	
6．社会性别与发展项目	
7．项目影响	
五、间接受益群体	

续表

目录	主要内容与目的
六、受负面影响的群体	（1）定义并量化特定群体可能受到的负面影响； （2）分析项目建设期间及之后的可能负面影响为后续的社会行动计划提供基础； （3）帮助为项目实施（建筑）设计可行的应对方案提供基础
1. 受征地及拆迁影响的农户	
2. 直接受建筑施工影响的社区	
3. HIV/AIDS 和其他性传播疾病	
4. 建筑后期可能的危险	
第五部分 少数民族问题	
一、我国的主要相关政策	主要来自于官方网站信息及二手资料
二、亚行关于土著居民的相关政策	
三、对少数民族社区/人群的公众咨询	（1）介绍调研期间对少数民族社区的宣传与沟通情况； （2）描述项目所有（社区规模）少数民族的基本情况，重点介绍贫困问题
四、项目区的少数民族情况	
1. 人口、民族与分布	
2. 贫困及社会经济特征	
五、项目对少数民族群体的影响	分析项目可能对其产生影响的途径并量化
六、少数民族问题总结	总结会否有负面影响，项目应如何应对
第六部分 贫困影响评价	
一、总体情况	（1）定义项目带来的积极影响并将其量化； （2）描述项目对不同目标群体（直接、间接项目区，贫困、非贫困人口，农村、城市人口）的影响并对预测进行量化
二、贫困人口的受益	
1. 经济影响	
2. 非经济影响	
三、总体贫困影响	
四、影响分布分析	
第七部分 结论与建议	
一、结论	定性描述为主
二、建议	（1）在项目的不同支持方向提出建议，如高速公路建设中如何减轻负面影响，加强积极影响并保持公平受益，地方道路建设如何更好地支持当地发展； （2）对需要支持的领域结合可能的配套项目进行推荐
1. 高速公路部分	
2. 地方道路部分	
3. 其他	
第八部分 社会行动计划	
一、介绍	（1）一系列的建议，重点为强化及保证项目可能带来的积极影响，如怎样使受影响群体能够更好地表达他们的问题和需求，如何保证信息的透明等； （2）行动计划应尽可能具体，可操作
二、社会行动计划	
1. 目的与途径	
2. 主要领域	

续表

目录	主要内容与目的
第九部分　影响监测与评估	
一、总体情况	
1. 项目相关利益的分配	
2. 监测框架	（1）基本框架由独立的监测与评估咨询专家提出后与社会发展专家讨论形成，基本数据来自于社会基线调研；
二、详细的监测与评价（M&E）计划	（2）主要目标是保证积极影响能够发生并获得应有的效果；
1. 途径与方法	（3）为今后的项目监测设计基本方案并为监测指标提供完整的基线数据
2. 操作的时间及地点安排	
3. 常规问卷调查的安排	
4. 参与式评价的安排	
5. 组织与预算	
6. 活动时间安排	

表 11-12　　　　　　社 会 行 动 方 案

建议的行动	目标	涉及的执行机构	时间	资金支持需求	监测指标
继续公众咨询、告知活动 （1）准备与项目相关的信息资料（征地拆迁等），亚行政策，HIV/AIDS知识，紧急救助信息； （2）准备海报宣传项目的主要信息（征拆，遗迹保护，申诉）	项目地区城镇和农村人口，建筑工人（以月为基点）	EA，IA，地方政府和县运输局	2006	项目，包括在EA中？	（1）分发的信息宣传单的数量； （2）分发的海报数量
对设有施工营地的社区提供支持 （1）就施工期间需修建的简易路、桥的方案咨询社区成员的意见； （2）给当地百姓提供门诊、医疗服务； （3）从地方社区中雇佣非技术性劳动力（尤其是贫困人口和少数民族）	建筑工地（社区）	IA和承包商	2007—2011	无附加费用	（1）按性别区分的参与商议的当地人数量； （2）可通行的桥梁数量； （3）地方的病人数量； （4）按性别雇佣地方居民数量
保护可能受施工侵扰的社区 （1）在社区中颁发关于相关政策和规定的宣传和海报； （2）与社区领导和农民代表（10%的社区成员，其中妇女占一半）就设立针对当地人的投诉渠道进行讨论； （3）禁止夜间施工； （4）建设单独的便民路； （5）重建破坏了的灌溉和排水系统	拟议中的12个高速路沿线的乡镇人口；拟议的80个受到影响的村庄，包括拟议的150个拆迁户	IA和承包商	2007—2011	项目，包含在EIA部分中？	（1）颁发的宣传和海报； （2）当地居民对相关问题和政策的理解和知识； （3）工作时间（记录）； （4）便民路、桥的数量； （5）灌溉和排水沟渠的长度

续表

建议的行动	目标	涉及的执行机构	时间	资金支持需求	监测指标
传播性疾病的控制 （1）地方卫生部门官员和医务人员去建筑工地和路边社区探访； （2）在施工营地设立诊所； （3）预防 HIV/AIDS 和性传播疾病的宣传海报； （4）在建筑工地和沿线社区组织 HIV/AIDS 和性传播疾病的宣传、教育	建筑工人； 农村贫困人口（包括少数民族）每个月； 服务提供者	IA，承包商和地方卫生部门	2007—2011	项目，包含在 EIA 部分中？	（1）走访社区的频率； （2）诊所数量； （3）病人人数； （4）对疾病相关知识的了解； （5）海报数量； （6）组织的宣传教育活动
帮助受征拆影响的人群恢复收入 （1）在社区中颁发关于相关政策和规定的宣传和海报； （2）与社区领导和农民代表讨论可能的培训计划； （3）城市打工技能的培训； （4）为妇女特别提供打工技能培训； （5）为受项目影响的人群提供打工信息	沿线受影响社区的贫困人口	IA，地方劳动和社会保障部门以及其他执行机构	2007—2011	征拆涉及的项目部分和政府	（1）分送海报和宣传册的数量； （2）按性别区分的受培训者的数量； （3）课程数量； （4）提供的信息数量
优先选择当地弱势人群（贫困等）参加建筑工作 （1）向当地宣传项目所能提供的条件； （2）在优先雇佣当地人群的问题上与社区领导和农民代表进行接触和讨论； （3）地方承包商应雇佣所需劳力的50%的地方妇女做整地等工作； （4）从当地苗圃获取所需的所有树苗； （5）外部承包商雇用至少75%的地方非技术性劳动力； （6）优先选择当地的供货商为休息区提供服务	潜在的地方劳动力和贫困人口，特别要关注贫困妇女和少数民族社区	IA，承包商和ADB	2007—2011	无费用，但要符合 ADB 政策	（1）当地农民对优先选择和 ADB 相关政策方面知识的理解； （2）合同条款； （3）弱势人群在雇工中的数量； （4）雇佣的地方妇女数量； （5）从地方获得的树苗的数量
社会公共安全 （1）交通安全部门的官员与乡镇政府和社区领导要定期接触并讨论组织宣传、教育的事宜； （2）道路安全教育计划（在社区、学校、当地市场、少数民族社区村等进行）； （3）G212 在穿越乡镇路段上的限速招牌； （4）G212 上要严格执行交通规章	沿 G212 和地方道路的社区居民和旅行者； G212 和地方道路的司机	IA，地方公安局和地方交通运输局	2007—2011	无费用	（1）交通安全官员与地方领导会议的频率； （2）警告牌的数量； （3）宣传、教育计划的类型； （4）宣传、教育计划的数量
在地方路部分中加强扶贫干预 （1）与受影响区的领导和农民代表商议和讨论可能的干预措施； （2）为当地农民提供小额信贷用以购买摩托车及其他生产性工具； （3）水果、蔬菜及养殖方面的技术培训； （4）市场和打工信息的发布分送	为大约 1 万个农户提供小额信贷，其中 50%的借款人应为女性； 农村居民尤其是贫困人口	中国农业银行（ABC），扶贫办县、乡政府	2007—2011	扶贫项目无附加费用	（1）组织的咨询会议数量； （2）利用信贷购买的车辆数； （3）女性借用者人数； （4）培训班数量

续表

建议的行动	目标	涉及的执行机构	时间	资金支持需求	监测指标
促进旅游业 （1）在旅游网站上公布高速公路的宣传； （2）通过广告宣传陇南其他地区的旅游资源； （3）如果可以，利用地方财政预算和部分拆迁资金在高速公路和地方道路沿线农村发展"农家乐"旅游	潜在的具备一定基础和资质的农户；旅游者和旅游服务机构	地方政府和旅游局	2006以后	政府和旅游业部门	（1）发布的广告数量； （2）针对旅游业的投资； （3）新增的"农家乐"数量及游客数量记录

表 11-13 **监 测 指 标 的 选 择**

指　标	××乡镇			××乡镇			××乡镇		
	乡镇	××村	农户	乡镇	××村	农户	乡镇	××村	农户
到乡镇政府距离		15			3			2.5	
通公路行政村的比例（%）	98			94			44		
通自来水行政村比例（%）	83			91			22		
通电话行政村比例（%）	36			53			11		
固定电话数量	795	10		423	18		8	0	
交通量增长		75			55			20	
客车及货运的价格		4			1			0	
通公车的行政村比例（%）	20			30			0		
每天通县城班车的次数	2			3			0		
化肥投入（%）			6.7			8.2			7
机动车数量		6			15			6	
交通相关的支出（%）			7.4			5.6			8.2
到县城赶集的频率		0.5			1			0.5	
到乡镇赶集的频率		3			4			2	
中学辍学率（%，分性别）		50			15			23	
县城/乡镇医务人员巡诊的频率（每半年）		1			1			0	
非农收入的比例（%）		14			32			16	
出售余粮的农户比例（%）		14			0			60	
出售牲口的农户比例（%）		34			0			9	
农技人员每半年到访的频率		1			1			1	
新房的数量		7			2			30	
长期（半年以上）打工的人数		60			30			60	
无大牲口的农户数		6			9			10	
农村人均年收入（元）	1450	550		1190	850		821	770	
贫困率（%）		80			65			90	

附件一：高速公路建设项目乡镇调查提纲

我们正与甘肃省交通厅一起为高速公路项目工作，该项目既包括高速公路建设又包括与之相配套的乡村公路改造与建设。很高兴您能为我们提供相关信息，我们将为您保密。

县：	乡（镇）：
调查人：	调查日期：

调查人员注意：本调查的目的是对所调查乡镇的社会与经济状况有一个整体印象。多数情况下数量信息不需要或者并不存在，此时应当收集相关反应主要趋势或者主要特点的定性信息。整个调查应当采取访谈方式，没有必要按照提纲顺序进行访谈。

A 基本情况
A1. 村社农户及人口数量

村（民委员会）数量： 　　其中少数民族村：	社（村民小组数量）： 　　其中少数民族：
总户数：	总人口：　　　　　　　　　　　　； 　　其中　　　回族人口： 　　　　　其他少数民族人口：

A2. 资源

地域面积：	耕地面积： 　水田：　　　　　；旱地
森林面积：	
矿种及开发状况（对本乡的贡献）：	

A3. 道路交通
1. 通公路村数量，村民小组数量。
2. 全乡公路里程（公里数），公路等级（水泥路面、砂石路面、土路、晴通雨阻）及里程。
A4. 公共基础设施

通电村/社数量：　　　/	通自来水村/社数量：　　　/
乡医院：	通电村/社数量：
村诊所数量与分布：	通电话村/社数量：　　　/ 通电视信号村/社数量　　　/
小学数量：	中学数量：

A5. 住房
当前人畜混居户数量：
A6. 车辆和其他贵重商品拥有量

小汽车：　　　　；卡车：　　　　面包车：　　　　； 小四轮拖拉机：　　　机动三轮车：　　；摩托车：	拥有彩电家庭：　　　　拥有冰箱家庭： 拥有洗衣机：

A7. 粮食生产

粮食自给（温饱）家庭数量：　　　　； 　　短缺家庭：　　；（短缺　　月）　富余家庭：　　　　；

A8. 各村之间贫富排序（确定调查村所处地位）
B 农业
1. 本乡农业区划（农业生态分区）及特点（如作物/牲畜种类、产量）。

分区	I	II	III	备注
海拔高程				

分区	I	II	III	备注
气候特点				
粮食作物				
经济作物				
牲畜				
交通状况	好/中/差	好/中/差	好/中/差	
民族分布及比例				
相对经济状况	好/中/差	好/中/差	好/中/差	
主要收入来源及贡献（%）	1. 2. 3.	1. 2. 3.	1. 2. 3.	
该区富裕/贫困原因	1. 2. 3.	1. 2. 3.	1. 2. 3.	
近几年变化情况及原因*	大/一般/小 1. 2. 3.	大/一般/小 1. 2. 3.	大/一般/小 1. 2. 3.	

* 如新作物的引进或者老品种的消失、种植面积的扩大或者减少、产量的显著增加与减少、价格的显著变化、养殖数量增加或者减少等。

2. 本乡农产品销售渠道（地点与方式），销售产品种类（另附市场调查表）。

3. 主要农产品当地销售价格

	水稻	玉米	土豆	牲猪
2000				
1995				

4. 当地主要生产资料价格

	尿素			
2000				
1995				

C 非农活动

1. 每年大约多少人在外地（县外）打工（一个月以上）？

2. 每年大约多少人在本地（县内）打工（一个月以上）？

3. 打工人口中妇女占多大比例，少数民族占多大比例？

4. 近几年打工人数是增加还是减少了，原因何在？

D 收入

注：调查收入的目的是了解村内收入差异的大致状况。获得这方面的信息并不容易，因此需要对一些细节进行了解，另外被调查者也可能觉得不好回答，所以需要谨慎从事。

1. 请对本乡农民收入来源的重要性进行排序（用1~5排序，1最重要）。

粮食	经济作物	养殖	打工	本地非农活动	其他（ ）

2. 去年人均纯收入大约是多少？统计：　　　　元；　　　　实际：

3. 收入分布

收入（元/年/人）	>2000	1500～2000	1500～1000	1000～600	<600
农户比例（%）					

4. 本乡有多少贫困户？贫困户组成（少数民族与汉族比例）？贫困的原因是什么（如年龄、体弱、缺乏土地等）？
5. 全乡多少家庭去年得到了政府的直接救济（钱、物），组成（少数民族与汉族比例）？
E 妇女角色
男女分工方面主要有那些差异？
F 上级（政府）部门在本乡开展的活动
1. 描述上级部门近五年在本乡开展的活动，哪些活动最有效？
（1）县（区）扶贫办：
（2）妇联：
（3）信用社/小额信贷：
（4）农、林、畜牧部门：
2. 哪些活动是农民迫切需要的？
G 高速公路/乡村公路的影响
1. 过去公路项目（如果有）对本乡所产生的正面或者负面影响？
出行便利/物资运输便利/外来投资及相应的就业机会/种植结构调整并增加收入/其他（　　　　　　）
占地（而使部分村民失去生存资源）/破坏原有水利等基础设施/不良风气/不安全（事故）/安置困难/其他（　　　　　　）
2. 拟议高速公路/乡村路建设/改造对本乡的影响？
出行便利/物资运输便利/外来投资及相应的就业机会/种植结构调整并增加收入/发展工业及加工业/其他（　　　　　　）
占地/破坏原有水利等基础设施/不良风气/不安全（事故）/安置困难/其他（　　　　　　）
H 最后问题
总的说来，近年来本乡的社会经济状况是改善了、还是退步了或者没有变化，原因何在？
I 需求/需解决的问题
根据被调查人的意见确定该乡最主要的需求

附件二：村基本情况调查提纲

我们正与甘肃省交通厅一起为 WG 高速公路项目工作，该项目既包括高速公路建设又包括与之相配套的乡村公路改造与建设。很高兴您能为我们提供相关信息，我们将为您保密。

县：	乡（镇）：
村：	社：
调查人：	调查日期：

调查人员注意：本调查的目的是对所调查村的社会与经济状况有一个整体印象。多数情况下数量信息不需要或者并不存在，此时应当收集相关反映主要趋势或者主要特点的定性信息。整个调查应当采取访谈方式，没有必要按照提纲顺序进行访谈。
A 村基础信息
A1. 道路交通

离乡距离	离干路距离	离县城距离	离最近市场距离	路面	路况
				土/砂石/好路面	好/一般/差

A2. 人口

总人口：	建村历史：　　　　年
总户数： 回族家庭：　　　；藏族家庭：　　　；其他民族（　）：　　　%	

A3. 公共基础设施

通电：	供水方式/最近距离：
小学/离最近小学距离：	中学/最近距离：

续表

诊所：	电话（数量）：
燃料类型：	获取燃料距离：

A4. 住房

过去两年建新房数量 楼房： ；砖瓦房： ；木结构房： ；土坯房： ；其他：
当前人畜混居户：

A5. 车辆和其他贵重商品拥有量

小汽车： ；卡车： ；面包车： ； 小四轮拖拉机： ；机动三轮车： ；摩托车： ；	拥有彩电家庭： 拥有洗衣机：

B 经济活动

B1. 农业

耕地： 　其中水田： 　　　旱地： 公共和未分配耕地：	粮食自给（温饱）家庭： 粮食短缺家庭： ；（短缺： 月） 粮食富余家庭： ；农户

1. 除了粮食作物，还种什么经济作物？
2. 多少家庭（%）能从畜牧生产上获得经济收入（既出售牲畜）？
3. 近些年农业生产上发生了那些大的变化，原因何在？（如新作物的引进或者老品种的消失、种植面积的扩大或者减少、产量的显著增加与减少、价格的显著变化、养殖数量增加或者减少等）。
4. 村民出售哪些农产品，销售地点与方式？
5. 主要农产品当地销售价格。

	水稻	玉米	土豆	牲猪						
2000										
1995										

6. 当地主要生产资料价格

	尿素								
2000									
1995									

B2. 非农活动

7. 大约多少家庭（%）有人在（村）外打工（一个月以上）？
8. 打工人口中妇女占多大比例？
9. 近几年打工人数是增加还是减少了，原因何在？

B3. 收入

注：调查收入的目的是了解村内收入差异的大致状况。获得这方面的信息并不容易，因此需要对一些细节进行了解，另外被调查者也可能觉得不好回答，所以需要谨慎从事。

10. 请对收入来源的重要性进行排序（用数字1～5排序，1最重要）。

粮食	经济作物	养殖	打工	本地非农活动	其他（ ）

11. 去年人均纯收入大约是 元。
12. 收入分布（排序结果）

收入（元/年/人）	>2000	1500～2000	1500～1000	1000～600	<600
农户比例（%）					

13．本村有多少贫困户，贫困原因是什么（如年龄、体弱、缺地等），有多少五保户？

14．多少家庭去年得到了政府的直接救济（钱、物）？

B4．妇女角色

15．男女分工方面主要有哪些差异，近10年发生了什么变化？

C　上级（政府）部门在本村开展的活动

1．描述上级部门近五年在本村开展的活动，哪些活动最有效？

（1）县（区）扶贫办：

（2）妇联：

（3）信用社/小额信贷：

（4）农、林、畜牧部门：

（5）非政府机构：

（6）党团机构：

2．哪些活动是村民迫切需要的？

D　高速公路/乡村公路的影响

3．是否听说过高速公路项目，都有什么？

4．过去公路项目（如有）对本村所产生的正面或者负面影响？

出行便利/物资运输便利/外来投资及相应的就业机会/种植结构调整并增加收入/其他（　　　　　　）

占地（而使部分村民失去生存资源）/破坏原有水利等基础设施/不良风气/不安全（事故）/安置困难/其他（　　　　　　）

5．拟议高速公路/乡村路建设/改造对本村的影响？

出行便利/物资运输便利/外来投资及相应的就业机会/种植结构调整并增加收入/其他（　　　　　　）

占地（而使部分村民失去生存资源）/破坏原有水利等基础设施/不良风气/不安全（事故）/安置困难/其他（　　　　　　）

E　调查社资源状况

全社农户数量：　　　　；人口数量：　　　　；宅基地面积：　　　　；

土地总面积：　　　　；耕地总面积：　　　　；水田面积：　　　　；

旱地面积：　　　　；果园面积：　　　　；森林面积：　　　　；荒地面积：

F　社内村民对征地的反应

6．如果修路征地，社里如何处理那些受影响家庭的土地问题？

G　一般问题

7．总的说，近年本村/或社的社会经济状况是改善、退步或者没有变化，原因何在？

H　需求/需解决的问题

根据被调查人的意见确定该村最主要的需求

附件三：农村个体客、货运调查问卷

我们正与甘肃省交通厅一起为武灌高速公路项目工作，该项目既包括高速公路建设又包括与之相配套的乡村公路改造与建设。很高兴您能为我们提供相关信息，我们将为您保密。

调查地点：　　　　调查时间：　　　　调查人姓名：

1．您是：□客运个体　□货运个体

2．您是否具有运管部门颁发的经营许可证：□是　□否

3．您的车辆类型是：□微型面的　□三轮车　□人力车　□摩托车　□小型拖拉机　□其他，请注明：

4．您的车辆购置费用是：　　元

5．您对目前农村的道路状况如何？

6．若您是客运个体，您跑运输的线路包括：□镇村之间　□村村之间　□镇镇之间。您的车辆一般在哪里上客：□客运站/集中点　□农贸市场　□路边随时。在哪里下客：□客运站/集中点　□农贸市场　□路边随时

7．您运输的价格大致如何？

8．您的车辆每天平均运营　　　　公里。

9．您的车辆年平均实载率一般是多少，实载率什么时候较高，什么时候较低？

10．您认为农村客货运市场的竞争状况如何：□激烈　□一般　□不激烈

若选择激烈，原因是：

11．您认为农村道路运输安全状况如何：□不安全　□一般　□安全

若选择不安全，原因是：

12．若您是货运个体，您一般运输的货物是：　　　　；运输线路是：　　　　；

您一般用什么方式找货源：　　　　；

13．您认为目前的农村道路运输政策有哪些不合理的地方，有何建议？

附件四：高速公路项目妇女访谈提纲

县 乡（镇） 村 社	
被调查妇女人数　其中<30岁： 　　　　　　　　30～40： 　　　　　　　　>40：	调查人： 调查日期：

A　妇女角色及其变迁
当前男女劳动分工，劳动量，近年变化？
男女社会地位，交往出行，近年变化？
男女经济地位，市场活动，近年变化？
B　上级（政府）部门在本乡开展的活动
描述上级部门近五年在本乡开展的尤其是针对妇女的活动，哪些活动最有效？
（1）县（区）扶贫办：
（2）妇联：
（3）信用社/小额信贷：
（4）农、林、畜牧部门：
哪些活动是妇女迫切需要的？
C　教育、卫生健康
对子女就学的态度及当前儿童就学现状
中青年男女教育水平，男女差异之原因？
D　高速公路/乡村公路的影响
过去公路项目（如果有）对本村所产生的正面或者负面影响？
出行便利/物资运输便利/外来投资及相应的就业机会/种植结构调整并增加收入/其他（　　　　　）
占地（而使部分村民失去生存资源）/破坏原有水利等基础设施/不良风气/不安全（事故）/安置困难/其他（　　　　　）
拟议高速公路/乡村路建设/改造对妇女的影响？
拟议高速公路/乡村路建设/改造对本村的影响？
出行便利/物资运输便利/外来投资及相应的就业机会/种植结构调整并增加收入/发展工业及加工业/其他（　　　　　）
占地/破坏原有水利等基础设施/不良风气/不安全（事故）/安置困难/其他（　　　　　）
E. 贫困问题
村民对贫困村、贫困户定义？（按妇女的话来定义描述）。

1. 贫困户 口粮/年： 肉类/月： 衣物/年： 收入/年： 住房类型：	2. 贫困村 口粮/年： 肉类/月： 衣物/年： 收入/年： 住房类型：

你们认为，本村状况属于（选择打钩）：
（1）极穷；（2）穷；（3）不穷；（4）富裕；（5）其他（说明）
什么原因决定一个村贫富与否？（选择打钩）
（1）通车公路距离；（2）饮用水便利程度；（3）医疗点；（4）学校；（5）就业机会；（6）耕地数量；（7）耕地质量；
（8）资源；（9）优势产业
贫困原因排序（让村民列出最重要的三个原因，简述）
（1）
（2）
（3）
F. 本村需要优先开展的活动　　　　　（打分按10分计）

活 动 内 容	女		男	
	打分	排序	打分	排序
食物安全（提高粮食产量）				
增加收入				
改善供电				

续表

活 动 内 容		女		男	
		打分	排序	打分	排序
改善人畜饮水（饮水保障与安全）					
改善教育条件					
改善农田浇灌					
改造农家厕所					
方便贷款					
修路	改善通到村里的道路				
	改善国道到乡政府的路				
	道路升级				
改善医疗条件（医疗卫生）					
提供种养技术指导					
提供更多的打工机会（或外向性就业机会）					
开通固定电话					
开通有线广播电视					
其他（请具体）					

G. 卫生与医疗
本村是否有明显的地方病？如有，是什么种类，针对男性、女性还是儿童？
本村是否进行过有关艾滋病的宣传教育？如有，进行次数？什么时间在什么单位进行？村民参加人数为多少？
是否了解艾滋病的传播途径（血液、母婴传播、吸毒、性关系）？
是否知道基本的防治知识？

附件五：市场调查提纲

县：	乡（镇）：
村：	距乡镇中心：
调查人：	调查日期：

1. 市场名称：
2. 通何种道路：
3. 道路状况：
4. 由何人/机构管理/运行：
5. 成立时间：
6. 开放时间（　　　日/周　　　小时/日）
7. 客商情况：

客商	本地客商		外地客商	
	目前	2年前	目前	2年前
大客商				
小客商				
本地农民				
总计				

8. 妇女经商（买卖）人数
9. 少数民族农民进场交易情况
10. 主要交易产品

条目	产地	周交易量	销往地区
农业产品			
生产资料			
其他			

11. 向若干客商了解商品价格情况

商品	单位	现价	上月价格	半年前价格	去年价格

12. 对于道路/运输条件的看法：
13. 如上述条件获得改善，价格是否会有变动：

商品	单位	现价	上月价格	半年前价格	去年价格

14. 对于道路/运输条件的看法：
15. 如上述条件获得改善，价格是否会有变动：

商品	单位	现价	上月价格	半年前价格	去年价格

16. 对于道路/运输条件的看法：
17. 如上述条件获得改善，价格是否会有变动：
18. 市场内工作人员情况

工作人员种类	数量	男性	女性	民族

续表

19. 运输情况			
运输类型	数量	来源地	目的地

20. 近年来商品类型及交易量的主要变化趋势

21. 该市场对本地发展的影响

22. 税费情况

	税款　数量/周期	管理费　数量/周期	其他　数量/周期
大客商			
小客商			
其他（注明）			

23. 当地主要商品价格变化调查表

			县城	调查乡镇				调查村			
		单位	价格	价格	到县城距离	道路类型	交通运输工具	价格	到县城距离	道路类型	交通工具
购买	水泥										
	磷肥										
	尿素										
	农药										
	种子										
	农用薄膜										
	小麦										
	玉米										
	土豆										
销售	小麦										
	玉米										
	土豆										
	劳力（打工）										

附件六：路况与交通量调查表

道路名称：
起点：   终点：
服务乡镇/贫困乡镇数量：   /
服务村/贫困村数量：   /   服务人口/贫困人口：/

（1）调查路段	始： 止：	
（2）行驶时间	始： 止：	停歇：
（3）行驶里程	始： 止：	里程：
（4）路况	好： 中： 差：	
（5）平均宽度	平均： 最窄： 最宽：	
（6）相向大型卡车	行驶：	停歇：
（7）相向轻型卡车	行驶：	停歇：
（8）小汽车	行驶：	停歇：
（9）大型客车	行驶：	停歇：
（10）小型客车	行驶：	停歇：
（11）2～3轮摩托车	行驶：	停歇：
（12）拖拉机	行驶：	停歇：
（13）农用车	行驶：	停歇：
（14）自行车	行驶：	
（15）道边餐馆	新：	旧：
（16）道边旅馆	新：	旧：
（17）机动车修理点	新：	旧：
（18）		
（19）		
（20）		

第四节   WB/DFID 中国结核病控制项目社会评价案例

一、项目概述

（一）研究背景、目的及内容

1．研究背景

我国居全球结核病高负担国家的第二位，约有活动性肺结核病患者 450 万，其中涂阳肺结核病人 150 万，每年因肺结核病死亡 15 万人。2000 年全国结核病流行病学抽样调查数据显示，活动性肺结核患病率为 367/10 万，涂阳肺结核患病率 122/10 万，疫情形势相当严峻。

2001 年国务院发布《全国结核病防治规划（2001—2010 年）》，提出了结核病防治工作目标。1992—2000 年我国启动了第一个世界银行贷款中国结核病控制项目，项目覆盖 13 个省、自治区的 6.5 亿人口，其中包括辽宁省和新疆维吾尔自治区。2002 年我国利用世界银行贷款/英国政府赠款启动了新一轮结核病控制项目，项目向西部和贫困地区倾斜，覆盖 16 个省、市、自治区（包括辽宁省、福建省、河南省和新疆维吾尔自治区），为期 7 年。

结核病是一种贫困性疾病，也是一种社会性疾病。在项目实施过程中，研究贫困人口获得基本卫生服务存在的障碍，探讨在我国贫困、边远和少数民族地区实施结核病控制项目的进展及其制约因素，为项目进展的评价提供信息和依据。世界银行/英国政府国际发展部支持在中国结核病控制项目中开展社会评价。试点工作于 2003 年在内蒙古自治区开展。试点研究的主要发现为评价结核病控制项目提供了重要依据，已经形成了一套科学可行的社会评价研究方法，供项目省推广应用。经卫生部疾病控制司、卫生部国外贷款办公室和结核病预防控制中心决定，在 2004 年对福建、河南、辽宁和新疆四个省、自治区进行结核病控制项目社会评价的调查研究。四省相关情况见表 11-14。

表 11-14　　　　　　　　四个省的人口数、经济状况和结核病疫情

省、自治区	人口（万）	人均 GDP（元）	活动性肺结核登记率（1/10 万）	涂阳肺结核登记率（1/10 万）
福建	3488	15006	35.1	19.3
辽宁	4203	14258	65.9	37.5
河南	9113	6436	47.6	22.3
新疆	1950	9686	92.1	62.3

2. 研究目的

（1）探讨弱势人群患结核病后获得基本医疗服务的可及性；

（2）了解贫困、边远和少数民族地区人群获得基本医疗服务的障碍；

（3）了解人群疾病知识和行为，为健康促进策略提供依据；

（4）探讨早期发现、及时治疗肺结核病人的影响因素，为结核病控制项目社会评价提供信息支持。

（二）研究方法

1. 研究现场

每省选择 3 个县进行调查，选县的原则如下：

（1）肺结核患病率和涂阳新登记率较高，而病人发现率较低的县；

（2）经济水平属于贫困地区；

（3）DOTS 执行情况分别属于省内好、中、差的水平；

（4）少数民族地区；

（5）结防机构隶属于 CDC、医院或为独立机构。

根据上述要求，各省最终选择的现场如下：①河南省：栾川县、方城县和兰考县；②辽宁省：彰武县、凌原市和新宾县；③福建省：大田县、上杭县和寿宁县；④新疆维吾尔自治区：疏扶县、查布察尔县和吐鲁番市。

2. 研究内容

（1）肺结核病人的诊疗过程。调查对象的背景信息包括年龄、性别、民族、经济条件等；寻求医疗服务的路径和费用；如何前往结防机构；在结防机构的诊断和治疗过程；就诊、确

诊延迟及其原因；对肺结核病的认知和态度及其对坚持规律治疗的影响；获得 DOTS 治疗管理的障碍。

（2）肺结核可疑症状者的诊疗过程。调查对象的背景信息包括年龄、性别、民族、经济条件等；寻求医疗服务的路径及影响因素；到非结防机构就诊的原因；对肺结核病及结核病控制项目的了解、认识和态度；对结防机构的认识和信任程度。

（3）公众及医务人员对结核病的认知和态度。结核病的相关知识；对结核病的态度；对结核病的反应和行为；获得结核病相关信息的途径，包括已获得和期望或喜欢的途径。

（4）诊疗过程中医务人员和患者的互动与交流。调查对象的背景信息包括性别、年龄、民族、学历、职称、参加工作时间等；对结核病知识的掌握程度；对结核病可疑者如何诊断和治疗；对结核病病人归口管理的认识和态度及归口管理工作的主要障碍；医务人员和患者的互动与交流如何影响患者获得有关结核病知识、如何影响其行为。

（5）相关部门对结核病控制工作的看法及做法。调查对象的背景信息包括性别、年龄、民族、职位、主管工作情况等；对肺结核病及结核病控制的有关策略、措施的了解、认识；对结核病控制项目、结防机构的看法、态度及支持情况。

3．调查对象、样本量及调查方法

（1）定量部分。

1）居民：每县调查居民 200 户，每户调查 1 人，3 个县合计 600 人；采用非概率目的抽样，每县选择人均 GDP 较低和较高的乡（镇）各 1 个，兼顾不同交通条件，每乡（镇）选择 2 个村（选村的原则同乡、镇）；每村随机抽取居民 50 户，每户调查 1 人，要求被调查者年龄在 18～65 岁之间，男女比例各半。

2）肺结核病人：每县选择 70 例，其中涂阳 56 例、涂阴 14 例，病人来源于调查前 6～8 个月，在结防机构登记并完成治疗的肺结核病人。完成治疗指登记的初治病人已完成 6 个月的治疗，复治病人已完成 8 个月的治疗。

3）肺结核可疑症状者：每县 70 例，来源于居民调查、乡村医生推荐、结防所和医疗机构就诊的可疑症状者。

（2）定性部分。

1）肺结核病人：每县选择 10 例病人，共 30 例病人。都是 2003 年在结防机构确诊登记的肺结核病人，复治病人不包括在结防机构初治失败转为复治的病人，30 例病人中兼顾初治、复治、涂阳、涂阴，性别、年龄、民族、经济条件。调查方法采用个人叙述性访谈。

2）肺结核可疑症状者：每省仅在 2 个县中，选择未就诊或到结防机构或医疗机构就诊的肺结核可疑症状者 10 人，2 个县共 20 人。若前 2 个县找不够，则再到第三个县找。兼顾性别、年龄、民族、经济条件。调查方法采用个人叙述性访谈。

3）居民：采用专题小组讨论方法。普通村民每个县 4 组，3 县共 12 组。按照年龄在 40 岁以上和 40 岁及以下、性别分男性和女性，分为 4 个组（中老年男性、中老年女性，青年男性、青年女性），每组 6～8 人。

4）医务人员：知情人个别访谈、专题小组讨论和个别医生观察结合。县结防所：结核病防治医生 1 人，所长 1 人；县医院：院长 1 人，内科 1 人，防保 1 人，内、放射、中医等 6～8 人小组访谈；乡卫生院：院长 1 人，防保 1 人，内科 1 人，内、放射、中医等 6～8 人小组访谈；村医：2 人；个体医：2 人；药房：（公/私）2 人。县医院和结防所各 1 医生，观察 2 天。

5）相关部门人员：采用知情人个别访谈。具体：县分管领导 1 人，乡分管领导 1 人，财务 1 人，卫生局 1 人。

4. 资料整理与分析

（1）定量部分。

对所有调查表在输入计算机前，进行编码并再次核对调查表。用 Epidata2.0 建立数据库，每份调查表由不同的录入员进行双份平行录入，并进行双份数据库核对、改错。利用统计软件 SPSS11.0 的 Descriptive Statistics-Frequencies，Explore，Crosstabs 等过程对调查对象的人口学特征、对防治结核病的认知等进行描述性分析。Descriptive Statistics-Crosstabs、Compare Means、Nonparametric Test 过程进行 Chi-Square 检验、精确概率检验等分析，并进行多因素 Logistic 回归分析。

（2）定性部分。

所有录音整理成文，并与笔记核对，全部文字输入计算机。反复阅读访谈记录资料，并按调查提纲或专题形式归类，把归类后资料提取出来，找出调查对象中共性的现象，同时比较不同对象的差异。

二、治理方案调查

（一）对肺结核的认知

对结核病传染性、治愈的关键措施、治愈所需时间、专业机构和免费治疗政策的认知：

四省肺结核病人、肺结核可疑症状者和居民对结核病的了解程度有限，影响了患者的早期发现和及时治疗。

（1）对结核病传染性的认识。

从调查结果发现，半数以上肺结核病人、肺结核可疑症状者和居民不知道肺结核病是一种传染性疾病，因此，对如何防制传染、消毒隔离等措施难以落实。即使是肺结核患者，对肺结核病传染性的认知程度并不比肺结核可疑症状者和居民好。新疆维吾尔族自治区和辽宁省是在 1992 年起实施结核病控制项目的，而福建和河南省是从 2002 年起开展结核病控制项目的。调查结果显示辽宁、福建被调查的肺结核病人及肺结核可疑症状者，对肺结核传染性的认知程度略优于新疆、河南省的调查对象。说明除了结核病控制项目可能提高患者的认知程度外，其他因素如当地文化程度和工作开展情况等同样会对疾病传染性的认知产生作用，见表 11-15。

表 11-15　　　　　　　　　调查对象中不知道肺结核病有传染性的比例　　　　　　　　%

省　　名	肺结核病人	肺结核可疑症状者	社区居民
福　建	51.2	43.0	50.5
河　南	66.7	56.3	56.5
辽　宁	30.5	30.7	60.5
新　疆	60.6	62.7	60.1
合　计	52.3	48.2	56.9

在定性访谈中，绝大多数居民听说过结核病，因为邻居、亲戚和家庭中有人患过结核病

"我了解结核病，因为我母亲患结核病而死亡，体弱者易患病，是通过细菌传染的"（新疆居民）。部分居民认为"感冒没及时看，累积下来，有可能得病"或"生活条件差，吃东西不干净、不新鲜而得病"（福建居民）。

（2）结核病人对治愈肺结核病关键措施的认知。

三类调查对象对治愈肺结核病的关键措施的认识非常一致，都认为"遵照医嘱，按时服药"和"尽早治疗"是治愈肺结核病的关键措施；在调查肺结核病人中，特别是河南、辽宁和福建三省均有超过50%的病人认为"遵照医嘱，按时服药"是治愈肺结核病的第一关键措施；新疆组除了有37.6%的病人赞同第一关键措施是"遵照医嘱，按时服药"外，还有29.9%和23.5%的病人认为"尽早治疗"和"增加营养"也是非常关键的措施，见表11-16。

表 11-16　　　　　　　　　　TB 病人对治愈结核病关键措施的认识　　　　　　　　　%

关键措施	遵照医嘱	尽早治疗	增加营养	减轻工作	其他	不知道
福　建	58.1	32.3	1.8	1.4	2.3	4.1
河　南	61.0	20.2	1.8	0.9	0.4	15.7
辽　宁	58.3	17.9	5.4	7.6	2.2	8.6
新　疆	37.6	29.9	23.5	7.2	0.5	1.3
合　计	53.8	25.1	8.1	4.3	1.4	7.4

定性研究表明，"结核病是一种难以治愈的病，治疗过程长，需要长期坚持"（辽宁病人）。

访谈中多数人认为："结核病可以治好，坚持吃药，注意营养，如不及时治疗，不知道会怎样"（新疆可疑者）。

"假如我得了结核病，一定听医生的话，他让我怎么做，就怎么做，跟医生配合"（福建居民）。

（3）肺结核病人对治愈结核病需要时间的认知。

DOTs 策略推行的短程督导化疗规定，初治肺结核病人需要 6 个月的疗程，复治病人需要 8 个月。正确认识肺结核病的治愈时间，有利于肺结核病人的彻底治疗，是坚持治疗规律、全程治疗和防止产生耐药性的重要环节。在定量调查中发现，有相当多的肺结核病人不清楚治愈肺结核需要多长时间。新疆不清楚治疗时间的比例最高，达 67.0%，河南次之（48.7%），辽宁为 42.2%，福建最低（20.0%）。因此，加强对肺结核病人的宣传教育，使他们正确认识治疗所需时间，对坚持规则服药，完成全疗程治疗，提高治愈率和降低复发率，以及防治传播，控制结核病的流行是极其重要的。

当地医务人员认为："我们知道结核病需要长期治疗，但好多病人不能坚持，好转一些就不治了"（新疆医生）。"我认为治好结核病要很长时间，但不知道究竟多长"（新疆可疑者）。

（4）对结核病专业机构的认知程度。

询问三类对象对县级结核病防治所（科）的知晓率，以了解人群对结核病的认知。询问结果表明，被调查的肺结核病人大都是在县结防所登记并完成治疗的病人，仅有极少数肺结核病人不知道结核病防治专业机构（7.5%），远低于肺结核可疑症状者（34%）和社区居民（33.6%）。肺结核可疑症状者和社区居民不知道结防机构的比例，新疆、辽宁两省区较河南和福建为低。这一现象说明，辽宁和新疆由于长期实施了结核病控制项目，人群对结防机构的知晓程度要高于新近实施结核病控制项目的河南和福建两省，见表 11-17。

表 11-17 　　　　　　　　　　　**三类人群不知道结防机构的比例** 　　　　　　　　%

省　名	肺结核病人	肺结核可疑症状者	社区居民
福　建	2.8	46.8	36.8
河　南	13.2	44.8	49.1
辽　宁	4.1	25.9	30.1
新　疆	10.0	18.5	18.2
合　计	7.5	34.0	33.6

结防机构是对肺结核病人实施诊断、治疗和管理，以及执行 DOTS 策略的结核病防治专业机构。定性访谈发现，在结防机构完成治疗后的病人中仍然有十分之一的人不知道结防机构，如"结防机构在哪儿，是干什么的"（新疆病人）。大部分居民和肺结核可疑症状者表示"得了结核病不知道上哪儿去，不知道县结防所"（河南居民）。

（5）对结核病免费治疗政策的认知程度。

正在实施的新一轮结核病控制项目对肺结核病人提供免费治疗，但是无论是肺结核可疑症状者还是居民，多数人不知道免费治疗政策，其缺乏认知的程度超过对结防专业机构的认知程度。

在本次调查的肺结核病人中，仍有少数人（新疆组 8.6%，河南组 8.8%，辽宁组 15.2%，福建组 6.9%）不知道政府对肺结核病人提供免费治疗。可能原因之一是，这些病人在治疗过程中使用了抗结核药物，同时还使用了辅助药物，辅助药物应由病人自己负担，所以没有意识到已经享受了免费治疗的政策；其二，调查的肺结核病人中有 20% 左右为涂阴肺结核病人，目前尚未纳入免费治疗的范围；其三，医务人员更注重病人的治疗，往往忽略对病人进行知识性教育。因此，有部分病人对免费治疗政策不了解。尽管如此，肺结核病人组对免费政策的认知程度仍然优于肺结核可疑症状者和居民组；新疆调查对象的免费治疗政策认知程度优于其他三省调查对象，见表 11-18。

表 11-18 　　　　　　　　　　　**三类调查对象对免费项目的不知晓率** 　　　　　　　　%

省　名	肺结核病人	肺结核可疑症状者	社区居民
福　建	6.9	45.9	46.5
河　南	8.8	54.1	72.0
辽　宁	15.3	42.0	50.8
新　疆	8.6	36.4	24.1
合　计	9.9	44.6	48.4

福建从 2002 年实施结核病控制项目，为涂阳肺结核病人提供免费治疗，仍然有一半居民和肺结核可疑症状者不知道有免费治疗项目。涂阴病人被告知"比较严重的才给入免费或线索调查发现的病人才免费"（福建居民）。"我跑了几个医院看病，亲戚告诉我花那么多钱可惜，防疫站能免费治疗"（新疆病人）。个别居民只是"听说过结核病能免费治疗"，知道"传染期是免费治疗的"（新疆居民）。

（二）结核病信息来源

调查结果显示 4 省社区居民家庭电视机的平均拥有率达 A%，而肺结核病人和肺结核可疑症状者家庭电视机拥有率较社区居民低，分别为 B% 和 C%，见表 11-19。

表 11-19　　　　　　　　　三类调查对象拥有电视机的比例

省　名	肺结核病人			肺结核可疑症状者			社区居民		
	调查数	拥有数	%	调查数	拥有数	%	调查数	拥有数	%
福　建		188	86.6		183	80.3		620	93.2
河　南									
辽　宁		177	77.6		189	85.9		583	91.5
新　疆		198	89.6		213	91.4		619	98.1
合　计			B			C			A

在调查社区居民有关结核病信息来源渠道时发现（表 11-20），信息来源第一渠道是"聊天"，即通过同事、亲戚、朋友和邻居之间的闲谈，获取有关结核病方面的信息；"医生"是第二来源渠道，即从各级医务人员处获得关于结核病的知识；"看电视"只排在第三位，平均值仅为 19.2%，至于"听广播"就更少（1.1%）。辽宁省的调查结果显示"看电视"居第二，但也仅占 29.7%。说明现代传播媒体尤其是电视节目，并没有发挥卫生宣传教育以及有关结核病防治知识的传播作用。

表 11-20　　　　　　　　社区居民的结核病知识来源渠道的比例　　　　　　　　　%

省　名	聊　天	医　生	看电视	听广播
福　建	43.5	23.8	9.3	0.3
河　南	42.4	23.2	20.8	0.5
辽　宁	35.1	19.8	29.7	1.4
新　疆	35.4	25.2	17.0	2.2
合　计	39.1	23.0	19.2	1.1

定性研究与定量研究所获结果完全一致，调查人群中结核病知识的信息主要来源于人际交流，医务人员是这些信息的源头。尤其是病人对医生的话很相信，认为"医生的话比烧香还灵"（河南病人）。部分居民通过防疫站的宣传标语了解相关信息。有的说："农村人谁看报，电视机信号不好，宣传单没用，随手就扔了"（河南居民）、"结核病防治知识来源于医生、聊天与看电视"（辽宁病人）。

（三）社会歧视和耻辱感

1．肺结核病人对患肺结核病后的担心

4 个省被调查的肺结核病患者对患结核病的担心程度大致相同。他们在患肺结核病后最大的担心是"影响健康"（害怕死亡），其次为"怕传染给家人"（尤其是在结核病疫情严重的地区，一家人先后患结核病的例子留给当地群众深刻印象），"增加医疗费负担"和"影响工作，影响收入"分别排在第三、第四位。新疆病人"担忧健康"的比例（63.8%）略高于其他省，辽宁病人"怕传染给家人"（28.7%）和"增加医疗费负担"（18.4%）的比例略高于其他 3 省，见表 11-21。

表 11-21　　　　　　　　　　肺结核病人患结核病后的前三位担忧　　　　　　　　　　%

省　名	影响身体健康	怕传染给家人	增加医疗费负担	影响工作影响收入
福　建	47.5	25.8	14.7	4.6
河　南	54.2	13.7	12.3	3.5
辽　宁	33.6	28.7	18.4	7.6
新　疆	63.8	16.7	7.2	1.8
合　计	49.8	21.2	13.2	4.4

2. 调查对象对患 TB 后受歧视的担心

三类调查对象对患肺结核病后会受到来自各方面的歧视有不同程度的担心。他们担心受歧视的方面包括：怕影响家庭关系、未婚者害怕找不到对象、害怕因患病后受到同事和同学或邻居们冷落或疏远以及怕影响（或失去）就业的机会等。从总体情况看，肺结核可疑症状者担心程度最大，肺结核病人次之，社区居民最轻，从资料的平均值看，相互间仅差 1 个百分点。而从各省调查情况看，差异甚大，如新疆调查的肺结核病人担心的比例（17.6%）高于可疑者（14.6%）、可疑者高于社区居民（7.8%）；河南调查对象则是 TB 病人担心的比例（3.1%）低于可疑者（5.5%）、可疑者低于社区居民（10.0%）；辽宁和福建省调查对象除了辽宁组可疑者比例最高（10.1%）外，其余均差不多（4.9%～8.8%之间），见表 11-22。

表 11-22　　　　　　　　　　调查对象担心患 TB 后会受到歧视的比例　　　　　　　　　　%

省　名	肺结核病人	肺结核可疑症状者	社区居民
福　建	8.8	8.8	8.0
河　南	3.1	5.5	10.0
辽　宁	4.9	10.2	5.8
新　疆	17.6	14.6	7.8
合　计	8.6	9.8	7.9

注　社会与家庭歧视内容包括四个方面：

1. 怕影响家庭关系；

2. 怕影响找对象；

3. 怕受到同事、同学或邻居的疏远或冷落；

4. 怕影响就业机会。

3. 社区邻居们对 TB 患者的态度

表 11-23 列举了调查对象认为患结核病后邻居们会歧视、躲避病人的比例。对不同调查对象间进行比较发现，四省的"邻居歧视感"比例趋势完全一致，即居民认为受歧视的感觉比例高于肺结核可疑症状者，肺结核可疑症状者高于肺结核病病人。这一现象表明，居民和肺结核可疑症状者的受歧视的感觉要比病人的感觉严重得多，而结核病人的实际感受告诉人们，结核病人的受歧视感并不如一般居民想象的那么严重。但是对四个省间的比例进行比较

发现，河南、辽宁和福建三个组的"邻居歧视感"比例远高于新疆组，如河南省比例最低为肺结核病人（20.2%），最高为居民（66.3%）；辽宁省的比例为 26.4%～61.2%；福建省为 26.7%～57.4%；新疆最低为 11.8%～43.6%。

表 11-23 　　　　　　　　认为患 TB 后邻居们会歧视病人的比例　　　　　　　　%

省　　名	肺结核病人	肺结核可疑症状者	社区居民
福　建	26.7	49.6	57.4
河　南	20.2	31.1	66.3
辽　宁	26.4	58.0	61.2
新　疆	11.8	32.2	43.6
合　计	21.3	42.7	57.1

4. 家庭成员对结核病人的态度

表 11-24 反映了调查对象认为家庭成员会对患结核病后的病人产生歧视的比例。由于亲情关系，驱使家人对患者的关心与帮助远多于嫌弃和歧视，尤其是病人，根据自己的切身体会，感到家庭成员会歧视他（她）的比例明显低于可疑者和社区居民的比例。总之，调查对象中"家人歧视感觉"的比例远低于"邻居歧视感觉"的比例；结核病人组无论"家人歧视感觉"或"邻居歧视感觉"的比例都远低于肺结核可疑症状者和社区居民。

表 11-24 　　　　　　　　认为患 TB 后家庭成员会歧视病人的比例　　　　　　　　%

省　　名	肺结核病人	肺结核可疑症状者	社区居民
福　建	8.3	21.1	14.6
河　南	3.1	8.2	13.2
辽　宁	4.0	22.4	16.7
新　疆	5.9	8.2	12.0
合　计	5.3	15.0	14.1

当地居民对结核病患者存在一定的歧视，"疾病对年轻人有影响，年轻人患病找不到对象，有困难"（新疆居民）、"肯定会有影响，他会传给对方，然后会影响到下一代，首先肯定不能结婚生孩子"（福建居民）、"有个年轻女病人，她父亲不让我去她家督导，怕人家看见"（河南防保人员）。

5. 医生对病人的态度和隐私保护

观察发现，医生对结核病人的态度都较好，能主动和病人打招呼、让座，认真听取病人或家属的主诉，病人或家属有问题能较好回答。没有发现对某些病人有歧视的现象。

一般在诊室内有两张桌子，有时两位医生同时接诊，一侧有诊断床一张，供体检，有幕帘保护病人隐私。一般病人常由 1～2 位家属陪同，县医院有的医生病人较多，特别是上午，往往医生和就诊病人周围都围坐很多其他病人，因此，病人在叙述自己病史的时候，就缺乏任何隐私保护。有些结防所的工作条件十分简陋，门诊、痰检、X 光检查都没有完全隔离。

主要发现：①调查对象在结核病认知水平上存在"三低一高"现象；②对结核病的传染

性、能够治愈的认知程度低；③对结防机构和为传染性肺结核病人提供免费治疗政策的知晓率低；④现代传播媒体对传播结核病知识所发挥的作用低。调查显示，社区居民家庭电视机拥有率高过 95%，但社区居民结核病知识来源于电视节目的却不足 20%；⑤对结核病受社会歧视的担心程度高；⑥四省调查对象对结核病认知程度有明显差异，可能与各地社会经济、文化、地域、项目实施时间和调查对象的选择等因素有关；⑦结核病人的认知程度略优于肺结核可疑症状者和社区居民，结核病人对来自社会和家庭对结核病人的歧视感觉不如可疑症状者和社区居民想象得那么严重。

建议：①加强健康教育宣传力度，普及结核病防治知识，通过努力将健康促进融入结核病控制项目，提高群众对结核病知识的知晓率；②充分发挥现代传播媒体的作用，在家庭电视机拥有率高过 95% 的现代社会，政府应加强指导，充分利用电视平台开展健康促进的各类活动，尤其在高发病地区普及结防知识，利用电视、广播、报刊和书籍等媒体，利用 "3.24" 世界结核病日突击宣传外，还应开展经常性的宣传活动，使广大群众认识结核病，正确对待结核病；③消除群众对结核病的恐惧心理和对结核病人的歧视，关爱病人，尤其是对年轻患者。

（四）医疗费用

1. 社区居民对肺结核病费用的认知

社区居民普遍估计，诊断、治疗肺结核病所需费用非常昂贵，调查结果显示中位数从 4000 元（河南）到 7000 元（新疆）不等。居民估算的费用占家庭年总支出的比例较高，大多数在 50% 以上，辽宁省的这一指标高达 75%。这种对费用过高的估计可能会在一定程度上抑制居民对结核病卫生服务的利用。社区居民认为的治疗结核病的费用及其占家庭年总支出的比例见表 11-25。

表 11-25　　社区居民认为的治疗结核病的费用及其占家庭年总支出的比例

项　目	福建	河南	辽宁	新疆	合计
居民估算的费用*	5000	4000	5500	7000	5375
占家庭年总支出的比例（%）**	46.2	52.6	75.0	55.6	57.3

* 中位数。

** 先计算每个调查对象的总费用占家庭年总支出的比例，再计算该比例的中位数。

2. 肺结核病人的花费

通过对现患肺结核病人的调查发现，平均每个病人完成诊断治疗需要支付的费用在 1240 元（新疆）到 2600 元（辽宁）之间，诊治过程中所花费的费用，治疗期间多于诊断期间。从各省调查结果看医疗费用占家庭年总支出的比例新疆较低（占 12.6%），辽宁最高（占 39.9%），见表 11-26。

表 11-26　　肺结核病人的医疗费用及其占家庭年总支出的比例

项　目	福建	河南	辽宁	新疆	合计
确诊前花费的费用*	715	390	520	393	505
确诊后的花费费用*	775	800	1760	445	945

项　　目	福建	河南	辽宁	新疆	合计
总花费*	1800	1600	2600	1240	1810
占家庭年总支出的比例（%）**	18.3	22.3	39.9	12.6	23.2

* 中位数。

** 先计算每个调查对象的总费用占家庭年总支出的比例，再计算该比例的中位数。

实际上，世界银行贷款/英国国际发展部赠款中国结核病控制项目免除的检查费用包括4次痰检，1次摄胸片以及提供的免费抗结核药物，共计约250元，其中确诊前的减免费用约50元，确诊后的减免费用约200元。与病人的总花费相比，减免的费用不足病人实际支付费用的20%。由此可见，虽然为肺结核病人提供了免费诊断和治疗，但病人的经济负担仍然较重。

定性研究结果与定量调查结果基本相同：很多病人花费很大，一般都在1000元以上。虽然拍胸片、查痰以及抗结核药是免费的，但不少病人花费的交通费、住宿费、肝功能等辅助检查费以及保肝等辅助药费也是不小的负担。1例初治涂阳病人说："得这病共花了1000多元，在防疫站花得不多，只花了150元。在诊所、县医院花得多，这钱都是我儿子们合手的（凑的），每人合手450元，他们也没有钱，就卖麦子、玉米，合手钱给我看病。"（河南）

3. 影响肺结核病人医疗费用及经济负担的因素分析

肺结核病人问卷调查分析结果显示，贫困家庭的结核病人，就医花销的费用占家庭年总支出的1/4，而在富裕的家庭，仅为10%左右。可见，病人的家庭经济情况与结核病的经济负担有密切的关系，家庭经济条件越差的人，疾病经济负担越重。

在河南和新疆的访谈中还发现在项目刚开始时有的县结防机构为了保障结核病患者能坚持全程治疗，在向患者提供免费药物的同时，收取100元的"抵押金"。河南有个老汉因为没有钱交押金、又不太了解到底怎么回事，拖了1年才在防疫站接受治疗。

影响结核病医疗费用的一个重要因素是患者在确诊前的反复就诊以及不规则治疗。多数病人在确诊前往往去过多家医疗机构，甚至去外地寻求较高级别的医疗机构，每家医院都要进行各种检查、化验，医疗费用大幅度增加。一些肺结核可疑症状者由于没有及时转诊到结防机构，在各级各类医疗机构反复就诊许多次，花去了几千元，还没有确诊。福建的调查结果发现，大约有1/3的病人在确诊前的就诊次数超过6次，导致结核病相关费用占家庭年总支出的比例将高达40%以上。另外，病人的不规则治疗，有钱就治，没钱就停，总的医疗费用也会很高，最高支出可达一万多元。仅有少部分病人在得病后，及时就医并很快确诊，然后享受免费治疗，医疗费用支出就很少，只需花几百元就能完成疗程，恢复健康。

总之，不论是居民估算的费用，还是肺结核病人就医过程中实际发生的费用，都显示患了肺结核病给病人家庭，尤其是给贫困家庭带来了沉重的经济负担。世界银行贷款英国国际发展部赠款中国结核病控制项目提供了免费检查和免费治疗，许多前来就诊的病人听说可以免费治疗，但实际上还要支付很大一笔钱（肝功检查费和辅助治疗药费），从而对免费项目乃至政府部门的宣传产生不信任感。

（五）就诊、确诊及治疗延迟

1. 就诊延迟

对肺结核病人从出现症状到首次就诊的时间进行分析，辽宁、福建、新疆三省的肺结核病人中约有 30% 的人存在就诊延迟，河南省稍低，为 10% 左右（表 11-27）。另外，对可疑症状者就诊时间的调查也得到相似的结果，约有 20%~30% 的可疑者存在就诊延迟。

通过当地居民的深入访谈了解到，多数病人在出现症状以后都会在家拖几天，扛着，或是自己找点药吃，等到实在难受了，扛不住了才去看病，此时一般会先在村医或个体医处看病，如果病情继续加重，或是长时间不见效，才会去乡镇或县医院就诊。

表 11-27　　　　　　　　　　　　肺结核病人首次就诊时间

出现症状至首次就诊时间	福建（%）	河南（%）	辽宁（%）	新疆（%）	合计
≤21 天	159（73.6）	206（90.4）	137（61.4）	134（60.6）	636（71.6）
22~42 天	25（11.6）	6（2.6）	46（20.6）	46（20.8）	123（13.9）
>42 天	32（14.8）	16（7.0）	40（17.9）	41（18.6）	129（14.5）
合计	216	228	223	221	888

对就诊延迟原因的分析，定性研究和定量研究的结果完全一致。最主要的原因是症状轻，他们认为只要能干活，能吃饭就没什么关系，没有必要去看病，此比例 4 个省均超过 40%。就诊延迟的另一个主要原因是经济困难，这一原因所占比例高于 30%，河南省达到 40%（图11-1）。访谈中有人这样谈到："哪个农村人都没有钱，就是一个人快死了才去看病。""我们没有钱，不能检查治疗，自己也没办法。"

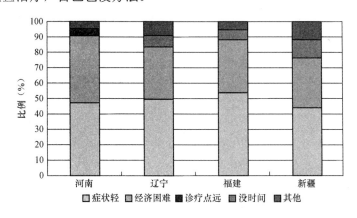

图 11-1　肺结核病人就诊延迟原因

2. 诊断延迟

对肺结核病人从首次就诊到最后确诊的时间进行分析，病人的诊断延迟现象非常严重，河南、新疆都约有一半的病人存在确诊延迟，福建省更是达到 60%，辽宁省稍低，但也有近30% 的病人出现诊断延迟（表 11-28）。

在与肺结核病人的访谈中显示，多数病人在第一次就医后，去结核病防治机构进行肺结核诊断的时间，间隔达几周、几个月，甚至长达几年，最长的在几十年前就有咳嗽等不适；多数病人往往去过多个医疗机构，甚至去外地较高一级的医疗机构就诊，既延迟了诊断，又大大增加了医疗费用。

表 11-28　　　　　　　　　　　　　肺结核病人确诊时间

首诊至确诊时间	福建（%）	河南（%）	辽宁（%）	新疆（%）	合计
≤14 天	87（40.1）	105（46.3）	158（70.9）	111（50.5）	461（52.0）
15～28 天	18（8.3）	18（7.9）	19（8.5）	11（5.0）	66（7.4）
>28 天	112（51.6）	104（45.8）	46（20.6）	98（44.5）	360（40.6）
合计	217	227	223	220	887

如果说就诊延迟主要是由于病人本身的原因造成（认为病情不重，或者没有钱等），而如此严重的诊断延迟现象则可能是由于接诊医生业务水平有限或对结核病的认识不够或工作态度不认真等原因造成。这在肺结核病人的深入访谈中可反映出，肺结核病人开始症状有咳嗽、咳痰，或者发热、盗汗、消瘦等，很多是以感冒来处理的，也有开始诊断为肺炎、气管炎等。村医或私人医生，一般只是开些药，症状较严重的给予抗生素静脉点滴，反复多次不见效果后，医生才建议去上级医院拍片等检查，或病人因为治疗无效，病情加重，自己去大些的医院看病；有的症状不典型的即使是在较大的医院就诊，也没有做进一步的检查而延误了诊断。

一位李先生的经历：4 月份开始感冒，有咳嗽，咳痰，又有点发烧，但不太严重，去村医那里看病，村医诊断为感冒，开始服用感冒药，在村医那里看了 7、8 次，花掉 200 多元。后来到 6 月份，听别人说一定要去乡卫生院去透视，就到乡卫生院去看病，透视后，说是气管炎。透视的乡镇卫生院医生说原来的药太轻，要开重一点，打了针，打了 10 天左右的滴注，也吃了药，还是不行，头昏眼花。又去乡镇卫生院检查，医生说血压偏低，要补充营养，他给我开了中药带回来吃，还请村医打针，到那里（乡镇卫生院）去了 6、7 次吧，别人又建议我一定要到县医院检查一下。我到县医院透视，医生说要拍片，拍片后看不清，也没有诊断，又拿药来吃，吃了一个星期，再到县医院，第二次才化验，又是拍片透视，第二次开的药吃完了又去县医院，又透视，拍片，左照右照，照了很久，才说是肺结核病，让我到防疫站去拿药……（福建）

如果以病人是否存在诊断延迟为结果变量，以文化程度、性别、年龄、人均家庭支出、邻居居民歧视、是否知道结防机构、医疗费用以及确诊前就诊次数作为自变量，进行非条件 Logistic 逐步回归，结果显示，确诊前就诊次数作为主要的影响因素进入模型。就诊次数越多，诊断延迟现象就越明显，再一次说明造成诊断延迟的主要原因是由于卫生服务提供方的行为造成的。

3. 治疗延迟

从确诊为肺结核到开始服用抗结核药物治疗的时间间隔如果超过 3 周，则定义为治疗延迟。在已开展世界银行贷款英国国际发展部赠款中国结核病控制项目的 4 个省，本次定性和定量调查结果都显示，病人一旦确诊为涂阳肺结核病人，都能够及时接受抗结核药物治疗，出现治疗延迟的现象很少，但涂阴肺结核病人的治疗仍不能及时到位。

主要发现：①社区居民普遍认为治疗结核病的医疗费用非常昂贵。②肺结核病人诊断治疗所需要支付的费用，平均每例为 1810 元，并且家庭经济条件越差的人，疾病经济负担越重。患者在确诊前的反复就诊以及不规则治疗是造成结核病医疗费用昂贵的重要因素。虽然项目提供了免费的诊断和治疗，但病人的总体经济负担依然较重。③约 30%的病人存在就诊延迟，主要原因是自认为病情较轻以及经济困难。④病人诊断延误现象非常严重，主要与卫生服务提供方的认知和行为有关。

建议：①严格规范肺结核病诊断治疗过程中的检查和辅助药物的使用，以减轻病人的经济负担。②加强归口管理，减少肺结核病人的就诊次数，提高对肺结核病的警惕，积极开展痰结核菌筛查并提高胸部 X 线片的读片能力，以便及时作出诊断。

（六）就医途径

1. 就诊机构选择及原因

对于就诊机构的选择，福建和河南的定量研究结果表明，无论是居民、还是肺结核病人或肺结核可疑症状者，村级卫生机构是他们就医的首选。但肺结核病人以县医院略多于村级机构，约在 30%左右。新疆的情况不同，三种对象都是以乡卫生院为首选，可能与定性研究了解的新疆村级机构较薄弱有关（图 11-2）。

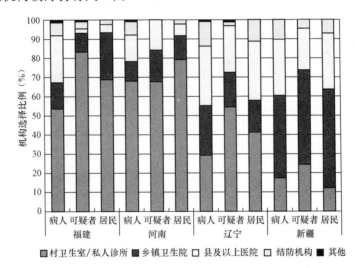

图 11-2　四省各类被调查对象就诊机构选择

结核病防治机构虽然拥有专门诊断技术和免费抗结核药物，但群众了解甚少、或对其不够信任，结防机构在社区居民中的信誉度也不高。调查显示，在 4 个省，很少有肺结核可疑症状者，首选去结防机构看病。

调查表明综合医疗结构，尤其是村级机构（新疆是乡卫生院）是发现肺结核病人的主要场所，应充分发挥这些机构在病人发现中的作用。

距离居住地远近是社区居民选择医疗机构的最主要选择（45.4%～73.9%），服务质量居第二位（福建可疑者例外），第三位原因是考虑价格或考虑有无熟人，也有些人考虑是否为专科医院。

定性研究进一步说明了上述发现，而费用问题也经常被提到。多数人首选到村卫生所看病，是因为离村医较近，一般几分钟内就能步行到达，与村医也比较熟悉，村医的服务态度也好；费用也便宜，手续简单，有时还可以赊账，有的说欠 4、5 年都没有关系。因此一般规律是：有病先扛，症状加重时开始去村医、个体医处看病，拿点药先对付，再重了就输点液，反复治疗不见好转，才会去上一级医院看病。对于去上级医院，如果离县城较近，或觉得乡镇卫生院条件太差的话，在村里看不好后会直接去县医院看病；居住在偏远地区的农民，得了大病先去乡镇卫生院，实在不行再去县医院。有的说乡里就是最高了，哪有钱到县里去看病。一般认为患大病时，会选择大一些的医院，因为大医院的设备好，技术水平高，服务质量好。如：河南山区有位居民说：生病了，一般是在家扛，如果不行了，就到药铺（村医）去抓药。还不好，就到乡里看病，县里看病路费太贵，来回得 20 元，药又太贵，得了大病才去县里看，诊断不了才去。很多人没有去县医院看过。

对于其他选择，如定性访谈中有些说：干脆自己买药吃，现在各种药店较多，比较方便，药价也比较便宜。

2. 确诊前就诊次数

定量调查结果显示，肺结核病人在确诊前有过多次就医经历，就诊 1~2 次即能确诊者仅占 1/3（33.5%），而超过 6 次的约占在 1/4（23.8%）（表 11-29）。多次就诊的直接结果就是导致诊断延误和医疗费用的花费上升。

表 11-29　　　　　　　　　肺结核病人确诊前的就诊次数

就诊次数	福建病人（%）	河南病人（%）	辽宁病人（%）	新疆病人（%）	合计（%）
1~2	50（23.3）	57（25.3）	107（48.4）	81（36.8）	295（33.5）
3~4	59（27.4）	68（30.2）	51（23.1）	64（29.1）	242（27.5）
5~6	41（19.1）	40（17.8）	25（11.3）	28（12.7）	134（15.2）
>6	65（30.2）	60（26.7）	38（17.2）	47（21.4）	210（23.8）

定性访谈反映，一般在医疗机构，多数病人首先被当作感冒或气管炎等处理，反复多次就诊后才会建议拍片做进一步检查，有的病人觉得病重，自己要求检查，还有的居然医院检查了没有诊断出来。

如河南有位初治涂阳女病人（住县城附近，高中文化）：开始有些感冒症状，一星期后，在小药店买点感冒药吃，吃了 4、5 天药，未见好转才去乡医院看病，治了 5、6 天，输液，又吃了中药 3、4 副。大约一个月后胸痛，喘息，咳嗽并不厉害，咳痰，痰中带血，就去了县医院拍片子，说肺炎，不是普通的肺炎，肺炎坏死的样子，吓得连饭也吃不下。又去卫校医院输液，共花了 1000 元，看了电视，知道咯血可能是结核病，会不会自己是患了结核，就直接到县防疫站去看病，经检查诊断是肺结核病。

对医务人员的定性访谈结果显示，县、乡、村各级医务人员对结核病有一定的了解，如结核病的病因、传播途径、预防措施、易感者、危害等，但乡村一级的医务人员对上述知识的了解程度稍差，不是很全面。

在福建访谈医务人员时反映：每年县里都组织有关结核病的培训，但有县、乡级医生反映参加培训者往往都是领导，然后回来传达。而村医和个体医生反映：没机会出去进修培训，也没有时间，没办法走出去，不像乡卫生院医生那样有固定的工资，即便出去进修也可以照样拿工资，村医通常要靠业务收入维持自己的生活，所以即使有时想提高知识和技能，也没机会。

在辽宁的访谈反映：村医很少能及时确诊结核病人，他们经常把结核病人作为一般感冒病人来处理，有一位肺结核病人反映，在村卫生室治疗了近半年也没有效果。

另外，也有医务人员反映有些村医、个体医生责任心不够，工作不负责，由于他们都是自负盈亏，有的会留住病人以增加自己的收入，造成多次就诊。

在新疆，结核病诊断方面，存在着医务人员与肺结核患者/肺结核可疑症状者"各执一词"的现象。县级医务人员普遍认为：居民缺乏必要的结核病知识，有了相关症状不就诊是结核病发现率低的主要原因，也是延迟诊断的主要原因。乡级医务人员有的抱怨：没有 X 光机、机器过于陈旧，给诊断肺结核病造成困难。但是按照现行的结核病管理规定，乡卫生院的任务是发现肺结核病可疑症状者，并转诊到县结防机构，不要求有诊断能力。肺结核可疑症状者和病人则反映诊断过程中经常是跑几家医院才能确诊，有时病人因为怀疑乡卫生院甚至县医院的诊断技术而再次到其他医院寻求确诊的现象也时有发生。

反复多次的就诊可能与卫生服务的供需双方都有关系，但卫生服务提供方（接诊医生）的业务水平，对结核病的认识和警惕性，工作态度等因素对患者就医过程的影响则更为重要。

（七）转诊相关问题

1. 转诊率

按国家结核病控制策略规定，所有疑似肺结核病人都应转诊到县结核病防治机构进行检查、诊断和治疗，并由县结防所进行治疗管理。因此，各级医疗机构，包括村医、乡卫生院和县级医院，遇到疑似肺结核病人都应转诊到县结防所。

定量研究结果显示肺结核可疑症状者中，大部分（约 70%～80%）没有转到结防机构，见图 11-3。

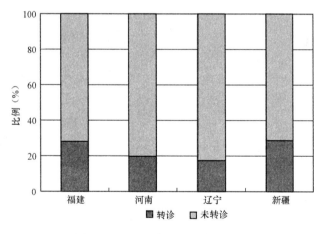

图 11-3 可疑者转诊、未转诊比例

2. 未转诊原因

在福建、河南、辽宁和新疆分别有 27.8%、41.8%、27.8%和 39.6%的肺结核可疑症状者在就诊过程中，医生没有建议转诊到结防机构。而定性调查显示医生未建议转诊的情况很多，可能与定量调查肺结核可疑者的来源不同有关，因为肺结核可疑症状者有来自结防机构、各级医疗机构以及群众推荐等。肺结核可疑症状者还提到，大多数人是因为经济困难、或是认为咳嗽症状轻，没有必要到结核病防治所去看病，也有的因为交通不便、没有时间或者是因为对结防机构的认识与信任不够。

如在福建，一般来讲，只要经某医疗机构检查或医生怀疑为肺结核病，并建议或转诊到结防机构，病人一般都会去，但也有病人曾因经济困难而有所延迟。如有个病人说，"没去看就是拖，我一直没去看，后面乡医院有 2、3 个医生下来叫我去看，没钱，小孩子这座房子刚建好，没有钱，只好拖着，然后确实不行了，去打证明（转诊）去看病……"

结防所做痰涂片和 X 胸部检查，涂阳肺结核病人的治疗药品都是免费的，但仍有很多病人出于经济原因未去结防所就诊，这说明结防机构的政策宣传是欠缺的，医生在转诊时也未能解释清楚，或者一些医务人员如村医本身也不了解免费政策。

在新疆的调查中发现，到县结防机构进行肺结核病诊断和治疗的病人基本上全部来自转诊，几乎没有病人是直接到防疫站就医的。转诊来源主要是县医院和乡卫生院，少数由卫生部门熟人或村医建议到防疫站就诊。说明老百姓和基层医务人员对结防机构的认识不够。有个乡卫生院医务人员反映："1995 年有一个吐血的，先到我这来，就在这房里吐血，血到处都是，我就直接把他介绍到县医院去，那时不知道归口管理，因为没有接受过培训。现在知道县防疫站有免费治疗肺结核的，遇到病人一般转防疫站。"

与医务人员的访谈了解到，各地都要求转诊，结防科、医院防保医生采取了一定措施。大部分医务人员也认为归口管理、专业治疗制度非常好，能控制传染源，切断传染途径，能对患者进行跟踪治疗，有利于病人的康复。但也有些医生特别是县医院医生认为防疫站技术力量不够好，不一定都要转诊给它，因为综合医院总体医疗水平较高，科目比较全，在治疗复杂症状的结核病人上有优势。县医院除了重症由防疫站转来，有的病人是自己要求来的，因为相信县医院的水平、相信某医生。因此实际上县医院医务人员遇到肺结核病人有时转到结防机构，有时留在医院治疗。

在河南，乡村医生反映一般会按照有关规定把肺结核可疑症状者转到县结核病防治所，但是对利用定额指标作为考核转诊好坏的方法表示不满意，指标过高，觉得较难完成，有时指标不符合现实，存在为完成指标而误转的现象。不少基层医务人员反映报酬有问题，有的认为报病奖励费没有真正落实，防疫工作的补贴没有保障。

定性调查还显示，医疗机构受利益驱动而导致确诊或转诊延迟。如辽宁调查发现：许多乡镇卫生院和县综合医院对各个科室规定了经济指标或以收入作为考核医务人员的一个重要标准。有些县级医疗机构，由于政府投入不足，政策上允许这些医院提供赢利性服务，以弥补经费的投入不足。许多医院还存在"抢"病人、多开药、多做检查的行为，对咳嗽病人做彩超、CT 检查等情况也屡见不鲜。一方面，昂贵的医疗费用使病人对去医院看病望而生畏，影响疾病的及时救治。另一方面，医院也有可能出于赢利考虑，没有将一些应转诊的肺结核病人和肺结核可疑症状者及时转诊。在对县医院医生的观察中就发现治疗肺结核病人的情况。

访谈中了解到，有几个病人反映经医生建议转诊去了防疫站，但因为是周末或中午结防科不开门，就回去了，造成实际未转诊的结果。说明农村卫生机构的作息时间要考虑以农民的实际情况，最大限度地方便病人。

（八）治疗相关问题

1. 治疗督导与归口管理情况

在 4 个省被调查的县均实行了 DOT 管理模式，即肺结核病患者要求在医护人员直接面视下服药的短程治疗，一般是由县结防所把病人通知书发给乡防保站，乡防保站再把通知书给村医，由村医负责管理病人的治疗。结防所医生定期下乡对病人、村医、乡医进行督导，乡防保医生定期对病人、村医进行查访，直至病人治愈。目前主要针对享受免费治疗的涂阳病人实施督导化疗，一般涂阴病人为自费病人，结防所只进行登记，不进行督导管理。

由定量研究显示（表11-30），对于是否有必要在面视下服药，半数以上（70%）的被调查者认为没有必要实行直接面视下服药，辽宁省竟达89.4%的人认为没有必要实施督导治疗。实际上在治疗过程中有半数以上的病人是在面视下服药（57.2%），包括村医、家人，但仍有一部分病人是在非面视下服药（42.8%）。

表 11-30 病人对直接面视下服药的态度及行为

类别		福建	河南	辽宁	新疆	合计
		人数（%）	人数（%）	人数（%）	人数（%）	人数（%）
态度	有必要	84（37.0）	55（25.3）	18（10.6）	93（42.3）	250（30.0）
	没必要	143（63.0）	162（74.7）	152（89.4）	127（57.7）	584（70.0）
行为	面视下服药	116（50.9）	143（66.2）	57（33.5）	159（73.3）	475（57.2）
	非面视下服药	112（49.1）	73（33.8）	113（66.5）	58（26.7）	356（42.8）

定性研究中对医务人员的访谈发现：部分病人对直接面视下服药督导有一定的抵触：如河南某村医反映：我们这里有些病人不好督导特别是打工回来的，不让我们去，拒绝访视，我记得有个女学生，她父亲是老师，那天我们想去她家访视，明知道她在家，但是她父亲说孩子没有病，也不在家，后来一再要求我们不要去访视，她自己会按规定服药的。

询问在整个服药过程中，有无医生到家里访视过，大多数（68%）患者在治疗过程中有医生上门访视过。说明 DOT 基本覆盖到多数患者，但仍有部分病人在治疗过程中，没有医生访视过（表11-31）。

表 11-31 有无医生上门访视病人的比例

类别	福建	河南	辽宁	新疆	合计
	人数（%）	人数（%）	人数（%）	人数（%）	人数（%）
有医生访视	178（83.2）	116（50.9）	121（54.3）	185（85.3）	600（68.0）
无医生访视	36（16.8）	112（49.1）	102（45.7）	32（14.7）	282（32.0）
合计	214（100.0）	228（100.0）	223（100.0）	217（100.0）	882（100.0）

定性研究发现：被调查各个县级结防机构，对于在结防机构确诊并登记、治疗的肺结核病人，每个县都参照上级原则有统一的治疗监督与管理措施，但也有各自制订的实施方法：如管理较严格的地方，一般抗结核药都由村医保管，有的在村医处服药或者是村医每天送药，偶尔在天气特别不好或病人出门的情况下，由病人自己保存几天的药。有的地方病人就在家里服药，但自己在服药记录表上做服药登记，村医或者乡医经常会到病人家里询问服药情况，家人也会经常询问药吃了没有。有些病人觉得自己肯定能记住，自己的事情很挂在心上，也就不用记。如新疆的病人反映："防疫站给的药我都按时吃了，没有间断过，吃药没什么困难。""我两天到防疫站去取一次药，回家吃，是免费的。防疫站的医生经常到我家访问，问我是不是按时吃药，有时是看着我吃药。""我的药放在自己家里，吃药有记录，无人看着吃药，在家里吃药，吃药过程中胃有不适，现在没有了。"

有的反映是去县里取药不方便。如：河南有位病人说："药的效果很好，药又不要钱，就是去拿药不方便，坐车、吃饭，一次车费5、6块，来回10多元，8个月的车费就百十来块。"

有些地方的肺结核病人说他们开始服药前要付一定的押金，要求他们坚持按时服药，等疗程结束，押金将退回给病人，但在调查时，交押金的方法已基本取消。可是有的地方由于种种原因，督导管理工作较差。

乡村两级医生大多数人认为由防疫站统一治疗管理的方法好，可以避免病人滥用抗结核药，免费治疗还可减轻病人的经济负担。福建省的访谈中大多数人的看法是直接面视下服药从理论上是非常好的，但操作起来难度大，几乎不可能实现。有一位结防医生估计，全县真正实施 DOT 的病人不会超过 20%。主要原因有：①不少病人距离村卫生所较远，要村医每隔一天到病人家里督导是不现实的。②大多数的村医都是私人开业，没有固定的工资，因此不愿意协助督导病人。③不少病人也不愿意让村医天天来家里督导。所以医生普遍建议由家人督导比较合理，有的结防医生甚至建议，严重的时候由家里人督导，平时病人自己吃就可以了。

通过定性调查进一步发现了对医务人员的激励机制不到位，影响了病人的治疗管理。调查表明各省都存在县乡防保医生、村医对参与病人管理工作没有积极性的情况。部分原因是按规定他们参与病人管理应有一些报酬，但据被调查的乡防保医生和村医反映，他们从没有拿到过任何报酬。由于激励机制没有落实，影响了村医和乡医报告和推荐肺结核病人数和肺结核可疑病症状者的积极性，对正在接受治疗的病人也没有进行访视和督导的积极性。

对于归口管理，无论是专业机构的医生还是综合机构的医务人员都指出归口管理中存在的很多问题或期望建议。如河南某县医院院长提出："病人选医生的观念使归口管理有些问题。要求合并症者再到县医院治疗，还会造成病人不理解，'一会儿叫我去，一会儿又让我回来'。防疫站是门诊，连吸氧都没有。我们毕竟是综合医院，各方面力量强些。"

另外某结防机构人员反映：在督导方面，项目要求对肺结核病人全部实行督导治疗，这不太切合实际，培训家庭督导员还是比较符合实际。关于领药方式，项目培训时没有明确的严格规定，但是实际上药品由防疫站保管，每个月病人去领一次药，来回的时间和车费等花费不少，建议改进药品领取方法，由乡医生到县里领取，再由村医到乡里领取药品，这样可以减少病人的负担，但是相应的会增加乡、村的管理工作量和投入。

福建省的医务人员提出：有些病人喜欢自己掏钱，到综合医院买药，因为觉得防疫站比较局限，只给他治肺结核病的药物，其他病就不给他治疗。是否为方便群众，适当将诊断和治疗放在乡镇卫生院一级；还有归口管理的方案不灵活，药物反应大了，不能及时调整方案；非结防机构没有抗结核药品，遇到肺外结核如何处理；三级网络的功能不健全，防治经费不足，人员的经济补偿欠缺，专业机构的设备较差，人员较少，山区地理环境，交通不便，缺乏必要的交通工具，开展督导工作有困难。

2. 病人完成治疗情况

定量研究结果表明，肺结核病人接受治疗情况大多较规则，漏服药的比例约为13.7%（表11-32），中断治疗的在3.7%～17.8%之间，平均约为9%（表11-33）。漏服药原因主要以忘记为主，为24%～58.3%，另外有个别是因为副反应和家里断药了而间断（表11-34）。

表 11-32 肺结核病人漏服药情况

类别	福建	河南	辽宁	新疆	合计
	人数（%）	人数（%）	人数（%）	人数（%）	人数（%）
漏服	35（16.2）	24（10.6）	36（16.4）	25（11.6）	120（13.7）
无漏服	181（83.8）	203（89.4）	183（83.7）	191（88.4）	758（86.3）
合计	216（100.0）	227（100.0）	219（100.0）	216（100.0）	878（100.0）

表 11-33 肺结核病人中断治疗情况

类别	福建	河南	辽宁	新疆	合计
	人数（%）	人数（%）	人数（%）	人数（%）	人数（%）
是	8（3.7）	18（7.9）	39（17.8）	14（6.5）	79（9.0）
否	208（96.3）	210（92.1）	180（82.2）	202（93.5）	800（91.0）
合计	216（100.0）	228（100.0）	219（100.0）	216（100.0）	879（100.0）

表 11-34 肺结核病人漏服药原因

原因	福建	河南	辽宁	新疆	合计
	人数（%）	人数（%）	人数（%）	人数（%）	人数（%）
忘记	18（54.5）	14（58.3）	16（44.4）	6（24.0）	54（45.0）
副反应	5（15.2）	2（8.3）	7（19.4）	12（48.0）	26（21.7）
没有药	3（9.1）	2（8.3）	5（13.9）	2（8.0）	12（10.0）
其他	9（21.2）	6（25.1）	8（22.2）	5（20.0）	28（23.3）
合计	35（100.0）	24（100.0）	36（100.0）	25（100.0）	120（100.0）

定性研究支持了定量研究的结果，并对这些现象做出了进一步解释。病人基本上都能按规定坚持服药，如河南有位病人说：没有什么事情比治病更加重要，一个月的药要好几百，哪能不放在心上。有的病人表示：以前这个病是不治之症，现在能治，肯定要坚持治疗，而且还有免费。复治病人对按规定服药体会更深、大多数病人都能坚持全程治疗。

对于漏服和中断治疗的情况，访谈进一步了解到：有的病人有副反应，一般在医生的指导下坚持服药，如服用一些辅助药，就能坚持，但个别人还可能间断；有的认为到县里去取药不太方便、路远，交通不方便的地方，有时天气不好、特别是年纪大的、身体有些不适，就不能按时取药；有的患者在病情好转后，也由于农活忙，而间断服药。有的病人因为自己觉得病情好转多了、症状得到缓解，自认为病已经好了，可以停药了；有的复治病人因为自己或家里人懂一点，就自己买药吃，不按原来规定服药。

如新疆一位病人说："2003 年 6 月在防疫站治疗 6 个月，有好转，防疫站治疗时有村医登记，防疫站发药，每月一次，放在自己的家里吃，服药 3 月就出现腹痛、头痛、头晕，就停服 2 月，未见防疫站来看，我也没说。"

但是经济条件仍是影响病人坚持治疗的重要因素，直接影响病人能否坚持治疗，因为即使有免费药，辅助药物的费用、交通费和家人陪同的费用等也是一笔很大的支出。有些病人因家里经济困难，在治疗一段时间后症状减轻了或消失了，就停止用药，等到有钱了再去治疗，特别是复治病人病程较长，就中断治疗。

按照现行政策，痰涂阴的结核病患者不能享受免费治疗。在这一人群中，经济问题就成为其不能完成治疗的主要障碍。

新疆一位涂阴病人说，"第一次没治疗，没有自己吃过药。第二次是在二医院看的病，花了400多元检查，没住院也没给药，花钱太多了，我不满意。"

新疆结防机构医务人员提出：涂阳病人免费，涂阴病人中的大部分，因无钱而不治疗。上级能否考虑把涂阴病人也列入免费治疗，这样的病人也很多，如果能做到，能把结防工作做得更好，每年来就诊的为1200~1300人，实际只有400~500个病人符合免费治疗。"

福建的医务人员也提出：扩大病人免费范围，涂阴病人也列入其中，给予病人交通、药和检查给予免费等。

除此之外，福建省的访谈中还发现，有时医生与病人的交流和解释不够，缺少针对性的健康教育，个别病人因为觉得服药后效果不明显、或副反应严重就间断服药或中断治疗，这时医生也往往没有及时给予指导意见进行调整，从而导致病人中断治疗和治疗失败。

3. 辅助治疗与延长治疗

在定性访谈中了解到，病人治疗的药物还包括了辅助药物治疗等，对于肝功能出现异常或有副反应的肺结核病人，医生一般按病人病情、经济条件决定给予不同的辅助药品，主要是护肝、护胃药。除抗结核药外的费用，一般一次几十元，多的上百元。辅助药物的费用也成为病人的经济负担，有的病人表示虽然有副反应，出于费用考虑，能忍受的，就不服了。如河南一个病人说：去县城一回，那个护肝药、健胃药，自己掏钱，结核药不要钱，一次看病花百十来块。

定性调查还发现，各省的病人均存在延长疗程的情况。一些病人在完成规定的疗程后，又延长抗结核治疗2~3个月。主要有两方面的原因：一方面，病人怕复发自己觉得需要延长治疗；另一方面，医生根据X片的恢复情况，建议病人巩固服药2~3个月，对一些重症病人也会建议巩固治疗。由于延长治疗所需的药不再免费，其中也不排除结防机构通过延长治疗进行创收的可能。

河南的一个病人说："我这个人吃药不济事，也就吃了4个月再巩固巩固。这4个月的药不是免费的。不免费，我也要看，一定要把这个病看好。药大概一个月要100多，这已经算便宜一点了。"另外一个女病人说："我吃了8个月，现在我自己要求再吃3个月，医生也建议可以多吃些时间，巩固巩固，老公说一定要治好。三个月的药花了大概一百多元。"

福建的结防医生认为延长疗程是为了巩固疗效，避免复发。"治疗疗程6个月、8个月是不够的，痰菌是转阴了，但是不巩固，复发率较高，6个月多吃2个月，8个月多吃4个月，这样比较好。"

有的病人对于疗程本来也不太清楚，有不舒服或有症状就想着该继续吃药。由于延长疗程的费用均自费，有些病人为了省钱，自费的药品到外面药店里购买，因为外面药店的药便宜些。如河南一个病人提到，25元的一种药在外面才十几元。

4. 医患交流和健康教育

观察表明，总的来说，医生对病人的病史询问不够详细，体检做得少，检查项目较多，健康教育也不多。县医院医生一般给病人讲注意事项，但较少或没有谈到疾病预防知识。对于哪一类肺结核病可以提供免费抗结核药物，一般不交代，反正让病人去防疫站就是了。结防所医生一般都能给肺结核病人介绍一些药物服法、副反应、注意事项，给可疑病人介绍痰检查步骤。有的医生介绍得较仔细，如药分饭前服、饭后服，有的医生对免费项目及其条件介绍得比较清楚，但较少给病人介绍结核病知识。有的医生有时对病人介绍的详细程度不太够、或只讲了某个方面，或对有的病人讲的多些、有的少些。

三、社会影响因素分析

（一）性别差异

1. 不同性别家庭成员获取卫生服务的顺序排列

从4省居民总体情况，家庭重视男性健康程度大于女性，男孩均列在第一位，远比对女孩的重视程度高，孙女排第三，妈妈与祖母排倒数两位，见表11-35。

表 11-35　　　　　　　　4 省居民对六口之家就诊顺序排列首位意向

排序	男孩	爷爷	女孩	爸爸	奶奶	妈妈	合计
人数	1149	652	402	322	185	58	2768
比例（%）	41.51	23.56	14.52	11.63	6.7	2.1	100

福建、河南与新疆 3 省、自治区的中年女性（妈妈）在家庭成员获得卫生服务的主次排序中排在最后一位，但在个别调查对象中也有到在第一位的，但辽宁省无一调查对象将妈妈列在第一位；4 省中祖母均列在倒数第二位，见表 11-36。

表 11-36　　　　　　　　居民对六口之家就诊顺序排列首位意向

省份	福建		河南		辽宁		新疆	
类别	人数	比例（%）	人数	比例（%）	人数	比例（%）	人数	比例（%）
男孩	458	71.3	250	43.2	294	51.5	147	26.8
女孩	202	31.5	139	24.1	36	6.3	25	4.6
爸爸	84	13.1	52	9	71	12.4	115	20.9
妈妈	10	1.6	17	2.9	0	0	31	5.6
爷爷	80	12.5	251	43.2	165	28.9	156	28.4
奶奶	26	4.0	119	20.5	5	0.9	35	6.4

在获得医疗服务方面，性别差异十分显著，男性明显优于女性。在中国农村，男性仍然是一家之主，是家庭的经济支柱。男性一旦生病，将会对家庭经济状况产生重大影响。男孩是家庭的希望，所在家庭对男孩健康的重视程度明显高于女孩。同时，中国农村仍然保留着尊老爱幼的传统观念，老年男性也处于较为优先的地位（河南，辽宁）。

2. 不同性别肺结核病人对社会歧视的感受

（1）不同性别肺结核病人感受家庭歧视情况。

1）四个省调查 889 名病人中（男 611，女 278），感受家庭歧视比例：男性 49 名占 8.0%；女性 27 名占 9.7%（表 11-37）。

2）福建、河南女性肺结核病人感受家庭歧视的比例高于男性。

3）新疆、辽宁省男性肺结核病人感受家庭歧视的比例高于女性。

表 11-37 不同性别肺结核病人受家庭歧视情况

省份		福建		河南		辽宁		新疆	
类别		男	女	男	女	男	女	男	女
无歧视	人数	163	35	172	49	147	65	80	102
	比例（%）	92.1	87.5	97.2	96.1	93.0	100	80.8	83.6
歧视	人数	14	5	5	2	11	0	19	20
	比例（%）	7.9	12.5	2.8	3.9	7.0	0	19.2	16.4
合计		177	40	177	51	158	65	99	122

（2）不同性别肺结核病人感受社会歧视情况。

1）四个省调查 889 名病人（男 611，女 278）中，女性感受社会歧视比例为 22.3%（62 名），男性是 20.78%（127 名）。

2）福建、河南、辽宁三个省调查的肺结核病人中，女性肺结核病人感受社会歧视人数比例高于男性病人，分别高出 10.1%、6.9% 与 8.2%。

3）新疆男女肺结核病人中感受社会歧视人数比例接近，见表 11-38。

表 11-38 不同性别肺结核病人受社会歧视情况

省份		福建		河南		辽宁		新疆	
类别		男	女	男	女	男	女	男	女
无歧视	人数	133	26	144	38	120	44	87	108
	比例（%）	75.1	65.0	81.4	74.5	75.9	67.7	87.9	88.5
歧视	人数	44	14	33	13	38	21	12	14
	比例（%）	24.9	35.0	18.6	25.5	24.1	32.3	12.1	11.5
合计		177	40	177	51	158	65	99	122

定性研究发现有的病人受到歧视后自己心态也不好，如某女病人提到："邻居当着我面说结核病传染什么的我就和邻居说，我还不知道谁传给我的，结核病在防疫站多的是，一拨一拨的。"有位防保人员说："有个年轻女性病人，她父亲不让我们去他家督导，怕人家看见。有一女性婚前患有结核病，婚后丈夫知道后离婚了。"（河南）

3. 不同性别肺结核病人就医延迟

（1）四个省调查 888 名病人中（男 611，女 277），男性就医延迟人数为 157 名占 25.7%，女性为 90 名占 32.5%。

（2）福建与河南两省男性病人就医延迟比例高于女性病人；辽宁与新疆二省相反，女性病人就医延迟比例高于男性病人，见表 11-39。

表 11-39 不同性别肺结核病人就诊延迟情况

省份		福建		河南		辽宁		新疆	
类别		男	女	男	女	男	女	男	女
延迟	人数	49	8	18	3	55	27	35	52
	比例（%）	27.7	20.5	10.2	5.9	34.8	41.5	35.4	42.6
及时	人数	128	31	159	48	103	38	64	70
	比例（%）	72.3	79.5	89.8	94.1	65.2	58.5	64.6	57.4
合计		177	39	177	51	158	65	99	122

4. 不同性别肺结核病人的诊断延迟

四个省调查 887 名病人中（男 610，女 277），男性病人诊断延迟为 274 名，占 44.92%；女性病人数为 146 名，占 52.52%，女性诊断延迟比例高于男性 7.6%，见表 11-40。

表 11-40 不同性别肺结核病人诊断延迟情况

省份		福建		河南		辽宁		新疆	
类别		男	女	男	女	男	女	男	女
延迟	人数	103	27	90	28	40	23	41	68
	比例（%）	58.2	67.5	50.8	56.0	25.3	35.4	41.8	55.7
及时	人数	74	13	87	22	118	42	57	54
	比例（%）	41.8	32.5	49.2	44.0	74.7	64.6	58.2	44.3
合计		177	40	177	50	158	65	98	122

（二）年龄差异

（1）4 省肺结核病人诊断延迟比例排序结果显示：年龄大于 60 岁以上的老人诊断延迟比例列在第一位。20～39 岁之间的病人诊断延迟比例最低，见表 11-41。

表 11-41 四省不同年龄肺结核病人诊断延迟比例排序

年龄	0～19			20～39			40～59			60 以上		
类别	延迟	及时	合计	延迟	及时	合计	延迟	及时	合计	延迟	及时	合计
人数	23	29	52	125	161	286	149	169	318	123	107	230
比例(%)	44.2	55.8	100	43.7	56.3	100	46.9	53.1	100	53.5	46.5	100
排序	（C）			（D）			（B）			（A）		

（2）4 省病人确诊延迟结果各异：福建、新疆 20～40 岁病人诊断延迟比例分别为 60.8% 与 52.4%，高于其他年龄段病人；河南省 60 岁以上病人诊断延迟比例最高为 56.3%；辽宁省 20 岁以下病人比例最高为 33.3%，见表 11-42。

表 11-42　　　　　　　　　　　不同年龄肺结核病人诊断延迟情况

省份		福建		河南		辽宁		新疆	
年龄		延迟	及时	延迟	及时	延迟	及时	延迟	及时
0～19	人数	4	1	5	5	2	4	12	19
	比例（%）	80.0	20.0	50.0	50.0	33.3	66.7	38.7	60.3
20～39	人数	31	20	23	33	21	56	50	52
	比例（%）	60.8	39.2	41.1	58.9	27.3	72.7	49	51
40～59	人数	43	30	45	36	28	73	33	30
	比例（%）	58.9	41.1	55.6	44.4	27.7	72.3	52.4	47.6
≥60	人数	52	36	45	35	12	26	10	10
	比例（%）	59.1	40.9	56.3	43.8	31.6	68.4	14	41.7
合计		130	87	118	109	63	159	41.7109	111

定性调查发现，由于老年人对结核病知识的了解非常少，尤其是离异、孤寡的老人，在就医、诊断、治疗等过程中，处于最弱势的地位。他们在就医过程中比较消极被动，如果疾病长时间不好或不能确诊，他们就容易产生悲观情绪，觉得岁数大了，死活都无所谓。如果家里十分贫穷，他们遇到大病最有可能放弃治疗。

（三）经济水平差异

1．不同经济水平肺结核病人就诊延迟结果

（1）4 个省调查的 888 名病人中，就诊延迟病人为 247 名，就诊延迟比例排序结果与家庭经济状况等级呈相关关系，家庭经济状况差就诊延迟比例最高，家庭经济状况好其比例最低，见表 11-43。不同经济水平的就诊延迟情况见表 11-44。

表 11-43　　　　　　四个省肺结核病人不同家庭经济状况与就诊延迟比例

类别	差			较差			较好			好		
	延迟	及时	合计	延迟	及时	合计	延迟	及时	合计	延迟	及时	合计
人数	72	149	221	68	151	219	52	179	231	55	162	217
比例（%）	32.6	67.4	100	31.1	68.9	100	22.5	77.5	100	25.4	74.6	100
排序	(A)			(B)			(D)			(C)		

（2）福建与新疆两个省病人就诊延迟是随家庭经济水平上升其比例递减。

（3）河南与辽宁两省病人就诊延迟不随家庭经济变化而变化。

表 11-44　　　　　　四个省肺结核病人不同经济水平与就诊延迟情况

省份		福建		河南		辽宁		新疆	
类别		延迟	及时	延迟	及时	延迟	及时	延迟	及时
差	人数	19	35	6	51	18	37	29	26
	比例（%）	35.2	64.8	10.5	89.5	32.7	67.3	52.7	47.3

续表

省份		福建		河南		辽宁		新疆	
类别		延迟	及时	延迟	及时	延迟	及时	延迟	及时
较差	人数	17	37	5	52	25	32	21	30
	比例（%）	31.5	68.5	8.8	91.2	43.9	56.1	41.2	58.8
较好	人数	12	45	3	57	17	37	20	40
	比例（%）	21.1	78.9	5.0	95.0	31.5	68.5	33.3	66.7
好	人数	9	42	7	47	22	35	17	38
	比例（%）	17.6	82.4	13.0	87.0	38.6	61.4	30.9	69.1
合计		57	159	21	207	82	141	87	134

2. 不同经济水平肺结核病人的社会歧视

（1）4 省被调查的 889 名病人中，202 名病人感受社会歧视，家庭经济状况等级与病人感受社会歧视比例没有相关性，但是经济好的肺结核病人感受社会歧视比例最低，见表 11-45。

表 11-45　　　　　　　肺结核病人家庭经济状况与感受社会歧视的比例排序

类别	差			较差			较好			好		
	歧视	无歧视	合计	歧视	无歧视	合计	歧视	无歧视	合计	歧视	无歧视	合计
人数	50	171	221	61	158	219	57	174	231	34	184	218
比例（%）	22.6	77.4	100	27.9	72.1	100	24.6	75.4	100	15.6	84.4	100
排序	（C）			（A）			（B）			（D）		

（2）福建与河南两省肺结核病人感受社会歧视的比例随家庭经济水平上升而提高。

（3）辽宁省肺结核病人随家庭经济水平上升其歧视感受比例下降。

（4）新疆肺结核病人感受社会歧视比例与病人家庭经济水平关系不明显，见表 11-46。

表 11-46　　　　　　　四个省肺结核病人不同经济水平与社会歧视情况

省份		福建		河南		辽宁		新疆	
类别		歧视	无歧视	歧视	无歧视	歧视	无歧视	歧视	无歧视
差	人数	12	42	10	47	18	37	10	45
	比例（%）	22.2	77.8	17.5	82.5	32.7	67.3	18.2	81.8
较差	人数	17	37	13	44	20	37	11	40
	比例（%）	31.5	68.5	22.8	77.2	35.1	64.9	21.6	78.4
较好	人数	20	37	14	46	15	39	8	52
	比例（%）	35.1	64.9	23.3	76.7	27.8	72.2	13.3	86.7
好	人数	9	43	9	45	6	51	10	45
	比例（%）	17.3	82.7	16.7	83.3	10.5	89.5	18.2	81.8
合计		58	159	46	182	59	164	39	182

定性访谈时了解到，家庭条件差的病人，感到借钱不容易，不好意思和亲戚来往或有被

亲戚看不起的感觉，如"不常走动亲戚。穷，到亲戚家不是借钱也是认为是借钱，脸面不好看（河南）。"

（四）民族差异

（1）新疆不同民族肺结核病人医疗费用支出情况。

维吾尔族结核病人的医疗费用占家庭总支出的比例最高，其他依次为锡伯族、哈萨克族的结核病人，除上述三类民族以外的其他民族的医疗费用支出居第二位，但是占家庭总支出的比例仅为5%，排行最后，见表11-47。

表 11-47　　　　　　　　　新疆不同民族结核病人的医疗费用情况　　　　　　　　　　　元

民族	总费用	直接费用	间接费用	家庭总支出	总费用占家庭总支出（%）
维吾尔族	2727	1612	1048	10908	25
锡伯族	975	813	162	8125	12
哈萨克族	958	716	242	8709	11
其他民族	1083	381	702	19160	5

（2）肺结核病人医疗费用支出、感受社会耻辱感、就诊延迟与家庭经济状况的关系。

按民族家庭总支出了解调查对象的家庭经济状况，四组民族病人中，其他（民族）家庭经济水平最高、维吾尔族第二、哈萨克族第三、锡伯族第四。

不同民族肺结核病人医疗费用支出与其家庭经济状况有一定的联系。家庭经济状况影响病人感受社会耻辱感与就诊延迟的比例，其结果均呈正比关系，见表 11-48。家庭经济状况影响病人的就医行为与社会耻辱感。

表 11-48　　　　新疆不同民族的肺结核病人家庭经济状况对就医与社会耻辱感的影响

民族	家庭总支出		医疗费用		社会耻辱感		就诊延迟	
	元	排序	元	排序	%	排序	%	排序
维吾尔族	10908	B	2727	A	10.4	B	36.9	B
锡伯族	8125	D	975	C	33.3	D	66.7	D
哈萨克族	8709	C	958	D	17.9	C	57.1	C
其他民族	19160	A	1083	B	8.8	A	8.7	A

四、资金与管理问题

对决策者进行的深入访谈表明，县、乡镇政府、财政部门和卫生部门的决策者，都比较重视结核病及其控制工作，都把结核病作为当地一项主要控制的疾病来抓。他们认为结核病是一种慢性传染病，危害严重，贫困地区的民众更加容易得病，因病致贫、因病返贫的情况也不少见，因而控制工作十分重要。

"当地人得肝炎、肠炎比较多，腹泻也是常见病，结核也不少，差不多每个村都有得过结核病的人，人们得结核与经济条件差、贫困有关。我们把结核病叫穷病，这些都很重要。"（新疆）

决策者普遍认为现在的结核病控制项目非常好，对当地的结核病控制工作有很大的促进和帮助，使很多病人享受了免费治疗的好处，希望项目能够继续下去。

"很好，利民呐，确实有一部分贫困人员得了病以后，治不起，因病致贫，因病返贫的现象很多，减轻了这部分人的压力，从经济上减轻压力，也保持了社会的稳定……"（辽宁）

对决策者调查发现的情况可以归纳为两个方面，一是资金问题，二是管理问题。

（一）资金问题

1. 配套经费的落实

各地按政策对世界银行贷款/英国政府赠款中国结核病控制项目，都需要地方政府提供配套资金。部分地方政府把配套资金列入了地方财政年度计划，由财政每年拨款，无须每年申报；由于地方财力有限，大部分县仅能落实部分配套资金，给世行贷款项目的实施带来了一定的困难。

调查发现，有的县近几年来地方财政收入在增加，但对卫生领域的投入并没有增加。有时候卫生部门不断向政府提出申请，就可能争取到一些经费，所谓"会哭的孩子有奶吃。"

"配套经费不能及时到位。但我会积极争取的，上面没钱他不给你，有钱还是能给你配些。"（河南）

"经济问题是个大困难，但头疼医头、脚疼医脚还是能做到的。早有重大卫生问题时，我们即使不发工资也可以解决问题，但在一般情况下，可能就做不到了，没有把卫生问题放在第一位。"（新疆）

对于全球基金支持的结核病控制项目经费，各县都能够做到专款专用，及时拨付给卫生防疫部门，用于开展项目工作。但调查发现，由于世行贷款项目是采用事后报账的形式，先由结防机构预先垫付一些资金，而后通过报账回补资金。有一些县的防疫站由于资金周转困难，使得报病费及病人管理费都不能及时发放，挫伤了基层乡、村医务人员对结核病发现和管理工作的积极性。

2. 防疫经费总体不足

总的来说，由于地方财政困难，各地的卫生防疫经费较少，且防疫经费主要用于支付结防所工作人员的工资，部分县连工资还得不到保证。因此为开展结防工作所需要的培训、下乡督导经费都得不到满足，乡、村级防保人员的津贴就更难以落实，严重制约了结防工作的开展。如辽宁省调查发现，一位结防所医生核定的工资是每月 900 元，但实际只拿到 400 多，只是应得工资的 40%～50%，工作积极性受到影响。有的结防所为了补助工资的不足，就在外面办诊所，搞创收，或者通过给肺结核病人多开辅助药或延长疗程等方式增加财政收入。一些被调查的结防所医务人员表示，只要发足工资，他们的工作积极性就会得到很大的提高。

"经费不足仅是问题的一个方面，另一方面是结防机构本身的问题。有的结防机构人员大幅超编，但真正的业务人员却没有几个；有的结防所人员老化，技术水平不高；由于体制上的原因，无法改变现状。结防所是全额拨款的事业单位，财政拨款中包括了退休人员的工资。人数不断增加，经费却有限，势必造成经费不足。"

另外，调查发现福建、新疆两省的一些县在财政上有人均 0.05～0.2 元不等的防治经费，有的乡政府也投入一些防治经费，辽宁省有的县结防所还有一些维修、购置等专项经费，但这些经费都不一定能保证。

"我们自己对 TB 防治的支持是人均 5 分钱，共 1.8 万，去年开始给，但由于去年财政紧张，我们和防疫站商量，由他们先垫着，今年一块给。"（新疆）

3. 财政投入向贫困地区倾斜

决策者都认为结核病防治工作中存在的主要困难是经费问题，但限于财力，当地政府无力增加投入，希望上级政府加大对贫困县的投入。他们认为，项目的开展应按各地经济条件加以区别对待，国家应按不同层次对待困难的边远地区，在财政资金投入上给予倾斜。

"同样是一万块来说，放在大城市来说可能就是锦上添花，放在我们山区来说就是雪中送炭，我就是呼吁各方面上上下下，包括国务院、卫生部，制定方针政策的时候，我觉得多考虑一下农民，我觉得贫困人口，这个边远的，还有这些少数民族，他们才是最需要帮助的。还有较多提到的就是项目免费范围的扩大及涂阴病人纳入的问题，希望更多的资金倾斜，能补助病人的交通费用，如边远困难的群众，这样项目开展会有更实际的意义。"（福建）

（二）管理问题

1. 制定相关政策

县乡政府按照国家的统一要求，建立当地结核病防治领导小组，由政府主管卫生工作的领导担任组长，卫生、财政等相关部门领导作为小组成员，负责制订结核病防治计划、归口管理制度以及抗结核药物统一管理政策，落实结防经费的划拨和使用，协调归口管理中出现的问题等，并将结核病防治工作作为有关部门工作考核指标之一。

"结核病防治的这项工作、结核病归口管理，要求从村卫生所、乡卫生所，一直到我们市里几家综合医院，发现结核病人，必须归口管理，不进他们的传染科……"（辽宁）

2. 开展宣传教育

在每年世界结核病日各地都开展有关结核病防治知识的宣传活动，如政府领导于3.24前后在地方电视台讲话；平时也通过电视台和电台进行结核病防治知识的宣传教育，另外还张贴宣传画、标语和发宣传单等，提高农民的结核病防治知识和自我保护意识，取得了一定的效果。

3. 制定激励机制和政策

为了提高病人发现率，促进归口管理措施的落实和加强结核病人的治疗管理，提高病人的治愈率，各地出台了一系列激励机制和政策，如对乡、村医生发现和推荐的肺结核病人给予10～20元的报病费奖励，对督导治疗的涂阳肺结核病人的管理者给予督导管理费，并纳入年终考核，给予适当的奖励等。

"结核病转诊，不管是哪级医疗单位，所有的医生转一个给他5块钱，这笔钱都是防疫站出的。局里再给防疫站拨钱，用来搞结核这一块，也是专项专款吧。对于加强管理，分工到人，防疫站一个医生，一人抓几个乡，几个病号，和工资挂钩，工作到位表扬，不到位批评……"（河南）

在调查中也发现，河南省有些县对工作人员制订了病人发现指标，如完不成指标任务就要受罚。

五、其他重要发现及建议

（一）药品零售商店的调查结果

对药品零售商店的调查表明，大多药品零售商店均出售抗结核药物，且销售价低于医院药房。病人去药店购买抗结核药的主要原因是方便，价格便宜，但由于提供免费治疗，所以总体来说，抗结核药物的销售量较小。

"有一年只有3、4个人来拿药，我们会跟他们讲，要到防疫部门去正规治疗，防疫部门可以免费的，治疗时间长，一般时间在 6～8 个月，有的要 2～3 年，我们都建议他们到防疫部门治疗。这边抗结核药很少，就是原来的利福平、雷米封、乙胺丁醇等，他们怕麻烦就到我这里买，这边也不贵，贵的一瓶才十多块钱。结核病现在也不多，有的都是老病号，一般是年龄比较大的，病的时间比较长的，还有农村里面来的，他们怕麻烦，防疫部门很难找，有些找不到，就到我这边买，有的原来吃了这种药，药不够，再来买。"（福建）

按照药品管理规定，抗结核药物属于处方药，病人购药时需持有职业医师资格的医生开具的处方。但是，对药品零售商店的明察暗访都发现，即使购买者没有处方，药店也会销售处方药，包括抗结核药，几个省的药店都是如此。对新疆的药店调查还发现，药店人员有时会告知没有处方的购药者去附近的私人诊所开处方，然后再来购买处方药。

"如果病人没有处方来买抗结核药，以前可以，做登记就行，现在不行了。有老结核病人拿旧药盒子来，但没有处方，给也不行，不给吧，和他们说也说不清楚。"（新疆）

另外，药品的管理不属于卫生部门，因此药品的监管还需要与其他部门协调。

（二）合作医疗促进结防工作

新疆有两个县开展了农村新型合作医疗试点，促进了农村居民对卫生服务的有效利用，减少了就诊延迟和不去看病的现象，有助于肺结核病人的早期发现和早期治疗。

"农村刚刚脱贫，由于疾病又返贫了，不如把这些钱搞合作医疗，不要送面、送菜。通过我们的调研，农民是非常喜欢合作医疗。"（新疆）

（三）结核病防治与农村卫生体系结合

一些决策者认为单纯谈论结核病防治是十分狭窄的，应与农村整个卫生体系结合起来，包括增加农村卫生资源、提高农村地区医疗服务的可及性、建立农村医疗保障制度、改革农村卫生院等，这需要政府对农村医疗卫生事业制定各项政策和提供更多的资金投入。

"建议增加投入，得病的人得到及时治疗，农村医疗设备机构不是很强的，在这方面也应该投入，农村病人在偏远地区，不至于到县里那么远去做，很偏远的农村，他们到市里很难……这种病应该及时发现，及时治疗，及时康复，不单给家庭，给社会也带来好处……"（辽宁）

（四）进一步推广的设想

社会评价是一项科学易行的工具，对正在推广的世界银行贷款/英国政府赠款中国结核病控制项目有重要意义，可以将社会评价从三方面融入结核病控制项目。

（1）在结核病控制项目中期评价和终末评价时，融入社会评价。中期评价通过社会评价建立基线数据，并在终期评价时，进行对比分析，以评价项目成效。

（2）将社会评价融入健康促进，通过社会评价收集的大量定性、定量资料，对健康促进有重要的指导作用。

（3）将社会评价方法融入结核病常规数据收集系统。结核病防治系统常规登记报告系统已经比较健全，而定期不定期的专题调查还相当薄弱，通过社会评价可以提供重要信息，补充常规登记报告制度的信息缺陷。

（4）通过内蒙古试点、4 个省推广而形成的社会评价技术路线是有效、可行的一种科学方式，在适当总结修改基础上（如：一般居民的 KAP 已比较了解故可考虑不做，TB 病人和可疑者调查内容更注重想法、为什么？医务人员和管理人员的调查需深入、访谈问题进一步深入追问，问卷的一些问题如未转诊原因的解释和督导服药的含义等的进一步明确），在其他项目省可进行推广。

（5）早期及时发现肺结核病患者是结核病控制项目的目标之一。这次调查通过各种途径发现了不少可疑者，但未解决诊治。建议在线索调查基础上进一步做好痰检、X 光检查，真正发现肺结核病人并做好治疗和管理。

附：各省调查对象基本情况

一、福建省

（1）样本县基本情况见附表 1。

附表 1　　　　　　　　　福建省结核病社会评价样本县基本情况

所属市	县名	人口数	人均 GDP*（元）	是否 DOTS 县	病人发现情况**		
					活动性病人数	涂阳人数	涂阳登记率/10 万
三明	大田	366293	5833	是	256	146	41.0
宁德	寿宁	257013	5148	是	169	83	38.1
龙岩	上杭	485790	5991	是	236	177	40.3

＊　为 2002 年地区生产总值。

＊＊　为 2003 年 1～12 月份数据。

注　两个县于 2002 年 5 月项目启动，1 个县于 2002 年 7 月启动。结防机构非独立，属于防疫站一科室。

（2）定量调查对象的基本情况见附表 2。

附表 2　　　　　　　　　　定量调查对象数量

县	合计	病人	可疑者	居民
大田	374	75	74	225
寿宁	367	73	74	220
上杭	369	69	80	220
合计	1110	217	228	665

本次在福建省大田县、寿宁县及上杭县共完成 217 例病人问卷调查、228 例可疑者问卷调查和 665 例社区居民问卷调查。

大多数（78.9%）可疑者是由医务人员推荐的，其他途径包括：村民村干部推荐（6.6%）、县结防所就诊（6.1%）以及乡镇卫生院就诊（5.7%）等。

217 例病人中，77.9% 为初治病人，82.9% 为涂阳病人。定量调查对象的性别分布见附表 3。

附表 3　　　　　　　　　定量调查对象的性别分布

性别	病人	可疑者	居民
男	177	139	350
女	40	89	315
合计	217	228	665

由于研究设计中已规定居民的男女性别比例为 1:1，而对病人和可疑者没有明确规定。结果显示，病人和可疑者中男性明显多于女性，尤其是女性病人只占不到 20%。定量调查对象的年龄分布见附表 4。

附表 4 定量调查对象的年龄分布

年龄（岁）	病人（%）	可疑者（%）	居民（%）
0～19	5（2.3）	7（3.1）	18（2.7）
20～39	51（23.5）	32（14.0）	303（45.6）
40～59	73（33.6）	76（33.3）	295（44.4）
60 以上	88（40.6）	113（49.6）	49（7.4）
合计	217（100.0）	228（100.0）	665（100.0）

同样，社区居民的年龄也在研究设计中有明确规定，即 18～65 岁。病人和可疑者由于没有此限制，年龄构成中老年人的比例明显较高，60 岁以上的老年人占样本量的 40% 以上，可疑者中这一比例更是接近 50%。定量调查对象的文化程度见附表 5。

附表 5 定量调查对象的文化程度

文化程度	居民（%）	可疑者（%）	病人（%）
文盲	139（20.9）	109（47.8）	57（26.3）
小学	259（38.9）	81（35.5）	107（49.3）
初中	179（26.9）	29（12.7）	36（16.6）
高中及以上	88（13.2）	9（3.9）	17（7.8）
合计	665	228	217

三种调查对象的受教育程度都不高，超过一半的人只有小学以下文化程度，可疑者中 47.8% 的人是文盲。如此低的文化程度，尤其是文盲的比例过高，为结核病健康促进提出了挑战。

（3）定性调查对象的基本情况。

本次对社区居民，医务人员以及相关部门的调查都已根据研究设计中的规定完成。具体对象的情况见附表 6～附表 8。

附表 6 社区居民专题小组访谈对象的基本情况

小组特征	组数	人数	年龄特征	文化程度			
青年男性	3	20	28～40		小学 2	初中 15	高中及以上 3
青年女性	5	38	22～40	文盲 9	小学 14	初中 10	高中及以上 5
老年男性	3	20	40～82	文盲 2	小学 10	初中 8	
老年女性	4	27	40～79	文盲 20	小学 4	初中 3	
合计	15	105	22～82	文盲 31	小学 30	初中 36	高中及以上 8

附表 7 　　　　　　　　　　　医务人员小组访谈对象的基本情况

小组特征	组数	人数	性别	年龄特征	专业	医学教育
县医院	3	17	男 17	28～59 岁	内科 10 人； 放射科 4 人； 中医科 3 人	本科 6 人； 大专 4 人； 中专 7 人
乡卫生院	3	18	男 14； 女 4	23～60 岁	内科 15 人； 放射科 2 人； 中医科 1 人	本科 2 人； 中专 16 人

附表 8 　　　　　　　　　　　医务人员个别访谈对象的基本情况

个别访谈对象	人数	性别	年龄	医学教育
防疫站结防科科长	3	男 3	39～48 岁	中专 3 人，1 位大专进修 2 年
防疫站结防科医生	3	男 3	28～55 岁	中专 2 人，自学 1 人
县医院院长	3	男 3	39～50 岁	本科 1 人，大专 2 人
县医院医生	3	男 3	34～56 岁	本科 2，大专 1 人
县医院防保医生	3	男 2；女 1	39～55 岁	中专 3 人
乡卫生院院长	4	男 4	31～52 岁	大专 1 人，中专 3 人
乡卫生院防保医生	3	男 3	28～59 岁	中专 3 人
村医	6	男 6	27～62 岁	中专 4 人，自学 2 人
个体医	6	男 6	24～62 岁	中专 5 人，自学 1 人

三县共完成 12 人日的观察，县医院和防疫站结防科医生各 3 人，每人 2 日。

三县共完成 19 个相关部门有关人员的个别访谈，包括副县长 3 人，县财政副局长/财务官员 3 人，县卫生局长/分管副局长 3 人，分管乡长 4 人以及药店工作人员 6 人。

本次调查共完成 32 个病人和 18 个可疑者的个别访谈，对象的性别比例基本均衡，病人及可疑者的类型也基本满足研究设计中的要求。但由于当地复治病人数较少，故缺少 1 例复治未完成治疗的肺结核病人，另外，因为在调查期间在县医院就诊的可疑者人数很少，所以可疑者未能完成 20 例的要求。具体对象情况见附表 9。

附表 9 　　　　　　　　　　　肺结核病人和可疑者访谈对象的基本情况

县名		总计		大田		寿宁		上杭	
对象		病人	可疑者	病人	可疑者	病人	可疑者	病人	可疑者
小计		32	18	10	9	9	6	13	3
性别	男	17	10	5	4	5	4	7	2
	女	15	8	5	5	4	2	6	1
治疗	涂阴	7	—	2	—	2	—	3	—
	初治	14	—	5	—	4	—	5	—
	复治	11	—	3	—	3	—	5	—

二、河南省

（1）样本县基本情况见附表 10。

附表 10　　　　　　　　　　河南省样本县基本情况

县名	方城	栾川	兰考
地理位置	南部	西部	东部
地貌	丘陵	山区	平原
总人口（千）	998.8	319.0	745.5
面积（km²）	2541.82	2477.42	1107.92
人口密度（人/km²）	393.72	129.17	675.32
2003 年人均收入（元/年）	1354 省贫县	1910 国贫县	1648 国贫县
生产特点	农业为主	农业为主采矿业为辅	农业为主
结防机构 TB 职工（医生）	非独立，8 人（4）	非独立，6 人（3）	非独立，12 人（2）
2002 年新登肺结核项目病人	390	64 TB＋	198
项目	2002 年 6 月 WB/DFID 项目	2002 年 6 月 WB/DFID 项目，2003 年 4 月始全球基金	2002 年 5 月 WB/DFID 项目 2003 年 4 月始全球基金
DOTS 实施效果	较好	较差	较差

（2）定量调查对象基本情况。

本次定量研究共调查了居民 637 人，可疑者 220 人，病人 228 人，三个样本县的样本量见附表 11。调查的居民性别比例接近 1:1。可疑症状者和病人的男性比例大于女性，见附表 12。调查对象中居民年龄以 20～60 岁的中青年比例最高，可疑症状者和病人的 40 岁以上的比例较高，见附表 13。调查对象中居民文化程度以初中最多，为 41.0%，其次小学，占 28.6%，但还有 17.4% 的文盲，而高中以上只有 13.0%。可疑症状者中的文盲比例最高为 29.5%，初中和高中以上的比例较低。病人中的文盲比例也有 25.0%，小学的比例最高占 31.1%。见附表 14。可见被调查对象的文化程度普遍较低，可疑症状者和病人的文化程度低于居民的文化程度。定量研究的结果表明所选样本县的民族以汉族为主，少数民族所占比例极少（附表 15）。本次定量研究结果中可疑者的发现途径以"医务人员推荐为主"占 59.5%（附表 16），"县医院因症就诊"占 21.8%，由此可见医务人员以及综合医院在结核病发现中起到重要作用。调查对象数量见附表 11。

附表 11　　　　　　　　　　调 查 对 象 数 量

县	居民	可疑者	病人
方城	210	75	84
栾川	214	74	72
兰考	213	71	72
合计	637	220	228

附表 12   调 查 对 象 性 别

性别	居民		可疑者		病人	
	频数	%	频数	%	频数	%
男	332	52.1	134	60.9	177	77.6
女	305	47.9	86	39.1	51	22.4
合计	637	100.0	220	100.0	228	100.0

附表 13   调 查 对 象 年 龄

年龄（岁）	居民		可疑者		病人	
	频数	%	频数	%	频数	%
0～19	7	1.1	32	14.5	10	4.4
20～39	291	45.7	56	25.5	56	24.6
40～59	314	49.3	70	31.8	81	35.5
60 以上	25	3.9	62	28.2	81	35.5
合计	637	100.0	220	100.0	228	100.0

附表 14   调 查 对 象 文 化 程 度

文化程度	居民		可疑者		病人	
	频数	（%）	频数	（%）	频数	（%）
文盲	111	17.4	65	29.5	57	25.0
小学	182	28.6	63	28.6	71	31.1
初中	261	41.0	60	27.3	68	29.8
高中及以上	83	13.0	32	14.5	32	14.0
合计	637	100.0	220	100.0	228	100.0

附表 15   调查对象的民族比例

类别	居民		病人		可疑者	
	频数	%	频数	%	频数	%
汉族	635	99.7	226	99.1	216	98.2
其他	2	0.3	2	0.9	4	1.8
合计	637	100.0	228	100.0	220	100.0

附表 16   可疑症状者发现途径

类 别	频数	百分比（%）
医务人员推荐	131	59.5
县医院因症就诊	48	21.8
县结防所因症就诊	17	7.7
村民、村干部等推荐	9	4.1

续表

类 别	频数	百分比（%）
乡/镇卫生院因症就诊	8	3.6
主动体检发现	7	3.2
合计	220	100.0

（3）定性调查对象的基本情况。

定性研究共有 33 名病人和 23 名可疑症状者的个别访谈，分布见附表 17。共有 14 组居民的专题小组讨论，累计 96 人，男女各 7 组。年龄和文化程度分布如附表 18 所示，男性的文化程度普遍高于女性。医务人员共进行了 6 组专题小组讨论，个人访谈共 44 人，包括 6 家药店的职员 6 人，详见附表 19。另外，还观察县医院、结防所医生 13 人日，相关部分领导访谈 12 人，包括：副县长 3 人，县财政副局长/财务官员 3 人，县卫生局长/分管副局长 3 人，分管乡长 3 人。合计分析 145 份访谈、小组讨论和观察的资料。

附表 17　　　　　　　　　　结核病和可疑者访谈对象的基本情况

县名		总计		栾川		方城		兰考	
	对象	病人	可疑者	病人	可疑者	病人	可疑者	病人	可疑者
小计	合计	33	23	13	9	10	12	10	2
性别	男	18	14	8	4	5	8	5	2
	女	15	9	5	5	5	4	5	—
治疗	涂阴	7	—	3	—	2	—	2	—
	初治	14	—	6	—	4	—	4	—
	复治	12	—	4	—	4	—	4	—

附表 18　　　　　　　　　　普通村民专题小组访谈组数和参加者特征

小组特征	组数	人数	年龄（岁）	文化程度			
				文盲	小学	初中	高中及以上
合计	14	96	19~70	11	26	43	16
老年男性	3	21	40~70	2	8	7	4
老年女性	4	27	40~69	7	3	13	4
青年男性	4	26	20~40	0	7	14	5
青年女性	3	22	19~40	2	8	9	3

附表 19　　　　　　　　　　医务人员访谈对象分布

访谈对象	小组访谈（组）	单独访谈（人）					
	医务人员	村医	个体	内科	防保	院长	药店
合计50	6	8	5	6	11	8	6

三、辽宁省

（1）辽宁省三个调查县的社会经济概况（2003年）见附表20。

附表20　　　　　　　　辽宁省三个调查县的社会经济概况（2003年）

概况	彰武县	凌原市	新宾县
面积（km²）	3641	3278	4432
总人口	416640	645198	306648
农村人口比例（%）	85	77	73
人口密度（人/km²）	114	197	69
农村居民人均纯收入	2374元	1600元（2002年）	2951元
结防机构情况	独立结防所	独立结防所	独立结防所

数据来源：三县统计年鉴。

（2）定量调查对象的基本情况。

调查对象分为三组人群：居民、结核病可疑者与结核病人，调查现场分别在三个县完成。调查样本量：居民为627名（男311名，女人311名），年龄18～60岁；可疑者为226名（男108名，女118名）；结核病人为223名（男158名，女65名）。85%调查对象接受文化教育程度在初中与高中之间，见附表21～附表24。

附表21　　　　　　　　　　　　调查对象类型与人数

县	居民	可疑者	病人
彰武县	216	71	74
凌源市	210	71	76
新宾县	201	84	73
合计	627	226	223

附表22　　　　　　　　　　　　调查对象性别构成比

性　别	居民		可疑者		病人	
	人数	%	人数	%	人数	%
男	311	49.6	108	47.8	158	70.9
女	316	50.3	118	52.2	65	29.1
合计	627	100	226	100	223	100

附表23　　　　　　　　　　　　调查对象年龄构成比

年龄（岁）	居民		可疑者		病人	
	人数	%	人数	%	人数	%
0～19	5	0.8	6	2.7	6	2.7
20～39	281	44.8	63	27.9	77	34.7
40～59	315	50.2	114	50.4	101	45.5
60以上	26	4.2	43	19.0	38	17.1
合计	627	100	226	100	222	100

附表 24 调查对象文化程度构成比

文化程度	居民		可疑者		病人	
	人数	%	人数	%	人数	%
文盲	30	4.7	33	14.6	23	10.3
小学	248	40.0	92	40.7	79	35.5
初中	282	45.0	75	33.2	100	44.8
高中及以上	67	10.6	26	11.5	21	9.4
合计	627	100	226	100	223	100

（3）定性调查对象的基本情况，见附表 25～附表 27。

附表 25 结核病人和可疑者访谈对象的基本情况

县名		彰武		凌原		新宾		合计	
对象		病人	可疑者	病人	可疑者	病人	可疑者	病人	可疑者
性别	男	5	5	5	6	7	—	17	11
	女	5	5	5	7	4	1	14	13
病人类型	涂阴	2	—	2		2	—	6	—
	初治	4	—	4		5		13	—
	复治	4	—	4		4		12	—
合计		10	10	10	13	11	1	31	24

附表 26 普通村民专题小组访谈对象的基本情况

组名	组数	人数	年龄范围	文化程度			
				文盲	小学	初中	高中及以上
老年男性	3	25	40～71	1	10	13	1
老年女性	3	19	38～66	1	12	4	2
青年男性	3	21	17～40	—	2	17	2
青年女性	3	22	18～46		4	18	—
合计	12	87	17～71	2	28	52	5

附表 27 医务人员专题小组访谈和个别访谈对象的基本情况

小组访谈						
小组	组数	人数	性别	年龄	专业	医学教育
县医院	3	18	5 女 13 男	26～66	放射科 6 人，内科 10 人 中医 2 人	中专 7 人，本科 11
乡卫生院	3	18	8 女 10 男	24～72	妇产科 6 人，内科 5 人 防疫 1 人，放射 4 人	中专 14 人，大专 2 人，本科 2 人

个别访谈	
访谈对象	人数
县结防所所长	3
县结防所医生	3
县医院院长	3
县医院医生	6
乡卫生院院长	3
乡防保医生	3
村医	6
个体医	6

四、新疆维吾尔自治区

（1）定量调查对象的基本情况。

吐鲁番市位于新疆东部，疏扶县位于南疆，属喀什地区，调查对象均以维吾尔族为主；察布查尔县地处北疆，属伊犁州，调查对象中居民以锡伯族为主，肺结核病人和可疑症状者以维吾尔族为主，哈萨克族其次，见附表28。

附表28 各县调查对象数量

县	合计	TB 病人	可疑症状者	社区居民
合计	1085	221	233	631
吐鲁番	390	78	87	225
察布查尔	353	72	76	205
疏扶	342	71	70	201

1）性别特征。社区居民尽可能遵循男女各半的比例，性别比例为 1:0.98。肺结核病人及可疑症状者接近于 1:1，女性略多于男性。

2）民族特征。新疆是以少数民族为主的地区，三种调查对象合计维吾尔、锡伯和哈萨克族分别占 74%、20% 和 4%，汉族等其他民族占极少数；病人中维吾尔族占 81%，哈萨克族占 13%；可疑者中维吾尔族占 85%，哈萨克族占 8%；在调查居民中，由于察布查尔县以锡伯族为主，因此在全部调查居民中锡伯族占三分之一（32%），而吐鲁番和疏扶县仍以维吾尔为主，故维吾尔族占三分之二（67%）。上述民族分布比例只是本次调查的结果，并不反映全自治区总人口中的民族特征。

3）年龄分布。肺结核病人中大约有 46.6% 在 20～39 岁组，20 岁以下者占 14%，60 岁以上 10.9%；可疑症状者的年龄分布与肺结核病人相似，20～39 岁组占 38.8%，其次为 40～59 岁组占 34.9%；由于居民中青壮年外出打工者较多，因此调查居民中 20～39 岁组比例较低（24.1%），而 60 岁以上组人数比例最高（34.1%）。

4）文化程度。三类调查对象均以小学及初中文化程度者占多数，各占三分之一左右（小学比例略高），而文盲及高中的比例合计约占三分之一。病人和可疑症状者中文盲的比例略高于居民组。

5）经济状况。为便于比较，以 2003 年家庭人均总支出反映个人经济状况。用四分位数描述法把经济状况分为"差""较差""较好"和"好"四组，各组人数所占比例大致接近。

（2）定性调查对象的基本情况，见附表 29 和附表 30。

附表 29　　　　　　　　专 题 小 组 访 谈 对 象

专题小组名称	组数	访谈对象所属
合计	20	
1. 市、县医院医生组	2	吐鲁番市医院、疏附县医院
2. 乡卫生院医生组	2	吐鲁番市艾丁湖乡、疏附县色满乡
3. 居民访谈小组	16	
其中：40 岁以上维吾尔族男女各 2 组	4	吐鲁番市艾丁湖乡、疏附县色满乡
40 岁以下维吾尔族男女各 2 组	4	吐鲁番市艾丁湖乡、疏附县色满乡
40 岁以上其他民族男女各 2 组	4	察布查尔县孙扎齐乡
40 岁以下其他民族男女各 2 组	4	察布查尔县孙扎齐乡

附表 30　　　　　　　　个 别 访 谈 对 象

	访谈对象	吐鲁番市	疏附县	察布查尔县	合计
政府领导	分管副市长、县长	1 人	1 人	1 人	3
	分管副乡长	艾丁湖乡 1 人	色满乡 1 人		2
相关部门领导	卫生局局长	1 人	1 人	1 人	3
	财政局局长	1 人	1 人	1 人	3
卫生服务提供者	市、县医院分管院长	1 人	1 人		2
	市、县医院内科医生	1 人	1 人		2
	市、县医院防保医生	1 人	1 人		2
	市、县防疫站结防科科长	1 人	1 人		2
	市、县防疫站结防科医生	1 人	1 人		2
	乡卫生院业务院长	艾丁湖乡 1 人	色满乡 1 人		2
	乡卫生院防保医生	艾丁湖乡 1 人	色满乡 1 人	孙扎齐乡 1 人	3
	村医	2 人	2 人	2 人	6
	个体医生	2 人	2 人	1 人	5
	药店工作人员	2 人	2 人	2 人	6
TB 病人	初治涂阳完成治疗	男 1 人，女 2 人	男 1 人，女 1 人	男 2 人，女 1 人	8
	初治涂阳未完成治疗	男 2 人，女 1 人	男 1 人，女 1 人	男 2 人，女 1 人	8
	复治涂阳完成治疗	男 1 人，女 1 人	男 1 人，女 1 人	女 1 人	5
	复治涂阳未完成治疗	男 1 人，女 1 人	男 1 人，女 1 人	男 1 人，女 1 人	6
	涂阴病人	女 1 人	男 1 人，女 1 人	男 1 人，女 1 人	5
TB 可疑症状者		13 人	10 人		23
合计		41 人	37 人	20 人	98

为了解医务人员对结核病的识别能力、归口管理的实际执行情况、结核病治疗的规范程度、对结核病患者和可疑症状者的态度以及开展健康教育的情况，对 4 名医务人员（吐鲁番市结防所 1 人，疏附县结防所 1 人，吐鲁番市医院 1 人，疏附县医院 1 人）的工作情况分别进行为期 2 天的观察。

第五节　GBX 水库灌溉工程北干渠少数民族影响评价案例

一、项目概况

"QH 东部地区农村水资源综合利用项目"是利用已经建成的 LJX 水库、GBX 水库抬高水位利用黄河丰富的水资源条件，从大坝预留南北农灌孔引水，为黄河两岸作物种植区和荒山荒坡以及生态环境治理区的农业发展提供水源。项目涉及当地世居少数民族回族、撒拉族和藏族。GBX 北干渠项目位于 QH 省海东地区的 HL 回族自治县（以下称 HL 县）及 XH 撒拉族自治县（下称 XH 县）境内。本地区是 QH 省乃至在青藏高原地区农业生产条件最为优越的地区之一，具有悠久的农业发展历史，是 QH 省屈指可数的蔬菜瓜果之乡。

GBX 北干渠灌溉项目的主要任务是利用已建成的 GBX 水电站大坝形成的水位优势，通过预留引水口修建干渠，将黄河北岸 HL 县境内的 GD 镇及 GBX 管委、XH 县 JS 镇现有灌区内的大部分提水灌溉变为自流灌溉，并扩大灌溉面积。本项目的实施可极大的缓解当地农业用水短缺问题，对当地以回族为主的少数民族群体改善生产、生活条件，推动经济社会发展产生深刻影响。

GBX 北干渠项目涉及 2 个县（HL 县与 XH 县）、2 个镇 1 个管委会（GD 镇及 GBX 管委、JS 镇）。项目的主要内容包括以下 3 个方面：①改善自流灌溉面积 16173 亩；②新增自流灌溉面积 17825 亩；③提灌改自流灌溉面积 23299 亩，使本地区出现了零提灌地的新局面，具体见表 11-49。

表 11-49　　　　　　　　　　GBX 北干渠项目灌溉改善情况　　　　　　　　　　　　　亩

县	乡镇	改善自流	新增自流	提灌改自流
HL 县	GD 镇及 GBX 管委	16173	10745	13606
XH 县	JS 镇	—	7080	9693
合　计		16173	17825	23299

二、少数民族宗教信仰及文化概况

（一）回族

项目区回族的先民主要是为传教和商业活动等，从西域迁徙而来的。这里的回族男子多穿对襟白衬衣，外套青坎肩，戴白色圆顶帽。妇女一般都戴"盖头"。相对项目区其他少数民族而言，回族人由于使用汉语，历来与汉族文化有着频繁交流，加之他们善于经商，受教育程度较高，居住区交通便利，因此回族人思想观念活跃，市场意识较强，社会经济发展水平相对较高。回族信仰伊斯兰教。回族居住的村庄都有清真寺，男人们一天需要去寺里做五次礼拜，女性只能在家里做礼拜。清真寺不仅是一个宗教场所，同时也是沟通信息、讨论社会事务的重要场所。回族没有本民族的语言与文字，一般通用汉语，本地有部分回族会讲藏语。

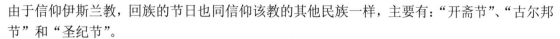

由于信仰伊斯兰教，回族的节日也同信仰该教的其他民族一样，主要有："开斋节"、"古尔邦节"和"圣纪节"。

（二）撒拉族

撒拉族也信仰伊斯兰教。与回族不同的是撒拉族有自己的语言，日常生活中主要使用撒拉语，但是由于没有本民族的文字，撒拉语中的现代词汇大量借用汉语。本项目区是撒拉族比较集中的地区，有不少血缘关系为亲密的村落。在宗教方面，杂居地区的撒拉族与回族共同使用清真寺。相对于回族，无论在历史上还是在当前，撒拉族对农业的依赖性更为明显。

（三）藏族

本项目区的藏族信奉藏传佛教，有自己的语言和文字，主要节日有藏历新年。每逢节日，盛装的藏族人会到附近的寺庙朝佛，或成群结队地上街唱歌跳舞。在通婚方面，本地区藏族主要是民族内通婚，也可以与汉族通婚。相对于牧区而言，本项目区内的藏族在语言、日常生活习惯、服饰以及生计模式等方面，受汉文化影响更为明显。在经济上，项目区藏族外出从事拉面经济或其他经商活动的人明显少于回族和撒拉族，他们对土地和农业的依赖性很强。

（四）各民族之间的融合

项目区内的 3 个少数民族在历史上就有着谁也离不开谁的关系。撒拉族先民从中亚迁徙到 QH 省 XH 县时以男性居多，因此，他们与当地藏族通婚比较普遍，撒拉人接受了很多藏族的习惯和传统，迄今人们仍把藏人称为撒拉人的"舅舅"。回族与撒拉族同属穆斯林，在伊斯兰教 "天下穆斯林皆兄弟"的思想影响下，他们之间相互通婚，共同使用清真寺，共同参与宗教活动，历来关系和睦融洽。回族和藏族从历史上就有密切的交往，回族曾经与藏族通婚，尽管现在通婚的比例很小，但他们相互了解和尊重对方的民族风俗、宗教信仰，在婚丧嫁娶、节庆活动等方面相互往来，世代友好。

三、项目对少数民族的影响

（一）正面影响

1. 增加灌溉面积，提高农民收入

根据可研，GBX 北干渠的实施可新增耕地面积 17825 亩，占原有耕地的 45.2%，人均增加灌溉面积 0.35 亩。项目实施后新增的灌溉土地以及改善灌溉条件后减少撂荒的土地将在很大程度上改善耕地不足的问题，项目区内人多地少的矛盾将得到一定缓解。

2. 提高农作物产量

项目受益区地处黄河谷地，土质良好，光照充足，非常适合农作物的生长，但是由于水利设施的不足，却出现了"守着黄河水用不到黄河水"的问题，很多耕地得不到足量灌溉，严重影响了当地农作物的产量。GBX 北干渠项目建成后，将保证项目区内的农业生产有低成本和充足的灌溉用水，增加粮食作物和经济作物的产量，因此增加农民的收入。

3. 种植结构的调整

本灌区仅有 28.9% 的农民种植经济作物，而没有种植经济作物的主要原因是缺水以及灌溉费用太高。被调查的样本户中，回答因为无水和水费高而不种植经济作物的都为 66.7%，详细情况见表 11-50。

表 11-50 不同民族不种经济作物的原因分析 %

民族	无水	水费高	没技术	没市场	其他
回族	60.4	60.4	5.7	0	15.1
撒拉族	73.7	44.7	5.3	2.6	10.5
藏族	100	100	0	0	0
合计	66.7	66.7	0	0	33.3

资料来源：社会调查，回族有效样本为 53，撒拉族有效样本为 38，藏族有效样本为 3。

而且当问到"如果村里或您家的灌溉条件改善了，你是否打算种植经济作物"时，89.3%的农民作出了肯定回答，并且没有表现出民族差异性，具体见表 11-51。

表 11-51 不同民族种植经济作物需求 %

民族	是	否	不知道
回族	89.3	6.7	4.0
撒拉族	91.8	6.2	2.0
藏族	83.3	0	16.7
合计	89.3	7.1	3.6

资料来源：社会调查，回族有效样本为 75，撒拉族有效样本为 49，藏族有效样本为 6。

4. 降低农业投入，减轻农民负担

本项目区处于黄河北岸，降水少而蒸发量大，给农业发展带来了很大的困难。从 GBX 北灌区农业灌溉现状来看，提灌地占到了总灌溉面积的 59%，提灌地灌溉年总费用最低 40 元/亩，最高达到 200 元/亩，使农民入不敷出，出现了大片的撂荒地。从调查问卷分析来看，项目区农民认为灌溉水电费太高的人达到 87.5%，具体见表 11-52。

表 11-52 不同民族对当前灌溉费态度 %

民族	价格太高	有点高但可接受	正常
回族	64.6	14.1	1.3
撒拉族	92.0	6.0	2.0
藏族	100	0	0
合计	87.5	11.1	1.4

资料来源：社会调查，回族有效样本为 78，撒拉族有效样本 50，藏族有效样本 6。

5. 通过培训与教育，提高人口素质

GBX 北干渠项目实施后，随着农业投入的降低，种养业的效益大大提高，一方面会吸引大量的较高文化素质的劳动力回乡，同时，结合项目区的农业结构调整的规划和力度不断加大，各类相关的培训和教育也将不断增加，因此人口素质将得到提升。

6. 增加就业机会

项目的施工和建成后的渠道管理中会提供大量的非技术就业机会，从而会短期内增加项目区内人口的非农就业机会。据估计，GBX 北干渠项目的实施会为项目区内的当地群众提供

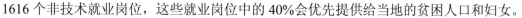

1616 个非技术就业岗位，这些就业岗位中的 40%会优先提供给当地的贫困人口和妇女。

（二）负面影响

1. 可持续灌溉的风险

（1）缺乏足够的渠道维护以及管理费用。焦点组座谈的结果显示，支渠及以下渠系的小维修和管理是由老百姓自己解决，但是干渠及一些大问题的维修和管理则上报上级政府，但是由于资金较为紧张，特别在灌水期间问题得不到及时解决，严重误了农时。虽然 GBX 北干渠项目实施后，所征收的水费和管理费用会部分解决渠道的维护和管理的资金问题，但还需要长期稳定的资金投入支持。

（2）灌溉管理不当。GBX 北干渠的建设将缓解当地的农业用水问题。但是，上下游之间，也可能产生新的用水矛盾，而且项目区内很多地方还没有形成专门管理组织，农民参与性较低，水事纠纷经常发生。即使已建立的用水户协会还存在制度、管理水平以及观念上的诸多问题，这些问题都是影响项目可持续灌溉的风险。

（3）新增灌溉土地的整理以及分配。本项目的实施可新增灌溉面积 17825 亩，这些土地需要被统一进行整理并确定权属。如果是村内的集体土地，要召开村民代表大会确定土地的分配和使用方式。

2. 农作物种植风险

（1）农业技术推广。社会调查结果显示，本地区仅有 28.9%的农民种植过经济作物，同时近 90%的农民在项目建设后有种植经济作物的打算。但是，仅有 19.1%的农民参加过相关的技术培训，更需要注意的是有部分农民没有科技种植的观念，而且在农业技术推广方面人员的配备、运行的经费、农技推广培训网络的建设等都是其中的制约因素。

（2）市场意识以及市场信息。本项目区回族居民较多，市场意识较强，但是市场信息不足，市场方向感比较欠缺，极易产生跟风现象。因此不能忽视农民在市场经营中的风险，防止农民增产不增收及相互压价情况。

（3）劳动力短缺的风险。本项目区种植经济作物的积极性较高，这也意味着需要投入更多的劳动力，但是从目前来看，70%左右的青壮年劳动力外出打工，剩下的老人、妇女等难以完全承担经济作物种植活动，因此种植结构的调整可能会面临着劳动力短缺问题。

四、行动计划

为确保少数民族群体在项目准备以及实施和运行期间的参与，确保少数民族群体从项目中获益，本项目采用了参与式战略。少数民族发展行动计划是基于各利益相关者共同参与协商的结果。

（一）增强项目正面效益的措施

1. 通过改善灌溉条件，增加灌溉面积，增加收入

尽可能扩大灌溉面积的原则：在可行性研究阶段，本工程通过两种方案的对比，采用高线多规划土地 8386 亩，最终可增加耕地 17825 亩（原耕地面积为 39473 亩）。通过与各级政府以及村委会的沟通和协商，这些新增的土地将由国土部门统一进行整理，并会被分到农户，人均 0.35 亩（原人均耕地仅为 0.68 亩），缓解项目区的人地矛盾。通过建立用水者协会对本地区灌溉进行有效的自我管理，通过建立农作物协会指导本地区种植结构进行合理调整。

2. 通过降低农业投入，减轻农民负担

降低灌溉电费：项目实施后，本项目区灌溉电费会大大降低，农民的负担会大幅降低。

尽管如此，对于一些贫困群体而言，灌溉水费以及管理费用对部分贫困家庭而言仍是一种负担。通过与各级利益相关者的协商与沟通，认为项目实施后的灌溉费用会大幅降低，绝大多数人都能承受得起，如果有少部分贫困家庭负担灌溉费用有困难，则镇及村委会将采取措施减免这部分家庭的灌溉费用。

3. 开展多种培训与教育，提高人口素质

项目实施过程中，将会开展各类培训，提高少数民族参与到项目各方面发展的能力，以增加他们从项目中获益的机会。包括：①灌溉管理和节水意识的培训；②推广节水方法和措施，提高项目区内群众的节水意识，节省水资源，促使项目效益的发挥；③农作物种植和管理培训；④利用相关部门的培训资金，结合项目区的农业调整规划以及当地少数民族群众在种植方面培训的需求，开展农作物种植和田间管理、病虫害的防治等培训。

（二）降低项目潜在风险的措施

1. 保证本项目可持续灌溉的措施

足够的运营管理费用：本项目是公益性的基础设施，既需要受益区农民投工投劳参与到项目中来，更需要各级财政应承担起投资主体的责任。这就需要政府建立起持续稳定地投入机制，建立专项资金，并在财政上做好预算。

成立用水者协会：建立用水户协会（WUA）在灌区内进行灌溉渠系的管理、维护以及水的分配，确保在所有村民内的公平性和灌溉的良性有序运行。WUA 是非政府组织和非盈利组织，灌区内的所有村民都是 WUA 的成员。WUA 通过明确产权主体，筹措管护资金，调动农民"自己事自己办、自己工程自己管"的积极性，真正走上平时有人管、坏了有人修、更新有能力的良性轨道，降低水事纠纷，确保项目区内的农民长期受益。WUA 的管理成员要通过村民的选举产生，包括不同少数民族代表、妇女和贫困群体代表。

2. 降低农作物种植的风险

种植结构的调整需要项目区农民能够掌握新的栽培技术及科学管理的能力。这就需要农技部门承担起农作物技术推广的责任，并且能够根据项目区农民的实际情况，通过多种教授方式，做到使农民"易学，易懂，易实践"，做到学用结合，同时，需要对农作物的各种病虫害做到及时地指导与整治。建立农业专业合作社：为了保证能够适应市场的需要，及时提供市场信息，做到与市场的有效连接，应鼓励建立农产品协会，通过规模化和组织化来规避市场风险，提高市场竞争力。

3. 提供农作物调整所需要的资金

提供小额贷款：为保护贫困人口、妇女等弱势的利益，使他们从项目中受益，需要为他们提供一些小额贷款来投入到经济作物的种植中来，缓解贫困。

扶持农产品加工企业：农产品加工企业可以提升农产品的附加值，延长产业链。一方面可以增加农民收入，另一方面可以提供就业机会。因此，对一些农产品加工企业实施优惠政策，开发地区特色产品，从而形成种植、加工、销售的良性循环。

4. 降低征地和拆迁的风险，采取生计与收入恢复计划

GBX 北干渠项目的建设将会涉及一定量的征地和移民，应采取措施确保项目受影响人的生活不因项目而降低。

（1）减少征地拆迁的风险。项目设计与实施中实行尽量避免征地拆迁的原则。根据可研，本项目干渠永久征地为 532.05 亩，其中耕地为 43.68 亩，荒地为 488.37 亩。本项目的建设未

涉及拆迁。

（2）采取收入与生计恢复措施。确保项目受影响人口参与到项目的详细设计中，使移民影响量最小化；结合当地政府的技术和技能培训等发展活动进行移民安置活动；按照国家的法律法规以及 QH 省的政策对永久征收和临时占用的土地进行补偿；对受影响户进行技能培训，形成新的生存手段；对女户主、五保户等弱势群体提供特殊的援助。

5. 提灌站失业人员短期就业与收入恢复计划

提灌站工作人员有一定水电技术，即使提灌站被取消，仍可从事相关工作。

优先就业：根据咨询专家和项目实施单位的讨论结果，实施单位承诺在项目的建设和日后的运行管理中，会优先聘用这部分人员。

技术培训：提供种植技术及非农就业技能培训可为提灌站失业人员培养新的生存技能。

6. 避免少数民族群众的生活受到工程建设的影响

项目施工期间，项目办要与施工单位进行沟通，施工的工人要尊重当地少数民族的文化和生活习惯，避免引起纠纷。

施工单位要采取措施降低噪声污染，如在施工工艺、施工技术、施工人员方面采取措施，对车辆运行的居民区或村庄设立禁鸣标志牌，尽量避免夜间作业。

7. 优化工程设计，保证田间机动车的便利通行

设计单位进行渠道的设计中，应根据实际情况，在田间的斗渠上采取一些诸如加盖板等工程方法，相隔一定距离要为农用机动车设置进出田地的便道。

8. 加强宣传，保障人身安全

施工单位要加大对施工人员的人身安全意识教育，并为施工人员投保。针对一些灌溉的支渠和斗渠通过村庄可能会对当地的儿童人身安全造成隐患，建议：①在村子设置一些警示标牌对渠道的危险进行提示。②加大安全意识宣传，尤其是对家庭承担照看孩子主要责任的妇女进行安全意识教育。③在学校进行安全教育，杜绝危险的发生。

附录A 中咨公司投资项目社会评价准则●

A1 投资项目社会评价准则的目的、适用条件和范围

一、社会评价准则的目的

社会评价的主要目的是消除或尽量减少因项目的实施而产生的社会负面影响，使项目的内容和设计符合所在地区的发展目标、当地具体情况和目标人口的具体发展需要，为项目地区的人口提供更广阔的发展机遇，提高项目实施的效果，并使项目能为项目地区的区域发展目标，如减轻或消除贫困、促进社会性别平等、维护社会安定团结等做出贡献，促进经济与社会的协调发展。

投资项目社会评价准则是中国国际工程咨询公司咨询评估业务中关于社会评价的专业分析评价方法指引，用于指导咨询评估中的社会评价工作。以社会评价准则为指导开展投资项目咨询评估业务，有利于提高咨询评估工作中社会评价的质量和水平，有利于促进投资项目在建设和运营过程中提高工程质量并充分发挥项目的经济、社会与环境效益，是在工程咨询领域贯彻落实"以人为本"的科学发展观的具体体现。

二、社会评价准则的适用条件和范围

1. 本准则的适用条件

投资项目社会评价准则适用于中国国际工程咨询公司咨询评估业务的社会评价工作，原则上适用于各类投资项目的社会评价工作。实践中，由于社会评价难度较大、要求较高，并且需要投入较多的资金和较长的时间，因此，某些特定项目不必要进行全面的社会评价。

2. 社会评价的项目范围

按社会影响程度分类，投资项目可以分为甲、乙、丙三类项目。

（1）甲类项目。甲类项目是指那些社会因素复杂、社会影响久远（具有重大的负面社会影响或显著的社会效益）、社会矛盾突出或社会风险较大和社会问题较多的投资项目，这类项目必须开展全面的社会评价，社会影响特别显著的项目还需要编制独立的社会评价报告。甲类项目主要包括：引发大规模征地移民的新建投资项目，如大型的水利水电、交通（含港口、机场）、采矿和冶金、石化、化工等项目；具有明确的社会发展目标的项目，即扶贫、区域性发展和社会服务项目，如教育、文化和公共卫生项目等；社会敏感类的项目，如少数民族聚集地项目、影响热带雨林和自然保护区的项目等。

（2）乙类项目。乙类项目指可能对社会环境造成一定的负面影响但并不严重，通过现有的应对措施或标准解决办法可以缓解的项目，如金属和木材加工类项目、农业技术改造项目等，这类项目应当进行简洁的社会评价，评价的内容、深度和侧重点可以视项目投资特点而定；实行审批制的项目，需要开展全面的社会评价，并在可行性研究报告中有专门的章节阐述；实行核准制或备案制的项目，需要对社会影响和相关防御措施予以说明。

（3）丙类项目。丙类项目指涉及国防军工以及没有或仅有微小社会损失和负面影响的项

● 本准则供中咨公司内部使用，并根据情况变化适时进行修改完善。相关内容仅供参考。

目，如电子信息、机械装备制造类项目等，通常不需要进行社会影响评价，但要在项目可行性研究报告或申请报告中予以说明。

A2　投资项目社会评价准则的依据和原则

一、社会评价的依据

1. 国家法律法规、标准及相关规定

开展投资项目社会评价工作，首要的依据是国家法律法规、标准及相关规定。如《中华人民共和国城乡规划法》、《中华人民共和国村民委员会组织法》、《中华人民共和国就业促进法》、《中华人民共和国妇女权益保障法》、《中共中央关于构建社会主义和谐社会若干重大问题的决定》、《中共中央国务院关于促进农民增加收入若干政策的意见》、《国务院信访条例》、《中国妇女发展纲要和中国儿童发展纲要性别统计重点指标目录》等。

2. 行业法律法规、标准、规范及相关规定

投资项目社会评价工作还要依据行业法律法规及相关规定，如《政府制定价格听证办法》（国家发展改革委 2008 年第 2 号令）、《关于切实做好被征地农民社会保障工作有关问题的通知》（劳社部发〔2007〕14 号）、《关于加强农村妇女教育培训工作促进农村妇女增收致富的意见》（妇字〔2004〕7 号）、《关于进一步动员组织广大农村妇女参与现代农业建设的实施意见》（妇字〔2007〕44 号）等。

二、社会评价的原则

1. 以人为本的原则

以人为本是科学发展观的本质和核心，也是社会评价的核心价值观。社会评价必须从以人为本的角度出发，全面关注投资建设对所涉及人群的生活、生产、教育、发展等方面所产生的影响。在社会评价中，将人的因素放在中心位置予以考虑，以满足人的需要、提升人的素质、实现人的发展为终极目标。

2. 全过程、全方位的原则

为实现建设项目的全面社会效益，社会评价要求涵盖项目前期、建设期和运营期的项目周期全过程，对项目涉及的社会问题进行全方位的评价。在项目的鉴别阶段（建议书阶段）应进行初步社会因素筛选；在项目准备阶段（可行性研究或核准申请阶段）应进行详细社会分析；在项目实施阶段应进行社会监测与评估；在项目后评价阶段应进行社会效果对比评价。不同的地区、民族、历史文化和社会环境之间的差异，使得社会影响的具体表现呈现着不同的形式，因此社会评价要全方位地分析、监测和管理投资项目积极和消极的社会影响。

3. 宏观微观相结合、定性定量相结合的原则

投资项目社会评价既有战略性、方向性的宏观展望，注重分析投资项目对区域经济发展、关联产业带动、促进社会全面进步所产生的影响，又要有项目对推动企业及当地经济社会的全面发展影响。投资项目社会评价既要定性分析社会影响范围，又要尽可能定量分析社会影响程度。

4. 动态适应性的原则

在一定的时期内，社会评价体系具有相对稳定性，但并非一成不变，应根据国内外环境

和形势任务等实际情况而有所调整。坚持动态性原则，要求在社会评价指标的设计上既要有确定性，又要适时调整。一方面，要及时把各个时期的热点、焦点问题反映到社会评价中；另一方面，也要实事求是地分析新情况、新问题对社会发展的影响。

A3 投资项目社会评价的基本思路和主要方法

一、社会评价的基本思路

按照国家有关规定，投资项目可行性研究报告或项目申请报告必须包括社会评价篇章，咨询评估单位的评估报告必须包括对社会评价篇章的评估意见。因此，投资项目社会评价是在项目可行性研究报告或项目申请报告的编制和咨询评估过程中，依据国家、行业以及地方的相关法律法规、标准、规范、规定，对投资项目可行性研究报告或申请报告中的有关社会影响内容进行编写和分析评价。

社会分析评价主要包括项目工程方案及措施的社会互适性评价、社会效果分析评价、社会风险防范建议等内容，采用民主评议方式和利益相关者分析方式进行评价。

二、选择评价方法的原则

为了完成社会评价任务，必须对影响评价的方法进行精心选择。选择的方法应该充分反映公众参与、公平、关注重大问题和有价值问题的原则。

1. 公众参与原则

投资项目涉及多元化的公众群体，社会评价应确认所有潜在的受影响群体和个人参与。公众参与和冲突管理计划必须贯穿于社会评价全过程中。公众参与应当是真正交互式的，确保信息在机构和受影响群体之间双向沟通交流。

2. 公平性原则

投资项目的社会影响不应仅仅测度一个总体影响，还应当具体说明不同受影响群体所受到的影响，即通过清楚界定利害关系人，分析项目建设对受影响人的公平性，将重点集中在弱势群体和代表性低（在决策层面缺乏呼声）的群体。社会评价的一项特殊义务就是确认那些在集合体受益情况下受到负面影响而可能受损失的群体以及可能存在的社会风险，并提出弥补措施，将项目的负面影响降到最低程度。

3. 关注重大问题和有价值问题的原则

社会评价必须专注于弱势群体，倾听他们的声音。社会评价所选择的方法反映出的问题必须有价值，按照社会价值的重要性对投资项目的社会影响与效果进行综合评价，而不应当按照通常的单个部门处理问题的难易程度作为来选定评价方法。

三、社会评价的主要方法

1. 逻辑框架分析法

社会评价用逻辑框架分析法分析事物的因果关系，通过分析项目的一系列相关变化过程，明确项目的目标及其相关联的先决条件，来改善项目的设计方案。这种方法在项目咨询评估各个阶段广泛采用，以问题树分析方法为前提，找出发展中的关键问题，顺着问题的逻辑关系推导、设计出逻辑性强的项目框架。

2. 对比分析法

"有项目"和"无项目"对比分析法首先要调查在没有拟建项目的情况下项目地区的社

会状况，并预测项目建成后该地区的社会状况。通过对比分析，确定拟建项目所引起的社会变化，即各种效益与影响的性质和程度。该方法需要对无项目的对比社区进行精心设计，组织好数据采集工作，在项目前期评价中不常用，但在后期的社会影响/效益评价中广泛采用。

3. 利益相关者分析法

利益相关者是指与项目有直接或间接的利害关系，并对项目的成功与否有直接或间接影响的所有有关各方，如项目的受益人、受害人与项目有关的政府组织和民间组织等。利益相关者分析法首先要确定项目利益群体一览表，然后评价利益群体对项目成功（或失败）所起的可能的重要作用并根据项目目标对其重要性和影响力做出评价，最后提出在实施过程中应当注意的问题和针对各利益群体的后续措施。

4. 咨询/研讨会法

该方法既可以在收集基本数据时召开多部门的咨询会，又可以在关键问题的解决方面召开专题研讨会、评价研讨会等，以期达到集思广益的效果。该方法在项目的前期评价、中期评价和项目后评价中广泛使用。

5. 案例分析法

在某些问题不可能通过抽样调查获得所需要的结果时，可以采用对单个居户或个人进行深度的个案分析，对某类问题的影响或效益进行深层次的剖析。

6. 民主评议法

该方法在评价的各个阶段适应性都比较广泛，目的是通过社区民众的广泛参与，获得当地文化背景下的各利益群体不同视角的全方位信息与意见或建议。

7. 模型评价（或预测）法

主要用于对社会经济活动影响进行评价，通常需要一定数量的观察值，依照数量经济学模型进行统计预测。该方法可以在项目前期预测未来状态，也可以在项目后期评价项目的实际影响。

四、社会评价的程序

1. 社会评价的准备

（1）列出活动清单。社会影响评价由如下大部分活动构成，在评价之前需要对这些活动进行权衡，对如何做、怎么做好这些活动做好准备：①参与到投资项目的规划过程；②确认受益群体和受影响群体；③促进并协调利益相关者的参与；④记录并分析投资项目当地的社会历史背景，以便能够说明利益群体对项目的反应，并评价累积性影响；⑤收集基线数据以便对项目本身及其影响评价过程进行评价和稽核；⑥给出一个当地文化背景的丰富图画，形成对当地社区价值特别是他们如何与投资项目发生关系的理解；⑦确认并描述可能产生影响的活动（筛选）；⑧帮助评价并选择比较方案（包括"无项目"比较分析）；⑨帮助选择场地；⑩提供负面影响的补救措施；⑪在资产估价过程中提供帮助并提出关于（非财务和财务的）补偿建议；⑫描述利益相关者之间的潜在冲突并在解决过程中提供建议；⑬对遗留问题和不可缓解的影响问题提出的妥善处理策略；⑭为社区技能开发和能力建设做出贡献；⑮为项目所涉及的所有利益相关者群体提供协调方面的建议；⑯在项目的监测与管理实施过程中出谋划策。

（2）操作步骤。社会评价活动必须按一定的程序进行，严格地按照规范的程序进行评价，是为了减少评价工作的误差、保证评价质量和可信度的基本条件之一。具体步骤如下：

1）确定评价活动的目标、边界和重点。通过分析评价委托者的需求和主要用户关注的问题，确定评价活动的主要目标任务和服务对象，并明确评价重点回答的问题。

2）收集有关的资料和信息。初步描述评价对象收集现有的资料，包括：相关的评估报告和与评价对象相关的文献资料，形成对评价对象的初步印象。

3）评价者与委托者达成共识。就评价的目标、边界、重点、双方的责任及评价活动的费用等必要条件与委托者达成共识。

4）签订评价合同/协议。在进入下一阶段之前，要求按一定的内容和格式签订评价协议或评价委托合同。

2. 评价方案的设计

（1）确定评估活动的类型。

根据委托单位的意向和准备阶段中对评价活动的分析，确定评价活动的类型，作为评价设计的基础。

（2）形成评价问题。首先确认评价必须回答的问题和侧重回答的问题，并按重要性排序。

（3）设计评估框架。根据步骤2形成的评估问题，设计评价的框架，主要包括评价的内容、重点、标准、指标和前提条件。

（4）设计信息采集及检验的方案。根据评价框架，确定信息的来源、类型和采集方式，以及信息覆盖的范围、深度等。

（5）选择评价的方法和工具。首先根据评价活动的特点，选择适当的方法和工具，并调查获得这些方法和工具的途径。如果由于问题的特殊性以至于找不到成熟的方法，则应考虑对现有的方法进行改进，或开发新的方法及工具。

（6）设计评价结果的表达方式。选择估计结果表达的方式（口头或书面报告、综合评价报告、专题评价报告或以上方式的组合），设计评价报告的内容与格式，确定提供评价结果的时间。

（7）确定评价项目主持人及评价专家组的构成。根据评价活动的特点，确定评价主持人和评价专家的构成，保证其能力、经验和专业知识结构适应评价设计的要求，并符合评价原则。

（8）制订评价活动的时间表。评价活动的时间表取决于以下两方面的因素：

1）委托者要求的完成评价报告的最后期限；

2）根据规范要求，评价各阶段、各步骤所需要的最少时间。

（9）完成评估设计方案文本。第8步骤结束时，按步骤1至步骤8的要求完成评价设计方案文本。

（10）确定评价设计方案。通过介绍评价方案进一步与委托者沟通，使委托者理解方案的主要特点，明确委托者必须提供的条件，同时向委托者说明方案存在的问题和涉及的风险。在进入下一个阶段之前，应确定评价设计方案。

3. 数据的收集与分析

（1）设置数据信息收集、整理的最后期限。根据评价分析与综合、撰写与提交报告所需要的最少时间，确定数据收集、整理的最后时间期限，保证足够的时间对数据进行综合分析。

（2）评价数据信息的采集。信息收集的过程包括设计抽样方案、调查问卷和调研提纲，发放及回收问卷和调查表，同时按照评价设计的要求，选择咨询专家，进行各种数据信息的调查，包括案例调查、专题面访、实地调研及网上采集信息等。

（3）数据信息的整理和质量控制。对采集的各类数据信息进行分类整理和初步分析，为综合评价做准备。在采集完数据后第一时间对收集的信息进行质量控制，检查出现的错误并及时核实校对。

（4）进行必要的补充调查。在完成数据检验和初步分析之后，如果某些关键数据信息缺乏、不符合要求或难以确定其置信度，则需要采取补救措施，进行必要的补充调查。

4．分析与综合

（1）按评价问题组合信息，形成评价问题单元。根据评估设计中要回答问题和评价框架，对数据信息进行分组，形成评价问题单元。

（2）问题判断。运用相应的评价方法，从回答问题的角度，对数据信息进行分析，分别形成对评价问题的判断。例如：科技界、产业界对某科技计划实施效果的评价；某项技术的成熟度等。

（3）综合分析评价。对个体评价问题判断的基础上，运用综合评价方法进行分析评价。群体评价除了对个体进行综合分析评价以外，还要运用适当的方法，对群体评价进行分类、打分或排序。

（4）评估结论的撰写。形成评价初步结论。个体评价初步结论一般包括关于对评价对象各方面的评价意见和整体评价结论。群体评价初步结论首先是关于被评估对象的分类、打分或排序表，根据评价合同的要求，提供全部或部分个体的评价结论。

形成正式评估结论。个体评价针对评价要回答的重点问题，对评价初步结论进行确认或修正，形成正式评价结论。群体评价重点对被评价的对象的分类、打分或排序表进行核查、验证和必要的调整。

5．撰写评估报告

（1）撰写评估报告初稿。根据评价规则的规定和评价设计阶段中关于评价报告的内容及格式的具体要求，撰写评价报告初稿，是否向委托者提供评价报告初稿应根据评价合同/协议中的约定执行。

（2）讨论并修改评估报告初稿。评价机构应安排在一定范围内对评价报告初稿中的主要结论进行讨论，确定修改的方案。在制订评价活动的时间表时，必须安排适当的时间用于修改评价报告初稿。

（3）评估机构确认提交的正式评价报告版本。评价机构根据质量控制标准对提交的评价报告进行检查，确认正式评价报告版本。

（4）回答有关对评价报告的提问。在提交评价报告后，在一段时间内（根据评价合同/协议中的约定）评价机构应准备回答有关针对评价报告的提问，整理和保存评价档案。

A4　社　会　评　价　指　标

一、社会评价指标的选择原则

投资项目的社会评价指标不是单一的，而是多元的。社会评价指标的选择必须遵循如下原则：①只选择与拟建项目所产生影响密切相关的指标；②只选择那些因项目措施变化而产生影响变动的指标；③指标必须是可度量的（不仅是可量化的）；④综合性原则，即评价过程可借助于对影响问题进行重要程度排序，选择那些能够测度和解释社会文化变量的指标，用于解释由项目引起的人口、社区和社会关系的变化。

二、社会评价基本指标

最基本的社会评价指标是项目建设是否引起当地受影响人的反对，这个指标在同行业、同类项目中具有可比性。一般地，投资项目社会评价应该对利益相关者的支持程度进行摸底评价，并与国家、行业发展政策要求进行比较分析。

分析利益相关者对项目的态度，以保证项目的实施不会造成对利益相关者的伤害，存在的负面影响可以通过补偿等措施得以弥补。除特殊情况外，利益相关者的态度可以根据国家的法律法规通过对受影响人和所在社区进行调查、咨询和表决情况予以确定。以农村家庭承包集体土地的调整为例，根据《中华人民共和国土地管理法》的规定，至少获得三分之二以上的村民或村民代表的同意方可对集体土地进行调整。在涉及农村公益事业建设需要向农民筹资筹劳方面，需要符合《村民一事一议筹资筹劳管理办法》规定的程序和要求（参见《国务院办公厅关于转发农业部村民一事一议筹资筹劳管理办法的通知》国办发〔2007〕4 号）。

三、社会评价的主要指标

投资项目社会评价的指标常常是多元的，附表 A4-1 列示了人口、基础设施、社会经济发展、社会安定和谐等方面的常见评价指标。不同行业投资项目的社会效果差异较大，可以根据实际情况增补和削减相应的社会评价指标，从而使社会评价更具针对性。

附表 A4-1　　　　　　　　　　　社会评价的参考指标

影响类别	参　考　指　标
一、人口	1. 是否对失地农民和城市搬迁户的生产、生活、就业、就学等做出了充分合理的安置
	2. 是否对暂住在城市的农民工的生活、就业、就学等带来负面影响
	3. 是否对当地群众的价值观或宗教习惯带来冲击
二、基础设施	4. 是否给当地社区基础设施（如农村道路、灌溉设施）带来负面影响
	5. 是否对当地历史、文化、遗产、宗教等设施的保护带来负面影响
	6. 是否对城市面貌（城市规划、城市天际线等）带来负面影响
三、社会经济发展	7. 是否因为项目的实施发育或抑制了新的经济增长点，以及是否有利于经济增长模式的转型
	8. 是否日益扩大经济不平等现象（关注贫困问题）
	9. 是否增加了就业机会，尤其是少数民族、妇女群体的就业机会
四、社会安定和谐	10. 是否对公共健康、社会生活带来负面影响
	11. 是否对当地的人身安全（施工安全）、社会治安和民族团结造成负面影响

A5　社会评价的主要内容

根据投资项目社会评价要求，确定社会评价的主要内容包括社会效果评价、社会适应性评价、社会风险与应对措施。

一、社会影响效果评价

社会影响效果评价就是阐述拟建项目的建设及运营活动对项目所在地可能产生的社会影响和社会效益，界定项目所产生的社会影响范围和种类等。

1. 社会影响范围的界定

界定项目的社会影响范围是社会评价的基础和前提，应根据项目的具体特点及当地的社会经济情况，对社会影响区域范围及对象（目标群体和机构）进行界定。

（1）社会影响区域的界定。社会影响的区域范围是项目可能产生的所有潜在影响社会因素及其区域范围，包括项目直接或间接影响的地区。社会评价的区域范围应能涵盖所有潜在影响的社会因素，而不应受到行政区划等因素的制约。

（2）项目影响群体的界定。项目影响区域内的目标群体是项目直接瞄准的期望受益群体，包括各类直接或间接受益群体，也包括可能受到潜在负面影响的群体。

（3）机构和制度的评价。分析与具体项目承办组织、项目管理机构及项目领导小组、与项目相关的组织机构（包括各级行政机构，村委会、居委会等基层组织及民间组织）等的运作机制；分析项目地区人口生产活动的社会组织形式，如当地流行的居住模式和家庭特点、劳动力技能特征和生产资料所有制的形式等对项目实施的潜在影响。

2. 社会影响效果的种类

社会影响种类分析就是识别投资项目对社会方面可能产生的正面影响和负面影响，分析哪些社会影响是由项目直接导致的，以及项目的实施还可能产生哪些间接影响，界定对项目可能导致的重要影响因素，如增加就业、社会保障、劳动力培训、卫生保健、社区服务等，以便合理确定社会评价的内容及侧重点。

社会影响效果分析需要结合项目建设和实施方案，从社会发展角度对人口、社区基础设施、社会经济发展、社会和谐与安定团结方面的影响效果进行全面分析，识别哪些是主要影响效果，哪些是次要影响效果。在项目周期中不同阶段，社会影响程度是不同的，可分为临时影响、中长期影响与累积性影响等。

社会影响评价必须以积极的发展心态关注更佳的发展成果，而不仅仅是确认或改进负面影响的结果。社会评价要帮助社区和其他利益相关者通过积极的互动讨论确认发展目标，通过合理的项目设计确保积极的成果最大化，这比单纯追求使负面影响带来的损害最小化更重要。社会评价最基本的要求乃是通过广泛的利益相关者的参与和咨询，在项目的前期与实施过程中尽量避免负面社会影响的产生或至少使项目的负面影响最小化。

二、社会适应性分析

社会适应性分析是通过利益相关者分析，阐述拟建企业投资项目能否为当地的社会环境、人文条件所接纳，评价该项目与当地社会环境的相互适应性。

1. 利益相关者分析

（1）利益相关者的分类。社会适应性分析首先需要进行利益相关者分析。利益相关者是指与项目或发展规划有利害关系的人、群体或机构。利益相关者包括以下几类：主要利益相关者，是指发展项目的直接受益者或直接受到损害的人；次要利益相关者，是指与项目的方案规划设计、具体实施等相关的人员或机构，如政府部门、融资机构、民间组织等。社会评价重点关注关键利益相关者，他们既可以是主要利益相关者，也可以是次要利益相关者。利益相关者分析在社会评价中用于识别项目利益相关群体，并分析他们对项目的实施及实现目标的影响。

（2）利益相关者分析的步骤。利益相关者分析一般按照以下四个步骤进行：①界定利益相关者；②分析利益相关者的利益构成以及项目对他们的利益所产生的影响；③对每一个利益相关者的重要性和影响力进行分析；④为重要的利益相关者制定出相应的参与方案。

（3）利益相关者的态度或接纳程度。确定利益相关者之后，评价他们各自对项目所持的态度、期望以及预期可能对投资项目的建设带来的影响效果，以此分析评价项目与所选择地点的社会互适性。

利益相关者对项目的接纳程度，需要进行交叉验证：通过利益群体分析，在制作利益群体分析矩阵的过程中对不同利益群体对项目影响的接纳范围进行测评，可以得到一个体现不同受益群体对项目的接纳程度的结果；通过小组讨论、座谈会等方式获得相关利益群体对项目的接纳程度；通过对受影响人群的调查（抽样问卷调查）了解利益群体对项目的接纳程度。

（4）利益相关者的需求或预期。公众对项目的态度或接纳程度与利益相关者的需求或预期之间存在内在的联系。公众对项目或项目活动有一个逐步认识的过程，如何有效地向公众展示项目的相关信息，做好公众咨询，是准确评价利益相关者对项目接纳程度与需求或预期的基础。在评价利益相关者的需求或预期的过程中，必须调查与项目存在利害关系的人们的意见，调查他们能否在项目的实施、运营、维护和监督过程中继续或扩大他们的积极参与。

2. 社会适应性的相关指标选取与敏感性分析

（1）针对项目目标与特点。社会适应性评价的相关指标的选取必须针对项目自身的特点与目标，如扶贫和社区发展类的项目一定要对"提高当地居民的生活水平"予以重点考虑，并把妇女和弱势群体的参与（就业、社会保障）贯穿于项目的前期规划、项目实施以及监测评价的全过程；再如城市环保项目（污水处理厂、固体垃圾处理场等），需要摸清居民对项目场址的选择方面的意见和合理化建议，以及居民（作为项目的潜在用户）在缴纳污水处置或垃圾处置费用方面的承受力和支持程度，确保拟建项目能够为当地社会环境、人文条件所接纳，提高拟建项目与当地社会环境的相互适应性。

（2）关注敏感性问题。有些项目在实施过程中可能会带来一些敏感性的问题，比如高速公路的建设可能会随着公路的开通运营，给当地带来疾病传播的风险；城市环保项目可能会引起水、空气媒介疾病发病率的变化。社会评价应对建设单位的预防措施进行评价。

（3）民族与宗教问题。在涉及少数民族或宗教团体为主的利益相关者时，社会评价应该遵循国家的相关政策规定，严禁从事破坏民族团结或侵犯宗教自由的事情。

三、社会风险及其对策分析

1. 社会风险的类别

投资项目的社会风险可分为两大类别：

（1）脆弱性风险。脆弱性风险是指项目的实施可能使利益相关者越来越多地遭受来自外部因素或当地风险的打击，特别是弱势和贫困人口。

（2）社会治安风险。社会治安风险在许多情况下是脆弱性风险的延伸，如项目实施后的收入不稳定、文化与宗教活动地点遭到破坏而引起的种族或宗教紧张、暴力冲突和军事管制等，往往超出了单个项目的控制范围，必须在社会评价时加以考虑。

2. 社会风险的定性分析

社会风险往往难以量化，主要是通过定性评价进行分析。常见的定性分析手段有社会风险评价坐标和情景分析法。

（1）社会风险评价坐标。即在一个坐标上画出风险出现的可能性以及重要性，可以定性地进行社会风险评价和管理。

（2）情景分析法。情景分析法就是就某一主体或某一主题所处的宏观环境进行分析的一种特殊研究方法。概括地说，情景分析的整个过程是通过对环境的研究，识别影响研究主体或主题发展的外部因素，模拟外部因素可能发生的多种交叉情景分析和预测各种可能前景。该方法可以帮助决策者了解外部环境变化可能产生的不确定性。情景分析只有由决策者和利益相关者代表合作配合，共同进行时才最有效。

3. 社会风险的规避

社会风险分析的主要目的是要全面了解目标人群和项目潜在影响的其他群体的风险及其脆弱性，并针对这些风险和脆弱性制订相应的应对策略，通过将传统的风险降低和管理机制与项目方案设计和实施的其他措施相结合，提高目标人群承受风险的能力。

投资项目往往面临不在其控制范围内的风险，像飓风或战争之类的风险。在这种情况下，项目分析和决策人员可通过政策对话的方式来规避风险，如社会保障资金和健康保险政策等。风险并不总能被预测或管理，但是项目分析和决策人员应当对它们的存在提高警惕。决策者必须考虑在各种情景下，不同政策的影响后果如何不同。

A6　社会评价重点关注的人群

社会评价的中心主题是强调以人为本。从发展项目与社会发展的相互关系中思考人的因素，项目社会评价可以有不同的视角，如从贫困人口的视角、工程征地拆迁安置的视角、少数民族的视角（如果项目区域有少数民族）以及社会性别的视角等。

一、关注贫困人口

当投资项目的投资和建设活动影响到贫困人口时，必须识别贫困人口所面对的社会风险，确保贫困人口能够更大程度地参与到项目的前期准备、方案设计及建设管理等过程，使更多的贫困人口有更多的机会从项目中受益。

1. 扶贫目标设计要点

对项目扶贫目标的设计，应注意以下几点：

（1）如果扶贫是投资项目的首要目标，则项目的关键利益相关者就应该是穷人，这就要求制定相应的瞄准机制和制度来真正保证贫困人口受益。

（2）如果扶贫是项目的次要目标，应在保证主要目标实现的前提下，尽可能地使贫困人口受益。

（3）分析投资项目对贫困人口的影响类型，以便有针对性地优化项目建设实施方案，为贫困者创造更多的脱贫致富机会，降低自然、经济和社会风险对贫困人口的打击，取得持续性的扶贫效果，如创收、资产形成、提供服务和能力建设等。

2. 贫困人口分析

社会影响分析对贫困人口应重点关注以下问题：

（1）详细识别贫困人口可能面临的风险，包括能力限制、财产丧失、由于受到歧视或不公待遇而无法从项目中受益等。

（2）建立针对贫困人口的瞄准机制，如区域瞄准、家庭瞄准或自我瞄准，以便使目标群体更好地从项目中受益。

（3）建立激励、反馈、投诉和监督机制，确保参与传递项目资源和利益的机构为贫困人口和其他弱势群体提供资源和服务，使受影响的人群能够反馈他们的意见和建议，监督目标受益人群真正受益。

（4）贫困者参与方案的制定和完善。

二、关注工程征地拆迁受影响人

如果项目存在征收土地、房屋拆除和住户迁移问题，社会评价中的重点目标人群就是工程受影响人，包括移民。征地与动迁的受影响人的安置涉及社会、经济、政治、文化、宗教、环境以及技术等诸多方面因素，往往是项目的主要利益相关者，必须重视对其社会风险分析。

1. 征地拆迁可能造成的社会影响

在没有项目以前，项目受影响者可能是发展的主流，并未被归入弱势群体或者贫困群体之列；当项目征地拆迁实施以后，他们可能成为新的弱势群体。

2. 征地拆迁过程可能导致的社会风险

征地拆迁可能导致的社会风险包括失去土地、失业、丧失家园、社会边缘化、发病率和死亡率的增加、食物没有保障、失去享有公共资源的权益、社会组织结构的解体等。

3. 征地拆迁社会风险规避措施

在对征地拆迁社会风险分析的基础上，应针对比较重要的风险因素，通过工程规划设计方案的调整和变更，或者采用相应的对策措施，有针对性地对受影响人进行妥善安置，规避社会风险。主要包括编制征地拆迁安置计划和收入恢复计划，解决失地或失业人群的再就业以及丧失家园的恢复重建等问题。

三、关注少数民族群体

少数民族因为在人数上不占优势，因此他们在项目建设过程中的一些要求和建议有可能会被忽视，这就要求在社会评价中具有民族视角，以保证少数民族的民族文化不被项目所破坏，同时，通过这一手段，能够使少数民族参与到项目中来并从中受益。如果项目所在区域属于少数民族地区，社会影响分析就必须考虑少数民族的特点，特别是民族文化的特点。

1. 少数民族因素内容

对于涉及少数民族的项目，如果存在下列具有显著特征的少数民族因素，社会评价应予以特殊关注，以保证项目目标的顺利实现。

（1）依赖于传统的社会、文化或经济组织机构和制度。少数民族可能仍然沿用很久以前形成的习惯，包括传统的治疗方法或药物、不同形式的劳动交换、婚姻的安排、信仰的崇拜以及社会关系领域。

（2）维持生计的传统生产活动。边远地区远离中心市场，在人烟稀少的地方，部分少数民族可能仍然严重依赖于土地密集型的经济活动，如刀耕火种或游牧生活，导致生态环境和生活条件十分脆弱。如果通过投资项目的实施，期望其改变传统生产活动模式，必须提供特殊的培训或引导。

（3）具有显著特征的民族或文化群体。对于自我认定（或被他人认定）为有显著特征的民族或文化群体，投资项目的实施方案应该与当地文化特征相适应，必须针对其文化价值观念或习俗习惯予以特殊考虑。

（4）特殊语言的使用。如果一个群体无法用汉语进行有效交流，为了保证该群体成员能够理解项目投资的目的并获得其支持，应设法用他们自己的语言与之沟通。

（5）与祖先的领地或传统的居住地保持着密切的联系。当生活在主流社会的群体为寻找发展机遇而习惯于迁徙生活时，一些群体可能仍然钟情于传统的生活方式而不愿意离开祖屋。对于涉及这部分人群的移民问题，必须采取少数民族认同的文化方式进行妥善安排，对于从外地迁入的其他民族或文化群体，也应考虑其文化与当地文化的融合。

2. 少数民族问题社会调查

对于受到少数民族因素影响的项目，应针对项目的具体情况对涉及少数民族的问题进行相关社会调查。

（1）考察历史，通过了解历史背景来理解某个特定少数民族或文化群体的现状。

（2）收集本民族的相关信息。结合工程项目情况，收集有关该民族的相关信息，了解该民族的特征和内涵，以便对其民族传统进行理解。

（3）信息内容应具针对性。所收集的有关该民族的相关信息必须紧紧结合工程项目的具体情况，以提高咨询评估的针对性。

3. 少数民族问题分析

社会影响影响对少数民族应重点关注下列问题：

（1）少数民族语言问题。对于涉及少数民族的项目，尤其是跨地区涉及多个民族的大型复杂项目，应特别注意关注在社会调查中的语言沟通问题，解决少数民族参与中的语言障碍。如将调查问卷翻译成民族语言，或配备有语言专长的研究人员加入项目咨询专家组，以便有效地提出问题并诠释反馈意见。

（2）调查样本的选取问题。对于涉及面较广的大型项目，应选择恰当的抽样方法，以便以尽可能低的成本获取具有代表性的观点和典型意见。如果受影响人群的基数很大，而其中某一特定的少数民族所占比例很小，应考虑随机抽样可能导致这一群体从被调查的行列中排除出去的风险；即使随机抽样能够使某个特定少数民族在整体样本中保持一定比例，也可能出现由于可抽样的人数太少而不能把该群体内部的不同声音有效地反映出来的风险。为了避免上述风险，对于需要重点关注的少数民族群体，应佐以其他补充方式如典型调查，以便从特定目标群体中获取更为详尽的信息。

（3）与所有可能受到影响的少数民族进行协商。为了甄别脆弱性的潜在来源，获取具有代表意义的典型意见和观点，对少数民族群体应该给予特别的关注，不应该按比例抽样的方式仅选择有代表性的目标群体进行协商。

四、关注社会性别问题

社会性别指男性和女性在社会活动中的角色定位。在投资项目的社会评价中，如果预期项目产生的社会影响对男性和女性可能有所区别，使得社会性别问题成为拟建项目社会评价中不可回避的重要内容时，应将社会性别的分析评估纳入项目的咨询评估及方案优化制定的过程之中，消除项目对不同性别群体的负面影响的差异，提高项目的实施效果，促进社会性别平等这一长远的社会发展目标做出贡献。

1. 不同的性别需求

男性和女性由于存在不同的社会性别角色分工，使得他们有着不同的性别需求、兴趣和生活方式。在投资项目的社会性别分析中，应首先区分不同的性别需求，倾听分别来自男性和女性的不同声音，重视女性权益及其特殊需求的满足，以便优化项目实施方案，确保性别平等，提高项目投资的社会效果。

在社会性别分析方面，除关注女性的参与之外，还特别需要关注以女性作为经济支柱的家庭的特殊需求，以减少这类家庭因项目的建设实施可能面临的特殊社会风险。

2. 社会性别分析

社会影响分析应重点关注下列社会性别问题：

（1）设计分性别的数据收集方案并将其纳入社会调查的范围之内；

（2）进行社会性别分析，收集不同性别的利益相关者对项目建设方案及目标的期望，制定需要达到的社会性别目标；

（3）聘请女性项目工作人员、妇联或支持性别敏感性工作的民间组织代表，并评价他们的能力；

（4）在调查论证的基础上，项目组专家通过调整优化项目建设方案，制定实现社会性别目标的具体方案；

（5）制定确保目标实现的监测评估机制。

A7　不同类型项目社会评价重点

一、水利水电项目

水利水电项目的共性是建大坝、占用良田，并导致受影响人群的搬迁或移民。针对征地移民的社会影响，社会评价需要从文化、社会网络、政府与社区的接纳条件以及收入的恢复等方面进行评价，通过制定和实施"征地拆迁与移民安置行动计划"以减轻各种负面影响；配合农村水利管理体制改革，把农民用水者参与管理作为水利项目的社会目标，通过调查项目区农民用水户情况，了解他们参与灌溉管理的需求和能力，以及他们为改善灌溉系统而承担建设成本的愿望等，提出改善灌溉系统，完善参与式灌溉和排水管理等方面的对策建议；评价贫困和弱势群体参与水利项目活动的机会，特别是那些居住在下游地区的群体，研究提出减缓项目可能的不利影响和社会风险的对策建议。

二、交通运输项目

交通运输项目常常征地面广，在促进物流和人口的出行以及带动地方经济发展和国民经济的发展起着至关重要的作用。在社会评价过程中除了对正面影响进行评价以外，需要对公路、铁路、机场、港口等交通项目建设过程中可能存在的问题进行评价，并将征地拆迁和安置以及基础设施和服务的补偿费用足额纳入项目预算。此外，还必须对交通运输项目可能带来疾病传播等风险及防范措施进行社会评价。

三、能源项目

能源项目包括煤炭、水电、火电、太阳能、风力发电、油气开发以及天然气输送管线、输变电线路建设等。能源项目通常能够直接促进区域性或者国家的经济增长，从而促进生产、节约时间和提高生活质量等。能源项目的发电量直接上网,主要受益者包括国家、区域性和当地机构以及能源的消费者。如果新建或改造的电力或天然气项目设施延伸到贫困或边远地区,可以使能源项目的受益群体扩大并使贫困群体直接受益。很多情况下,能源项目也给当地社会带来不利影响,如可能发生土地征收、人口迁移引起当地市场能源价格变化等。社会评价着重研究因能源开发所造成的社会影响,评价项目的潜在社会风险,制定避免、消除或减缓负面影响的措施,同时要为当地受项目影响的居民提供更多的分享项目收益的机会。

四、城市环境项目

城市环境项目主要指供水、集中供热、污水处理、固体废物收集与处理、城市环境卫生,文物保护及旧城改造等。城市环境项目的社会评价重点分析因空气、土地或水污染带来的社会环境问题,对改善项目地区的居住条件、提高目标人群生活质量方面的影响进行评价;分析城市环境项目对土地被征收和搬迁的农村家庭及其他受项目影响的人群就业的影响,对城市企业因搬迁而带来的就业压力;由于房屋拆迁而导致居民区内原有商业网络的破坏,使得那些以此为生的人群的生计出现的困难;由于环境收费政策的调整使得一些处于最低生活保障线边缘的人口陷入贫困;由于环保政策的调整对某些行业提出新的限制而使某些人员丧失收入来源等。

五、城市交通项目

城市交通项目(含城市轨道交通)常常涉及拆迁或征地,其社会评价除了对征地拆迁居民进行分析以外,还需要对文化、就业、社会保障制度等方面进行详细社会评价。正面社会影响表现为可以促进地区和部门间的物流和人员往来,刺激经济增长,扩大市场准入和获取社会服务的渠道,促进就业,推动新居住区的扩大,加快人口及居住环境的改善;负面影响表现为城市交通项目建设常常引起因征地拆迁过程中补偿与安置不到位而引起的社会治安方面的社会风险,由于物流格局的改变可能使某些原有经济活动萎缩及其有关收入损失的问题,以及涉及交通安全和空气及噪声污染等公共健康方面的不利影响。此外,还要关注由于土地升值和租金上涨可能导致处于弱势地位的贫困家庭处境更加困难所引起的社会风险问题。

六、农村发展项目

农村发展项目涉及农业生产、家畜饲养、林业种植、畜牧养殖和水产品开发等,通常以扶贫和促进经济增长为目的,通过一系列项目活动来促进农业生产,改善生活条件。农村发展项目的主要利益相关者是农村人口,包括受项目影响的农民、牧民或渔民,乡镇企业的所有者和员工,以及乡镇居民。社会评价应关注目标人群即广大农民、特别是低收入和贫困农民以及少数民族群体(如果存在)受益,分析评价项目可能对农民造成的不利及负面影响(如采用新技术可能与传统的、习惯的生产方式冲突),制定减缓负面影响的方案。

七、自然资源保护项目

自然资源保护项目包括恢复坡地林木,修复草场,保护生物多样化,阻止沙化以及建立自然保护区等项目。这类项目的主要利益相关者包括当地土地和林业资源的使用者,特别是那些生活在保护区的核心地带周围和缓冲区及实验区中的住户,以及森工企业和自然保护区的管理单位及有关部门。项目的实施往往会对当地人口特别是贫困人口造成不利影响,使其传统食物或经济来源受到限制，如在森林里采集、狩猎和伐木等，因而影响到他们的生产生活方式。另外，自然保护区的建立还可能引起移民搬迁问题。社会评价应通过调查项目建设与当地人们生产生活可能出现的矛盾冲突及其原因，制定包括贫困人口在内的有针对性的措施，将自然资源保护与当地的经济发展及摆脱贫困等目标进行有机结合，实现人与自然的和谐发展。

参 考 文 献

1．《投资项目可行性研究指南》编写组．投资项目可行性研究指南，北京：中国电力出版社，2002．

2．姜伟新，张三力．投资项目后评价．北京：中国石化出版社，2001．

3．世界银行中国代表处与中国国际工程咨询公司．《参与式方法在发展项目中的应用》研讨会论文集，北京，2001．

4．王五英，于守法，张汉亚．投资项目社会评价方法．北京：经济管理出版社，1993．

5．国家计委投资研究所，建设部标准定额研究所．投资项目社会评价指南．北京：经济管理出版社，1997．

6．王瑶琪．投资项目评估（第八章：项目的社会评估）．北京：中国金融出版社，2001．

7．中国水利经济研究会，水利部规划计划司．水利建设项目社会评价指南．北京：中国水利水电出版社，1999．

8．世界银行．中国社会性别报告．2002．

9．中华人民共和国国家统计局人口、社会和科技统计司．中国社会中的妇女和男性：事实和数据（1999）．2000．

10．应星．大河移民上访的故事．三联书店，2001．

11．亚洲开发银行（编著），海河大学移民研究中心（编译）．移民手册．切实可行的实践指南（1998），中国：南京．

12．施国庆，陈绍军．中国移民政策与实践．宁夏：宁夏人民出版社，2001．

13．顾茂华，荀厚平，范治晖，陈绍军．水库移民遗留问题处理——规划、管理、探索．河海大学出版社，2000．

14．培训材料（亚洲开发银行技术援助项目 5781），国务院扶贫办外资项目管理中心/河海大学移民研究中心．中国移民政策与实践，1999．

15．陶传进．工程移民搬迁动力分析框架．社会学研究，2000（6），105-111．

16．杨建设，姚松岭．工程移民监理的理论与实践．黄河水利出版社，1998．

17．傅秀堂．论水库移民．武汉：武汉大学出版社，2001．

18．张宝欣．开发性移民理论与实践．北京：中国三峡出版社，1999．

19．周建春．中国农村土地制度改革与移民脱贫研究．北京，2002．

20．国家统计局农村社会经济调查总队，国务院扶贫办外资项目管理中心．贫困监测报告（内蒙古，甘肃）．北京：经济科学出版社，1999．

21．国家统计局农村社会经济调查总队，国务院扶贫办外资项目管理中心．贫困监测报告（广西，贵州，云南）．北京：经济科学出版社，1999．

22．孙若梅，于法稳，王利文．社会扶贫中的政府行为调查报告．北京：中国经济出版社，2001．

23．关信平．中国城市贫困问题研究．长沙，湖南人民出版社，1999．

24．吴国宝．扶贫模式研究 中国小额信贷扶贫研究．北京：中国经济出版社，2002．

25．吴国宝．扶贫模式研究 中国劳务输出扶贫研究．北京：中国经济出版社，2001．

26．石友金．反贫困行为研究．南昌：江西人民出版社，1999．

27．李周．社会扶贫中的政府行为比较研究．北京：中国经济出版社，2001．

28．康效光．NGO 扶贫行为研究．北京：中国经济出版社，2001．

29. 洪大用，康效光. NGO 扶贫行为研究调查报告. 北京：中国经济出版社，2001.

30. 潭兢嫦，信春鹰. 英汉妇女与法律词汇释义. 中国对外翻译出版公司，1995.

31. 马元曦. 社会性别与发展译文集. 北京：新华书店，2000.

32. 联合国开发署. 社会性别与发展，培训手册.

33. 中国妇女发展纲要（2001—2010 年）. 北京：中国法制出版社，2001.

34. 马戎，潘乃谷. 中国民族社区发展研究. 北京：北京大学出版社，2001.

35. 潘乃谷，周星. 多民族地区：资源，贫困与发展. 天津：天津人民出版社，1995.

36. 王筑生. 人类学与西南民族. 昆明：云南大学出版社，1998.

37. 赵嘉文，马戎. 民族发展与社会变迁. 北京：民族出版社，2001.

38. 吴斌，叶敬忠. 国际发展项目的理论与实践. 北京：中国林业出版社，2000.

39. 李小云. 参与式发展概论. 理论-方法-工具. Participatory Development. Theories-Methods-Tools. 北京：中国农业大学出版社，2001.

40. 李小云. 谁是农村发展的主体？北京：中国农业出版社，1999.

41. 叶敬忠，刘金龙，林志斌. 参与–组织–发展. 参与式林业的理论，研究与实践. 北京：中国林业出版社，2001.

42. ［德］乌尔里希·贝克（著）. 何博闻，译. 风险社会. 南京：译林出版社，2004.

43. 田鹏，陈绍军. 工程与社会行动的"嵌入性"分析视角——兼论工程社会学的研究现状. 工程研究——跨学科视野中的工程，2013（4）.

44. 史晓浩，陈绍军. 社会行动理论范式及其在水电项目社会评价中的应用. 南京工业大学学报（社会科学版），2010（2）.

45. 陈绍军，于浩淼. 非自愿移民社会风险控制中的"域". 广西民族大学学报（哲学社会科学版），2008（2）.

46. 陈绍军，李如春，朱运亮. 国际贷款项目社会评价实例. 中国投资，2013.

47. 陈绍军. 国际贷款项目社会评价的关注点. 中国投资，2013.

48. 陈阿江. 社会评价：社会学在项目中的应用. 学海，2002（6）.

49. 陈阿江. 范式视角下的项目社会评价. 江苏社会科学，2003（5）.

50. 施国庆，陈阿江. 工程移民中的社会学问题探讨. 河海大学学报（社会科学版），1999（1）.

51. 李开孟. 风险社会与社会稳定风险评估（一）. 中国工程咨询，2013（2）.

52. 李开孟. 项目稳评与其他专项评价的区别和联系（二）. 中国工程咨询，2013（3）.

53. Altschuld, James W. . Belle Ruth Witkin 2000, From Needs Assessment to Action. Transforming Needs Into Solution Strategies，Los Angeles：Sage.

54. Asian Development Bank. Handbook for Incorporation of　Social Dimensions in Projects. Manila，1994.

55. Asian Development Bank. Handbook for Poverty and Social Analysis. A Working Document，Dec. 2001.

56. Asian Development Bank. Handbook on Resettlement. A Guide to Good Practice. Manila，1998.

57. Asian Development Bank RETA No. 5781，China Resettlement Policies and Practises. Review and Recommendations，prepared for the Foreign Capital management Center of the State Council office for Poverty Alleviation by National Research Center for Resettlement at Hohai University，June 1999.

58. Baker，Judy L. . Evaluating the Poverty Impact of Projects：A Handbook for Practitioners，the World Bank，1999.

59. Barrow，C. J. 2000，Social Impact Assessment. An Introduction，London：Oxford University Press.

60. Becker，Henk 1997，Social Impact Assessment：Method and Experience in Europe，North America and the Developing World，London：UCL Press.

61. Brown，Jonathan C. 1997，The Direct Operational Relevance of Social Assessments，in Cernea，Michael M. ，Ayse Kudat（eds）1997, pp 21- 31.

62. Cernea，Michael M. ，Ayse Kudat（eds）1997，Social Assessments for Better Development. Case Studies in Russia and Central Asia，Washington D. C. ，World Bank.

63. Michael Cernea，Christopher McDowall（eds），Risks and Reconstruction. Experiences of Resettlers and Refugees，The World Bank 2000.

64. Cheung，Sidney C. H.（ed）1998，On the South China Track. Perspectives on Anthropological Research and Teaching，Hong Kong: Hong Kong Institute of Asia-Pacific Studies. The Chinese University of Hong Kong.

65. China. Country Gender Review，World Bank，June 2002.

66. Croll，Elizabeth J. 1999, Involuntary Resettlement in Rural China. The Local View, in China Quarterly No 158（June）: 468-483.

67. Dai Qing 1998，The River dragon Has Come! The three Gorges Dam and the fate of China's Yangtze River and Its People. Ed. By John G. Thibodeau and Philip B. Williams，New York: M. E. Sharpe.

68. Eyben，Rosalind 1998，The Role of Social Assessments in Effective Development Planning，7p. , London: DFID.

69. Finsterbusch，K. ，L. G. Llewellyn, C. P. Wolf（eds）1983，Social Impact Assessment Methods，Los Angeles. Sage.

70. Finsterbusch，K. 1995, In Praise of SIA: a personal review of the field of social impact assessment: evaluation，role，history，practice，methods，issues and future. Impact Assessment 13（3），229-52.

71. Finsterbusch，K. ,J. Ingersoll，L. G. Llewellyn（eds）1990，Methods for social analysis in developing countries，Boulder: Westview.

72. Guan Jian，John Young（Guest editors）2002，The Investigation of the Present Situation and Development of Ethnic Minorities in China. Practicing Anthropology Vol. 24，No. 1 Winter.

73. Gorild Merethe Heggelund，The Decision-Making Process for the Three Gorges Project Resettlement in China，Ph. D. thesis，Fridtj of Nansen Institute，Lysaker 2002.

74. Birgit Kerstin，Gender-sensitive Participatory Approaches in Technical Cooperation. Trainer's Manual for Local Experts，Bandung，Eschborn 1995.

75. Kudat，Ayse，Stan Peabody，Caglar Keyder（eds）2000，Social Assessment and Agricultural Reform in Central Asia and Turkey，Washington D. C. : The World Bank. （chapter 2: Social Assessment: A Comprehensive Framework for Development Initiatives，pp 41-86）.

76. The Leading Group for Poverty Reduction，UNDP and the World Bank，China: Overcoming Rural Poverty，World Bank，October 2000.

77. Li Heming 2000，Population Displacement and Resettlement in the Three Gorges Reservoir Area of the Yangtze River Central China，Ph. D. thesis，University of Leeds.

78. Lucas，Henry 2000，"What Do You Mean，'Social Policy Analysis'?. Reflections on Concepts and Methodology"，in IDS（Institute of Development Studies）Bulletin Vol 31 No 4: 98- 108.

79. Caroline O. N. Moser，Annika Tornqvist，Bernice van Bronkhorst，Mainstreaming Gender and Development in the World Bank. Progress and Recommendations，Washington D. C. 1998.

80. Naran，Bilik，The Nan-Kun Railway and Sociocultural Change Among Minority Nationalities，in Practicing Anthropology. A Career-Oriented Publication of the Society for Applied Anthropology，Vol. 24，No. 1，Winter

2002，21-24.

81. National Research Center of Resettlement（ed）1995，Resettlement and Rehabilitation，Nanjing：Hohai University.

82. Omnibus of Best Poverty Papers（Vol. One and Two）2001. Compiled by China Foundation for Poverty Alleviation，China Economics Publishing House.

83. Albert Park 2000，Microfinance with Chinese Characteristics，World Development Vol. 29 ，No. 1，pp. 39-62.

84. Janelle Plummer，Municipalities and Community Participation. A Sourcebook for Capacity Building，London：Earthscan Publications 1999.

85. Rietbergen-McCracken，Jennifer，Deepa Narayan，Participation and Social Assessment. Tools and Techniques，Washington D. C. ：The World Bank 1998.

86. Roche，Chris，Impact Assessment for Development Agencies，Oxford：Oxfam GB 1999.

87. Rozelle，Scott/Huang Jikun/Husain，Syed Arif/Zazueta，Aaron，China. From Afforestation to Poverty Alleviation and Natural Forest management. Evaluation　Country Case Study series，Washington D. C. ，The World Bank 2000.

88. Sen，Amartya，Social Exclusion：Concept，Application，and Scrutiny. Social Development Papers No. 1，Asian Development Bank 2000.

89. A Users Guide to Poverty and Social Impact Analysis，World Bank Poverty Reduction Group and Social Development Department. Work in Progress. Draft for Comment，April 19，2002 Version.